O S T S E E
DARß
INSEL
Recknitz
Bad Sülze
Warnemünde
Dudendorf
Rostock
Trebel
A 20
Greifswald
Nehringen
Loitz
Demmin
Dargun
Neet-
zow
Warnow
Kummerower
See
Gravelotte
A 19
Güstrow
Teterow
Insel-
see
Malchiner
See
Malchin
Reuterstadt
Stavenhagen
Neu-
brandenburg
Carlsruhe
Kittendorf
Kölpinsee
Fleesen-
see
Waren
Wustrow
Tollensesee
Plauer
See
Klink
Malchow
Müritz
Röbel
Neustrelitz

Knauf · Vom Glück, in MV zu leben

Knauf, Sven-Markus
Vom Glück, in MV zu leben – Eine Familie, ein Land, eine Leidenschaft:
Mecklenburg-Vorpommern

Layout und Satz: Frauke Wiechmann, Kraft plus Wiechmann, Berlin
Lektorat: Wolfgang Gabler
Herstellung: Klatschmohn Verlag,
Druck + Werbung GmbH & Co. KG Bentwisch
ISBN 978-3-941064-33-1
1. Auflage 2012

SVEN-MARKUS KNAUF

Vom Glück, in MV zu leben

Eine Familie, ein Land, eine Leidenschaft:
Mecklenburg-Vorpommern

KLATSCHMOHN

MV gewidmet

Vorwort

Wir finden es toll hier! Gleichsam zum Dank ein Buch zu schreiben, das zeigt, wie schön es ist, hier zu leben – das war mein Anliegen. Damit sollte es für Auswärtige, die nur mal schnuppern wollen, ebenso taugen wie für glückliche Hiesige (zur Bestätigung) und Hiesige, die zeitweise an ihrem Glück zweifeln (zur Bestärkung).

Besonders intensiv und doch behütet gestaltet sich die Kontaktaufname oder -vertiefung mit einem »neuen« Land ja, wenn einem dabei eine Gastfamilie zur Seite steht. Also kommen Sie mit uns! Sie können sicher sein, hier keine konstruierte Story vorzufinden, in der gedungene Kinder platt als Stichwortgeber auftreten, damit ihre Eltern diese für eine Erzählung ausschlachten und so Werbung für ihre Heimat machen können. Sie finden im Folgenden einen unaufdringlichen Zugang zu unserem Bundesland, in dem diese Familie Sie einlädt, mit ihr nach und nach Geschichte, Landschaft und Leute kennenzulernen und ihr etwas beim Leben in MV zuzusehen:

1 Ein ganz normaler Mann, der dieses Land aus reiner Lust am Meer einst aufgesucht hat und seither kaum je noch verlassen will,
2 seine ähnlich normale Frau, die von hier stammt, wegging, alsbald aber wiederkam,
3 und ihre ganz normalen Kinder unterschiedlichsten Alters, deren Leidenschaft für das Land entwicklungstypischen Schwankungen unterworfen ist und die beileibe nicht immer gleich und zu jeder Erkundungstour Lust

haben, dann aber – oft – doch mitkommen, sogar Spaß daran haben und nicht selten ihren ganz eigenen Beitrag zum Gelingen leisten.

Das reibt und holpert schon mal. Aber am Ende wird vermittelt worden sein, dass es ein Glück ist, in MV zu leben! Lassen Sie es darauf ankommen!

Prolog am Meer

Mein Traum, für den ich Auszeichnungen wegen besonderer Originalität nicht beanspruche, war zeitlebens, eines Tages sagen zu können: Ich muss nur leicht den Blick heben, dann sehe ich, in meiner Wohnung am Tisch sitzend, durch die breiten Verandafenster über den Dünenstreifen das Meer. Nun ist es so weit. Ich muss nur leicht den Blick heben, dann sehe ich, in meiner Wohnung am Tisch sitzend, durch die breiten Verandafenster über den Dünenstreifen das Meer. Das schreibt sich nicht einfach so hin bei einer in Deutschland spielenden Geschichte, die Buchstaben schmiegen sich vielmehr aufs Papier wie sanfte Salbe: Ich blicke auf und sehe das Meer. Die Maklerin legte großen Wert darauf, dass man von dieser Wohnung aus selbst im Sitzen das Meer sehen könne, und ich auch. X Roadmovies und andere Filme und Filmchen handeln von der Sehnsucht der Städter nach dem Meer, das nach hartem Kampf gegen zahlreiche Widerstände mit großer Mühe und meist erst Minuten vor dem Happy End erreicht wird, und ich blicke einfach auf und bin in Sekundenbruchteilen mit den Augen dort, obwohl ich in Deutschland lebe und keine Tricks anwende. In diesen Momenten ist es gut, im so ziemlich äußersten Nordosten Deutschlands zu Hause zu sein.

Man kann auf die eigenartigsten Weisen zu einer Wohnung in Warnemünde, erste Reihe, mit Strand- und Meerblick, kommen. Sogar durch Zufall. Nehmen wir mich. Ich hatte, meine Altersversorgung im Blick, über ein Haus in der Innenstadt verhandelt, als der Verkäufer es sich plötzlich mitten in der schönsten Teppichhändlerphase (»Ich feilsche auch nicht, wenn Sie mir dafür mit dem Preis entgegenkommen …«) anders überlegte und mich telefonisch wissen ließ, er habe eine der Wohnungen in dem Haus anderweitig verkauft. Nun wollte ich die anderen beiden auch nicht mehr und marschierte die Warnemünder Wasserkante entlang, um mein Kopfschütteln über diesen so unnorddeutsch wankelmütigen Zeitgenossen in den Griff zu bekommen, den ich bis vor wenigen Stunden noch für meinen Geschäftspartner gehalten hatte. Auf dem Rückweg über die Promenade – mein Kopfschütteln war etwas abgeklungen und verlangte nach mehr Windstille – das Überraschende: An einer Wohnung in einer der Villen in der ersten Reihe, denen mit dem unverbauten und unverbaubaren Meerblick, hing ein »Zu verkaufen«-Schild! Genau genommen war es ein »Zu Verkaufen«-Schild, weil es zu den besonderen Merkmalen des prominenten Maklerbüros gehört, das da tätig war, seine Werbeschilder – meiner Meinung nach – dudentechnisch falsch zu beschriften, aber das kam ja hier denn doch letztlich aufs Gleiche raus (zumal ohnehin, meiner Meinung nach, »zu kaufen« gemeint war, denn jemanden, der die Wohnung *ver*kaufen wollte, hatte der Makler ja offenbar schon gefunden, aber genug jetzt der Klugschnackerei).

Ich nahm nicht weiter Notiz davon und fuhr nach Hause. Doch einen und auch zwei Tage später meldete sich immer noch gelegentlich der Gedanke an dieses Maklerschild, und ich erwog, der Sache ein wenig nachzugehen, man konnte ja immerhin einmal erkunden, um was für eine Wohnung es sich handelte. Ganz vielleicht war es ja eine nicht ganz so große Wohnung, die zu dem Preis zu bekommen war, den ich in der Stadt für das Haus zu zahlen bereit gewesen wäre. Und wenn man vorerst an Feriengäste vermietete, konnte man bei Bedarf trotzdem auch selbst dort sein, und es spränge vielleicht zusätzlich noch die erhoffte Altersvorsorge dabei heraus. Oder ein Alterssitz. Allerdings führten mich meine Wege einstweilen nicht nach Warnemünde. Gerade mal, dass ich es schaffte, an einem sonnigen, windigen Freitagnachmittag die Räume des Maklerbüros in der Innenstadt aufzusuchen. Ich fühlte mich eigenartig in Blouson und mit zerzaustem Haar im teuer-kühlen Ambiente der Häuserhändler, aber ich war latent kauflustig, und das gab den Ausschlag. Ich wurde, nach Ablegen der Jacke nun Jeans und Pullover tragend, mitteldiskret gemustert, durfte im Besprechungszimmer Platz nehmen und erfuhr, dass die Wohnung, an der ich das Schild gesehen hatte, die richtige Größe hatte, sehr gut für eine Ferienvermietung taugte und – so gut wie verkauft war. Warnemünde, erste Reihe eben. Meine ehrliche Enttäuschung aber muss Vertrauen begründet haben. Denn ich erfuhr, dass in einem anderen, ruhiger gelegenen Haus eine weitere Wohnung disponibel sei, die meinen Vorstellungen in ähnlich guter Weise entsprechen könnte. Für den darauf folgenden Montag vereinbarte ich einen Besichtigungstermin.

Der Montag war kalendarisch einen Tag vor dem Sommerbeginn, aber das Wetter war schon wieder windig und diesmal obendrein kalt. Die Villa mit der Wohnung hingegen, vor der mich die Maklerin auf der obersten Stufe der repräsentativen Eingangstreppe empfing, war strahlend weiß und schön anzusehen.

Dann kam es zu dem Gespräch, in dem die Dame mich davon überzeugt hatte, dass man von hier aus über die Düne hinweg so eben sogar das Meer sehen konnte. Und wenige Tage später gehörte die Wohnung uns. Meiner Familie und mir!

Und das hatte, nur so zum Beispiel und Vorgeschmack auf das Kommende, zu Beginn der letzten Sommersaison Auswirkungen wie folgt:

»Ich mach' die Erde rund!« Eines Morgens hörte ich diese großen Worte, und etwas patschte auf meine Decke, und gleich darauf wurde es feucht an meiner Wange.

Mein Erwachen aus einem Traum, in dem Anbaden, Sand und erster Strandtag eine Rolle gespielt hatten, fiel brüsk aus, ich knallte, ahnend, dass mein Söhnchen mir etwas mitzuteilen hat, nur so die Augen auf und sah: Früh schimmerte es durch die Vorhänge. Vor mir stand unerwarteterweise mein Sohn, drei Jahre. Der Wecker zeigte die Zahlenfolge 6:21. Indes, mein Sohn trug eine Schirmmütze, sein Sonnenmonokel (längst hat die Brille nur noch ein Glas), Badehose, vertauschte Gummistiefel und einen Piratenpullover. An dessen langen Ärmeln zuppelte er und versicherte mit sehr gewissenhaftem Ausdruck ein ums andere Mal: Ich mach' die Erde rund! Ja, mein Kind, wenn du wüsstest, wie recht du hast, wer, wenn nicht du, macht für mich die Erde rund, aber wie wäre es etwas später? Inzwischen saß ich auf der Bettkante, die um diese Zeit besonders kantig ist, nahm wahr, dass Elle, das Glück meines Lebens, durch Augenkneifen zu leugnen suchte, dass sie etwas wach und Zeugin des Geschehens war und verstand: Er versucht zu sagen »Ich mach' die Ärmel hoch!« Und jetzt war ich auch wach genug, um misstrauisch zu werden: Warum tut er das? Und warum sagt er mir das? In diesem Aufzug? Sind die Ärmel Spitze eines Eisbergs, der mich insgesamt interessieren sollte?

Ich schob ihm die Ärmelchen hoch, tauschte die Gummistiefel aus und fragte listig: »Willst du mir was zeigen?«

Und wie er wollte! Ich ließ mich Richtung Wohnungstür lotsen. Kurz vor dem Ziel erwartete uns seine Schwester, luftiges Kleidchen, Sonnenhut, Sandaletten, seinerzeit sechs Jahre, 6:27 Uhr. Der Boden war übersät von Sandförmchen, Aufblastieren, schwerem Schaufelgerät. Im Grunde vermisste ich nur ein Schlauchboot. Ich selbst hatte das alles abends zuvor, ungefähr hier, sorgfältig aufgestellt, den kommenden Tag als ersten Strandtag des Jahres vorrühmend. Und der war nach der Definition meiner Kinder heute, war jetzt! Das Wasser im Eimerchen stammte allerdings nicht von mir. Und auch nicht die Muscheln von der Fensterbank darin.

Erklärend plapperte es aus der ebenfalls hellwachen Mittelgroßen: »Papa, Papa, wir haben schon mal angefangen. Zum Strand wollten wir nicht allein, da haben wir hier gespielt, Peter hat dann die Muscheln in den Eimer geworfen, und ich habe ihm gesagt, die kann er nicht so wieder rausholen, dazu musst du ihm die Ärmel hochmachen.«

Gut, dass sie nicht »hochkrempeln« gesagt hat. Dann hätte er mich womöglich mit einem entschlossenen »Ich krempele die Erde um!«, also gleichsam mit der Steinschleuder, aus dem Siebenachtelschlaf katapultiert. So aber: Wie wahr, mein Kind, wie wahr. Und wie aufmerksam. Und wie froh war ich, dass die Wohnungstür zweifach abgeschlossen war. Und wie würde ich dem ersten heute gehörten Satz gleich am Strand nachhängen, wo wir schätzungsweise gegen 7:03 Uhr eintreffen würden. Den Horizont würde ich sehen, wegen der Erdkrümmung, der Rundung eben, aber nicht darüber hinaus, und wieder wohlig wissen: Ihr macht meine Erde rund!

Beginnen wir aber ruhig von vorn.

Teil 1

MV – Meer und Verstand

Von den Merkmalen, die gängigerweise in Deutschland zum Schriftsteller qualifizieren, erfülle ich leider nicht eines. Ich bin nicht alt genug, um irgendeinen Kriegsaspekt nun auch noch aus meiner beispiellosen Perspektive beleuchten zu können, bin aber auch nicht blutjung genug, um als die Nachwuchsentdeckung durchgehen zu können. Ich habe das falsche Geschlecht, um in irgendeiner Weise als »Fräuleinwunder« in Frage zu kommen. Mein Wohnort ist absolut nicht Berlin, die, so könnte man ja manches Mal glauben, einzige Stadt, in der man in Deutschland »Kultur machen« kann. Wenn überhaupt. Meine Sexualität zeichnet sich weder durch Obsessionen noch durch völlige oder weitgehende Abwesenheit aus. Gleiches gilt für meine religiöse Einstellung. Ich habe nicht in unbedingt berichtenswertem Umfang unter meinen Eltern oder meiner Jugend gelitten und gehöre keiner gängigen Minderheit oder Randgruppe an bzw. wüsste zumindest nicht, welcher. Gut, ich habe Kinder, mehr als die deutschdurchschnittlichen 1,37 noch dazu, aber dazu später. Ich habe keine Kontakte zum Fernsehen. Ich bin nicht erwähnenswert krank und will auch nicht über die Bewältigung einer heuschnupfenbedingten Persönlichkeitskrise eines Angehörigen schreiben. Und ich war auch nicht jung in der DDR oder habe ganz besonders bewusst als »Ossi« die »Wende« mitbekommen, so dass ich jetzt meine Sicht der letzten Züge der Vorwendezeit im Osten vor der geneigten Leserschaft auftürmen könnte. Ich bin kein »Publizist«, der sich mit mindestens einer Hand im Gesicht in nachdenklicher Pose ablichten lässt und dann über viele Seiten darlegt, dass im Osten alles schlecht war. Ich bin aber auch kein »Publizist«, der sich mit mindestens einer Hand im Gesicht in nachdenklicher Pose ablichten lässt und dann über viele Seiten meint, dass im Osten n i c h t alles schlecht war. Ich war schlicht nicht dabei, also kann ich es nicht wirklich wissen, lasse mir aber bis heute fast täglich berichten und sehe ohne Urteil zu, wie der Ossi selbst mit seiner Vergangenheit und insbesondere denjenigen umgeht, die für das wohl weniger Schöne an dieser Vergangenheit verantwortlich sind (dafür wird mich mancher im Westen ächten, das verschmerze ich, denn der weiß im Zweifel noch weniger als ich, wovon er redet). Natürlich habe ich nach inzwischen fünfzehn Jahren Ossimilierung als gebürtiger Wessi zu diesen Dingen eine Meinung, aber die verrate ich erst nach und nach in diesem Buch, wenn ich hoffen darf, sie verständlich hergeleitet und erklärt zu haben. Und ein Glücksritter, also einer der im Westen um '90 herum Gescheiterten oder im Scheitern Begriffenen, die dann im Osten die in der Geschichte wohl (fast) einmalige Gelegenheit hatten, nicht nur neu anzufangen, sondern sich gleich noch ein bisschen als Held aufführen zu dürfen und oft das Bild des Besserwessi, des dilettantisch-klugscheißerischen Möchtegerns zu zementieren, mit dem noch mindestens eine Generation nun wird kämpfen müssen (»der Fuchs ist schlau und stellt sich dumm, beim Wessi ist es andersrum«) – so ein Glücksritter war ich auch nicht. Es war für mich altersbedingt einfach zeitlich gar nicht zu schaffen, 1989/90 schon einmal so richtig auf die Schn… gefallen zu sein. Tja, und schließlich bin ich auch kein aufs Polarisieren erpichter Journalist, der nun unbedingt seine höchst subjektive Sicht zum Ost-West-Thema verallgemeinern und dann verkaufen will. Deshalb schiebe ich zum bösen Stichwort des »Besserwessi« von eben auch sogleich neutralisierend nach, dass natürlich in den Nachbeitrittsjahren (ja, im Bemühen um eine neutrale Terminologie werde ich im Paragraphenjargon von »Beitritt« und »Beitrittsgebiet« sprechen, wo andere »Wende« und »Neufünfland« sagen) auch viele Menschen mit vollständig hehren Absichten ins Beitrittsgebiet gezogen sind und oft sicher auch mit bester Absicht und schönem Erfolg statt Kolonialisierung vernünftige »Vereinigung« im positiven Sinne bewirkt haben. Aber nicht einmal zu denen gehörte ich. Ich war einfach jung, im tiefen Süden Deutschlands aufgewachsen, und wollte ans Meer, am liebsten an ein Meer, das verlässlich da und nicht gezeitenbedingt immer zwischen Ebbe und Flut hin- und hergerissen und zu den Besuchszeiten nur als feiner Streifen am Horizont erkennbar sein würde. Und deshalb (zunächst einmal nur deshalb – man könnte schlicht von einem weder historisch noch politisch, sondern allein gezeitenbedingten Zufall sprechen) zog ich 1996 in Deutschlands Osten. Denn so ein Meer gibt es in Deutschland nur im Norden, vorzugsweise im östlicheren Norden. Im Grunde zog ich also, mich faktisch nur minimal ostwärts bewegend, aus Deutschlands Süden in den Norden. Aber ja, ich überschritt im Zuge dessen auch eine Grenze, die zuvor für eine gewisse Zeit deutsch-deutsche Grenze gewesen war. Na, wenn schon!?

Und schloss so zunächst eines Abends eine Wohnungstür, die nun meine Wohnungstür war, in Malchin. Das liegt mitten in Mecklenburg-Vorpommern (und lassen Sie uns gleich damit anfangen, korrekt Meecklenburg-Vorpommern zu lesen, mit langem »e« trotz des »ck«, denn wenn man sich's einmal falsch angewöhnt hat, behält der Landesname sonst immer so einen meckernden Klang, und dazu gibt es, da mögen andere nun behaupten, was sie wollen, keinen Grund, wie wir noch ausführlich sehen werden). Ich war damals in der Ausbildung, wollte zu deren Fortsetzung an das gelobte Meer, an die Ostsee wechseln. Das klappte mit Malchin nur so ungefähr, denn das liegt mitten in Mecklenburg-Vorpommern (bitte denken Sie an: Meecklenburg) und damit eine runde Stunde Fahrtzeit vom Meer entfernt. Aber meine erste Stelle bekam ich eben hier. Hintergrund ist, dass die Vergabe der Referendarsstellen in Mecklenburg-Vorpommern sich hinsichtlich ihrer geographischen Attraktivität wohl sinngemäß nach den Vornoten der Bewerber richtete. Je besser die

Note, desto attraktiver der Ort, den man zugelost bekam. Natürlich gab es weit weniger Stellen als Bewerber. Also ordnete die Referendarverteilungsstelle erstmal jeder zu vergebenden Stelle einen Bewerber zu. Das reichte, wenn ich mir das richtig habe berichten lassen, im ersten Durchgang für rund ein Drittel von uns. Darunter ich. Allerdings im deutlich hinteren Bereich, denn innerhalb dieses besten Drittels der Bewerber, gehörte ich, dazu kann ich heute stehen, eher zum Bodensatz. Also wurde mir das nicht ganz so augenfällig hochklassige Malchin zugeteilt. Oder ich ihm, wie man's nimmt. Unfair konnte man dabei finden, dass natürlich von den vor mir Platzierten an den schickeren Orten wie insbesondere Rostock noch wieder welche absprangen, weil sie es woanders meinten noch besser treffen zu können. Auf deren Plätze rückten dann nicht wir nach, nein, wer einmal einen Ort hatte, behielt den. Auf die Plätze dieser Abgesprungenen rückten dann zuvor unberücksichtigt gebliebene Notenschwächere nach. So kam es, dass mir dann vom Meer, von Rostock oder Stralsund aus, Angehörige des juristischen Leistungsprekariats durch ihr einfaches Dorthingelostwerden eine Art Ätsch-Nase drehten, ohne dass sie das allerdings wussten oder mit Absicht gemacht hätten. Und ich konnte mir nun aussuchen, ob ich mich für das gewünschte Nachrostockgeschicktwerden als zu schlecht (erster Durchgang) oder zu gut (Nachrückverfahren) ansehen wollte. Sei's drum, inzwischen ist ja alles bestens.

Dass es nun also Malchin sein sollte, erfuhr ich durch einen Anruf der Referendarstelle, die sich schon damals im nach dem Schweriner Schloß vielleicht sehenswertesten Gebäude Mecklenburg-Vorpommerns, im Ständehaus in Rostock befand. Allerdings wusste ich damals nicht, dass der Anruf von dort kam, wie schön das Gebäude ist und welche Rolle es in meinem Leben noch spielen sollte. Ich befand mich, als der Anruf einging, in Hamburg, und hatte glücklicherweise eine Landkarte zur Hand, weil sich der Anruf angekündigt hatte.

»Wir haben eine Stelle für Sie. Zum April geht's los!«

»Prima, und wo geht's hin?«

»Nach Malchin«, sagte die Dame am anderen Ende freundlich und ohne erkennbare Wertung.

»Wo ist das?«, fragte ich zerstreut, während ich schon die Karte absuchte. Ich war zwar mal im Land gewesen, sonst hätte ich es schwerlich der Ehre für wert befinden können, mich gleich dorthin zu bewerben, aber Malchin war mir nicht untergekommen bzw. in Erinnerung geblieben.

»Ungefähr in der Mitte«, sagte die Dame und schien sich an meiner Geografie-Hilfsbedürftigkeit nicht zu stören, mehr noch, sie schien sich gar nicht zu wundern.

»Malchow hätte ich anzubieten«, schlug ich vor.

»Haben wir auch, ist es aber nicht. Die Autobahn von Malchow noch bisschen nordwärts bis Güstrow und dann rechts, also ostwärts, ins Gebüsch.«

Wie klang das denn? Ich fand Güstrow, fuhr mit dem Finger ostwärts ins Gebüsch, fand die Beschriftung »Mecklenburgische Schweiz« und dann in der Tat: Malchin.

»Jawoll, ich hab's!«, freute ich mich und fragte: »Wie ist es denn da?«

»Was wollen Sie wissen?«, erkundigte sich die Dame, wobei ich erst später entlarvte, dass sie das mit leicht lauerndem Unterton tat. Damals hatte ich einfach das Gefühl, sie wollte jetzt allmählich auflegen, um weitere Bewerber von ihrer Zusage informieren zu können, mit denen sie dann vielleicht Erdmittelpunkte wie Waren, Röbel oder wiederum Malchow auf der Karte suchen würde.

»Na, was ist denn das für ein Ort?«, erläuterte ich meine Frage. »Ein Gericht muss er ja haben, aber sonst, sagen wir, im Vergleich zu Güstrow? Güstrow kenne ich, beschaulich, aber naja. Immerhin an der Autobahn. Wie also ist Malchin?«

Die Antwort der guten Frau werde ich nie vergessen. Weil sie den Nagel so exakt auf den Kopf traf, wie ich heute weiß. Weil sie meine erste ungeschützte Begegnung mit dem Mecklenburger

Witz war. Weil ich sie vielleicht als arroganter Juristennovize in dieser Zielgenauigkeit einer Beauftragten der Referendarsverteilstelle nicht zugetraut hatte. Die Dame, von der wir angesichts ihres Arbeitsortes annehmen wollen, dass sie etwas großstadtverwöhnt ist, von der wir aber auch angesichts ihrer Tätigkeit und des vorherigen Tons unserer Unterhaltung keinen Anlass haben anzunehmen, sie habe etwa verletzend oder schroff sein wollen, sagte vor ihrer Verabschiedung nur noch einen Satz. Sie sagte:

»Naja, in Güstrow sagen sich Fuchs und Hase gute Nacht, in Malchin machen sie sich die Mühe nicht mehr!«

Zehn Tage später hatte ich meine damalige Wohnung in der Nähe des Bauchnabels der Republik gekündigt, meine Habseligkeiten in meinen Kleinkombi geladen und war auf dem Weg in meine neue Heimat in der Nähe des, vom Betrachter aus gesehen, rechten Auges des Landes: nach Malchin, Mecklenburgische Schweiz, zentrales Mecklenburg, wo Fuchs und Hase sich n i c h t gute Nacht sagen. Unterwegs machte ich mir lustvoll bewusst, dass es die Fahrt in eine neue Heimat sein sollte, die Fahrt in die neue Heimat nahe dem Meer. Es war eine aufregende Erfahrung gewesen, als ich, das Kind aus dem Süden, aus der Gegend des Bodensees, das das Meer nur als fernes, doch überaus erstrebenswertes Reiseziel gekannt und immer wieder angesteuert hatte, mir vergegenwärtigt hatte, dass jede Bewerbung um eine neue Anstellung auch die Bewerbung um ein neues Lebensumfeld, die Bewerbung um einen Wohnsitz dicht am Meer bedeuten konnte. Ich war Ende zwanzig, hatte meine Hochschulausbildung abgeschlossen, war niemandem Rechenschaft oder Unterhalt schuldig, ich konnte gehen, wohin ich wollte. Und ich wollte – ans Meer.

Was sage ich heute? Ich sage: Es kommt ja immer darauf an, wie man allgemein veranlagt ist und was man im Besonderen möchte. Ich bin im Allgemeinen eher ein Stadtmensch und suchte im Besonderen einen Ort zum Leben und Arbeiten. Da traf Malchin, ein durchaus sympathisches Ackerbürgerstädtchen von knapp zehntausend Einwohnern, meinen Geschmack eben nun einmal nicht so ganz. Wollte man indessen zum Beispiel ein Wochenendgrundstück am See oder einen guten Wels (das ist ein dort heimischer, wohlschmeckender, bisweilen sehr großer Süßwasserfisch) oder paddeln oder Rad fahren, dann wird man in und um Malchin ganz sicher fündig werden. Ja, auch wir sind es seit meinem Wegzug aus Malchin und der Familiengründung in Rostock bei so mancher völlig freiwilligen späteren Fahrt dorthin noch so manches Mal geworden. Nicht zuletzt übrigens weiß ich, und das meine ich überhaupt nicht böse, mein Rostock und die See durch das retardierende Moment der vorherigen Malchinverschickung noch ganz anders zu schätzen. Aber nein, genug jetzt des subtilen Lästerns, es ist in Momenten der Muße wirklich schön dort. Malchin liegt nämlich im Hügelland der Mecklenburgischen Schweiz zwischen Teterow, dem geografischen Mittelpunkt Mecklenburg-Vorpommerns, und Stavenhagen, das sich nach einem der »Nationaldichter« des Bundeslandes *Reuterstadt* Stavenhagen nennt. Und zugleich vereint es die landschaftlichen Schönheiten des Kummerower Sees und des Malchiner Sees auf sich. Also: Als Ausflugsziel ist Malchin es wert, bekannt zu werden. Als Wohn- und Wirkungsort für jung Hinzugezogene möchte ich dem Fuchs-und-Hasen-Diktum der Referendarsverteilerin noch einen eigenen Satz von meinem ersten Abend in Malchin hinzufügen und dann schließen. Ich machte mich also im übersichtlichen Malchin kundig, wo meine Arbeitsstätte sein würde, suchte danach meine Wohnung (nach diversen studentischen Unterbringungsarten die berühmte »erste eigene Wohnung« für mich ganz alleine!) in einem sogenannten »Neubau« aus, wobei ich lernte, dass ein Neubauviertel hierzulande nicht, wie mir aus der süddeutschen Herkunft bekannt, eine Ansammlung von frischen Einfamilienhäusern auf der vormals grünen Wiese, sondern erstmal nur den Gegensatz zum Altbaubereich meint: eine Ansammlung zu DDR-Zeiten errichteter Mehrfamilienhäuser, gern in Plattenbauweise. Ich fand eine schlichte, aber schöne Wohnung in einer eher kleinen, schön zentral gelegenen

»Platte« (aber mit Giebeldach, also kein »Arbeiterschließfach« im Flachdachkarton), sah mich im Ort und unter den Menschen um und beschied meine Eltern, die beunruhigende Arbeitslosenzahlen aus dieser Gegend gehört hatten, am ersten Abend am Telefon gelassen: »Netter kleiner Ort, nicht aufregend, aber bestimmt auch nicht gefährlich, und kaum Arbeitslose – alles Rentner!«

So also fing es mit mir und dem Meer und Mecklenburg-Vorpommern an. Sicher, Malchin war noch nicht ganz das Gleiche wie Meer, doch dort gab es die freie Stelle. Und die barg die Möglichkeit, sich später weiter zu bewerben. Über die Autobahn ist es von Malchin kaum über eine Stunde zum Meer. Damit war ich dem Meer jedenfalls näher als je zuvor, mit etwas Glück würde man es ahnen, an manchen Tagen schon riechen können. Malchin erreicht man von Westen her, wenn man das Hügelland der Mecklenburgischen Schweiz um Teterow verlassen hat, hinter Remplin durch eine platte Flussebene und sieht es schon eine Weile lang voraus, wie es da um seinen Kirchturm herum zu schlummern scheint mit seinen rechtwinklig sich schneidenden Straßen und, an der höchsten Stelle des Geländes, dem Marktplatz. Es ist, ich sagte es, was man hierzulande liebevoll ein Ackerbürgerstädtchen nennt. Die alte Stadtbefestigung ist noch gut erhalten, Backsteintürme, eine standsicher-imposante Mecklenburgische Backsteinkirche, daneben das gelb herausgeputzte Rathaus und darum herum ein großer, seinerzeit bei meiner Ankunft fast völlig unbebaut freier Platz, der tagsüber teils als Grünanlage, teils als Parkplatz und an Markttagen zum Teil eben als Markt genutzt wurde. Über gleichsam »die Ackerbürgerstadt an sich« fand ich, als Beschreibung der Verhältnisse gleich nach 1800, zu lesen:

> Hier wohnen die Ackerbürger. Das sind Bauern, deren Vorfahren schon seit Jahrhunderten in der Stadt ansässig sind, deren Äcker und Weiden aber draußen vor der Stadt liegen und die ihre Landwirtschaft in der Stadt selbst be-

treiben. Aus ihren schweren, hölzernen Hoftoren kommen jeden Morgen die Kühe und Ziegen auf die Straße hinaus und versammeln sich selbstständig am Stadtrand oder vor dem Stadttor. Dort nimmt der Gemeinschaftshirte sie in Empfang, der sie auf die Weiden hinaustreibt und sie abends wieder in die Stadt zurückbringt. – Manche der Ackerbürger haben selbst ihre Scheunen nicht außerhalb der Stadt, sondern unmittelbar neben ihrem Hause. Zwischen den Straßen liegen also Bauernhöfe, und im Herbst fahren hochbeladene Erntewagen durch die alten Stadttore die holperigen Straßen entlang und verschwinden in den weiten Toreinfahrten.

Ganz deutlich wird der liebenswerte besondere Charakter der mecklenburgisch-vorpommerschen Ackerbürgerstadt an einem Herbstabend. Dann liegt die späte Sonne auf den dunkelroten Dächern der niedrigen Häuser, die Fensterscheiben blitzen, und hohe Linden um den gedrungenen Kirchturm spinnen die letzten Sonnenstrahlen zu goldenen, zitternden Fäden. Über der Stadt aber, über Straßen, Markt und Kirche, über Toren, Wall und Rathaus liegt das feine Summen der Dreschmaschinen, das jede Hast und Unrast fortnimmt – auch heute noch! Dann strahlt die idyllische Landschaft ihren ganzen unvergleichlichen Zauber aus.
(Lüpke, Mecklenburg und Vorpommern, Würzburg 2002)

Ganz so ländlich ging es im Malchin des Jahres 1996 nicht mehr zu, hoch beladene Erntewagen und morgendliche Spontantreffen von Ziegen an der Stadtmauer sind mir weniger aufgefallen und auch keine spinnenden Linden, aber die Grundstimmung hat sich nicht verändert. Vom Mauerring ist noch viel erhalten, Wiekhäuser sind noch zu erkennen, jene Auskragungen der Stadtmauer zur effizienteren Verteidigung, die in dieser Region (besonders in Neubrandenburg, wo sie zu den wenigen bis heute erhaltenen geschichtlichen Sehenswürdigkeiten gehören) zu kleinen Häusern ausgebaut wurden.

Früher, sehr viel früher, tagte in Malchin im Wechsel mit Sternberg der hiesige Landtag. 1549 beispielsweise wurde in Sternberg zu Fragen der Reformation getagt, 1623 in Malchin zu Fragen, die die Position Mecklenburgs im Dreißigjährigen Krieg betrafen, aber dazu später. Zu DDR-Zeiten entstand und existierte hier die größte Silo-Anlage des Arbeiter- und Bauernstaates, ein gewaltiger Gebäudeblock mit einem turmartigen Aufbau in der Mitte: Fährt man um den Kummerower See, der nördlich an Malchin schwappt wie der Malchiner See im Süden, so kann man sich bei leichtem Dunst und halb geschlossenen Augen auch einbilden, der Silo-Monolith sei ein hochherrschaftlicher, wenngleich in dieser Gegend etwas monströser Schlossbau, zumal er mit seiner symmetrischen Silhouette und dem scheinbaren Türmchen in der Mitte gewisse Parallelen zum Schloss in Ludwigslust aufweist, auf das noch zu kommen sein wird. Außerdem fällt an Malchin das backsteinerne Bahnhofsgebäude aus der ersten Eisenbahnblütezeit auf, das für einen heute völlig unbedeutenden Durchgangsbahnhof auf der Strecke nach Neubrandenburg und Pasewalk mächtig monumental ausfällt, dazu die vielen Schienenstränge, die hier verlaufen und auf denen, als ich hinzog, etliche Güterwaggons standen. Die Schienen und Wagen standen im Zusammenhang mit einem Bahnausbesserungswerk, das inzwischen jedoch nur noch zum Zerlegen und Abwracken fungierte. Eine Abdeckerei für Eisenbahnwagen also, die überdies, obschon einst bedeutender Arbeitgeber, mittlerweile selbst ihrer Stilllegung entgegendämmerte.

Ungefähr 9876 Einwohner hatte Malchin bei meinem Zuzug. Die Personen von öffentlichem Interesse waren, wie ich in den kommenden vier, fünf Tagen herausfinden sollte, die wenigen Richter, die ungefähr drei Anwälte, einige Ärzte und eine Architektin, die die entstehenden Neubauten des Ortes fast im Alleingang entwarf. Teterow und Stavenhagen, links und rechts, entwickelten sich an den ländlichen Umständen gemessen gut. Größere Industrieansiedlungen erfolgten im Laufe meiner eindreiviertel Malchiner Jahre zuverlässig mal östlich, mal westlich meiner Wahlheimat. Für Malchin blieb wenig übrig.

Und für mich kam also eine Zweiraumwohnung im zweiten Stock in einem etwa dreißig Jahre alten »Neubau« heraus ... Und damit ging es weiter. Früher hätte ich »Zweizimmerwohnung« gesagt, schließlich verfügte die Wohnung neben dem Wohn- und dem Schlafzimmer noch über Küche und Bad, zwei weitere »Räume« also. Aber ich war gewarnt: Gleich nach der Vereinigung hatte ich eine Gelegenheit genutzt und mich mit einigen Begrifflichkeiten vertraut gemacht. »Plaste« für Kunststoffe, Plastik, etwa hatte ich besonders gern übernommen. Ein Wort wie ein Mundfurz für Materialien, die den Sinnen nichts bieten. Für Tastsinn und Augen reizlos, ein Totalausfall, geschmacklos sowieso. Und auch die »Raum-« anstatt der »Zimmerwohnung« war mir vertraut geworden.

Vorteil einer Kleinstadt kann sein, dass man schnell ein Mindestmaß an Anschluss findet, außerdem gefiel mir meine Wohnung so gut, dass ich im Zuge meiner sogenannten »Stationswechsel« im Rahmen des Referendariats nicht jedes Mal umziehen wollte, auch wenn ich zwischenzeitlich in Neubrandenburg und Greifswald meine Arbeitsschwerpunkte hatte, wo am Verwaltungsgericht ein gewisser Richter Sellering mein Ausbilder war, ein Herr, dessen späterer Werdegang uns seinen Weg zum Ende dieses Buches hin noch einmal wird kreuzen lassen. Ich sollte in Malchin am Ende für fast zwei Jahre wohnen bleiben und fuhr mit dem Auto über wegen der Schönheit der Landschaft vielfach wechselnde Wege (mit vielen Bäumen und wenig Mittelstreifen oder Leitpfosten ...) zu meinen Dienststellen. Und schnell, sehr schnell verliebte ich mich in dieses Land. Ich erwog, Busfahrer zwischen den großen und kleinen Zastrows, Passow und Loitz zu werden. Täglich diese Strecke, wechselnde Richtung – was brauchte es mehr? Nur der Name der Region blieb unhandlich und ein bisschen schroff. Von nun an werde ich mir daher erlauben, statt »Mecklenburg-Vorpommern« das landesübliche »MV« zu benutzen – in der Sprache Gelegenheitshiesiger zu hörender »Kosenamen« wie »Meckpomm« oder »McVopp« etc. bedient sich hierzulande nämlich so recht keiner …

Die Landschaft MVs nun gleicht – so waren damals gleich meine Eindrücke, an denen sich wenig geändert hat – wehender Wäsche! Ihr Profil ist das Profil des wogenden Meeres, ihr Versprechen jenes auffliegender Schöße. Vorschnell erwarten wir im Küstenland vielleicht den Anblick bis zum Horizont darniederliegender Tiefebenen von Grün und Braun. Aber nein, das Auge, zeichnet es hier die Konturen der Landschaft nach, bewegt sich mit Aufwinden und Abfallen fast wie ein Segelflieger. Ein grün und gelb wogender Wäscheplatz? Womöglich hat wirklich der Vergleich mit einem die ganze weite Fläche des Landes überspannenden Wäscheplatz etwas für sich. Große Tücher wogen hier im Wind, gehalten von den wie Klammern sich reckenden Bäumen der Alleen und Wege, große Tücher, mal mit ganzer Fläche sich plusternd, vielfach aber wie durch feinere Lüftchen in sich gekräuselt und gefältelt, aufgeworfen und sich wieder schmiegend, Tücher von blaubestimmtem Grün, Laken von gelbem Grün, Bettbezüge von ausgewogenem Grün, das das Auge festhält und fesselt und zugleich beruhigt wie sonst wohl nur der Anblick des leibhaftigen Meeres. Tücher von mit den Jahreszeiten changierendem Braun, Tücher aber vor allem – oder soll ich hier Tuche sagen? –, die der Landschaft im Mai optisch ihr Gepräge und dem Betrachter für das übrige Jahr Erinnerung und Vorfreude geben, Tuche nämlich von warmem Gold. Es sind dies die Tücher, die den letzten Zweifler nach dem knarzigen nordischen Winter Schal und Mütze ablegen lassen, weil sie Frühling bedeuten und Wärme und Wohltat, die durch das Auge sich im Körper ausbreiten und ihn von innen ganz ausfüllen bis in die Zehnägel, Haarspitzen und Ohrknorpel. Man hat schon sprechen hören über Felder von – Gold? Weizenfelder in voller Reife waren gemeint oder abgeerntete Getreideflächen in später Sonne? Und vorsichtig soll man sein mit der abgedroschenen Vokabel »Gold« als Metapher für das auch für das Auge Gehaltvolle? Dem muss ich mich widersetzen dieses Mal. Euphorie sei hier mein Ratgeber und mein übergehendes Herz: Gold ist die zeitlose, die ewige Größe für Reichtum, der sich auch dem Auge offenbart – schön für das Auge, gut für das Gefühl. Und »Gold!« ist auch lautmalerisch, was einen durchfährt, wenn man diese Felder sieht. Es gibt sie in zweierlei Gestalt, die Felder von Gold. Es gibt die mehr gründurchwirkten und doldenblütigen Goldfelder und die butterblumenorange- oder straßenschildgelben: Es gibt die Rapsfelder und die Löwenzahnfelder, Felder, die das Sehen fördern und den Fotografen, will er nicht Filter und Tricks verwenden, fordern. Ganz so wie das ganze Land!

Bei so viel heller und freundlicher Pracht wunderte mich schon sehr früh der düstere Slogan, mit dem das Land für sich zu werben sucht. »MV tut gut!« Wer länger als drei Tage hier ist, weiß das. Aber für einen hellen Werbeslogan enthält der Ausspruch zu viele dunkle »U«. Wer ein Unterbewusstsein hat, spürt das. Und nun? Mecklenburg-Vorpommern hat es schwer wie ein Sigismund Nepomuk: Der Name ist lang, sperrig, wenig melodisch und wird meist falsch ausgesprochen (eben Mecklen- statt Meecklenburg). Auch Abkürzungsversuche sind nicht leicht. Damit stehen wir nicht allein: Nordrhein-Westfalen zum Beispiel hat es nicht besser, oder Baden-Württemberg. Gleichwohl hat das Kürzel »NRW« lautmalerisch den Reiz, knarzig und ernsthaft zu klingen wie das Wesen und das Selbstverständnis seiner Bewohner (dabei habe ich das Launige – nicht: Launische – der Rheinländer nicht übersehen …). Und »BaWü« hat den Klang niedlicher Beschaulichkeit, gleich der schwäbischen Sprache des von Tüftlern, Sinnenfreude und Urlaubsatmosphäre geprägten Ländles. Nur »MV« ist ähnlich unaussprechlich wie »MeckPomm«: plump, wie ich finde, schlimmstenfalls regelrecht imageschädlich für ein Land, das sich noch definiert, sich noch einen Namen machen und für heiteren Tourismus ebenso ein Begriff sein will wie für frischen Forscher- und Pioniergeist.

Was also tun mit diesem Namen? Die Betonung der Versalien suchen, des M und des V? Den Schwerpunkt auf Wortspiele mit den beiden legen? MV – MeerVergnügen? Mehr Vergnügen? Mehr Vergnügen als Meervergnügen? Das Wortspiel suchen? Mecklenburg vor Pommern? Abkürzen und einfach »Mecklenburg« sagen, wie jeder Sigismund Nepomuk alsbald Sigismund und wenig später Sigi heißt? Was sagen die Pommern dazu? Nein, es muss anders gehen. Über zwei Buchstaben und zwei Denkschritte: Wofür will Mecklenburg-Vorpommern stehen? Und wie bringe ich das mit einer Abwandlung des Namens maßvoll-dynamisch zum Ausdruck, wie fülle ich »MV« mit lockenden Inhalten? MV hat eine hinreißende Landschaft, eine stellenweise schier überwältigende Meeresküste, eine sehenswerte Boddenwelt und Seenplatten, die ihresgleichen suchen. Bis hierher wäre »Mehr Vergnügen als Meervergnügen« gar nicht schlecht. Aber MV will auch Standort für ernste Forschung und Produktion sein. Also »Mehr als Meervergnügen«? Köpfchen ist es doch, was wir beweisen wollen! So:

»Unser ›MV‹: Meer und Verstand! – Mecklenburg-Vorpommern«

Und wer die Landschaft preisen, ein bisschen mit Wörtern spielen und sich auf »Deutschland – Land der Ideen« beziehen will, mag vielleicht:

»Mehr Meer und Seen seh'n – im Lande der Alleen und Ideen!«

Würde das nicht prima geh'n? Und weit mehr als nur »gut tun«?

Ein guter, ach was, ein wirklich erstklassiger Plan – und der zweite und letzte Schritt seiner Umsetzung

Soweit so gut, das Gute an Malchin ist also primär das Gute drumherum. Da fehlt einem dann gern mal die Mitte. Plan war gewesen, diese am Meer zu finden, und so gab es, als sich knapp zwei Jahre später eines Tages die Gelegenheit bot, nach Rostock zu wechseln, kein Halten. Ein richtiges Leben konnte und kann ich mir nur in einer richtigen Stadt an einem richtigen Meer vorstellen!

Sagte ich »richtiges Meer«? Quasi zur Begrüßung in Rostock machte ich, noch ehe ich auch nur eine Wohnung hatte, sehr bald einen Besuch im Schifffahrtsmuseum, das damals noch an der Steintorkreuzung auf Besucher wartete in einer Aufmachung, die zwischen altehrwürdig und schlicht gammelig changierte. Besonders nachhaltig – und nicht nur positiv – beeindruckte mich dort neben den nicht unerwarteten Schiffsmodellen eine fast versteckt untergebrachte Reliefkarte, die in einem Eckzimmer an der Wand hing. Dieses Relief zeigte die gesamte Ostsee bzw., und das war das weniger Positive, »den« gesamten Ostsee. Denn es handelt sich um ein weitestgehend eng von Land umgebenes Binnengewässer. Das wurde mir hier bewusst, zum ersten Mal und zugleich in einer sich ebenfalls reliefgleich ins Hirn fräsenden Eindringlichkeit! Und ebenso, dass speziell Rostock sich nun auch noch an einem ganz besonders popeligen und engen Zipfel links unten befindet, wo die Ostsee noch gar nicht so richtig angefangen hat, Ostsee zu sein. Egal, es gelingt mir die meiste Zeit über, das zu verdrängen. Ich lebe jetzt am Meer! Vom Warnemünder Ufer aus kann man auch beim allerklarsten Wetter das gegenüberliegende dänische Ufer nicht sehen und also seelenruhig die Illusion aufrechterhalten, da komme auch so bald nix. Und das muss genügen. Dass ich es eines baldigen Tages natürlich doch nicht lassen konnte, im Überseehafen ein Fährschiff zu besteigen, mir auf diesem bei der Überfahrt ein hohes Deck zu suchen und von dort zu versuchen, zugleich die Windkraftanlagen vor Gedser am dänischen Ufer und die Umrisse des Neptun-Hotels und eines Warnemünder Werft-Brückenkrans am deutschen Ufer zu erspähen (was, da es ein klarer Tag war, dummerweise gelang), muss ich ja nicht jedem gleich erzählen, und schon gar nicht jedem lauernden Binnenländer, der in Wahrheit aus purem Meeresneid fragt, ob es nun besser »der« oder »die« Ostsee heißen müsse...

Ich joggte in dieser Zeit von meiner kleinen Pension in der Steintor-Vorstadt aus fast jeden Tag. Zusammen mit der Wechseldusche und dem Kaffee anschließend versammelte der kleine Dauerlauf gleich nach dem Aufstehen im Schnellverfahren die Lebensgeister. Mir reichte die kleine Runde durch den Lindenpark, und dessen Vergangenheit als alter Friedhof schmälerte den Genuss nicht. Es ging erst vorbei am Stein von E. Albrecht (1861–1916), weil die Sonne nur hier, im äußersten Südosten des Geländes, schon so zeitig am Park leckte. Weiter zu dem schwarzen Obelisken des Kaufmanns Wilh. Sabow (6.12.1861–4.6.1932) und seiner Frau Luise, zum kleinen jüdischen Friedhof, in dessen Ecke gleich vorne Lisa grüßt: Lisa Noschel, 15. Juli 1857–2. Juni 1925. Vorbei ging es an den Gräbern der Goldstaubs, dann führte mich die Route kreuz und quer jeden Tag ein bisschen anders durch den ganzen Park. Die Blätter sprossen zu dieser Zeit noch zögerlich. Auf einer Grabplatte balancierte eines Tages – es war kaum acht Uhr morgens – ein kleines Mädchen, Opa hielt es an der Hand, lächelte mich an. Es ist sicher kein Schaden, wenn die Kleinen möglichst früh den unbefangenen Umgang mit dem Tod lernen. Schließlich erreichte ich stets den Ausläufer des Parks am

Saarplatz. Dort winkte ich, ehe ich die Runde beschloss, immer noch dem vereinsamt stehenden schwarzen Obelisken, der an Erna Böhmer, geb. Genssen, erinnert (11. August 1865–27. März 1947). Auch tot. Ob sie darunter liegt?

An einem Wochenende Ende April wollte ich meine damalige Wohnungssuche zu einem Ende bringen. Samstags besichtigte ich acht Chancen, die meisten in der »KTV«, der studentisch geprägten Kröpeliner-Tor-Vorstadt mit ihren Kneipen, ihrer Parkplatznot und auf den Bürgersteigen überreichlich Hundekot... Ich radelte durch die Stadt. Über der Kröpeliner Straße, dem Universitätsplatz, dem Brunnen der Lebensfreude, der hier ganz anders genannt wird (gut, ich verrate es, im Volksmund ist das der »Pornobrunnen«, und wer ihn einmal gesehen hat, kann sich das auch erklären, wird aber dabei schmunzeln), schrien die Möwen. So sollte es sein! Hier, nur hier, in dieser Stadt, war ich richtig! Es wurde noch viel gewerkelt in dieser Zeit, »Erstbezug nach Sanierung«, wohin man sah. Die Wohnung in der Kirchenstraße, meine erste an diesem Morgen, sollte lange mein Favorit bleiben: gut, aber nicht luxuriös modernisierter Altbau, hohe Decken, Holzfußboden, ein großer Raum mit schönen Fenstern, Küchenraum ohne Einbauküche, aber mit Terrasse oder Balkon (noch konnte ich mir eine Etage aussuchen), gelungenes Badezimmer. Kostete wohl leider ein paar Mark mehr, das war sicher. Und was war der junge Springinsfeld mit dem schicken Kombi, der mich freundlich und fachkundig durch die Wohnung führte, für einer? Ein richtiger Makler war er nicht, sagte er. Provision würde er aber gegebenenfalls schon haben wollen. Über die Höhe könne man im Einzelnen noch reden. Und eine Einbauküche gab es auch nicht. Aber schön war sie schon, die Wohnung in dem freundlich grün neuverputzten Altbau in der Kirchenstraße.

In der Neubramowstraße war im Hochparterre eine Wohnung mit kleinem Schlaf- und großem Wohnzimmer zu haben. Verbunden waren die beiden Räume durch eine riesenhafte, schmutzigweiß gekalkte Wohnküche. Mir gefiel nicht, dass mein Bett, wenn ich mal davon ausging, dass es möglicherweise gelegentlich zwei Personen Platz bieten sollte, nur so würde stehen können, dass Müde und Kuschelwillige sich vom Fußende aus der Länge nach hineinwerfen müssten. Außerdem bliebe kein vernünftiger Platz für einen Kleiderschrank. Beides könnte komfortabel – neben den üblichen Gerätschaften – in der Küche Platz finden, aber da wollte ich es nicht haben. Im Wohn- und Arbeitszimmer, das geräumig war, sorgten zwei Fenster, deren Himmelsrichtung zu ermitteln mir Mühe machte (Norden war es nicht), zumindest an einem sonnigen Vormittag wie heute für ausreichend Helligkeit. Doch gefiel mir auch hier der billige Teppichboden nicht, der gerade mehr oder weniger durch das Zusammenflicken von Resten verlegt wurde. Noch schlimmer: plüschiger, roter Teppichboden im Badezimmer. Man verlangte mir Zugeständnisse ab, wo ich hinsah, machte aber selber bei der Miete keine. Es musste noch etwas anderes geben.

In der Fritz-Reuter-Straße kam der Mann, der mein zukünftiger Vermieter zu werden hoffte, mir auf der Treppe mit einem ordentlichen weißen Blatt Papier und einem Stift entgegen (Vertrag aufsetzen? Adresse aufschreiben? Wohnungsmängel auflisten?). Er rauchte, das sah und roch man. Die Wohnung war gut: günstige Aufteilung, halbwegs genug Raum, Einbauküche und Fußbodenbeläge. Ein bisschen teuer vielleicht, aber besser als nichts. Und doch, sie wurde es nicht, denn:

»Ach, ja, dann hätte ich vielleicht noch eine Bitte. Es ist still im Haus. Das finden wir, meine Frau und ich, die oben wohnen, ganz angenehm und sind froh darüber. Wenn sie also hier Musik hören und ihre Stereoanlage benutzen wollen, verwenden sie doch bitte den Kopfhörer!«

Erstens: Ich hatte gar keinen Kopfhörer. Zweitens: Wenn es schon so losgeht ... Wir vertagten uns. Auf Dauer.

Nachmittags und abends besichtigte ich noch zwei Wohnungen. Zunächst fuhr ich bei schönstem Wetter mit der S-Bahn hinaus nach Warnemünde, am Holbeinplatz vorbei, durch Lichtenhagen,

Warnemünde-Werft. Dann war ich draußen in Rostocks eingemeindetem Seebad. Poststraße war meine Adresse. Schon schmeckte ich den Neid der anderen: Adresse in Warnemünde, direkt am Meer, Salz in der Luft, auf der Fensterbank, schon beim Aufwachen Salz in der Nase. Herz, jetzt kriegst du Meer! Den ganzen Tag? Die Miethöhe las sich vernünftig in der Anzeige. Es war ein freundliches gelbes Mehrfamilienhaus in einem Hinterhof, ein nettes Vermieterpaar aus dem Westen (»Stade« sagte das Autokennzeichen), das mir die Reize der gewaltigen, altdeutschen Küchenfront sowie des im Verhältnis zur Wohnung reichlich großen Badezimmers schmackhaft zu machen suchte, obgleich ich noch gar nicht kritisch dreinblickte, da war ich sicher und ahnte zugleich, dass sich wohl schon ein paar potenzielle Mieter zurückgezogen hatten. Und Bedenken hatte ich auch: Von den fast vierzig Quadratmetern der Wohnung entfielen gerade mal sechzehn auf das eigentliche Zimmer, wo ich wohnen, arbeiten und schlafen wollte. Zu eng. Zu viel Küche. Zu viel Bad. Nachdenklich und leicht schlurfenden Schrittes nahm ich Abschied von der Warnemünder Adresse.

Eine Wohnung gab es nun noch: ehemalige Friedrich-Engels-Straße. Beste, zentrale Lage, ein stattliches Haus von kurz vor der Jahrhundertwende, ich hatte es gestern schon kurz von außen gesehen. Klassizismus, Historismus vielleicht. Ich würde im dem großzügigen, blühenden Garten zugewandten Anbau wohnen. Aber ich hatte die Wohnung noch nicht gesehen. Es empfing mich Frau Volt, die Eigentümerin der Wohnung. Meine zukünftige Vermieterin? Wir machten einen Gang durch den Garten. Er ist herrlich. Kultiviert und abgestimmt blühend hier, an anderen Stellen wild, mit angelegten Pfaden und spontanen Schneisen, drei bergend beblätterten Birken, ein paar Obstbäumen, selbst ein kleiner Spielplatz hatte Raum: reichlich zweieinhalbtausend Quadratmeter, mitten in der Stadt. Oase der Ruhe? Zu fad! Grünes Refugium klang besser! Bunte Zuflucht, Stätte farbvergnügter Einkehr – ein Traum! Und doch nicht Frau Volts ganzer Stolz, bestenfalls die Hälfte, denn dem Garten entsprach das Haus: Der Traum ging weiter. Rückübereignungsverfahren nach der Wende, langwierig, natürlich, aber am Ende hatte man »diesen Kasten gewonnen«, wie Frau Volt sich ausdrückte, der, als Doppelhaus mit Anbau (»Gartenhaus«), leicht zehn Wohneinheiten Platz bieten würde und von vornherein nicht versteckte, dass sein Charme nur geweckt werden musste. Zunächst aber waren die Schätze bestenfalls zu ahnen gewesen, und man hatte das Gebäude vor allem zur Renovierung überantwortet bekommen. Offenbar hatte man bei null oder noch darunter begonnen. Nicht viele Balken, die frei von Schwamm waren, nicht viele Wände und Decken ohne Feuchtigkeit, Mieter, mit denen Regelungen getroffen und eingehalten werden mussten, und dabei stets die Vision vom eines Tages prachtvoll, in pastellzartem Gelbton wieder erstrahlenden Gebäude. Für mich war ein gefällig sich erweiternder Raum vorgesehen, der gleichzeitig Durchgang war und der vorhandenen Einbauküche nebst Essecke (große Fenster nach Westen) in ansprechender Weise Platz bot, dazu eine Ecke, die wie gemacht war für den Einbau eines großzügig dimensionierbaren Hochbetts, unter dem man begehbaren Schrank, Ankleidezimmer und Abstellraum in einem anordnen konnte, und schließlich – ein traumhaftes, helles, dem Garten zugewandtes Wohn- und Arbeitszimmer! Klein war nur das Bad. Also: ungewöhnlicher Zuschnitt, hohe Decken, ausreichend Quadratmeter, eine Mietpreishöhe, die mich einmal vernehmlich schlucken ließ (weil sie vielleicht angemessen, die Wohnung selbst, berücksichtigte man auch das Umfeld, meinen Verhältnissen aber nicht recht angemessen war …) – ich überlegte nicht mehr, ich schlug ein.

Und auch Frau Volt, deren Name durchaus Programm war, war erfreut: »Das Technische machen Sie dann mit meinem Mann, der kommt am Wochenende aus Stralsund!«

Im Hinausgehen sah ich vom Türrahmen aus noch einmal an die Decke des großen Zimmers meiner zukünftigen Wohnung. In der Mitte hing eine Stuckrosette. Die Wohnungen im Haupthaus waren teilweise verschwenderisch mit Stuckornamenten und Rosetten an den Decken ausgestattet. Auch im Treppenhaus waren regelrechte Fresken und musterartige Verzierungen geschaffen und wieder freigelegt worden, die diesen Bereich herrschaftlich und gediegen, aufgrund ihrer freundlichen Farbgestaltung aber nicht über Soll Ehrfurcht gebietend oder beklemmend wirken ließen. Dieses Treppenhaus erhob sich für seinen Betrachter. Dazu war es da. Es erhob sich nicht über ihn, wie in manch anderem alten Haus. Und die Rosette in meinem Zimmer? Die Wohnung lag überwiegend im eher schmucklosen Anbau des Gebäudes und war im Übrigen frei von Stuck. Und selbst von hier, von der Tür, aus rund drei Metern Entfernung sah ich, dass es sich bei dem Ding in der Deckenmitte des gut zwanzig Quadratmeter großen Zimmers um eine Baumarkt-Styropor-Rosette von kaum vierzig Zentimeter Durchmesser handelte, aus deren Mitte strunkig die Kabel für eine Deckenlampe wucherten. Wie mochte sie gemeint sein? Scherzhaft als Trost für die profan gestaltete Decke wäre sie zugleich eine augenzwinkernde Parodie. Sollte sie ernst gemeint sein, taugte sie allerdings auch als Parodie. Auf die Verantwortlichen …

Einige Tage später holte ich noch Sachen nach. Zwischen Gudow und Zarrentin bricht die Autobahn aus dem Wald hervor, und hier steht auch das Schild: Herzlich Willkommen in Mecklenburg-Vorpommern. Danke, du doldenblütengoldgelbes Paradies! Es war Mai, die Zeit der blühenden Rapsfelder, Gold, Gelb, Glanz, Sonne, seichte Wellen im Gelände, Backsteinbauten, Alleen in der Ferne, viel Grün, satt, fett. Eine Landschaft eben wie die Wäschespinne im Bauerngarten, an der Laken und Tücher mit gelbgrünen Karos trocknen, manche liegen steif im Wind, die anderen flattern wild, und die Alleebäume sind wieder die Wäscheklammern, die stoisch Sorge tragen, dass alles am Platz bleibt! Zeit, auf die Fahrbahn zu achten! Ihr Naturschätze, man sieht sich!

Angekommen

Mit Jungjuristen kann man es als Arbeitgeber genauso machen wie mit jungen Vertretern in jedem anderen Beruf: Man kann ein Bewerbungsgespräch führen, man kann vielerlei in Aussicht stellen, man kann einen Anstellungsvertrag machen. Und dann kann man verraten, wie der Hase wirklich läuft. In meinen Fall lief er, nur wenige Haken schlagend, nach Bad Doberan. Obwohl ich deutlich gemacht hatte, dass ich, nun gerade in Rostock angekommen, da auch bleiben und arbeiten wollte, bekam ich bereits am dritten Tag ein Büro in Bad Doberan zugewiesen. Also wieder fahren! Also wieder eine niedliche, aber eben fast dörflich anmutende Stadt. Also wieder Landschaft im Überfluss. Natürlich nahm ich aber die Willkür meiner Arbeitgeber zum Anlass, nach und nach immerhin den Ort, das Kloster und nicht zuletzt das quasi dazugehörige Küstenörtchen Heiligendamm unter die Lupe zu nehmen.

Und Bad Doberan ist schön. Zum berühmten Kloster, mit dessen Beschreibung Berichte zu Bad Doberan üblicherweise beginnen, kommen wir später, aber auch der Ort ist gepflegt. Und niedlich. Er hat viele schmucke Häuser und einen viereckigen sowie ausgefallenerweise auch einen dreieckigen Platz mit vielen großen, dichten Bäumen, den Kamp, auf dem auch zwei auffällige vieleckige Pavillons stehen. Früher, in der Blütezeit nach 1800, umstanden den Kamp Palais, Salongebäude, Logierhaus und Theater. Man ahnt das auch heute noch. Der Kamp war Parkanlage und gesellschaftliches Zentrum. Hier kam man her, um zu promenieren und zu poussieren. Außerdem stampft von Zeit zu Zeit der Molli (ja, bitte *der* Molli) mitten durch den Ort, ein Ausflüglerzüglein mit Dampflok und Uniform, der sich dann nach Heiligendamm und Kühlungsborn aufmacht. Heiligendamm ist das Seebad zu Bad Doberan und war das erste deutsche Seebad überhaupt. Man kommt hin über die ehemals längste ununterbrochene Allee Deutschlands. Vor einigen Jahren aber traf sich der G 8-Gipfel in Heiligendamm, um über Weltprobleme zu diskutieren. Und die Sicherheit der Merkels und Buschs und Putins verlangte angeblich eine geänderte Verkehrsführung. Es wurde ein Kreisverkehr einige Meter neben der Allee ersonnen, die man nun verlassen muss und auf die man dann alsbald nach Durchfahren des Kreises wieder trifft, aber mit der vormals längsten ununterbrochenen Allee Deutschlands ist es dadurch natürlich vorbei.

Heiligendamm ist im Wesentlichen ein höchst feines Hotel. Dort hat schon unsere Fußball-Nationalmannschaft geschlafen (die Herren). Und dort hielten sich auch die Merkels und Putins auf und gipfelten. Es ist in den letzten Jahren aufgemöbelt und wirklich mächtig schick gemacht worden. Nicht jeder mag das allerdings oder kann es sich leisten. Besonders auffällig finde ich die am Kurhausgiebel verwendete Fassadenfarbe. Heiligendamm nennt sich auch »Die weiße Stadt am Meer«, und das an diesem Giebel verwendete spezielle Weiß ist besonders weiß. Außerdem steht dort, dass wer gesund werden will, den Kopf frei von Sorgen machen muss; natürlich auf Lateinisch. Für den Flaneur vor Ort empfiehlt sich noch der Gang einige hundert Meter am Wasser entlang, bis man zur bildhübschen »Villa Weimar« gelangt, einem zugleich verwunschen, unheimlich und lockend wirkenden Gebäude mit zwei Rundtürmen, einer Veranda und vielen Fensterläden, einfach allerliebst, wie man wohl gesagt hätte, als das Haus als Alexandrinen-Cottage um 1900 erbaut wurde. Nachdem es zwischenzeitlich auch schon mal eine Kunstschule beherbergte, dämmert es aber heute, einen melancholischen Pinselstrich im traumhaften Meerblick, einer ungewissen Zukunft entgegen.

Etliche Aufträge aus dieser Zeit beschäftigten mich außerdem viel in der Nähe von Wismar bzw. auf Rügen. Also noch weiter fahren. Also wieder Landschaft. Es gab scheinbar kein Entrinnen: Furchtbar! Und ein Geschenk!

Ich vertiefte mich weiter in »Lieblingsland«, wie ich mir in durchaus ernst gemeinter, hoffentlich zulässiger Verkürzung des Zungenbrechers, den der wirkliche Landesname bedeutet, zu sagen angewöhnt habe. Es ging mir hier sehr schnell sehr gut! Schnell gewöhnte ich mich daran, dass zwei schriftliche Anträge in jeweils dreifacher Ausfertigung genügen, damit die Menschen mit einem sprechen (bei drei Anträgen auch in ganzen Sätzen …!), gut kam ich gleich mit dem Wetter klar und geradezu spielerisch beherrschte ich alsbald den Umgang damit, dass der Einheimische sich von März bis Mitte November ausschließlich von unter freiem Himmel zubereitetem Grillfleisch ernährt.

Was noch nicht sofort klappte, war allein der Umgang mit der Natur. Dabei war es nicht die Vielzahl der Reize, die mich schier um den Verstand brachte. Ich meine, ein Meer, ein bisschen Achterwasser, bröselnde Kreidefelsen, ein paar Wellen auch in der Landschaft, Seen und die eine oder andere ganz nett anzuschauende Stadt hat doch heutzutage fast jeder vor der Haustür. Was mich an den Rand der Fassungslosigkeit brachte, war eher, dass sie von allem nur das Beste gerade hier versammelt haben. Gerade hier haben sie mein Meer hingeschüttet, das nicht ständig zwischen den Gezeiten hin und her eilt. Gerade hier findet sich im Gefolge dieses Meeres eine Boddenlandschaft, die anderswo als Natur- und Freizeiterlebnis selbst eine Riesenattraktion wäre und hier vielleicht ein bisschen Pech hat, dass sie ihr Dasein immer im Schatten der Ostsee fristen wird.

Natürlich finden sich auch just hier neben Deutschlands hinreißendsten Strand- und Hochuferabschnitten (nein, den Darßer Weststrand und Warnemünde machen uns auch Sylt und die anderen nicht nach!) die dramatischsten Kreidefelsen samt gelegentlicher sensationeller Abbröselung. Die Landschaft ist nicht wie nebenan einfach platt und Gegend, sondern gewellt und aufgeworfen, damit ihre Farbenpracht und die einmalig sie gliedernden Alleen auch wirklich allerbestens zur Geltung kommen. Apropos Farbenpracht: Die Löwenzahnfelder! Dieser Raps! Und kaum sind diese Augenschmause gewesen, blühen an den Feldrändern diese fein komponierten Dreiklänge von Klatschmohn, Kornblumen und Margeriten. Selbstredend haben wir auch neben ungefähr 1234 kleineren den größten Binnensee Deutschlands. Und die Städte: nun ja, reichlich Backsteingotik zum Schwärmen, Unesco-Weltkulturerbe gleich mehrfach und auch darüber hinaus ein paar wirklich großartig wieder auferstandene Innenstädte. Also, damit war anfangs schwer klarzukommen, da haperte es am längsten mit dem Einleben.

Etwas anderes konnte ich wiederum sehr bald ganz gut, sagten die, die mich noch von früher her kannten: merkwürdige Komplimente um die Ecke machen und Liebeserklärungen, die wohl nur Nordlichter verstehen. Ich hoffe also bis heute immer, ich werde wenigstens hier verstanden …

Wer wir heute sind

Jahre später nun bin ich mit Elle verheiratet, einer Frau so lind, so tiefgründig, so geheimnisvoll, so vielgestaltig, so manchmal karg und doch zugleich freigiebig, so wasserblauäugig wie das Land!

Wir haben drei Kinder, wohnen am Rande des Zentrums von Rostock. Hier haben wir ein denkmalgeschütztes Haus gekauft. Das geschah gegen Ende der Wildostzeit. Verkäufer war ein Fleischberg aus Schleswig-Holstein, der es sich in eiskalter Spekulationsabsicht unter den Nagel gerissen hatte und ungefähr aussah wie das Steak, das er beim rituell auf die Notarvertragsunterzeichnung folgenden Essen vertilgte und das Zweifel ließ, ob es überhaupt auch nur kurzzeitig eine erhitzte Pfanne von innen geseh-, aber halt, darum ging es ja gar nicht. Der Mann kämpfte mit allen Mitteln, und wir waren jung und leidenschaftlich und längst verloren vor Vernarrtheit in dieses Haus, der Stoff eben, aus dem Spekulantenträume sind. Erst wollte er eine Wohnung verkaufen, dann das ganze Haus und machte einen Preis. Am Abend rief sein Banker an, um mitzuteilen, dass der Preis leider nicht ausreichen würde, soso, – na, solche Sachen eben, und die Sanierung kam erst noch …

Ist nicht schlimm. Heute steht alles wieder, und von Zeit zu Zeit vernehmen wir, im Vorgarten Unkraut jätend, anerkennende Worte von Passanten. Und was ich fast noch schöner finde: Wenn ich am Sonntagmorgen vor die Tür trete, muss ich die Möwen von der Mülltonne verjagen. Ich muss dann zwar auch die von ihnen angerichtete Sauerei in Ordnung bringen, aber ich habe die Möwen und damit mehr als einen Hauch des Meeres buchstäblich vor der Haustür.

Und wenn ein Hauch zu wenig ist, können wir in die Ferienwohnung mit Blick direkt aufs Meer in Warnemünde. Neben meinem Beruf verdingte ich mich eine Zeit lang als Kolumnist einer örtlichen Zeitung und bin, nach meinen weiteren Steckenpferden befragt, in erster Linie – abgegriffen, aber wahr – mit jeder Faser Vater! Drei Kinder erwähnte ich. Genau genommen wurden es, während ich dieses Buch schrieb, deren vier.

Beginnen wir also gleich mit der Jüngsten: Flora, die Blume. Ihre Geburt verbinde ich mit *fairtrade*, das erkläre ich gleich. Die Dinge nahmen zunächst einen gewissen Vorlauf im Krankenhaus. Elle und ich genossen geschenkte Stunden zu zweit, doch macht es einen Unterschied, ob einem unverhofft ein zweisamer Strandspaziergang vor die Füße fällt, oder ob man unvorbereitet in die Situation kommt, erst über das Klinikgelände lustwandeln zu sollen und danach mit nichts als Warteraum-Zufallslektüre und der klassisch ereignisarmen Montagszeitung in der Tasche eine ungewisse Zahl von Stunden in einem Krankenhauszimmer zubringen zu müssen. Die Runde durch den Krankenhausgarten wussten wir noch für ein Spielchen zu nutzen. Jeder sollte spontan sagen, was – ungefähr in der chronologischen Reihenfolge – das Kind bedeutete.

Ich fing an: »Zwei Striche auf dem Teststreifen.«

»Man sieht den Herzschlag im Ultraschall.«

»Man erkennt was.«

»Man erfährt, was es ist – oder entscheidet sich dagegen.«

»Es kommt. Und jetzt weiß man spätestens, was es ist!«

»Der erste Schrei.«

»Der erste Blick.«

»Das erste Greifen.«

»Die erste Ruhe.«

»Das erste Stillen.«

»Die kleinen Glieder – und doch: alles dran!«

»Die weiche Haut.«

»Der liebliche Geruch.«

»Das Urvertrauen.«

»Das erste Lachen.«

»Das erste ›Mama‹.«

»Das erste ›Papa‹.«

»Das erste versehentliche schelmische Lächeln.«

»Die eigene Sprache.«

»Die ersten Anzeichen von Persönlichkeit, also Mildheit, Frechheit, laut, leise.«

»Das erste absichtliche schelmische Lächeln.«

»Die ersten Schritte.«

»Das erste ›Aua‹.«

»Das erste Mal verdächtige Ruhe im Kinderzimmer – und ihre Folgen.«

»Die ersten Versuche, ›echt‹ was mitzuteilen.«

»Das erste ›Ins-Vertrauen-Ziehen‹.«

»Das spontane Heben des Arms zum Greifen der Hand.«

»Die erste Phantasiegeschichte.«

»Das erste Geschenk.«

Wenig später im Zimmer las ich in der Zeitungsbeilage über das Glück im Allgemeinen und im Leben bestimmter Prominenter im Besonderen und war einverstanden. Bis eine Fernsehgröße meinte, man solle bei Kindergeburtstagen nicht allen Kindern einen Preis geben, sondern nur denen, die im Spiel gewinnen, sonst ziehe man sich Tyrannen heran, die nicht mehr damit rechneten, dass man für Belohnungen auch etwas tun muss. Soso. Ein Kindergeburtstag wird bei uns auch weiterhin keine Leistungsschau sein. Die einen kriegen die Preise als Belohnung, die anderen als Trostpreis und Motivation, und alle gehen zufrieden nach Hause. Ich möchte doch mal sehen, wie der gute Mann, wenn er selbst eingeladen ist, für jedes Mal Kaviarnachlegen drei Liegestütze macht... Dann ging ich Mittag essen in der kleinen Krankenhausrestauration. Elle zog es vor, auf dem Zimmer zu bleiben; sie sollte auch in der Waagerechten verharren. Ich orderte einen »Feuertopf«, ging davon aus, der Mecklenburgische Dem-

Namen-nach-Besteller erwartet da etwas Rotbraunes mit Hackfleisch, Pupsbohnen, vielleicht etwas Rauchfleisch und ordentlich Schärfe. Hier handelte es sich um Reis mit Gemüse und einer hellen Kokosmilch-Curry-Sauce. Lecker, aber für manchen hier sicher überraschend. Und der Mecklenburger ist bekannt dafür, dass er nicht isst, was er nicht kennt. Ich wollte immer noch mal drauf achten, in welchem Alter er das einreißen lässt; fängt man allzu früh damit an, wird man schließlich verhungern müssen ... Versonnen drehte ich, während ich auf mein Curry, pardon, meinen Feuertopf wartete, das Saftfläschchen in der Hand, das ich außerdem erstanden hatte. Ein einheimischer Saftabfüller, der großen Wert auf die lokale Herkunft seiner Zutaten legt. Und nun: Apfel-Mango-Saft. Schmeckte gut, keine Frage, man könnte denken, zwei ins Saure spielende Früchte gingen da eine adstringierende Symbiose ein, aber weit gefehlt, mundete sozusagen harmonisch abgerundet, obwohl ohne Zucker. Nur: heimische Mango? Aus dem Botanischen Garten? Der Orangerie zum Schweriner Schloß? Ach nein, guck mal, was da stand, klein aber klar unten auf dem Etikett: Äpfel natürlich quasi aus Nachbars Garten, aber dann: »Mit handgepflückten Mangofrüchten von philippinischen Kleinbauern aus Fairem Handel«. Potztausend, so etwas freut den Öko-Ernüchterten und Sprachfreund. Nix gegen Öko, aber diese Eiferei ... Ich verlange natürlich nicht, einfach hinzuschreiben: Sorry, Kunde, wie du weißt, bestellen wir alles in der Gegend, mit Mangos wird das natürlich nichts, nun hast du's aber trotzdem gekauft. Aber stattdessen diese Trost spendende »Wir tun, was wir können«-Arie in salbungsvollem Duktus? Erstmal stand da nicht »Mangos«, wie es jeder Mensch natürlich sagt, sondern »Mangofrüchte«, das ist bewusster, demütiger. Warum hat er nicht auch »Apfelfrüchte« gesagt? Dann also »handgepflückt«; schon wieder möchte man einen großen Diener vor der kleinen Flasche machen. Nicht maschinell geerntet oder einfach abgerissen, nein, »handgepflückt«. Damit zu den »Kleinbauern«. Wo fängt das an? Bei einer Mangopflanze? Gelten auch Nebenerwerbsmangofrüchtezüchter? Und, wichtiger, wo hört das auf? Bei zehn Hektar? Sobald er nicht mehr allein mit dem Handpflücken hinterherkommt? Erntehelfer = Großbetrieb = böse Mango? Und jetzt geht's ja richtig los. »Aus Fairem Handel«? Wer »F/fairem« in diesem Zusammenhang klein schreibt, macht sich von vornherein verdächtig, was? Bei uns wird F/fairer Handel großgeschrieben! Was ist fairer Handel wert, wenn man auch Fairen Handel haben kann? Oder ist das schon eine Art Eigenname? Toll, das alles, und so bewusst. Aber durch die handverlesene Reihenfolge dieser ganzen großartigen Güteattribute ist doch leider alles gleich wieder vorbei: »Von philippinischen Kleinbauern aus Fairem Handel?« Wo gibt's denn so was?? Wer vertickt denn bitte philippinische Kleinbauern? Und wo und wem, und was kriegt er dafür? Und was, bitteschön, soll daran fair – nein, sogar: Fair – sein? Ich kicherte vor mich hin über die selbstgelegten Stolperstricke der Unentwegten, als mein Curry kam, aber hier, im Klinik-Umfeld, hatten ja andere noch ganz andere Defekte, so dass ich als einsamer Kicherer nicht weiter auffiel. »Reife Mangos aus fairem Handel mit philippinischen Partnern« hätten es für mich vorläufig jedenfalls auch getan. Vielleicht mit dem Zusatz: »Der Hersteller bleibt um eine einheimische Züchtung bemüht« …!

Zu meiner einheimischen Züchtung in spe kehrte ich dann zurück. Ein paar Stunden dauerte es noch. In denen eine unschuldige Lernschwester mir durch eine Aussage von unerhörtem pädagogischen Geschick zur Rhetorik-Lehrschwester wurde.

Die sehr junge Frau mit dem strohigen Blondhaar und der kleinen Tendenz zur Glubschäugigkeit sah nach Elle und musste feststellen, dass die sich wieder aus der ihr aufgegebenen Seiten- in die Rückenlage manövriert hatte. »Die Schwester hat nochmal gesagt, wie wichtig es ist, dass Sie auf der Seite liegen«, sagte die Lernende, unmerklich mahnend.

»Mhm«, gab Elle, der es inzwischen halb wundgelegen schwerfiel, auf der Seite zu liegen und noch mehr, sich aus der Rückenlage wieder in die ungeliebte Seitlage zu bringen, wortkarg zurück, ohne sich erkennbar zu bewegen. Ich wusste, sie würde jetzt gleich die Zähne zusammenbeißen und sich wieder seitlings wälzen. Die Strohhaarige konnte das allenfalls hoffen. Mit den in meinem Beruf gefragten Reflexen hätte ich jetzt herausfordernd dagestanden und versucht, ohne Worte, aber doch unmissverständlich zu vermitteln, dass ich deutlich sehe, dass Madame voll in förmlich hingegossener Rückenlage befindlich und von der Seitlage ähnlich weit entfernt war wie von einer schlanken Taille. Und Anzeichen von Reue und Besserung abwarten. Die Grenzglubschäugige aber war souveräner.

Sie zwinkerte Elle zu, was mit ihren Augen zugegebenermaßen effektvoller gelang, als es mir je möglich gewesen wäre, wandte sich zum Gehen und sagte nur leichthin und quasi über die Schulter: »Und – richtig auf der Seite!«

Wenige Stunden später hatten wir eine weitere Tochter. Das geht absolut in Ordnung. Ich durfte meine dritte Nabelschnur durchtrennen. Die sind aus ziemlich zähem Material, und jedes Mal aufs Neue war ich etwas ratlos, warum man dafür so ein schlechtes Schneidwerkzeug bekommt. Ein metzelndes Gesäbel setzt dann ein, und ich kann immer nur hoffen, dass das, gerade bei den Mädchen, nicht von nachweisbaren Auswirkungen darauf ist, wie hübsch der Bauchnabel später wird. Schneller, glatter Schnitt = schöner Nabel? Bitte nicht. Aber so recht kann ich es mir auch nicht vorstellen, man schnibbelt ja doch ein Stück vom Nabel entfernt, und der verbleibende Nabelschnurstummel fällt halt einige Tage später etwas müffelnd ab.

Unser Mädchen nun vermittelt, durch die sogenannten Dreimonatskoliken noch zu häufigen Bauchschmerzen verdammt, den Eindruck, bis heute nicht verwunden zu haben, dass es die Beschaulichkeit des mütterlichen Leibes verlassen musste. Diese häufige Übellaunigkeit bringt Flora für den Moment den nur bedingt blumigen Beinamen »Pissnelke« ein, aber sie ist ganz sicher auf dem Weg zu einer anmutigen Sonnenblume. Sie dankt mir diesen Optimismus mit einem schief-schönen Lächeln (wer es nicht mehr weiß: Absichtlich lächeln können Babies etwa mit sechs Wochen; die ist sie noch nicht alt, aber ich zähle die Tage ...).

Der Nächstältere ist Peter. Peter ist vier und der Clown. Zwei ältere Schwestern, die Rebellin und die Brave, veranlassten ihn, sich eine eigene Position zu erobern. So kam er quasi mit roter Pappnase im Gesicht zur Welt und zieht das jetzt durch. Nach wenigen Tagen schon war ich sicher, einen schelmisch-verschmitzten Zug um seinen Mund, die Augen und die süße kleine Nase zu sehen, und den gab er nicht mehr her. Die Rolle des einzigen Sohnes beklagt er nicht, er zelebriert sie. Und alle machen mit. Wenn ihm etwas nicht gefällt oder gelingt, klappt er sein Köpfchen vornüber, als ziehe man einer Handpuppe den Finger aus dem Köpfchen. Klapp. Er hat momentan – augenblicklich kann man nicht so gut sagen, wie sich gleich zeigen wird – ein abgeklebtes Auge und eine Brille, damit sich das schlechtere Auge entwickeln kann. Außerdem hält er sich, wenn etwas übel riecht, nicht wie andere Menschen einfach von außen die Nase zu, als bildeten zwei Finger eine Wäscheklammer. Seine Methode besteht darin, Zeige- und Mittelfinger der jeweils freien Hand von unten, ein bisschen wie Korken, in die beiden belästigten Nasenlöcher zu schieben. Und schließlich wäre seine noch so kurze Vorstellung unvollständig, ließe man unerwähnt, dass Peter sich freuen kann wie wohl kein anderer Mensch, den ich kenne, was natürlich ansteckend ist und schon zu etlichen kleinen Geschenken ohne besonderen Anlass geführt hat. Ich gewöhne mir das gerade ab, nicht zum ersten Mal. Kinder sollen ja (außer bei Kindergeburtstagen) etwas tun für Belohungen, wir erinnern uns.

Peter hat mich außerdem zu einem Hobby inspiriert. Ich sammle Literaturstellen, die schildern oder zu erkennen geben, was Kinder den Autoren schon bedeutet und welche für Uneingeweihte unahnbaren Glücksmomente sie ihnen geschenkt haben. Womöglich jeden Tag! Aber bitte verstehen Sie mich richtig. Ich meine nicht Stellen, in denen künstlich erschaffene Kinder ihren

Teil zur Beförderung der Handlung tun müssen, indem sie als Tölpel (meist), Naseweise (am zweithäufigsten) oder Helden (nach meinen Erhebungen am dritthäufigsten) Dinge tun oder Sachen sagen, die jetzt erforderlich sind, um das Erzählgefüge funktionieren zu lassen. Ich meine Stellen, an denen erwachsene Menschen erkennen lassen, wie unermesslich Kinder ihr Leben bereichert haben durch einen Augenaufschlag, ein wahres oder warmes Wort im richtigen Moment, einen fettigen Händedruck, meist sind das authentische Erlebnisse, weil hier wie wohl fast nirgendwo stimmt, was immer stimmt: Die Realität wird das Ausgedachte an Unwahrscheinlichkeit immer übertreffen.

Und endlich stellt sich Peter augenblicklich aus appellativen Gründen (zwei größere und nun auch noch eine kleinere Schwester) gern tot. Das wäre weder witzig noch erwähnenswert, »hängte« er dabei nicht gern effektoptimierend die Zunge aus dem Mundwinkel. Allerdings zeigt sie dabei schwerkraftleugnend immer nach oben …

Die anderen, zwei Mädchen, stellen sich später im Zusammenhang selbst noch ausführlicher vor, daher hier nur ganz kurz: Vier Jahre älter ist Ava. Ava ist unsere zweite, aber die ersten beiden haben ihre klassischen Rollen vertauscht. Nicht die Große ist die Streberin, und die Zweite sucht ihren Platz auf unserem Radar im Rebellentum. Die Strebsame ist Ava.

Und dann ist da noch Klara. Klara ist fünfzehn. Und wer jetzt denkt: Hachgott, das Alter, in dem Eltern zum Problem werden – nein! Das haben wir schon hinter uns. Klara, hat, soweit die erste Bilanz, ihre Pubertät mit zwölf, dreizehn Jahren genommen, in einem Alter, in dem mir, dem Mann und ehemaligen Jungen, das zunächst gar nicht in den Sinn kam; es sieht aber so aus, als sei es tatsächlich so gewesen. Eine schon leidlich gezähmte Rebellin also auf der Suche nach allem, wonach man in ihrem Alter eben so sucht. Einzelheiten zur Landesgeschichte zählen naturgemäß nur eingeschränkt zu diesem Interessengebiet.

Das Wesen der Hiesigen

Inwieweit die Mitglieder meines Haushalts damit typische Mecklenburger/innen und/oder Vorpommern sind, vermag ich nicht zu sagen. Zu einem Teil, dem ungemein günstigen Gen-Erbe meiner Frau, sind sie es bestimmt. Das Wesen der Einheimischen insgesamt nun ist reserviert, man ist bodenständig, heimatverbunden, seetüchtig, und gewiss ist man auch blond und blauäugig. Diese Eigenschaften eignen sich sehr unterschiedlich gut, wenn man Gastgeber in einer touristischen Region sein will. So hat etwa der Service in vielen Restaurants über die Jahre etwas Sprichwörtliches bekommen. Sein Ruf erinnert an den der Pariser Kellner. Tröstlich daran: Wohl niemand käme auf die Idee, wegen der kauzigen Kellner Paris zu boykottieren. Weniger tröstlich: Der Titel der unfreundlichsten Kellner ist ja nun vergeben, da muss man nicht wetteifern. Und die Vergleichbarkeit beider Reiseziele erschließt sich ja sonst auch nur zögerlich – beide sind ein langes Verweilen wert, aber auf die unterschiedlichsten Weisen, die man sich vorstellen kann. Da braucht es diese künstliche Gemeinsamkeit nicht. Wie dem auch sei, dem Vernehmen nach arbeiten wir dran... Küche gibt es jedenfalls schon in allen Preis- und Qualitätslagen, wobei man sich auch hier nicht darauf verlassen kann, dass beides korreliert. Zum Wesen des Menschen von der nordostdeutschen Küste allgemein, also über seine unmittelbaren Gastgeberqualitäten hinaus, hier eine Geschichte, die ich aufgeschnappt und hierzulande wiederholt zu einmütigem Kopfnicken zum Besten gegeben habe (so dass ich annehmen darf, dass sie viel über hiesige Ideale aussagt):

In Norwegen! Da plante vor einigen Jahren ein reicher Wikinger sein extra-exzentrisches Domizil. Und musste den Plan aufgeben und sich beim Volk entschuldigen, weil er allein mit der Idee von der Knüller-Villa die Gefühle des Volkes verletzt hatte. Ja, so ist das in Norwegen. Es gilt die Maxime »Glaube nicht, dass du etwas Besonderes bist!« und »Glaube nicht, dass du besser bist als wir anderen!«

Noch kürzer charakterisieren sich Nord-Frau und Nord-Mann hierzulande so:

Wo de Ostseewellen trekken an den Strand,
Wo de gele Ginster bleugt in'n Dünensand,
Wo de Möven schriegen grell in't Stormgebrus,
Da is miene Heimat, da bün ick to Hus.

Das ist der Beginn einer Hymne von Martha Müller-Grählert, die – unter einem ganz anderen Namen – 1876 in Barth geboren wurde und später lange in Zingst lebte, und es kann, obgleich es viele anders meinen, ausgeschlossen werden, dass das Lied ursprünglich auf die Nordsee gemünzt war. Dort hat man es sich auch angeeignet, das ist schmeichelhaft, aber das Original ist von hier!

Geschichte macht glücklich

Mancher fände es ja auch hierzulande ganz schön, wenn sein Kind später nicht vor lauter Strukturschwäche in die ferne große Stadt ginge. So versuche ich, die Meinen mit unserem Land zu verwurzeln, tief und geflechtartig. Hier und da machen wir zu diesem Zweck auch in Geschichte, ab Eiszeit, und ich staune, was ich selbst alles nicht wusste oder nicht wirklich, eben geflechtartig, durchdrungen hatte! Geschichte macht glücklich, propagiere ich dann. Ich bringe mir die Abfolge des hierzulande Gewesenen selber noch einmal bei (vieles zum allerersten Mal, denn Geschichte in der Schule endet nun einmal, gefühlt, ungefähr am achten Mai 1945) und versuche, sie bei Ausflügen oder Abendessen gelegentlich zum Besten zu geben. Mit sehr durchwachsenem Erfolg. Ein Tischgespräch im Familienkreis entwickelt sich üblicherweise nach einem Muster: Einer erzählt etwas, ein anderer stellt eine Frage dazu, ein dritter steuert einen Gedanken oder ein Lachen bei, verlangt aber in erster Linie nach dem Schinken, und dann nimmt der Familienplausch eine andere Wendung. Und nun muss man sich vorstellen, einer sitzt dazwischen, der sich an der eigentlichen Runde nur stichpunktartig beteiligt, dafür aber wiederholt einflicht, hier habe es ja früher auch eine Eiszeit gegeben. Allgemeines verständnisloses Sinnieren, dann neues Thema. Und Spuren davon seien bis heute zu sehen. Interessant, Papa, aber kriegst du nicht mit, dass wir uns unterhalten? In Form bestimmter Bodenformationen oder der sogenannten Sölle.

»Das hat was Autistisches, was du hier veranstaltest«, wirft Elle ein, die Beste von allen, und nennt mich, zudem stark akzentuiert sprechend, bei meinem ganzen Vornamen, was bedeutet, dass ich jetzt zur Ordnung gerufen werde: »Wir unterhalten uns, und immer, wenn alle kauen, wirfst du uns deine Steinzeitbrocken dazwischen, wie kommst'n da jetzt überhaupt drauf?«

So geht es also nicht. Doch weiß ich, dass ich meine Familie, wenn alles nichts hilft, ganz gut über die Presse erreiche. Meine Texte in der Zeitung lesen sie, und ich habe eingeführt, ihnen die Überraschung zu erhalten, indem ich sie ihnen nicht vorher zeige. Und sie finden: Wenn er damit sogar an die Öffentlichkeit geht, muss es ihm ja ein Anliegen und wirklich wichtig sein. Da ich es zudem ohne Weiteres verantworten kann, auch meine übrigen Leser mit den Grundzügen der Regionalgeschichte vertraut zu machen, leite ich eine meiner Kolumnen in dieser Anfangszeit in etwa so ein, wie ich dieses Kapitel begonnen habe, und fahre dann fort:

> *Wo heute Mecklenburg liegt, war immer Tiefland, jedenfalls, wenn man sich mit einem Rückblick über zweihundertfünfzig Millionen Jahre zufrieden gibt (Menschen gibt es seit rund zweihunderttausend Jahren). Ursprung unseres Landes war eine riesige Gebirgsmasse. Sie war relativ platt (ein »Plattoh« sozusagen) und befand sich ursprünglich weiter nördlich: der Skandinavische Schild. Dessen oberste Schichten waren ständig dem Wetter ausgesetzt, wurden von Sonne und Frost zersprengt, von Wind und Wasser zerrieben und geglättet, bis alles zerkleinert war – Zeit war ja genug. Was sich auf diese Weise löste, rutschte ab, gelangte über Flüsse und Gletschereis ins Meer, trieb davon, schichtete und türmte sich andernorts wieder auf, ragte eines Tages über die Meeresoberfläche hinaus – und ist heute unser Land! Pflanzen gediehen, bald Bäume, später solche Bäume, die im Herbst ihr Laub abwerfen. In dieser Zeit sind auch die Jahreszeiten entstanden, es kam zu mehr Niederschlägen und damit zu mehr Gesteinsbewegungen und -schichten. Dann wurde noch einmal Skandinavien wichtig: Dauerkältebedingt nicht mehr abtauende Schneemengen dort wuchsen zu einem Eispanzer von schon mal drei Kilometer Dicke heran. Dieser geriet in Bewegung nach Süden bis ins heutige Erzgebirge und Thüringen. Der Gewalt von fließend vorandrängendem Eis*

nun konnte kaum ein Felsen widerstehen: Was sich zuvor an landschaftlichen Höhepunkten hervortat, wurde einfach plattgemacht ...! Wo reichlich Eis sich voranschob, ist es heute eben; zu den Gebieten des ehemaligen Eisrandes hin ist die Gegend kuppiger oder bildet Wälle: die Konturen des Eisrandes. Man spricht von Grundmoränen- und Endmoränenlandschaften. Und wo das Eis regelrechte Vertiefungen schürfte, entstanden – Seen, so die Müritz und der Tollensesee. Weil es hier aber nicht so dauerhaft kalt war wie in seiner nördlichen Herkunft, taute der Eispanzer ab, als der Nachschub ausblieb. Das Schmelzwasser bildete unsere Flüsse. Und noch etwas blieb nach dem Abtauen des Eises vor siebzehntausend Jahren zurück: Wenn man Ackerflächen in Mecklenburg-Vorpommem betrachtet, finden sich oft rundliche Löcher, fünfzehn, zwanzig Meter im Durchmesser, die von Pflanzen bewachsen und oft mit Wasser gefüllt sind. Warum? Na, ich weiß es jetzt, und meine Kinder auch: Bei der Schieberei des Eises über das Land vermischen sich teilweise Fels und Eis so, dass es zu Einschlüssen von Gletschereis in den mitgerissenen Felsmengen kam. Taute dieses eingeschlossene Eis auf, bildeten sich Hohlräume, brachen die schließlich ein, entstanden solche Löcher, bewachsene Kuhlen, die wir heute ›Sölle‹ nennen. Ganz spannend, oder? Fortsetzung folgt!

Ich erreiche, dass immerhin Klara und Elle das wirklich zur Kenntnis nehmen und mich abends etwas weiter ausholen lassen: Ich darf schildern, dass, wer ganz genau hinsieht, bis heute anhand der Gesteinsarten in den verschiedenen Schichten, die durch dieses ewige Übereinandergeschiebe entstanden, sehr genau nachvollziehen kann, wie Mecklenburg-Vorpommern nach und nach gebildet wurde. Manche solcher Bereiche sind derart aufschlussreich für die Geologen, dass diese ihren Schutz verlangen und ihre unveränderte Erhaltung als »Geotop«. Eine Zeit lang mag das klappen, aber manchmal mag man sich auch fragen, ob die Natur selbst nun so belassen wird, was sie über Jahrmillionen immer wieder verändert hat, oder was sie sich als Nächstes für unseren Landstrich einfallen lassen wird (und wann ...).

»Hier war echt Eis bis Dresden!«, ruft etwas unvermittelt Klara, der das plötzlich aus der Schule teilweise bekannt vorkommt.

Klingt doch einprägsam, lassen wir so stehen und fahren fort: »Genau, und wo also reichlich Eis sich voranschob, ist es heute platt, mehr zu den Gebieten des ehemaligen Eisrandes hin ist die Gegend kuppiger. Auch regelrechte Wälle oder halbrund geformte Bereiche sind entstanden: Hier verliefen die Konturen des Eisrandes! Manche ehemaligen Berge hat das Eis auch nicht vollständig mit sich gerissen, sondern ihnen die Kuppel abgehobelt und sie insgesamt eher rundgelutscht. Diese Erhöhungen nennt man ›Drumlins‹!«

»Komisches Wort«, findet wiederum Klara.

Ich geniere mich etwas, nicht mit dem Wortursprung dienen zu können, ja, nicht einmal so recht zu wissen, ob man das Wort deutsch oder, da es doch irgendwie undeutsch aussieht, englisch ausspricht, verlege mich aber darauf, erstmal zu belegen, dass es die Dinger wirklich gibt:

»Ein Beispiel ist der Schwarze Berg bei Kritzow/Lübz. Und wo das Eis in die plattgemachte Gegend Vertiefungen schürfte, entstanden also, habe ich ja in der Zeitung schon geschrieben, Seen wie die Müritz und der Tollensesee. Dann wurde es hier wärmer, so taute der Panzer allmählich ab, als kein Eis mehr nachkam. Aus Schmelzwasser wurden Flüsse, die wir auch heute noch haben. Außerdem entstand die höchste Erhebung Mecklenburg-Vorpommerns, der Helpter Berg mit 179,5 Metern unmittelbar nördlich von Woldegk, und der größte Findling gleich ganz Deutschlands kam mit seinen 540 Tonnen und 40 Metern Umfang nahe dem Seebad Göhren vor Rügen in der Ostsee zum Liegen – bei niedrigem Wasserstand schaut er auch mal heraus und kann von der Seebrücke aus entdeckt werden. Der Gute hat sogar einen Namen, der Buskam, und seine granitische Zusammensetzung findet sich sonst vor allem auf der Insel Bornholm, so dass seine ursprüngliche Herkunft recht eindeutig bestimmbar ist.«

»Wow! Und was war das mit diesen Söllen?« betätigt sich Klara tatsächlich mal als regelrechter Stichwortgeber.

»Ja, auf unseren Äckern fällt auf, dass sie häufig keine völlig ebenförmigen Flächen sind. Sie sind, unabhängig von ihrer Form und vielleicht kleinen Anhöhen oder sanften Hügeln, die mitbewirtschaftet werden, öfter unterbrochen durch etwas für den Bauern Lästiges – er muss nämlich jedes Mal drumherum fahren – für das Auge und die Landschaft aber oft sehr schön Auflockerndes. Entweder finden wir nämlich Inseln, die wie kleine, steile Hügel aussehen. Oder es finden sich kleine fast runde oder auch mal längliche Löcher, die meistenteils von niedrigeren Pflanzen bewachsen oder mit Wasser gefüllt sind und – dank Schilfgras und Enten – wie kleine, hübsch angelegte Tümpel aussehen. Hat die Natur aber ganz alleine hinbekommen! Die Erklärung der Hügel muss ich mir noch einen Moment aufheben, dafür habe ich die Löcher in der Zeitung ja auch schon kurz erklärt. Sie haben mit dem Abschmelzen der Gletscher zu tun – «

»Als das Eis über das Land geschubst wurde, vermischten sich Fels und Eis so, dass manchmal Gletschereis in die Felsmengen eingeschlossen wurde. Wenn dann dieses eingeschlossene Eis auftaute, bildeten sich Hohlräume, und wenn die dann einbrachen, entstanden solche Löcher.«

Klara hat Zeitung gelesen. Und verstanden!

»Große, heute bewachsene oder mit Wasser gefüllte Kuhlen, die wir ›Soll‹ und in der Mehrzahl ›Sölle‹ nennen«, schließe ich beglückt und lachend ab.

So isses!

Mit den Söllen hat es etwas auf sich für mich. Diese kleinen Tümpel in der Landschaft geben ihr ein ganz eigenes Gepräge. Meine Lieblingssölle, falls jemand tiefer einsteigen möchte, liegen übrigens zwischen Greese und Lübow an einer kleinen Straße ohne Mittelstreifen und mit Alleebäumen. Beide sind wassergefüllt, der eine schilfumstanden, ungefähr fußsohlenförmig, und oft sehe ich dort Enten und Schwäne. Der andere, wenige Meter weiter, ist sogar ein Angelgewässer, eine Reihe hoher Bäume steht dort, Bäume, deren Blätter besonders rascheln, Silberpappeln würde ich sagen.

Nun gab es unterschiedliche Phasen der Vereisung, manche waren stärker, manche nicht ganz so stark. So wurde beispielsweise das Schmelzwasser einer Eiszeit aufgehalten durch die Endmoränen, die sich durch eine frühere Eiszeit gebildet hatten und aus dem vielen Wasser entstand – die Mecklenburgische Seenplatte.

Recht einfach nachzuvollziehen ist auch die Entstehung des Bereiches Fischland-Darß-Zingst. Vor siebentausend Jahren waren das drei völlig getrennte Landmassen, die als Moränenkuppen aus der Ostsee lugten. Nach und nach haben die Strömungsverhältnisse der Ostsee hier immer mehr Sand und Gestein aufgespült und angelagert (man spricht von Nehrungen, der Begriff hat sich vor allem in der Kurischen Nehrung weiter östlich erhalten, die heute teils zu Litauen, teils zu Russland gehört), bis am Ende eine – schließlich sogar mit dem Festland verbundene – Landmasse entstand. Als wir einmal dort waren, erfuhren wir, dass dieser Bereich bis heute seine Gestalt ständig verändert, an manchen Stellen abgespült, an manchen Stellen neu angelagert wird. Hier hat die Ostsee wegen der fast rechtwinkligen Form, in der der Darß sich dort vor langer Zeit mal in die Strömung gelegt hat, eine schwere Aufgabe, denn wie die Strömungen der meisten großen Gewässer, so hat auch die Strömung der Ostsee das Bestreben, ihre Küste durch ein Verlaufen parallel zur Küste zu glätten. Was vorsteht, wird nach und nach langsam aber stetig an- bzw. weggenagt (so entstehen Steilküsten); wo sich Unterbrechungen ergeben, lagert die Strömung mitgeschwemmte Gerölle und Sand ab. So hätte sie sicher auch längst eine Landverbindung von Zingst zum Bock und Hiddensee geschaffen. Der Mensch ist aber mit großem Aufwand bemüht, das zu vermeiden. Um auf den Darß zurückzukommen: Einem rechtwinkligen Küstenverlauf kann die Ostsee nicht folgen, dazu müsste die Strömung ja eng um die Kurve fließen, also um die Ecke biegen. Die Ostsee hat sich aber etwas einfallen lassen und verändert einfach nach und nach den Küstenverlauf: Von einem rechten Winkel ist im Bereich des Darß heute schon lange nichts mehr zu sehen …

»Und wie lange ging das so mit dem Eis?«, stellt Klara zu meiner Freude eine Frage.

Vor etwa siebzehntausend Jahren war bei uns das letzte »ewige« Eis getaut. Seither kommt nur im Winter ab und zu ein bisschen was zusammen, aber das macht ja noch keine Eiszeit. Pflanzen und Tiere gab es kaum. Reichlich vorhanden waren hingegen Wasser und Steine! Die Steine waren teilweise sehr klein, so waren sandkornkleine Steinchen dabei, die der Wind mühelos forttrug und zu Dünen an Flussufern und der Meeresküste anhäufte. Nach und nach richteten sich aber auch Pflanzen, Tiere und Menschen ein. Torfmoore entstanden aus dem reichlichen pflanzlichen Leben, das sich in den Seen entfaltete, und Mutterböden bildeten sich. Und die Ostsee setzt ihr Werk einer glatten Küste fort. Manches kann der Mensch vielleicht eine Weile lang kontrollieren. Anderes geschieht einfach, auch, wenn's manchmal schade ist und regelrecht wehtut. So sieht man zwischen Wustrow und Ahrenshoop, wie eine Steilküste entsteht und wieder verschwindet: Die See leckt mit Macht unten am Kliff, macht es steil und steiler, bis Überhänge entstehen, Regenwasser, Frost und sicher auch Eingriffe des Menschen sorgen für das Abbrechen und Abrutschen des Kliffs, es entsteht unten eine Schutthalde, das nächste Hochwasser schwemmt diese weg, leckt wiederum wie mit Widerhakenzungen unten am Kliff, Regen, Mensch und Frost sorgen für den Rest, bis eines Tages nichts mehr da ist. Eine gezielte Bepflanzung der Krisengebiete wäre die einzige denkbare Abhilfe (naja, jedenfalls eine Bremse), weil das Wurzelwerk der Pflanzen den Boden zusammenhält wie wohl sonst nichts.

»Und was bringt uns das jetzt?«

Tja, haben diese ganzen Boden- und Gesteins- und Eisbewegungen vielleicht irgendwelche Ablagerungen gebracht, die für uns bis heute wertvoll sind, also: so richtig wertvoll? Gold und Diamanten waren bislang nicht dabei, davon hätten wir gehört. Nun sind aber auch Kies, Sand und Ton als Baustoffe von beträchtlichem Wert, der Torf fand und findet Verwendung, und schließlich waren und sind Eisenerz und Lehm für den

Hausbau und Ziegeleien willkommen. Andere Steine eignen sich zum Schärfen von Schneidewerkzeugen oder – früher – als Feuersteine. Ach ja, und dann haben wir ja noch das Wasser in der Tiefe: das Grundwasser, ohne das jedes Leben ohnehin nicht denkbar wäre.

»Und wenn ich jetzt mal wirklich mehr dazu wissen will, ich meine, ohne dass du das immer erzählst, vielleicht was sehen?«

Aber gerne doch, bitte sehr: Wer die Eiszeitgeschehnisse genauer wissen will, kann beispielsweise die »Eiszeitroute Mecklenburgische Seenplatte« abklappern, 666 Kilometer voller Info-Tafeln. (Da erfährt man übrigens bestimmt auch, dass das Wort »Drumlin« aus dem Gälischen kommt: »Droim« bedeutet da »Rücken« oder »Höhenrücken«, also sprechen wir es wohl doch mit deutlich ausländischer Tendenz aus.)

Ich stelle zufrieden fest, dass meine Zuhörerinnen zwar nicht gleich die ganze Route abradeln wollen, aber immerhin durchgehalten haben und noch wach sind. Es klingelt an der Tür. Ein empörter Peter steht an der Tür, einige Stufen hinter ihm höre ich den Großvater auf der Treppe keuchen. Es lässt sich nicht erkennen, ob er Peter zurückbringen wollte oder ob der getürmt ist, und schon bricht es aus Peter heraus: »Opa hat gesagt, ich soll nicht so ein blöder Sack sein!!« Ich bin einigermaßen ratlos. Nach und nach erfahre ich vom unmerklich verlegenen Großvater und meinem noch immer empörten Knirps, der die mehrfach zur Versöhnung dargebotene Seniorenpranke glatt ignoriert, der Große habe wohl in einer Diskussion ums Schuheausziehen verlangt: »Sei doch kein Dummbeutel!« Und die Aufregung hat auf dem anstrengenden Weg die Teppe hinauf in bemerkenswerter Abstraktionsfähigkeit daraus gemacht: Sei doch kein blöder Sack!

So ungefähr geht es also bei uns zu.

Wustrow

An diesem Nachmittag ist es noch frisch in Wustrow und zugig. Wustrow. Manchmal wünschte ich, jemand hätte die Orte in MV durchnummeriert, und diese Nummern wären dann zu unverwechselbaren Ortsnamen geronnen. Stattdessen gibt es viele – Boltenhagen, Pinnow, Wustrow – gleich x-fach. MV ist das Land, in dem es ein perfektes Alibi ist, in Pinnow (I) gewesen zu sein, während in Pinnow (II) einer umgebracht wurde (das sollte dann möglichst noch die Schwester in Pinnow [gleich, ob I, II oder III] bestätigen können …). Auch Wustrows fallen mir sofort mindestens drei ein: Eines liegt als Halbinsel nicht weit von Kühlungsborn bzw. Rerik vor dem sogenannten Salzhaff und war früher von so großer militärischer Bedeutung, dass es bis heute nicht ohne Weiteres möglich ist, dorthin zu gelangen. Auch dort ist aber ein Ferienpark geplant, so dass sich diese Probleme vielleicht eines Tages wie eine Kuriosität aus einer geschichtlichen Anekdote ausnehmen werden, die man aus, dann nur noch gelehrten, bekannten Gründen etwas eigenartig einst als den »Kalten Krieg« bezeichnete. Ein weiteres Wustrow fand ich etwas südlich von Wesenberg. Und von dem frischen Mainachmittag im dritten schließlich habe ich zu berichten angehoben: Dieses liegt auf der Halbinsel Fischland-Darß-Zingst (vulgo, zum Leidwesen der Fischländer und Zingster, einfach als »Sammelbegriff« Darß) am Übergang vom Fischland zum Darß. Es besteht aus der Durchgangsstraße mit ihren ferienortdurchgangsstraßentypischen Geschäften, ein paar Sträßchen zur Seite des landeinwärts zum Bodden hin liegenden Hafens, einer Straße von der Durchgangsstraße hin zur Seebrücke und einer weiteren Straße, die Ortskundigen den Weg von der Hauptstraße zur Seebrücke unter Umgehung der Geschäftsstraße abkürzen hilft. Diese Straße ist zu beiden Seiten von schmucken, denkmalschutzwürdigen Kapitänshäusern samt ihren herausgeputzten Vorgärten gesäumt, wo zu dieser Zeit hauptsächlich die Tulpen blühten. Man sieht auf den frischgestrichenen Bänken vor den Häusern mit ihren bunten Türen förmlich die vollbärtigen Seebären im vollen Ornat ihr Pfeifchen schmauchen, so vollendet ist die Postkartenidylle. Wir lassen das Auto nicht weit von der Seebrücke in einer gepflegten Parktasche fallen, ich stutze, als ich im Vorbeigehen zur Rechten die umfangreiche Bebauung wahrnehme und bleibe an einem Zeitungskiosk stehen, weil eine Werbetafel meinen Blick gefangen hat: »Gehen Sie in Meinungsführung« verlangt sie, für sich also in Anspruch nehmend, mir diesbezüglich einen respektablen Vorsprung verschaffen zu können. Ich bin eigenartig berührt. Meinungsführung. Von Info-Elite habe ich gehört und von »herrschender Meinung«. Nun also Meinungsführung. Ich überlege noch, ob das die Meinung der Mehrheit meinen sollte oder die »erste Meinung« als eine Art Cousin des »ersten Eindrucks«. Nichts davon passt aber hierher. Zur Umgebung, zum Schlendertempo der anderen, zum gleichmäßig behäbigen Platschen der nun in Hörweite gelangenden Wellen. Die Tafel mit der Meinungsführung, ihr Anliegen und meine Reflexionen hierzu schlagartig vergessend, durchschreite ich das aus zwei Fischrestaurants mit zuverlässigem Meerblick bestehende Portal zur Seebrücke. Ich drehe mich noch einmal um, nach der neuen Ferienhausbebauung auf der rechten Seite. Nach meiner Erinnerung hat es hier bei meinem ersten Besuch Häuser entlang der Straße gegeben und in einigen hundert Metern Entfernung unmittelbar hinter den Dünen ein unerklärlich stadthausartiges, etwas verwinkeltes Gebäude mit dunkelroter Backstein- oder Klinkerfassade, aus dessen Briefkasten mir seinerzeit, kurz nach der politischen Wende, ein »Neues Deutschland« entgegenzwinkerte. Angesichts der Pracht, Lage und wahrscheinlichen Entstehungszeit des Hauses hatte mich das nicht im Mindesten überrascht. Privilegien, diesen Ausspruch hatte ich damals gerade gelernt, schaden gleich Beziehungen allenfalls dem, der sie nicht hat.

Auf der Fläche davor erstreckte sich nach meiner Erinnerung eine Feriensiedlung aus einstöckigen, gleichsam einzelgaragenförmigen Bungalows; sie wirkten auf mich ein wenig wie im Sand verstreute und vor meinem Besuch dann vergammelte Bauklötze. Eine Feriensiedlung steht hier nun wieder, sie entsprang jedoch einem anderen Verständnis: In kühner Kombination der Höhe des Neues-Deutschland-Hauses am Dünenrand, einer recht freien Interpretation offenbar für »typisch Küste« gehaltener Gutshausarchitektur und viel, viel Reet sind hier Doppel-, Dreifach- und Vielfachhäuser in bemühter Buntheit in den offenbar außerordentlich rentierlichen Sand gesetzt worden. Das Privileg, hier einige Wochen verbringen zu können, haben nun zu viele, als dass man es noch so nennen könnte. Das Privileg, diesen Küstenstreifen frei von Bebauung erleben zu können, hat allenfalls noch der Besucher bei Starknebel.

Inzwischen sind wir weitergegangen. Ein imposanter Lavendelhimmel ist aufgezogen: dunkel, ohne unmittelbar drohend zu sein, grauviolett und mächtig. Doch fehlt es hier ein wenig am silbergrünen Beiwerk von Bäumen, an Lavendelstumpf und -stiel, da ist Lavendel, doch nur die Blüten. Das findet man hierzulande manchmal noch besser. Erneut wende ich mich nach rechts, in Richtung Norden. Und stehe still. Der Anblick, der sich mir bietet, ist großartig. Und alles, was ich zu Reisefotografie, ihren Chancen und Gefahren weiß, durchfährt mich schneller, als es je niedergeschrieben oder auch gelesen werden könnte: Nehme ich noch mit den Augen wahr, oder laufe ich hinter einer Art ständigem Objektiv und Sucher durch die Lande, nicht den Eindruck wahrnehmend, sondern das Motiv suchend? Nicht den Anblick in meine Erinnerung brennend, sondern die Hoffnung hegend, das Foto möge gelungen sein und der Anblick könne zu Hause immer noch in 10x15 einer näheren Befassung unterzogen werden, weil sonst die Gefahr besteht, in der Kürze der Zeit vor

Ort andere Anblicke zu verpassen? Meine Sorgen weichen der in diesem Moment nur zu tröstlichen Gewissheit: Ich muss, was ich sehe, auf die Platte der Erinnerung brennen, denn ich habe keinen Fotoapparat zur Hand. Nördlich von Wustrow verläuft bis Ahrenshoop eine Steilküste, ein Hochufer, ein sandiger Küstenstreifen, der den Kampf gegen die Abtragungskräfte der Natur in diesen Zeiten täglich ein bisschen mehr und ein bisschen dramatisch verliert. Zwei Farben Beige nimmt man bei genauer Betrachtung wahr, nach unten hin dunkler, oben etwas heller und wärmer, darüber das flatternde Küstengras. Steil und scheinbar trutzig hält sie sich, die Steilküste mit ihrem Hochuferweg. Und doch: Wenn das Meer es will, wird es sich wieder seinen Teil holen. Vor Jahren, etlichen Jahren, standen oben zwei militärisch motivierte Betonquader mit Fenster- und Türöffnungen zur Küstenbeobachtung. Vermutlich ging es wie bei vielen Anlagen dieser Art (auch Türme sind darunter, in Börgerende zum Beispiel) wieder einmal nicht darum, Angreifer abzuwehren, sondern die eigenen Leute am Wegschwimmen zu hindern. Als ich herzog, lag schon einer dieser Quader im Wasser: Ein Küstenabbruch hatte ihn den Abhang hinuntergewürfelt und in seiner ganzen ehemaligen Furchteinflößung unmöglich gemacht, indem er ihn wie Abraum ins Wasser geworfen hatte. Mutige Badende können sich ihm heute nähern wie einem übergroßen, bemoosten alten Fernseher. Bereits in die Zeit meines Hierseins fällt der zweite Fall dieser Art. Ich möchte sogar sagen, den zweiten Wehe-es-schwimmt-einer-weg-Würfel habe ich noch bestiegen, als er noch oben stand. Dann aber, eines Nachts im Herbst, kam der Wind, der Sturm, kam das Meer, die Schwalben hatten ihren Teil zur Aushöhlung des Kliffs getan, und eine weitere Lawine aus ehemaligem Hochufersand riss den Würfel mit gewiss imposantem Poltern (oder in einer gespenstisch fast lautlosen, doch unwiderstehlichen Bewegung des tödlichen Abrutschens) mit sich ins Meer. Da liegt er nun, kein bisschen imposant, lächerlich. Menschenwerk, militärisches noch dazu, nach dem aussichtslosen Kampf mit den Kräften der Natur. Und hier verschwindet nach und nach einer der vielleicht schönsten Hochuferspazierwege der Welt mit einigen der vielleicht schönsten und wildesten Aussichtspunkte der Welt, wie man sie vielleicht am Pazifik vermutet, hier aber sicher finden konnte, im Meer.

Käthe Miethe, zugezogene Fischländerin aus der ersten Hälfte des 20. Jahrhunderts, deren Werk einem abverlangt, dass man für sie das Wort »Heimatschriftstellerin« mit großer Zärtlichkeit, Bewunderung und Dankbarkeit ausspricht, schrieb dazu:

> Uns war das Ufer heilig. Wir trauerten jedem Stück nach, das die See sich holte. Wir gestanden die Zerstörung des Ufers nur den Uferschwalben zu, denn sie wussten es nicht besser, wenn sie mit ihren ungezählten Nistlöchern das Ufer förmlich perforierten und damit seinen Absturz beschleunigten. Übrigens trägt das Quellwasser erheblich zum Landverlust bei; wenn es in harten Wintern gefriert, treten tiefe Risse auf, mächtige Schollen werden gleichsam abgesprengt und sinken im Frühjahr zum Strande ab. Auch die Kaninchenlöcher richten viel Schaden an.
> *(Miethe, Das Fischland, 9. Aufl., 2008)*

Früher war es also auch nicht besser. Aber dieser Trost ist denkbar schwach.

Man kann hier fünf Stunden nordwärts am Strand entlanglaufen bis zum Leuchtturm, und dann noch beliebig lange ostwärts weiter bis zu den Dünen von Pramort. Wenn man kann. Mit Kindern kann man eher nicht. Unsere marschierten mit gelben Kapuzen – mehr war oft gar nicht zu sehen – vorweg und durch die Dünen. Und Peter mit rot-weißen Turnschuhen. Das ruft in mir eine Stelle aus meiner Privatsammlung Kinder ernst nehmender Literatur wach: Judith Hermann lässt in *Nichts als Gespenster* ihren zunächst raubeinig daherkommenden Buddy zu einem kinderlosen Paar sagen:

»Wenn ihr kein Kind habt, dann wisst ihr auch nicht, wie es ist, seinem Kind ein Paar kleine Turnschuhe zu kaufen ...« Er lachte kurz auf und schüttelte den Kopf. Ellen sagte: »Wie ist es?«, und Buddy sah an ihr vorbei auf die Straße hinaus, kniff die Augen zusammen und sagte: »Also, es ist so – es ist schwer zu beschreiben, aber es ist schön. Diese Turnschuhe sind so klein und winzig und perfekt, ein perfektes Abbild eines wirklichen Turnschuhs.« Er sah Felix an und sagte »Ja?«, Felix nickte. »Du kaufst diese winzigen Turnschuhe, blau und gelb und mit festen Schnürsenkeln und gefederten Sohlen in einem vollkommenen, kleinen Schuhkarton, und du bringst sie zu deinem Kind mit und ziehst sie ihm an, und es läuft damit los. Es läuft einfach damit los. Das ist alles.« Er zog noch einmal an der Zigarette, dann gab er sie Felix wieder, der sie nahm und weiterrauchte.

Wir sind auf dem Hochuferweg angelangt. Die Absperrungen sind nicht immer deutlich. Viel zu spät fällt mir auf, dass ich zu dicht am Abgrund bin. Ich verharre. Im gleichen Buch lässt Judith Hermann eine junge Frau, die vor einem nach seiner bisherigen Regelmäßigkeit alsbald ausbruchsreifen Vulkan steht, sagen: »Na wenn das so sein soll, dass ich hier stehe, in genau dem Moment, in dem diese Fontäne hochgeht, dann will ich mich gern ergeben.« Verblüffend fast wortgleich habe ich gedacht, als ich vor Jahren in Island auf unsicherem Grund stand und schwefligen Geruch in der Nase spürte, und genau so denke ich jetzt wieder, für einen kurzen sündigen Moment jede Verantwortung, die mich eben schon mich hat umblicken lassen, ob die Kinder mich hier sehen können, vergessend: Wenn dieses Stück Küste genau in diesem Moment abgeht, will ich mich gern ..., nein, natürlich nicht. Rückwärts trete ich zögerlich zwei Schritt zurück, weg von der gefährlichen Kante, weg von der sich allmählich in die Form des orangefarbenen Balles fügende, zum Untergang strebende Sonne, und sehe meinen Lieben nach. Wieder fällt mein Blick auf die kleinen Turnschuh, auch wenn sie nicht blau-gelb sind, sondern rot-weiß, diese kleinen perfekten Treter aus dem vollkommenen Karton, wie sie nun die gesunden, kleinen Füße meiner vollkommenen Kinder bergen. Wie lange laufen sie inzwischen? Beide liefen mit ungefähr einem Jahr. Und ich war nicht begeistert. Ist doch ganz klar. Mit einem Male liefen sie! Und alle waren glücklich. Mein Sohn machte die ersten Schritte vom Laufgitter zum Tisch, die Videokamera wurde gestartet, die Szene nachgestellt, er fiel drauf rein, machte es wirklich nochmal. Jetzt lief er! Opa im Sessel legte die Arme vor den Bauch und fand fröhlich Parallelen zum eigenen Gehstil, Oma stand Wasser in den Augen, die Geschwister hüpften auf und ab und bauten Hindernisparcours, um den Bruder zum Äußersten zu treiben, Elle hatte einen erwartungsvollen Blick auf mir zum Ruhen gebracht. Allen war gemeinsam, dass sie auf diesen Moment gewartet hatten und ihn als den Anfang von etwas Großem feierten. Anders, mit einem Mal, ich. Ich empfand, dass vor allem etwas vorbei war. Dabei hatte ich nicht das Ende der Sicherheit von Wohn- oder anderen Zimmern im Blick, die mein Sohn nun auf eigene Faust aufsuchen und bis in ein Meter Höhe erobern und nach Möglichkeit wohl auch verheeren würde. Auch das Ende der Ruhe beim Zeitunglesen war nicht, was ich in erster Linie betrauerte. Natürlich würde es sich äußern in flehentlichen Lauten, wenn ich meinen seinerzeit Jüngsten im Laufstall in Sicherheit und Zufriedenheit wähnte, er aber auf zweibeinige Entdeckungstour gehen wollte, weil eine Tür der Wohnung offen wäre, hinter der er noch keine Marke gesetzt hat. Und das Ende meiner Ruhe würde sich äußern, wenn ich ihn sodann bei seinen Streifzügen begleiten müsste, um übermäßiges Unheil von der Wohnung abzuwenden. Aber nein, ich spreche von etwas ganz anderem. Zu Ende war es. Endgültig und unwiderruflich. Mit dem abhängigen und kleinstkindlichen und jederzeit unbedingt zuwendungsbedürftigen Mini an meiner Seite. Bis eben noch musste ich ihn tragen, und er schlug Ziele vor, worauf ich folgen oder verweigern konnte. Mit einem Mal aber stand und ging und stolperte und lief da jetzt ein

Kind. Gewiss wackelte es noch wie der Butler von Miss Sophie kurz vor Schluss von *Dinner for one*, gewiss war sein Laufen noch kein autonomes, weil der Knirps noch zu schwerkraftbedingten Wenden und Halsen gezwungen war und primär lief, wohin das Gleichgewicht ihn führte. Aber das waren Feinheiten. Mein Baby war ein Kind. Es hatte zum eigenen Willen nun neue Möglichkeiten, ihn umzusetzen, weitere würden folgen.

Noch bleibt uns ja ein Nesthäkchen, denke ich, im Anblick von Floras Kinderwagen leidlich Trost findend. Aber. Wenn sie erstmal laufen, laufen sie auch davon. Der Auszug von zu Hause gilt gemeinhin als die zweite große Abnabelungsgeste nach der Durchtrennung der Schnur. Dieses Losmarschieren meines Sohnemannes habe ich als kaum weniger einschneidend empfunden. Wie tröstlich war es da, dass er abends am Bettchen den Schnuller, den er natürlich längst selbst zum Mund führen konnte, mir reichte und mir dann sein Köpfchen mit halb geöffnetem Mund entgegenreckte, gewillt, den Schnuller gleichsam noch einmal von meiner Hand zu nehmen, als wollte er sagen: Noch bin ich da, Papa, und ein bisschen darfst du mir noch helfen.

Steinzeitliches und Steingräber

Wenige Tage später stand in der Zeitung mein nächster Versuch, die Familie – und andere Leser – für die Landesgeschichte zu begeistern:

Ich ließ hier schon durchblicken, dass ich mir erhoffe, eine Verwurzelung meiner Kinder mit dem Land erreichen zu können, indem ich sie für seine Geschichte interessiere. Und dass ich beim Erzählen allen Erntes mit dem Ursprung, dem Skandinavischen Schild, vor zweihundertfünfzig Millionen Jahren begonnen habe.

Als ich beim nächsten Mal meinte, eine günstige Gelegenheit zu erwischen, habe ich fix zugesehen, ein bisschen Altsteinzeitwissen loszuwerden. Das ging ungefähr so:

»Die Altsteinzeit siedeln wir an im Zeitraum von vor fünfhunderttausend Jahren, je nachdem kann man auch zweieinhalb Millionen Jahre zurückgehen, bis vor ungefähr zwölftausend Jahren (Menschen bzw. seine biologischen Ahnen gibt es, ich sagte es, seit rund zweihunderttausend Jahren) Vor reichlich dreißigtausend Jahren hatte sich der Mensch dann ungefähr in seiner heutigen Form entwickelt. Da hierzulande aber noch lange Zeit Eis die Besiedlungsmöglichkeiten einschränkte, begann die erst gegen Ende der Altsteinzeit durch Rentierjäger, die zur Nahrungssuche hierher wohl wandernden Rentierherden folgten und als Nomaden tingelten. Das Irre: Man hat bereits aus dieser Zeit Funde! Leider kann man die allerdings nicht begucken, weil sowas alles hierzulande eingelagert ist, weil es zu wenige interessiert, als dass man dafür ein Museum unterhalten würde. Schade drum, nicht? Geweihreste, Klingen, Sicheln, Jagdwerkzeug eben, und ›Küchengeräte‹ aus Rengeweih. Gefunden hat man diese Schätze zum

Beispiel bei Bad Doberan (Wendelsdorf), Parchim (Siggelkow) und Franzburg (Endingen). Das Ende der Altsteinzeit fiel ungefähr zusammen mit der Wiederbewaldung Europas nach der jüngsten Eiszeit.«

Jetzt ungefähr war der Moment, zu dem ich wieder Luft holte, vorher war die Sorge, die Ohren meiner Zuhörerschaft könnten sich urschleimbeleidigt abwenden, zu groß gewesen.

»Mittelsteinzeit auch gleich noch?« fragte ich dann.

»Wann war die denn?«, kam immerhin eine Zustimmung nicht völlig ausschließende Gegenfrage. »Die schloss sich dann an und endete vor reichlich 5000 Jahren mit dem Übergang zu einer bäuerlichen Lebensweise – nirgendwo in Europa wohl übrigens so spät wie im Ostseeraum.«

»Und, was weiß man noch?«

»Erste Ansätze von Sesshaftigkeit zeigten sich, man baute schon leichte Behausungen für die jeweilige Jagdsaison, und es gibt neben wiederum vielerlei Werk- und Küchenzeug den ersten wirklich tollen Fund: eine Maske aus einem Hirschschädel, mit der wohl böse Geister beschworen werden sollten oder so. Man fand sie bei Hohen Viecheln am nördlichen Schweriner See.«

»Kann man die begucken?«

»Nein, tut mir leid, auch eingelagert.«

»Was noch?«

»Hm, wie wär's mit einer verzierten Knochenhacke, kein Stiel, aber die eigentliche Hacke, das untere Stück, mit dem Loch für den Stiel. In mehreren Teilen. Nun stellt euch mal die Freude der Ausgräber vor, als sie diese tausende Jahre alten Teile zusammenfügten, und sie passten!«

»Nicht schlecht, nur lass mich raten: eingelagert?«

»Stimmt leider, aber wir nähern uns den Zeiten, zu denen es was zu gucken gibt.«

»Nächstes Mal vielleicht?«

»Versprochen! Ich sag nur Everstorfer Forst, Katelbogen und Rügen!«

Und auch nach diesem Zeitungsbeitrag durfte ich abends zu Hause für meine Leute noch etwas nachfüllen:

Die ältesten wirklichen Funde, von denen ich weiß, entstammen der Mittelsteinzeit (vor sechs- bis zehntausend Jahren, man findet da je nach Buch unterschiedliche Zahlen) und wurden also bei Hohen Viecheln am Nordufer des Schweriner Sees gemacht. Hier fanden sich Knochen, die zum Teil auf die Zeit um 7000 vor unserer Zeitrechnung datiert wurden, die also 9000 Jahre alt sind. Anderes stammte aus der Zeit um 6000 (so ein Kommandostab aus Hirschgeweih und Holz- und Rindenstücke, von denen man annimmt, dass sie als Schwimmer beim Fischfang gedient haben), 5000 (Harpunen aus Knochen) und 4000 vor unserer Zeit. Von dem Knochenhacken-Bausatz und der Rothirsch-Maske habe ich in der Kolumne schon geschrieben. Ähnliche Funde kannte man von einem mittelsteinzeitlichen Wohnplatz in England (Starr Carr) und aus der Gegend von Berlin. Man kann nun raten, dass solche Masken ihren Platz bei Ritualen hatten, die vielleicht das Jagdglück beschwören sollten. Spuren ehemaliger Wohnstätten oder Hinweise auf Sesshaftigkeit wie Feuerstellen oder Hütten waren in Hohen Viecheln allerdings nicht dabei. Man geht eher davon aus, dass die Menschen zu dieser Zeit noch Nomaden waren. Erste Spuren, die auf Sesshaftigkeit hindeuten, sind übrigens Gräber, teilweise riesige Gräber aus riesigen Steinen. Davon gibt es in MV reichlich. Sie sind allerdings sehr unterschiedlich gut erhalten und für den Nichtfachmann heute sehr unterschiedlich gut zu finden. Und sie gehören schon in die Jungsteinzeit.

Bevor wir uns der zuwenden können, geschieht allerdings noch etwas nicht Unwesentliches.

Die Jungsteinzeit (3000 v. u. Z. – 2000 v. u. Z.)

In diesen Tagen wird nämlich das Magazin, in dem bisher meine Kolumne erschien, umgestaltet. Dieser Maßnahme fällt meine Kolumne zum Opfer! Nach vier Jahren einfach so. Eine Jungsteinzeit-Kolumne lässt man mich also nicht mehr schreiben. Das wäre ja noch zu verkraften, müsste ich nun nicht neue Wege finden, meine Familie für mein Steckenpferd zu begeistern. Das ist bei so einer augenfällig prickelnden Thematik wie der Jungsteinzeit eine echte Herausforderung.

Ungefähr von 3000 bis 2000 vor unserer Zeit, also vor vier- bis fünftausend Jahren, dauerte hierzulande die Jungsteinzeit. Da wir uns übrigens im – neben der tschechischen Republik – wohl gottlosesten Bereich Europas befinden (das gilt für das ganze Beitrittsgebiet), benutze ich statt »vor« bzw. »nach Christus« die hierzulande übliche Zeitangabe »vor unserer Zeit«, kurz »v.u.Z.«.

»'N Gott gibt's hier nich!«, bekommt man schon mal in trockenstem Mecklenburgisch zur Antwort, wenn einem als Süddeutschem anfangs ein »Grüß Gott« rausrutscht, das ist mehrfach überliefert.

Und die Jungsteinzeit war nun jene Phase, in der die Menschen hier den Übergang zur sesshaften Lebensweise mit Ackerbau und Viehzucht vollzogen, Pferde, Rinder, Schafe und Schweine zu halten begannen, Getreide mahlten und Wolle verarbeiteten.

Außerdem begruben sie ihre Toten ordentlich. Und damit zu all den alten Gräbern hierzulande. Spezielle Karten, auf denen die urzeitlichen Grabstellen von MV alle mit kleinen Punkten gekennzeichnet sind, sehen aus wie ein Stückchen Stoff, auf dem bestimmte Anhaftungen besonders präpariert sind, unter dem Mikroskop: Das Land ist geradezu über und über von solchen schwarzen Pünktchen bedeckt, wobei manche Regionen eine besondere Konzentration der Pünktchen aufweisen. Diese Gegenden, in die sich ein Ausflug zum Gräbergucken demgemäß ganz besonders lohnt, sind Stralendorf bei Schwerin, wo sich im Wesentlichen zwar nur ein, dafür aber 125 Meter langes, Hünenbett erstreckt, der Bereich von Serrahn, die Gegend bei Grevesmühlen (Everstorfer Forst), ein Bereich zwischen Tessin und Bad Sülze, Regionen südwestlich von Greifswald und der südöstliche Bereich der Insel Rügen.

Ich erzähle meinen Leuten das wirklich mit Hingabe, muss ihn aber dennoch alleine machen, meinen eindrucksvollen Ausflug in die Gegend von Dudendorf bei Bad Sülze. Ich bin positiv überrascht über die Ausschilderung. Achtet man nur halbwegs auf die wechselnde Beschilderung, dann kann man sein Ziel hier gar nicht verfehlen (das habe ich anderswo anders erlebt!) und steht plötzlich, nachdem man vom Hauptweg nach links abzweigend einige Schritte einen Pfad am Waldrand entlang gelaufen ist, vor zwei Grabstellen. Sie sind unübersehbar und machen schon deutlich, dass man am Ziel ist, bevor man die obendrein sehr gut gemachten Hinweistafeln entdeckt. Man erkennt auch nach viertausend Jahren noch die senkrecht angebrachten Steine, eingelassen in eine Grube, die gern in die Kuppe einer Anhöhe gegraben wurde, gleichsam zu deren Ausmauerung dienten und im Grunde bis heute dienen. Und auf die so stabilisierte Grabkammer wurden dann mit Menschen- und Ochsenkraft und mit Hilfe von »Baumwalzen«, indem sie also mittels nebeneinander liegender Baumstämme gerollt wurden, unvorstellbar große und unvorstellbar schwere Findlinge als Dach oder Bedeckung gehievt. Hünenhafte Kräfte haben die Menschen gebraucht, und viele müssen es gewesen sein. Manchmal gab es zu diesen Grabkammern Zugänge, etwa mittig liefen sie in senkrechtem Winkel auf sie zu, so dass das Grab insgesamt die Form eines T hat. Auch dieser Zugang, die Diele sozusagen, war dann seitlich durch senkrecht stehende Steine ausgemauert und von oben durch die sogenannten Jochsteine, gern aus Rotsandstein, abgedeckt. Verschlossen wurde die Kammer meist durch einen plattenförmigen Stein beispielsweise aus Granit oder Schiefer. Wie von selbst wird mir klar, dass ziemlich genau hier, wo ich jetzt stehe, vor viertausend Jahren ächzend Menschen am Werk waren, Menschen genau diese Steine gewälzt und gehievt haben, um genau hier einen Weggefährten zu begraben. Mich schaudert, teils wohlig, teils schaurig, und ich empfinde wie selten zuvor in meinem Leben so etwas wie Geschichtsehrfurcht. Ich erinnere mich an die Besichtigung eines riesigen Ganggrabs in Irland vor etlichen Jahren, als ich noch weniger in der Lage war, dieses architektonische Kunstwerk seiner Zeit in einen geschichtlichen Kontext einzuordnen. Jenes in Newgrange war rund fünftausend Jahre alt gewesen und wies noch die Besonderheit auf, dass durch eine Öffnung über dem Eingang das Sonnenlicht genau zur Wintersonnenwende flach in die Grabkammer fällt.

Auf der Rückfahrt sortiere ich mein Wissen. Man fand nicht nur die Steine von diesen Gräbern, die einem allein schon die Schauer der Geschichtsehrfurcht über den Rücken jagen können, man fand auch Skelettreste und Grabbeigaben wie Waffen, Werkzeuge und Keramik – was man eben so vermutete, dass der Tote brauchen könnte auf seinem Weg, der nun kein Lebensweg mehr war ... Es gibt dazu ein gutes Museum in Grevesmühlen. Kein Zufall, denn auch in der Region Grevesmühlen gibt es dazu Sehenswertes.

Ich war einmal dort an einem Apriltag der schnellen Wetterwechsel von Sonne bei stahlblauem Himmel hin zu Niederschlägen mit kalten, dicken Tropfen von Regen oder Graupeln von Graupel und zurück. Einzige Konstante war eine fast spätwinterliche Kälte, die über allem lag und in den Sonnenphasen das Licht noch kristallklarer und die Kontraste noch deutlicher hervorbrachte, als ein noch so spitzer Bleistift es vermocht hätte. Von Osten aus Richtung Wismar kommend, bog ich wenige Kilometer vor Grevesmühlen rechts in den Wald hinein ab und befand mich im Everstorfer Forst. Gerade schien die Sonne, der Himmel, soweit ich einen Streifen von ihm aus der Waldschneise heraus senkrecht über mir erkennen konnte, strahlte in wolkenlosem Stahlblau, doch der nur wenige Minuten zurückliegende eisige Niederschlag zwischen Regen und kalt Dickflockigem hatte die Bankette und Wege matschig hinterlassen.

Nach wenigen Metern hielt ich damals längs des hier noch befestigten Weges an. Ein Schild wies in den tieferen Nadelwald. Ich stapfte den Waldweg entlang. Ein Zweig streichelte eisig und nass mein Genick, aber der durch das lichte Unterholz scheinende Sonnenstrahl nahm der Szenerie alles Bedrohliche. Nach wiederum nur wenigen Metern wies mir ein weiteres Schild zur Linken den Weg. Was ich vorfand, hatte Ähnlichkeit mit Dudendorf heute: ein Rund von großen Steinen, das leicht erkennen ließ, dass diese hier nicht zufällig versammelt lagen, sondern mit Bedacht gruppiert worden waren. Viertes Jahrhundert vor unserer Zeit, erfahre ich noch und – wie der erste Eindruck schon zeigte: zerstört. Auf Wiesen gibt es sie, so erfahre ich, und tief im Wald. Ich kenne nunmehr schon beide Sorten. Wenige Meter weiter im Wald (wo ich mich inzwischen der diesen durchschneidenden Hauptverkehrsstraße so weit wieder angenähert hatte, dass der dortige Durchgangsverkehr deutlich – und die Ehrfurcht und Andacht störend – zu hören war) auf der rechten Seite gab es schon mehr zu sehen. In einem 15 Meter mal 10,5 Meter großen Geviert standen die Steine, ein Gang, der einstmals 0,8 Meter hoch gewesen sein soll, war noch als auf dieses Geviert zuführend zu erkennen.

In der Zeit, in der die Menschen vom Jagen und Sammeln zu Ackerbau und Viehzucht und damit einer gewissen Sesshaftigkeit übergingen, so erläutert die Tafel hier, begannen sie auch, Gräber für ihre Toten zu errichten. Allerdings, so erfährt man auch, habe es sich nicht um klassische Begräbnisstellen für die Körper der Toten gehandelt, sondern sei hier nur die »Zweitbestattung« erfolgt. Die Gebeine ganzer Dorfgemeinschaften nebst den Begleitgaben habe man in diesen frühen Beinhäusern versammelt. Von den eigentlichen Kammersteinen ist die Rede, von die Lücken zwischen den Kammersteinen ausfüllenden Rollsteinen, von Einfassungssteinen, die womöglich nur Deko waren und wiederum von Rotsandsteinplatten, die wir in diesem Zusammenhang ja schon kennen, zur Einfassung. Und man erfährt, dass diese Grablegen über lange Zeit genutzt wurden, denn Zeugnisse verschiedener Kulturen (hier: der Trichterbecherkultur, aber auch der späteren Kugelamphorenkultur) seien hier gefunden worden.

Weiter fuhr ich seinerzeit in nördlicher Richtung heraus aus dem Wald. Die Wiesen dampften, klar waren wieder die Kontraste, man ahnte, dass die wintergrauen Wiesen demnächst ihr noch lindes in ein wieder saftiges Grün verwandeln würden, und dass die noch unbelaubten knochigen Bäume wieder voller Leben stehen würden. Gleich am Waldrand erhob sich auf der Ackerfläche ein wiederum kegelförmiger bewaldeter kleiner Berg. In diesem Bereich sollte sich ein Hügelgrab befinden, vielleicht war es gerade dieser Bergkegel. Einer Fahrspur über den Acker folgend, näherte ich mich diesem Berg. Mir ging die Symbolik durch den Kopf, dass ich an einem Tag des eben erwachenden Frühlings auf der Suche nach Spuren der eben erwachenden Kultur des Landes mich bewegte. Schließlich erkletterte ich den Berg und suchte durch die Bäume den Rundblick, doch von Grabspuren oder Ähnlichem war hier nichts zu sehen. Auf dem Weg zurück genoss ich noch einmal die heute so scharfen Konturen der hier sanft ansteigenden Wiesenflächen, wie sie sich jenseits der Straße, die hier durch schlanke, noch winterkarge Bäume gesäumt wurde, gegen den hier hellen, weiter drüben durch die noch zögernd abziehenden Niederschlagswolken noch dunkleren, Himmel abzeichneten. Ich folgte der Straße, bis sie in eine Art Wendehammer auf der grünen Wiese einmündete, zweigte in diesen Wendehammer hinein scharf links ab und gelangte wenig später zur sogenannten »Nordgruppe« der Großsteingräber im Everstorfer Forst. Nach wenigen Schritten, wiederum in den Forst hinein, sah ich gleich vier oder fünf teils kleinere, knubbelige, teils größere, flach und großzügig angelegte Grabanlagen, die weiß Gott den Besuch lohnten.

Ich erzähle das zu Hause, und stille Zeugin ist Flora. Schon länger – und damit nachweislich nicht nur wegen meines heutigen Ausflugs in die Everstorfer Erinnerungen und die Dudendorfer Steinzeit – zeihe ich sie einer gewissen Schildkrötenhaftigkeit. Freilich ohne Vorwurf, eher mit Respekt und nur, wenn sie nicht gerade wieder kolikenquengelte. Mein Baby, und nicht nur meins, erinnert bisweilen an einen faltigen, haararmen, aber tief weisen Greis. Eigenartigerweise sogar im Gesichtsausdruck. Vielleicht fehlt es ihr etwas an der Gütigkeit, die die meisten weisen Greise aufgrund ihrer konkurrenzlosen Abgeklärtheit ausstrahlen. Aber alles andere stimmt. Und wenn dieser weise Ausdruck des kahlen Hauptes dann diesen Flora-typischen leichten Vorwurf beinhaltet, liest man schnell mal hinein: Es gäbe natürlich eine Möglichkeit, mich gnädig zu stimmen, sagt ihr Haupt dann, aber wenn du die nicht gelernt hast in deinem ganzen Leben …

Erstmal muss ich aber jemand ganz anderen gnädig stimmen. In diesen Tagen muss ich nämlich dienstlich verreisen, und man lässt mich fast nicht zurück: »Fluggast Herr K., gebucht nach Hamburg, bitte melden Sie sich in der Sicherheitskontrolle!«

Hoppla, hat sie das jetzt wirklich gesagt?

»Fluggast Herr K, gebucht nach Hamburg, bitte …!«

Ui, noch mal, na hört sich ganz so an, huch, ist das aufregend, kaum reist man mal allein, so eben noch junger Mann, allein, unmerklich abgerissen und mit Dreitagebart, schon fahren sie das ganze Programm, was? Ich lenke meine Schritte zur Sperre, sage meinen Namen, die Damen und Herren finden das nett, aber auch überflüssig und verweisen fahrig auf ihre Brustschildchen. Dann sage ich: »Ich wurde eben ausgerufen.«

Da straffen sich aber die Züge, jetzt streichen sie sich plötzlich über die Stelle, wo sie ihre Pistolen vermuten. Seehr gewissenhafter Check, dann werde ich rausgewunken in die tollsten »Kein Zutritt«- und »Verboten«-Bereiche, und ein freundlicher, sehr muskulöser Mann mit Streifen auf der Schulter lässt mir den Vortritt, aber kaum Spielraum. Schnell stehen wir in einem grauen Kabuff, möglicherweise etwas unterbeschäftigt harrte dort eine Kollegin des Gestreiften erwartungsvoll meiner und sieht mich nun ratlos an in meiner bunten Jacke und mit dem blonden Resthaar: »Sie sind Herr K.?« Jetzt findet sie mich wohl zu harmlos, so rein optisch.

Ich sage dosiert freundlich: »Bin ich, ja, und guten Tag!« Den wünscht sie auch und deutet auf eine pralle, schwarze Tasche, die vor ihr steht und die ich jetzt erst bemerke.

»Und haben Sie diese Tasche aufgegeben?«

Das habe ich. Der Raum ist eng und warm, ich würde gern was ausziehen, zumal ich leichten Angstschweißgeruch (meinen??) bemerke, aber das würde mich verdächtig machen und den Streifenmann hinter mir auf den Plan rufen. Also sage ich, den Kragen leicht lüftend: »Ja, das ist meine Tasche.«

»Bitte öffnen, es gibt einen Bereich, da schlägt das Gerät extrem an, da muss jede Menge Metall liegen, ich kann aber nicht erkennen, was. Führen Sie Waffen mit?«

Jetzt erschrecke ich doch etwas, sehe noch mal hin, aber es ist und bleibt meine Tasche, die ich auch vor der Abgabe keinen Moment aus der Hand gegeben, und die jetzt ein mittleres Waffenarsenal enthalten soll. Ich sage »Äh, nö!«, öffne den Reißverschluss, überlege, was da sein könnte, erspähe einigermaßen beruhigt meine Sachen, es ist also wirklich meine Tasche, was zugleich den Waffengroßfund weitgehend ausschließt. »Trag' immer eine saubere Unterhose!«, pflegen Mütter ihren Sprösslingen für den Fall der Fälle mit auf den Weg zu geben. Ich werde künftig hinzufügen: »Und verstaue die gebrauchten auf Reisen pfleglich.« Und wo ich mit den Gedanken quasi bei den Kindern bin, dämmert es mir: Eine Menge Metall, strukturlos, waffenfähig, na klar! Mir gelingt ein erlöstes Lächeln, das den Raum erfüllt und dann die gute Frau und sogar den Gestreiften ansteckt: »Könnte der gefährlich aussehende Metallklumpen aus Spielzeugautos bestehen, den Altbeständen vom Flohmarkt, die ich meinem Sohnemann mitbringen möchte?«

Und so war es.

Teil 2

Die Bronze- (2000 v. u. Z. – 600 v. u. Z.) und die Eisenzeit (600 v. u. Z. – 600 u. Z.)

Meine Bemühungen, erste praktische Erkundigungen einzuziehen zur Frage, wie es um die Bewahrung und Präsentation des Wissens über das Altertum in Mecklenburg steht, begannen sozusagen in der Bronzezeit und werden überraschend holprig verlaufen. So viel habe ich gelesen: Wissen ist reichlich vorhanden, und an Fundstücken mangelt es auch nicht. Dennoch sollte sich wenig an diesem Tag wie erwartet ereignen.

Es regnet in Schwerin. Gleich mehrfach verfahre ich mich auf dem glänzenden und glitschigen Kopfsteinpflaster der Straßen hinter dem Schlosspark, als ich das *Archäologische Landesmuseum* suche. Ich habe ein Standardwerk über Ausgrabungen in Mecklenburg und Vorpommern auf dem Beifahrersitz meines Wagens liegen, das mir im Museum als Kompass dienen soll. Über das in dem Buch vielfach erwähnte *Museum für Ur- und Frühgeschichte* war im Internet nichts zu erfahren, so scheint mir »das Archäologische« die einzige Einrichtung zu sein, wo ich derzeit etwas zur Urgeschichte Mecklenburgs erfahren kann. Als ich die Einfahrt zum Museum finde, bin ich verwundert, dort den großen Parkplatz neben dem kastigen Backsteingebäude an einem Wochentag fast voll vorzufinden, ein Sandplatz allerdings mit tiefen Pfützen wie Suppenfettaugen und Autos, die weniger geparkt denn fallen gelassen wirken. An dem Gebäude wird gebaut, es ist zu einem Gutteil mit trüben grauen Planen verhängt.

In einer entlegenen Ecke hat mein Wagen Platz, und ich laufe, den grauen Pfützen ausweichend, über den ganzen Platz zurück in die Gegend, in der ich zwischen Folien und Bauzaun den Eingang vermute. Ich finde auch das Hinweisschild und bemerke endlich meinen Irrtum: Ich stehe vor dem Finanzamt. In guten Zeiten mag gewollt sein, dass Besucher durch das Amt in den Innenhof des Gebäudes gelangen, wo sich wohl das Museum befindet, doch muss ich jetzt, wie mir ein Klebeband-Pfeil in der Form eines liegenden »U« erläutert, um das Finanzamt herumgehen, wenn ich Altertum will und nicht Steuernachzahlung. *Mythos und Magie* erfasse ich auf einem Plakat noch das Motto der aktuellen Sonderausstellung, als ich mich zur erneuten Alleinüberquerung des Parkplatzes aufmache.

Die Museumsarchitektur gefällt mir gut, als ich ihrer schließlich ansichtig werde. In die rotbacksteinernen Grundmauern eines offenbar verfallenen Gebäudes ist nüchtern und monolithisch ein schwarzer, augenscheinlich fensterloser Quader eingefügt worden, der, so schätze ich, etwa drei Etagen Raum bieten mag. Der Kontrast von Alt und Jung ist gelungen. Ich betrete das Gebäude, und weitgehende Dunkelheit umfängt mich. Geradezu nehme ich unter Lichtkegeln in hainartig angeordneten Glassäulen goldfarben schimmernde Exponate wahr. Zur Linken gibt ein Führer weitschweifig wirkende Erläuterungen vor einer Besuchergruppe ab, die genau zwei Personen umfasst, und schräg rechts befindet sich ein Kassentresen. In der Vitrine gegenüber entdecke ich einen interessanten Fund: eine Broschüre mit einer Abbildung des Schlosses und dem Titel *35 Jahre Museum für Ur- und Frühgeschichte Schwerin*. Also doch? Ich löse eine Eintrittskarte und erbitte ein Exemplar der Broschüre. Der Kartenverkäufer trägt ein im Grundton bordeauxfarbenes, in dieser Umgebung überraschendes Holzfällerhemd, und hat, weitgehend kahlköpfig, die sechzig überschritten. Desgleichen wohl annähernd die Kasse, auf die er nun einhackt, weil ich zwar meinen Eintritt habe passend bezahlen können, aber nicht die Broschüre. Die alte Dame nimmt seine Befehle nicht an und öffnet sich insbesondere nicht.

»Oh, oh«, sagt er mit einer hohen Stimme, die zu seinem rustikalen Äußeren in eigenartigem Kontrast steht und auf Mitgefühl angelegt ist, denn zu meiner Überraschung fährt er fort: »Ich bin heute den ersten Tag hier, und dann kommen gleich so viele!«

Ich brauche mich nicht umzublicken, denn zumindest so viel habe ich im Hereinkommen erkannt: Wenn sich nicht im Dunkel des Hains der Exponate eine Reisegruppe befindet (deren Bus hätte mir aber auf dem Parkplatz, den mir gut einzuprägen ich ja ausreichend Gelegenheit hatte, auffallen müssen), dann sind wir jetzt, am späten Vormittag, hier etwa zu acht, darunter allerdings jetzt ein Besucher mit dem exzentrischen Wunsch, eine Broschüre aus dem Standardsortiment zu erwerben. Was es mit dem Museum für Ur- und Frühgeschichte auf sich habe, frage ich, um die Zeit zu überbrücken. Davon seien doch noch Teile im Schloss und ein bisschen was in Ludwigslust, gibt er in weiterhin fast weinerlichem Ton zur Antwort, weiterhin auch mit spitzem Finger nach einem nicht erkennbaren System mit nahezu schnäbelnden Bewegungen auf die mit winzigen Kürzeln beschrifteten Tasten seiner Kasse einschlagend. Dabei hebt er zum Ende hin die Stimme, als frage er mehr, als dass er mir wirklich antwortete. Wen er fragt, bleibt offen. Aber er ist »den ersten Tag hier«, und es spricht mehr und mehr dafür, dass er neuer im Thema ist als ich.

»Sowas fragen Sie am besten später meinen Kollegen«, erklärt er jetzt und deutet mit einer ungefähren Kopfbewegung in die Richtung des weitschweifig Dozierenden am anderen Ende des Foyers. Das bedeutet immerhin, dass ich auch mit Blick auf die technischen Fragen, die zu lösen sind, nicht mit dem alternden Holzfäller allein bin.

»Gut. Und die Broschüre kaufe ich dann auch einfach, wenn ich zurückkomme«, sage ich so leichthin wie möglich, um ihn zu beruhigen.

Das gelingt. Augenblicklich hört er auf, auf die Kasse einzupicken, sieht mich hocherfreut an und klingt erlöst, als er mit weiterhin hoher Stimme sagt: »So machen wir das. Dann kann ich inzwischen meinen Kollegen fragen.«

Es sind bronzezeitliche Funde ausgestellt: Schmuck, Waffen, Schnallen, ein aufwendiger Kesselwagen, der wohl als Grabbeigabe für einen Priester gedient hatte. Heute weiß ich: Es war der Kesselwagen von Peckatel, eine Sensation; solche Kesselwagen gelangten zwischen 1300 und 1100 v.u.Z., vor über dreitausend Jahren also, in unsere Gegend – diesen hat man im neunzehnten Jahrhundert bei Peckatel nahe Parchim ausgegraben, und gemessen an seinem Alter ist er geradezu unbeschädigt! Die Vitrinen tragen keinerlei Beschriftung. Mit der Zeit werde ich gewahr, dass andere Besucher in einem Heft blättern. Gibt es eine erläuternde Broschüre? Ich gehe zur Kasse zurück und erfasse noch, dass mein pensionierter Holzfäller, der noch einmal Altenteil gegen Altertum getauscht haben muss, weiter heimlich an der Kasse geübt hat. Erfolglos. In der Hoffnung, ihm nun nicht durch eine zu entrichtende Schutzgebühr zusätzlich unnötige Schwierigkeiten machen zu müssen, frage ich nach einer Ausstellungsbroschüre oder ähnlichem und deute mit dem Kinn schon auf einen eben entdeckten seitlich liegenden Stapel abgegriffener Prospekte. Mit dem Ausdruck großer Peinlichberührtheit und mehreren Adressen des Bedauerns über seine Gedankenlosigkeit (»Mein erster Tag« – »Ich wei-heiß!«) drückt er mir prompt ein Exemplar in die Hand.

Ich mache die Runde noch einmal, doch wiederum nur halb interessiert. Mein Wissen um die Urzeit Mecklenburg-Vorpommerns ist noch fragil. Ich bin an einem Gesamtüberblick über die Bestände an urzeitlichen Funden, ihren Fundorten und einer groben Datierung interessiert und kann es mir nicht leisten, allzu viel Gehirnschmalz auf einen kleinen Ausschnitt zu verwenden, wie diese ausgewählten Funde aus der Bronzezeit ihn repräsentieren. Die Bronzezeit, das immerhin eignete ich mir an theoretischem Wissen an, datieren wir auf etwa 2000 v.u.Z. bis 600 v.u.Z. und unterteilen sie in sechs Perioden, von denen die erste Periode etwa 500 Jahre, die weiteren jeweils ungefähr 200 Jahre umfassen. Als ich zurückkomme, scheint der dozierende Kollege zum Ende zu kommen, denn er kündigt an, seiner Besuchergruppe nun eine Broschüre über die ausgestellten Exponate aushändigen und sie dann allein die eigentliche Ausstellung besuchen zu lassen. Ich nähere mich dem kleinen Pulk und signalisiere durch Verharren, dass ich Fragen hätte. Bald wendet der Dozent sich mir zu und stellt fest, dass ich sicher etwas wissen wolle. Auch er ist jenseits der sechzig, aber von gänzlich anderer Machart. Ein gepflegter grauer Scheitel über der nur ein wenig aus der Mode gekommenen Brille zeugt von Eitelkeit und Akkuratesse. Ordentlich steife, im Stil vergangener Jahre aus dem Pulloverausschnitt heraus und über den graugrün gemusterten Jacquard-Pulli gesorgfältelte Hemdkragenenden in augenfreundlichem Lindgrün zeugen von unlängst erst verblasstem Modeverständnis. In seinem Blick lese ich etwas vom Stolz des (heimlichen? selbst so verstandenen?) Herrn im Haus, von Sendungsbewusstsein gepaart mit der Überzeugung, dass man den Besuchern gern etwas erklärt, dass diese aber ohnehin nicht den Hintergrund aufbieten, der ein fruchtbarer Boden für die Informationen sein könnte, und berufsmäßiger Höflichkeit, vor allem aber die Aussage: Was immer es hier zu fragen geben mag: Ich weiß die Antwort! Ich gestehe mir ein, dass ich tief drinnen gehofft hatte, vor einer jungen Historikerin, deren Aussehen und Wissen sich an Frische die Waage hielten, hier Frage um Frage ausbreiten zu können, aber jetzt erscheint es mir auch beruhigend, es in diesem Haus ausschließlich mit Personal zu tun zu haben, das, wie sein Thema, aus einer Zeit vor meiner Zeit stammt und in unbestimmt Vertrauen einflößender Weise mit seinem Thema gealtert ist und Kompetenz gewonnen zu haben scheint: Altertumswissen aus eigener Anschauung, um es unmerklich böse zu sagen. Ich erkundige mich nach dem Museum für Ur- und Frühgeschichte, und, als ich sein trauriges Kopfschütteln sehe, danach, wo man ganz allgemein besichtigen kann, was in dem Standardwerk, das ich stolz nun hochhalte, beschrieben wurde.

Seine Auskunft bestürzt mich. Das *Museum für Ur- und Frühgeschichte* sei selbst seit Jahren Geschichte. Was an Funden derzeit ausgestellt, sei hier ausgestellt. Als nach der Wende die Landesregierung ins Schloss zog, habe sie offenbar den ganzen Platz dort gebraucht. Ein bisschen was aus der Zeit der Herzöge sei dort noch ausgestellt, aber der ganze Urschleim sei eilends hinausbefohlen und eingelagert worden. Dabei sagt er »Zeit der Herzöge«, wie man »neumodisches Zeug« sagt oder »junges Gemüse«.

»Das Altertum« befinde sich zum Beispiel in zwei »vollgepackten« Etagen hier über uns: »Da kommen Sie aber gar nicht hinein! Hier auf dieser Etage haben wir in wechselnden Ausstellungen über die Jahre versucht, wenigstens einen Querschnitt, jeweils einen Einblick in einige Epochen und Fundkomplexe zu zeigen. Diese Sonderausstellung zum Beispiel lief nun über drei Jahre. Aber Ende Oktober soll auch hier Schluss sein. Die Mittel laufen aus und neue gibt es nicht.«

»Und dann ist alles, was Altertum ist, unter Verschluss?«

Er nickt traurig: »Und Entlassungen stehen auch noch an.«

Ich frage nach Ludwigslust und anderen Orten, von denen ich hatte sprechen hören. Er schüttelt jeweils den Kopf.

Zum versöhnlichen Schluss versuchen wir es alle zusammen noch einmal mit der Kasse und meiner Broschüre, die für mich im Laufe dieses Gespräches immer wertvoller wurde, ist sie doch so ziemlich das Einzige, was vom *Museum für Ur- und Frühgeschichte* noch geblieben ist. Es ist nicht schön zu sehen, mit welcher Herablassung der eine Fastverrentete dem anderen, ihm im Rücken stehend, mit vielen »Natürlichs« Anweisungen zum Gebrauch der Kasse gibt, die dann doch das Entscheidende nicht bewirken. In der Hand rolle ich noch immer die Ausstellungsbroschüre mit – wovon ich mich ja nun doch noch habe überzeugen können – kurzen und sinnvollen Erklärungen zu vielen Exponaten. Auf dem Stapel neben der Kasse liegen schätzungsweise fünfzehn, zwanzig Exemplare. Nach dem heutigen Besucheraufkommen zu urteilen, werden sie also sehr, sehr selten alle gleichzeitig benötigt, die Ausstellung geht überdies zu Ende und allen sieht man die drei Jahre der Ausstellung, in der sie von Hand zu Hand gegangen waren, deutlich an: Sie sind abgegriffener als manches Schulbuch ... So frage ich, ob ich eine solche Broschüre bekommen könnte, dann möge der Rest des Wechselgeldes als Spende betrachtet werden, und es sei gut. Der Gescheitelte aber schüttelt den Kopf mit seinem Ausdruck von Stolz, Sendungsbewusstsein und professioneller Höflichkeit: Die Broschüren seien unverkäuflich. Ich lache in mich hinein und sage nichts mehr. Zum Erschrecken beider Männer tut die Kasse jetzt, als sie es offenbar gerade nicht soll, was sie eigentlich die ganze Zeit sollte: Sie öffnet sich und gibt Wechselgeld frei.

Toskana – Provence – Mecklenburg-Vorpommern. Mancher mag erst darauf gebracht werden müssen, aber wir werden immer mal wieder sehen: Das ist ein Dreiklang. Nicht zuletzt in landschaftlicher Hinsicht: Alle drei sind Traumlandschaften. Erstmals aufmerksam wurde ich auf diesen Dreiklang allerdings durch die Auslage eines Seifenladens. Man hatte eine Serie von drei Seifen geschenkverpackt, von denen eine »Toskana« hieß (die Geruchsnote ist mir entfallen, Zypresse?), eine »Provence« (sie duftete nach Lavendel), und die dritte – nein, natürlich hieß sie nicht »Mecklenburg-Vorpommern«, das hätte mal wieder gar nicht auf die Packung gepasst, sie meinte aber nichts anderes und hieß »Sanddorn«, und die damit geweckte Assoziation eines Dreigestirns ist nur zu berechtigt. Auf bespielsweise die kulinarische Komponente dieses Trios werde ich an anderer Stelle tiefer eingehen. Zunächst einmal fällt mir nämlich, als ich nun darüber nachdenke, wo ich nach den etwas enttäuschenden Ergebnissen des Vormittags nun ein kräftigendes mecklenburgisches Mittagessen würde zu mir nehmen können, eine prägende Erfahrung meiner ersten mecklenburgischen Jahre ein: Dies ist der erste Landstrich, in dem ich lebe, wo es keinerlei Schwierigkeiten bereitet, auch im Hochsommer jederzeit ein Eisbein zu bestellen (und zu bekommen). Oder Rotkohl. Mir persönlich ist danach allerdings im Sommer selten. Auch heute nicht, obschon es immer noch regnete. Toskana, Provence, Mecklenburg-Vorpommern? Ich entsinne mich einer kürzlich gelesenen Restaurant-Kritik über ein mediterran ausgerichtetes Restaurant zwischen Landgericht und Bahnhof, das ich nach einigem Suchen im Einbahnstraßengewirr schließlich auch finde. Toskanische Steinpilzsuppe, danach Spaghetti mit Walnüssen, Pinienkernen, gebratenem Radicchio und Rosinen (»Treivisianer Art«). Dazu am frühen Mittag schon eine Weißweinschorle. Ars Vivendi eben. Und so heißt das Lokal denn auch.

Als ich nach Hause komme, raufen meine Kinder. Ich versuche, das durch meine reine Präsenz zu unterbinden, merke aber: Die beiden können gerade nichts weniger gebrauchen als mein Eingreifen. Die Gesichter sagen, dass beide Herrschaften nur zu gern jetzt dem jeweils anderen noch gehörig die eine oder andere verabreicht hätten. Der Schlichter stört. Und geht verstört, nachdem er aber natürlich doch ein bisschen geschlichtet hat.

»Reiß' dich zusammen!«, höre ich im Weggehen nur ein Streitküken zum anderen sagen, ein Spruch, dessen Ursprung ich nie begriffen habe und den ich nur von meinen Eltern kenne. Es ist eigenartig, seeehr eigenartig, die Worte der eigenen Eltern aus dem Mund der eigenen Kinder zu hören. Wie sind die da rein gekommen?

Auf die Bronzezeit folgte übrigens die Eisenzeit zwischen 600 v. u.Z. und 600 unserer Zeitrechnung/u.Z., sozusagen in den gut tausend Jahren um das Jahr null herum also, das ist endlich mal gut zu merken.

Die Bronzezeit, die ich mit zwei diensteifrigen Museumswärtern in Schwerin verbrachte, haben die Menschen hier genutzt, um bei fliegenden Händlern aus dem Süden Schwerter und Halsketten aus dem hier bislang unbekannten Material gegen hiesigen Bernstein und Honig zu tauschen. Außerdem erfuhr man von diesen Händlern gleich etwas über südeuropäische Gebräuche etwa in der Leichenwirtschaft – und beschloss, ebenfalls zur dort üblichen Leichenverbrennung überzugehen.

Nun kamen die ersten Eisengeräte ins Land: noch besser als Bronze – vor allem die Waffen – Geräte und Hufeisen härter. Zudem ersann man sogar schon Wege, das einheimische Raseneisenerz selbst zu Eisen zu verarbeiten. Die Auswirkungen würde man heute als wirtschaftlichen Aufschwung, flankiert von einer steigenden Geburtenrate bezeichnen!

Unsere Letztgeborene bringt mir heute zum Ende dieses ereignisreichen Tages einen möglichen Grund nahe, weshalb der Jugendsprech statt »Ich habe einen Moment geschlafen« gern artikuliert: »Ich bin kurz weggeknackt.«

Flora, die auch tagsüber nicht wesentlich mehr schläft als nötig, dafür, wie mehrfach angedeutet, viel ungnädig quakt, greint nämlich gelegentlich mehr so vor sich hin, ehe dann mit einem Mal, es macht förmlich Knack, das Greinen unterbrochen wird und der Schlaf einreißt.

Landnahme, Burgen und Buddeleien (600 – 1180)

Wer die ersten Menschen waren, die auf dem Gebiet des heutigen Mecklenburg siedelten und sesshaft waren, das wird sich kaum mehr ganz klären lassen. Man weiß aber, dass der Ursprung dessen, was wir heute noch so vorfinden, durch die sogenannte »Slawische Landnahme« begründet wurde. In den ersten fünf Jahrhunderten unserer Zeitrechnung erreichten slawische Stämme unsere Gegend. Die Westslawen hießen auch »Wenden«, die Ostslawen auch »Anten«. Die Neuankömmlinge suchten nach Raum, wo sie siedeln und jagen und fischen konnten, und vermutlich waren sie durch Hungersnöte aus den Inselburgen der Heimat vertrieben worden. Von Südosten kamen die Wilzen/Lutizen, von Osten kamen die Obotriten, slawische Stämme, die auf ihrem Weg unserem Mecklenburg und Vorpommern sprachlich bis heute einen Stempel aufgedrückt haben: Sie hatten Böhmen und Mähren durchquert, dann das heutige Südpolen, hatten einen Fluss überquert, den sie *den Grenzfluss* nannten (Ücker), einen Fluss, den sie *den schaumigen Fluss* nannten (Peene), einen *Fluss durch Rodeland* (Trebel), einen *Fluss durch Bienenstöcke* (Barthe), haben am *See der Mücken* (Kummerower See) gesiedelt und an einem See, der ihnen als riesig erschien, also als *kleines Meer* (Müritz). Riesige Waldgebiete waren hierzulande zu jener Zeit zu durchqueren. Auf Menschen stießen sie wenig. Eine große Anzahl von Slawen traf nur hier und da auf wenige Mitglieder hier siedelnder germanischer Stämme, über die man heute nur noch sehr wenig weiß. Mehrheitlich befanden sich die Germanen zu dieser Zeit auf dem Weg in südliche Richtung, wo sie von den Segnungen des römischen Reiches profitieren wollten. Dem Umstand, dass die einen, wenn man so will, sowieso gerade gehen wollten, und die anderen im Kommen waren, was zu einer großen zahlenmäßigen Überlegenheit der Slawen führte, ist sicher mit zu verdanken, dass diese Landnahme relativ friedlich verlief. »Landnahme« ist wörtlich zu verstehen: Die ankommenden Slawen »nahmen Land« in Besitz. Ernsthafter Widerstand der Germanen wäre aussichtslos gewesen, und auch die Slawen waren zu einem friedlichen Nebeneinander bereit, so dass es hierzu meistenteils kam. Ein schönes Symbol hierfür ist bis heute der Name des Tollensesees, (von tol, Duldung: See der Duldung), wo die Slawen auf Germanen trafen und beide Seiten schnell erkannt haben müssen, dass Platz, Fisch und Fleisch für alle in ausreichender Menge vorhanden war, so dass es nicht zu Auseinandersetzungen kam.

Vielleicht lässt ein weiteres sprachliches Detail erahnen, wie die Aufeinandertreffen der beiden Gruppen verliefen: Die Slawen waren ursprünglich als Venedi (man mag darin die o. g. »Wenden« wiederfinden) bezeichnet worden; nun mögen Rückschlüsse daraus gezogen werden, dass slowo »wortreich« bedeutet, auch als lied-, gesang- und tanzreich verstanden werden kann, und hieraus eine neue Bezeichnung für den Volksstamm entstand. Nemec hingegen, eine Bezeichnung, die für die Germanen seinerzeit entstand (und sich in manchen Ländern bis heute in ähnlicher Form behauptet hat), ist eine Art Gegenbegriff und bedeutet: stumm...

Als kleine Anekdote mag schließlich taugen, was die Sage und Legende vom Gebiet zwischen Rügen und Stralsund berichtet. Auf Rügen siedelte wohl seinerzeit ein Stamm, der als Ranen, Rujanen, Rugier oder Rugianer bezeichnet wurde, was das heutige Rügen ja schon ganz gut erkennen lässt. Auch hier war das Gros der vorher vorhandenen Germanen den Lockungen des römischen Reiches südwärts gefolgt. Aber auf dem Inselchen zwischen Rügen und dem Festland, dem Dänholm, leistete ein versprengter Germanenhaufen wohl erbitterten Widerstand und antwortete auf jede Annäherung mit der Sprache spitzer Pfeile, ähnlich dem kleinen gallischen Dorf in den Asterix-Comics. Schließlich aber sollen großzügig mit Delikatessen und erlesenen Frauen ausstaffierte Feste, zu denen die Slawen die Germanen eingeladen haben, auch hier für eine Annäherung gesorgt haben.

Wo die zurückgelassenen Heimatburgen dieser Slawen ungefähr lagen, lässt vielleicht der heute noch geläufige Begriff »Jugoslawien« erahnen, in dem das Wort »Slawen« noch erscheint. Diese Inselburgen lagen zum besseren Schutz vor Feinden meist auf Inseln in Seen, wo ein durch eingearbeitete Kastenkonstruktionen aus Holz stabilisierter Erdwall aufgetürmt worden war, der – unterstützt durch eine Umfassung aus hölzernen Palisaden – den Kernbereich der »Burg« bildete, in den man sich im Gefahrenfall zurückzog. War Gefahr nicht im Anzug, dann hielt man sich um die Burg herum auf, wo auch Wohnhäuser, Handwerkseinrichtungen und Tempel entstanden. *Obodr*, der Name des Stammesfürsten, aus dem der Stammesname der Obotriten entstand, bedeutet: »der am Gewässer Wohnende«. Solche Burgen errichteten die Slawen dann auch hier. Auch der Ursprung des Schweriner Schlosses kann sehr gut eine solche Burg gewesen sein, so dass es sich also kaum zufällig auf einer Insel im See befindet. Ebenso der Ursprung der Mecklenburg(!) beim heutigen Dorf Mecklenburg. Eine bedeutende Burg dieser Art muss auch bei Werle (zwischen Schwaan und Bützow) gewesen sein, bei Neu Nieköhr und bei Groß Raden, wo ihre Reste und Rekonstruktionen aus neuerer Zeit bis heute besichtigt werden können.

Die Stämme bildeten Unter- und Teilstämme. Am Beispiel der Obotriten kam es zu Untergruppierungen mit folgenden Zentren bzw. Burgen (nur, damit man's mal gesehen hat):

1 die Polaben (da steckt das slawische Wort für Elbe drin) südlich von Lübeck bis an die Elbe,

2 die Obotriten (ein Teilstamm hatte keinen anderen Namen) zwischen Wismarer Bucht und südlichem Schweriner See,

3 die Warnower an der oberen Warnow und an der Mildenitz.

Ebenso hatten die Wilzen/Lutizen ihre Teilstämme um Rostock herum bis zur Tollense. Man lebte mal in friedlichem Nebeneinander, mal im Miteinander gegen äußere Feinde, mal aber leider auch im Gegeneinander, und das führte zu empfindlicher Schwächung.

Knifflig wurde es, als der Landstrich Begehrlichkeiten anderer weckte: Die fränkisch-deutsche Expansionspolitik im letzten Jahrhundert des ersten Jahrtausends unserer Zeit war es schließlich, die die Dinge hier in mitunter sehr unfriedliche Bewegung brachte. Nicht zuletzt die Sachsen als ein Germanenstamm kamen zurück. Krieg galt seinerzeit als ohne Weiteres anerkanntes Mittel von Politik, das sollte man vielleicht dazusagen.

Im Jahre 995 beispielsweise kam es zu Versuchen Ottos III, für das sächsische Kaiserhaus bei den Nordwestslawen verloren gegangene Positionen zurückzuerobern. In diesem Zusammenhang stellte er die heute berühmte Urkunde aus, in der zum ersten Mal die »Michelenburg« erwähnt wird, die Mecklenburg also nahe dem heutigen Ort namens Dorf Mecklenburg bei Wismar, die erst dem Ort, letztlich aber dem ganzen Land den Namen gegeben hat. Somit hat diese von Slawen errichtete Burg im zunächst germanisch, dann slawisch beherrschten Mecklenburg im Zuge der schrittweise erfolgenden Rückeroberung durch Germanen einen deutschen Namen erhalten, ein schönes Beispiel für das Ineinandergreifen ursprünglich deutscher und ursprünglich slawischer Elemente. Ohne Namensnennung war die Burg übrigens dreißig Jahre zuvor bereits einmal von einem arabischen Reisenden, Ibrahim ibn Jacub al-Israili, erwähnt worden.

Um das Jahr 600 herum übernahmen also die Slawen bzw. insbesondere die Obotriten das Zepter hierzulande und hielten es rund 500 Jahre hoch. Der letzte große Obotritenfürst war Niklot. Unter ihm behaupteten die Obotriten zuletzt die Herrschaft in

Westmecklenburg. Dort wurden sie eingekreist von Welfen unter Heinrich dem Löwen im Westen, dem Askanier und späteren Markgrafen von Brandenburg Albrecht dem Bären im Süden, den Pommernfürsten und dem polnischen Reich im Osten sowie dem dänischen Königtum im Norden. Konflikte mit diesem, denen u. a. die Burg Roztoc zum Opfer fiel, nahm Heinrich der Löwe zum Anlass, im Bunde mit ihnen um 1160 einen entscheidenden Schlag gegen Niklot zu führen. Der starb denn auch infolge einer List vor der Burg Werle nahe dem heutigen Schwaan. Es ging dann drunter und drüber, vielleicht, weil so viele Seiten und Parteien und Gegner zu berücksichtigen waren. Jedenfalls ließ Heinrich der Löwe auch einen gefangenen Sohn Niklots, Wertislaw, hinrichten, machte aber dessen Bruder, einen anderen Sohn Niklots mit Namen Pribislaw, zum örtlichen Fürsten und belehnte ihn mit einem Großteil der obotritischen Herrschaft seines Herrn, d. h. er durfte sich (obschon als Untergebener Heinrichs des Löwen, als lehnsabhängiger Vasall) einigermaßen selbständig um das Erbe seines Vaters kümmern – wohl, weil er sich ja ganz gut auskannte in der Gegend, sicher aber, weil er sich hatte taufen lassen und Heinrich selbst viel größere Sorgen an anderer Stelle hatte, denn er musste sich auf Feinde konzentrieren, die von Westen drohten. Der Bereich aber, den Pribislaw nun befehligte, ist die Keimzelle des heutigen Mecklenburg, die späterhin nach Osten, Südosten, Westen und in den Schweriner Raum hinein noch beträchtlich wuchs.

Der Anfang wurde hier gemacht, und in einer Urkunde von 1171 hieß er denn auch: »Pribislaus de Mikelenburg«. Und Abkömmlinge vom Stamm der Pribislawen sollten sodann durchgängig bis 1918 hierzulande etwas zu sagen haben. 750 Jahre! Eine so lange Regierungszeit macht dieser Dynastie weit und breit keine andere nach!

Roztoc ist übrigens slawischen Ursprungs (weshalb man auch besser nicht »Roschtock« sagen darf) und heißt so viel wie »Verbreiterung des Flusses«, so dass sich auch dieser Ortsname aus den geographischen Gegebenheiten vor Ort leicht erklären lässt, wenn man mal schaut, was die Warnow im Bereich zwischen Mühlendamm und Stadthafen so tut. Und eine Bemerkung auch noch zu Heinrich dem Löwen. Er soll Mecklenburg das »Land des Schreckens und der Einöde« genannt haben. Seine sächsischen Nachkommen heute sehen das vielfach ä bissl differenzierter, wie ihr Urlaubsverhalten alljährlich zeigt.

Das Ende der Landnahme und des Obotritenreichs im heutigen Mecklenburg wurde damit in der zweiten Hälfte des 12. Jahrhunderts durch den Tod Niklots markiert. Die Zeit des mecklenburgischen Territorialstaates hatte begonnen.

Indem ich über eine Finte nachdenke, wie ich das alles meinen Kindern nahebringen kann, stehe ich am frühen Abend im Türrahmen der Turnhalle und sehe den Kindern um Ava, unserer Braven, beim Üben zu. Zwischen sieben und vierzehn sind sie und trainieren. Jonglieren mit mandarinenartigen Bällen, mit großen Reifen, mit langen Stangen. Die Stangen werden sie eines Tages an beiden Enden in Brand stecken und dann weiter jonglieren – die Feuershow, Höhepunkt der allsommerlichen Elternvorführung! Jetzt ordnet man sich zu einer Formation, Ausgangsposition für einen Tanz. Fünf, sechs Paare robben zur Musik, kullern übereinander her, stützen einander bei Hebefiguren – sie tanzen. Das heißt: Heute üben sie. Und viel klappt noch nicht. Man kann ahnen, wie es einmal aussehen soll und sich amüsieren, denn wo die einen schon vermuten lassen, wohin die Reise gehen soll, ist bei anderen noch wenig zu sehen. Da klappt dies nicht, jenes nicht, und dauernd muss man sich umsehen, wie weit die anderen und die Musik sind, um dann die nächste Figur zu verhunzen, nein, versuchsweise anzugehen. Gut nur, wenn es jeweils ein Paar so einigermaßen schafft, damit es wen gibt, an dem man sich wieder ausrichten kann ... Und bei meinem, ausgerechnet meinem, Kind, zugegeben dem jüngsten in der Garde, ist der »Trainingsrückstand« am größten. Stolz und erwartungsvoll hat es mich angesehen, als der Tanz begann: Sieh' mal Papa, jetzt kommt etwas, das siehste nicht alle Tage. Ja, so ist es dann auch, aber so hat sie es nicht gemeint. Fangen alle so an, oder sollte ich sie schonend vorbereiten, dass der Auftritt am Ende wohl ohne ihre Mitwirkung über die Bühne gehen wird? Was soll's, es geht dem Ende zu. Klatschen? Ist doch toll, was die da machen, also los. Oder besser doch nicht, ist ja nur eine Trainingseinheit, und zumindest bei meinem Kind gibt es doch wirklich noch nichts zu loben, und jetzt humpelt es. Ich glaube, sein Auftritt macht mich gerade etwas traurig. Die Musik verstummt, mehr Eltern sind nicht da, keine Hand regt sich zum Applaus. Vorbei, von vorn kommen schon die Korrekturanweisungen.

Und ich?

Ärgere mich schwarz. Über mich. Da üben die Kinder so etwas Tolles, haben alles gegeben, sind stolz, Ava zumal, haben sicher keinen Applaus erwartet, hätten sich aber gerade deshalb so gefreut. Und ich hadere mit dem möglichen Scheitern meines Kindes und unterlasse, ohne recht zu wissen, warum, das Klatschen. Banause, geh nach Hause! Als es mir auffällt, ist es für dieses Mal zu spät, ein Mal, das aber so nie wieder kommt!

Burgen

Die Landnahme der Slawen gibt, das muss ich mir eingestehen, so recht kein Ziel für einen Familienausflug her. Eher schon die Ergebnisse, die Burgen. Aber fangen wir so an: Im nächsten Leben werde ich Hinterland der Oststee. Hochattraktiv, und man hat doch seine Ruhe. Das fängt mit den Boddenbereichen an. Im Grunde sind das absolut traumhafte Seengebiete, aber kein Aas schert sich drum, weil die Ostsee ja immer in der Nähe und eben doch am Ende das Ideechen attraktiver ist. Meer hat man eben sonst nicht, einen See schon eher. Und je weiter man sich landeinwärts bewegt, desto ausgeprägter wird dieser Effekt wahrnehmbar. Schön hier, aber kaum Menschen. Gut, die Seenplatte mit Müritz, Fleesensee, Malchower und all den anderen Seen, die zieht noch als Urlaubsrevier. Und manche Paddelreviere auf Flüssen, wo man zehn Minuten nach dem Ablegen nur noch von Libellen und Seerosen umgeben ist, hier und da eine Kuh muhen hört, aber ganz sicher kein Auto, ziemlich sicher kein Haus und mit passabler Wahrscheinlichkeit auch stundenlang keinen Menschen zu Gesicht bekommt, haben sich inzwischen auch herumgesprochen. Aber es gibt auch reichlich von diesem Hinterland, das vordergründig gar nichts bietet, kein Meer, keinen Bodden, keinen See, keinen Fluss, keinen Berg, eben gar nichts, reine Landschaft sozusagen, Gegend. Südlich von Rostock abseits der größeren Straßen, im Niemandslanddreieck Güstrow-Bützow-Sternberg, meinetwegen auch um Schwaan-Goldberg. Da ist gar nichts. Und das ist herrlich. Stundenlang kann man über kleine Straßen und Alleen mäandern und ins lakenförmige Grüne sehen, mal weiter, mal nicht so weit. Wenn es Raps gibt, gibt es Raps. Wenn es den im Juni dann nicht mehr gibt, gibt es Mohn, klatschroten Knallmohn und umgekehrt. Als üppige Feldumrahmung oder gleich selbst felderweise. Wer sich nie so ganz sicher war, was genau rot ist: Das ist rot! Da werden die Ampeltüpfelchen ganz blass bei, die dem Stadtkind vielleicht bei »rot« erstmal einfallen. Ähnlich hinreißend ist der Mohn in der häufig anzutreffenden Kombination mit Kornblumen in ihrem minimal ins Lila tendierenden Sattblau, vielfach kommen dann noch Margeriten hinzu – schaut's Euch an, Leute, garantiert jeden Juni, garantiert vielerorts, hier in unserem MV!

Und auch wir haben sie gemacht: die fällige Landpartie. Ein etwas abstrakt gehaltenes Ziel – ein Schloss, ein Spielplatz, eine Eisdiele – in Aussicht gestellt, und los ging's südlich von Rostock in die Pampa. Dreimal rechts abgebogen, schon hatte auch diese Straße keinen Mittelstreifen mehr – unbedingt fahrradtourtauglich diese Abschnitte – buschige grüne Tunnel, lichte Alleen, dazwischen weite Ausblicke, kaum ein Haus. Landschaft, Natur und vor allem: reichlich Grün zu beiden Seiten und vielfach das soeben besungene Rot, Lilablau und Weißgelb. Man kann sich nicht sattsehen, stellt fest, was die Natur immer wieder hinbekommt: Nicht nur sehen sich so gut wie nie zwei Menschen gleich, ebenso wenig tun es zwei Schneeflocken oder zwei Mohnblüten. Mit etwas Übung findet man auch Unterschiede zwischen den fusseligen Kornblumenblüten und selbst bei den Margeriten. Und der Klatschmohn heißt zurecht so: Die Blüten haben einfach was Sattes, wie das Klatschen eines geschmeidigen Gegenstandes auf der Tischplatte (akustisch fiele mir ein Stück Fleisch ein, das auf die Arbeitsplatte klatscht, ästhetisch kann ich nachvollziehen, wenn jemand diesen Vergleich nicht gelungen findet). Das ist einfach ein kraftvolles Rot, und das Innere der Blüte, diese regelecht technisch anmutende Mohnstreudose, man kann sie sich immer wieder anschauen. Das bringt die Natur nun also hundertfach, hunderttausendfach, wohl im Laufe der Jahre unendlich oft, zutage.

Und ich versuche es wieder. Geschichte macht glücklich. Bald ist Groß Raden in der Nähe.

»Nicht schon wieder!«, kommt es von der Rückbank, von Klara. »Waren wir mit der Schule schon mindestens dreimal.«

»Schön, und was gibt es da?«

»Na, wir haben getöpfert und sollten irgendwas mit Leder machen.«

»Prima, und was gibt es da zu sehen?«

»Na, wie die Leute da früher gelebt haben.«

»Ah ja, wann denn ungefähr?«

»Na, im Mittelalter.«

»Soso, im Mittelalter, wann war denn das?«

»Na, früher eben!« (Alles Originalton einer locker durchschnittlich begabten Gymnasiastin unserer Tage).

»Eher 1100 oder eher 1600?«

»Naja, früher eben, ganz schön früher, ich denke mal, ach ich weiß nicht, fahren wir eben hin.«

»Ich denke, ihr wart schon dreimal da?«

»Ja, aber darauf habe ich nicht so geachtet.«

Es lebe die moderne Pädagogik. Früher hätte man Referatsthemen verteilt und diese Kerninformationen aber mit Drill eingebimst, und heute? Na Hauptsache, man hat getöpfert …

»Also: Das Mittelalter war eindeutig eher 1600 als 1100, aber in Groß Raden sieht man, wie das Leben hier so um die Jahre 1000, 1100 abgelaufen sein könnte. Also nichts mit Mittelalter. Wie hießen denn die Leute, die in dieser Gegend seinerzeit so lebten?« Wenn sie jetzt »Sklaven« sagt, denke ich, fahren wir hin.

Tut sie aber nicht. Korrekterweise lässt sie das »k« weg, und wir könnten weiterhin ohne wirkliches Ziel durch die Landschaft stromern, meldete sich jetzt nicht etwas überraschend Elle: »Lass uns hinfahren!«, verlangt sie.

Die Gelegenheit lasse ich mir nicht entgehen.

Allerdings muss ich jetzt erst Ava und Peter etwas erklären, die beim Stichwort »Burg« augenblicklich anfangen, teils versonnen, teils angriffslustig mit Begriffen wie Ritter und Prinzessin zu hantieren.

»Eine Burg besteht für uns ja heute meist aus einer beeindruckenden Mauer, die dick und hoch und aus Stein ist und Zinnen und Schießscharten hat. Innerhalb dieser Mauer stellen wir uns ein trutziges Gebäude vor, das auch wieder dick und hoch und aus Stein ist und gekrönt wird von Zinnen und Schießscharten.«

»Jaa, wie die Meersburg!«

»Und die Burg Eltz!«

»Nicht schlecht. Aber eine Burg vor tausend Jahren sah ganz anders aus. Sie bestand aus einem Erdwall, in dem sich eine Art große Kästen aus Holz und Erde befanden, die ihn stützten. Und auf dem Wall war rundherum ein Gang mit einem Zaun, der stabil und aus Holz als zusätzlicher Schutz und zur Verteidigung da war, denn aus diesem Gang heraus konnten die Verteidiger der Burg sehen, was der Feind trieb und die Burg und sich selbst verteidigen. Aber im Innern dieser Burg(mauer) befand sich – nicht viel: Entweder, es war dort einfach nur Raum für die Stammesangehörigen, wo sie sich in Zeiten der Belagerung und der Verteidigung aufhalten konnten, oder – na, das seht ihr ja jetzt gleich.«

Will ich also die nach den Großsteingräbern nächste feste Größe in der mecklenburgischen Geschichte im Detail erfassen, führt kein Weg um Groß Raden herum. Hier, nicht weit von Sternberg entfernt, ist eine solche Anlage, die natürlich rekonstruiert ist, die aber immerhin auf ursprünglichen Fundamenten stehen soll, bis heute am Leben. Eine Annäherung kann nur zu Fuß vom entfernten Parkplatz erfolgen. Vorbei übrigens an einem Elchgehege! Wie es sich gehört, befindet sich die Anlage auf einer Insel in einem See und ist nur auf unbefestigten Wegen durch den Wald zu erreichen. Man passiert den Kassenbereich, dann geht der Gast durch die »äußere Umfassung« (Wassergraben mit Brücke, Palisadenzaun). Damit befindet er sich in der Vorburg. Auf den noch erkennbaren Fundamenten alter ursprünglicher Vorburgsiedlungshäuser sind in der heutigen Zeit solche Häuser nachempfunden worden. Man kann handwerkliche Fähigkeiten der damaligen Zeit nachempfinden (töpfern eben, und »was mit Leder machen«) und ahnen, dass die Häuschen sich durch die Enge ihrer Anordnung gleichsam gegenseitig wärmen sollten. Viel Privat- und Intimsphäre kann seinerzeit nicht gewesen sein ... Schließlich gelangt man zur Innenburg, einem Wall innerhalb der Befestigung, der den eigentlichen Sicherheitsbereich gebildet hat. Über einen hölzernen Turm (eine Art Treppenhaus) gelangt man auf seine Umfassung. Oben findet man etwas überraschend einen durch einen überdachten hölzernen Zaun geschützten Weg, der über vielleicht 120 Schritte einmal herum führt. Man kann sich gut vorstellen, dass dies die Verteidigungsanlage war. Und im Innern des Ringes befindet sich – nichts! Nur ein großer Holzpfahl, dessen oberes Ende ein Kopf ist und der zugleich als letzte Zuflucht wie auch als charismatisch-schamanischer Hoffnungserhalter gedient haben mag.

Wir verlassen das Allerheiligste auf dem Weg, den wir gekommen sind, und gehen noch einmal ans Ufer. Dort finden wir ein Boot, nämlich den Nachbau eines jahrtausendealten Bootes, wie man es aus Funden von Ralswiek auf Rügen rekonstruieren konnte: Dort hatte man im Sommer 1980 vier Boote gefunden, Eichenholz, verbunden mit Teer, Schafswolle, Menschenhaar und Moos, Platz für zehn Leute, rund zwölf Meter lang, Ende des achten, Anfang des neunten Jahrhunderts dort abgelegt, Keramik in der Nähe, die das Weggleiten des Bootes verhindern sollte. Hat geklappt, zwölfhundert Jahre lang!

Auf dem Rückweg fällt zwischen den Häuschen noch einmal die Nachbildung der Tempelanlage ins Auge, wobei man über deren Original nicht mehr wirklich viel weiß und nicht einmal mehr mit Sicherheit gesagt werden kann, ob dieses seinerzeit überdacht war. Und vor dem Hinausgehen muss noch die Schautafel gewürdigt werden; sie lehrt, dass es hier zwei große Epochen mit im Detail recht unterschiedlicher architektonischer Gestaltung der Gesamtanlage gab.

Auf der Weiterfahrt reißt mit Macht der Himmel auf. Welche Form hat übrigens der Himmel über MV? »Nirgendwo ist der

Himmel so weit« heißt ein Buch. Wer mal in Irland war, in der Provence, in Ostfriesland, weiß, dass das nicht frei von Schwärmerei ist, weite, sehr weite Himmel gibt es dort auch. Aber wer mal hier am Strand stand oder bei der Rast auf dem Autobahnparkplatz den Blick über das Land hat schweifen lassen oder im Niemandsland gepaddelt ist, weiß auch, dass das zugleich trotzdem ein so schöner wie treffender Buchtitel von tiefer Wahrheit ist. Der Himmel hier ist ein Zelt. Der Himmel hier ist eine Hülle, ist geformt wie eine Schale, wie die Innenfläche einer zum Bergen bereiten Hand, die nach dem Hinterkopf eines Kindes tastet, wie die Innenseite einer großen Kugel, die sich dort oben rund um die kleinere Kugel der Erde wölbt. Die äußere Farbe dieser Kugel kennen wir nicht. Aber innen ist sie blau, ist sie von leuchtendem, das Auge, das Fühlen, das Hören und sogar das Schmecken beruhigendem Himmelblau. Und zwischen der großen Hülle des Himmels und der kleinen Kugel der Erde ist Raum für Wolken. Nicht immer nutzen sie diesen Raum, dann haben wir Gelegenheit, beglückt das Himmelblau der Himmelshülle in großer Reinheit zu genießen. Manchmal sind einige Wolken da. Weiß und wattig schweben sie, bewegen sich majestätisch-mutterseelenallein oder in Herden oder Karawanen. Manchmal ist alles voll von ihnen, manchmal sind sie grau und prall mit gezackten oder samtig sonnenbeschienenen gleißenden Rändern wie von Perlmutt oder weißem Gold. Manchmal legt sich der Himmel in nebeneinanderliegende Bäusche wie eine Stadt, die man von unten sieht. Das muss ich erklären? Man braucht einen weiten Himmel, einen Himmel, den ich über lange Strecken nach Länge und Breite mit den Augen ausmessen kann. Es darf kein enger, bedrängter oder bedrängender Himmel sein. Es muss ein breiter, weiter Himmel sein, wie es ihn nicht überall gibt, aber hier eben schon. An diesem Himmel finden sich dann manchmal Hunderte und Aberhunderte von Wolkenbäuschen unterschiedlicher Größe, und alle haben eines gemeinsam: Sie lassen sich gegenseitig Raum und sind nach unten hin fast eben, ja nahezu völlig platt. Als bliese hier ein ständiger Wind, der die Unterseiten dieser Wolken glatt hobelt und sie nach oben hin anhäufelt. Und wenn ich dann wieder einmal den Eindruck habe, der Himmel macht heute einen auf Stadt von unten, dann suche ich mir einen Platz, um ihn schräg von unten zu betrachten, lege mich an einen Hang, lehne mich auf einer Bank zurück oder senke die Lehne meines Autositzes ab. Ich lege die Hände verschränkt hinter den Kopf und schließe die Augen. Ich stelle mir vor, über mir befände sich eine große Stadt mit wirren Straßen, teils zu großen Ausfallarterien sich weitend, teils im Nichts endend, teils nach einem wirren Verlauf sich mit anderen verbrüdernd. Diese Stadt, eine Ansiedlung von lauter kellerlosen Gebäuden, steht auf einer Glasplatte. Und unter ihr ist: nichts. Keine Katakomben, keine Kanalisation, keine Kalamitäten. Meine Wolkenstadt steht auf einer Glasplatte, und darunter – bin nur ich. Ich in meiner Betrachterposition mit den im Nacken verschränkten Händen. Dann mache ich die Augen wieder auf und sehe genau das: eine Stadt aus Gebäuden unterschiedlichster Höhe und Masse, aus Stadtrandsiedlungen und Innenstadtknoten, aus Bürokomplexen und Straßenbahndepots, dazwischen Straßen und Wege, Chausseen und Pfade. Und ich sehe alles von unten. Und was hier pulsiert, das ist die Stadt selbst. Komplexe verschieben sich, vom Wind allein bewegt, seitwärts, vor und zurück, gegeneinander und miteinander, verschmelzen hier mit schnellen, dort mit behäbigen Bewegungen. Und alles ereignet sich völlig geräuschlos! Dieser Anblick weitet den Blick. Hier unten wir. Dann Luft, eine Art Nichts und zugleich die Schicht, die uns die Erdkrümmung ahnen lässt, die Kugel in der Kugel, dann die Wolken, alle unten plattgeweht, und dann wohl schon die Unendlichkeit. Wir kennen den Schönwetterhimmel, den trotz einiger Wolken noch freundlichen Himmel, den Himmel mit den goldgezackten Wolkenbergen und den Stadt-von-unten-Himmel. Natürlich gibt es hier auch den Landregen-Himmel und den Heute-bleiben-wir-besser-zu-Hause-Himmel und manch anderen Himmel, den ich nach meinen Möglichkeiten wortmalen werde, wenn er uns begegnet. Schließlich aber gibt es noch einen Himmel. Ich erwähnte ihn in Wustrow schon, es mag ihn außerhalb MVs auch geben, aber sicher nicht so oft, und er ist der eingehenden Betrachtung an dieser Stelle besonders würdig, denn er ist mein Lieblingshimmel: der Lavendelhimmel. Der Lavendelhimmel ist eine Kombination aus Schönwetterhimmel hinter dem Betrachter, Landregen-Himmel voraus und dazwischen beispielsweise etwas Himmel mit goldgezackten Wolkenbergen. Außerdem braucht es von unten her etwas Landschaftsgrün, besonders geeignet sind stattliche Bäume mit silbriggrauer Blattunterseite, Weiden funktionieren gut, Silberpappeln, auch Silber-Ahorn. Stimmt alles, so bestrahlt die Sonne die silbergrünen Bäume, und darüber bauscht sich ein dunkler Himmel, der über diesen lavendelstielfarbenen Bäumen gerne mal graulila wirkt, lavendelblütenfarben eben – das ist der Lavendelhimmel, mein Lieblingshimmel. Womit ich aber nichts gegen einen wolkenlosen Himmel, einen Himmel mit prachtvollen weißen Elefantenwolken oder auch einen Abendhimmel gesagt haben möchte, der aussieht wie ein unaufgeräumtes Kinderzimmer, mit hier einer Federwolke, dort ein paar Schäfchenwolken, durchzogen vielleicht mit Kondensstreifen hier und dort und in orange, blau, violett und weiß chaotisch-beruhigend schimmernd. Oder einen Himmel wie die Fäden der größten Zuckerwatte, die sich denken lässt, oderoderoder … Diese Formen also hat der Himmel in diesem Land.

Lyrischer:

Die Sonne verdunkelt –
Wovon?
Die Erde, das Land: verschattet in Ehrfurcht –
Wovor?
DER HIMMEL ÜBER VELGAST
Der blaue Grund ganz hoch,
Rauchschwaden tief, kaum über Feldern und Dorf,
Wie Flocken, dunkel, einzeln,
Gewaltig wie aus dem größten Kühlturm,

Oder wie ein einzelnes Kind, das zu spät kommt –
Gehetzt und verhuscht am Himmel.
Dazwischen
Die Wattebäusche,
Groß, wie nur Wolken groß sind.
Dort, das Plüschlamm mit dem Schweinchengesicht (lachend)
Der Sonne strahlendweiß zugewandt,
Der Horizont hinter allem gelb in Flammen.
Größer als dieser Himmel kann vielleicht nur sein,
Was Liebe schafft.

Zur Rechten erkenne ich heute das Himmelsmodell »Stadt von unten auf Glasplatte«, links mache ich steile, eher senkrecht ausgerichtete Formationen von großer Mächtigkeit aus, sie wirken lodernd und züngelnd, Modell »Höllenfeuer«. Die Straßen unter uns sind schmal, verschlungen und in den Ortslagen meist noch mit Kopfsteinpflaster. Am Ortseingang von Rosenow wundere ich mich über ein niedriges, ebenförmig gepflanztes Wäldchen auf nun wieder sonnenbeschienener Wiese, weil es an ein Olivenwäldchen erinnert (tatsächlich dürften das Pflaumen-, vielleicht auch Apfelbäume sein), vor Warnow liegt auf einer Anhöhe ein Gehöft, und aus der breiten offenen Toreinfahrt zu einem der Nebengebäude reckt mir mittig ein himmelblauer Trabant sein – abgemeldetes – Hinterteil entgegen. An der Kreuzung, die die Ortsmitte von Warnow bildet, steht noch das Gebäude des klassischen Dorfgasthofes mit einem großen Baum davor (Linde? Kastanie? So genau habe ich nicht hingesehen.). Der Dorfgasthof selbst ist jedoch Vergangenheit. Er muss zuletzt zu häufig übersehen worden sein, anders kann ich mir eins nicht erklären: Eine ungefähr fünfstufige Treppe führte einst, sich nach oben hin elegant verjüngend, zur Eingangstür; links und rechts wird sie von steinernen Einfassungen gesäumt, die der Besitzer offenbar gegen Ende seiner Kneiperexistenz in einem Akt des letzten Aufbäumens gegen die drohende Pleite noch einmal Aufmerksamkeit heischend frisch gestrichen hat. In schreiendem Pink.

Schließlich finde ich Qualitz und auch die Stelle, wo ich nicht dem scharfen Knick der Hauptstraße, sondern dem Stichweg geradeaus folgen muss. Hier gibt es nicht einmal mehr einen Straßenbelag, hier gibt es Matsch, Steine und Pfützen. Es wäre nicht das erste Mal, dass ich auf einem solchen Weg steckenbleibe, weil mein Auto hierfür nicht gemacht ist, aber ich stelle zufrieden fest, dass ein Auto vor mir herfährt und überraschenderweise in der Ferne schon wieder eines sichtbar wird, als mein erstes Begleitfahrzeug einem schlichten Holzschild folgend zu einer Tierpension abbiegt. Schließlich kommt mir auch noch mit nicht eben geringer Geschwindigkeit der örtliche Eisverkaufsbus entgegen. Ich muss nicht fürchten, im Fall einer verlorenen Schlammschlacht keine Hilfe zu bekommen. So passiere ich noch ein Wäldchen und freue mich, als der Blick wieder frei wird, über meinen geübt gewordenen Blick: Auf der weiten Ackerfläche zu meiner Linken gibt es zwei Inseln. Die eine ist klein, vielleicht 20 Meter im Durchmesser, und wird dominiert von einem stattlichen Baum, die andere ist größer und beherbergt eine ganze Baumgruppe. Mich interessieren aber weit mehr die mächtigen dunklen Haufen zu Füßen der Bäume. Ich habe die mächtigen Großsteingräber von Katelbogen gefunden. Wenn man es weiß, sieht man auch die Erläuterungstafeln auf den »Inseln«: Eine Ausschilderung (die aus Richtung Katelbogen ungewöhnlich gut ist) gab es von Qualitz her, aus welchem Grunde auch immer, wieder einmal nicht. Hier aussteigen will aber nur ich alleine. Was soll's?

Abends scheint rund um unser Haus herum die Sonne. Wolken drumherum hier und da, auch nicht nur die kleine Sorte, aber hell und freundlich. Trotzdem gießt es senkrechten Regen. Stark. Wir müssen einen tollen Regenbogen haben, rufe ich, und die Familie versammelt sich am Ausgang zur Dachterrasse. Raus traue nur ich mich, finde auch den Regenbogen. Vor allem aber sehe ich jetzt etwas anderes: Es gibt nirgendwo die sonst übliche dunkle Front, die gewöhnlich irgendwo den Himmel dramatisch zur Kulisse macht für Regenguss und Regenbogen. Der Himmel ist rundherum eine freundliche wohlwollende Kuppel, die das Beste verheißt. Nur genau eine Wolke steht da, und die ist auch ein bisschen schwerer und grauer. Sie steht hoch genau über unserem Haus. Und regnet. Als stünde man in der Rotunde einer Kirche und ganz oben, da wo die Gewölbestreben zusammenlaufen, da hängt eine Dusche und ist versehentlich bis zum Anschlag aufgedreht. Eine übereifrige und sehr punktuelle Sprinkleranlage vielleicht. Habe ich noch nicht erlebt. Eine Gartenparty wäre jetzt vorbei. Wenn erstmal das Wasser in der Kartoffelsalatschüssel steht, macht's ja meist keinen Spaß mehr – und keiner würde so richtig begreifen, wie es dazu kommen konnte. Da wir aber heute keine Gartenparty machen, finde ich alles toll. Will ich jetzt nicht zum Kennzeichen oder Merkmal MVs machen, dass es nicht strich-, sondern gleichsam punktweise regnet, in senkrechten grauen Streifen auf der Fläche einer geräumigen Zirkusmanege pladdert, rundherum aber eben nicht mehr. Ausschließen will ich allerdings auch nicht, dass es so etwas wieder einmal nur hier gibt.

Im Internet finde ich am Abend noch einen langen Text über eine andere Burganlage, jene in Neu Nieköhr. Dort erkennt man wohl besonders eindrucksvoll, dass vieles, was wir beim Ausgraben finden, in Schichten aufgebaut ist. Diese Schichten bildeten sich teils durch die Natur selbst, indem Pflanzen vergingen und zu Humus wurden oder Winde für Aufschüttungen sorgten. Teils war aber auch der Mensch entscheidend für die Bildung der Schichten. Ein Haus brannte ab, und auf den Trümmern entstand ein neues, Burgen und Ansiedlungen wurden zerstört, und etwas Neues entstand. In Neu Nieköhr nun fand man sogenannte »Wohnschichten«, und zwar dreizehn Stück, von denen die ältesten (ganz unten) auf das achte, die jüngsten, weiter oben, auf das dreizehnte Jahrhundert zurückgehen. Hier müssen also schon seinerzeit über mindestens fünfhundert Jahre ständig oder zumindest immer wieder Menschen gelebt haben. Zunächst gab es auch hier noch einen Burgwall. Von dem ist allerdings gegen Ende des 19. Jahrhunderts eine Hälfte mal großzügig abgetragen worden, um die Möglichkeiten landwirtschaftlicher Bewirtschaftung zu verbessern. Wenn in so einer Situation dann nicht alles zusammenpasst – hier beispielsweise war seinerzeit Tonzeug aus dem 11. und 12. Jahrhundert gefunden worden, Mitte des 20. Jahrhunderts aber fiel bei einer eher oberflächlichen Buddelei Keramik aus dem 8./9. Jahrhundert auf – dann ist das für die Archäologen wie eine Aufforderung zum intensiven Suchen. Und so haben sie es gemacht, gingen tiefer und legten Schicht um Schicht frei. Dabei halfen hier insbesondere sehr gute Kenntnisse zu den Entwicklungen der Keramikfertigung (Formen, Verzierungen etc.), denn Schicht für Schicht fand man vor allem Keramikscherben, und wenn man wusste, in welche Zeit die einzuordnen waren, wusste man, aus welcher Epoche man etwas ausgegraben hatte. Das ist dann fast so gut, wie wenn man eine Tageszeitung findet oder (im Altertum wahrscheinlicher) eine Münze, auf der meist der seinerzeit aktuelle Herrscher abgebildet war, so dass man sie zeitlich auch sehr genau einschätzen konnte. Die älteste in MV gefundene Münze, von der ich weiß, stammt aber erst von ungefähr 1220.

Und eine Meile westlich von Gnoien und etwa »1/10 Meile« in südwestlicher Richtung vom Gut Neu-Nieköhr entfernt, so verrät mir der schön altertümliche Internettext, liegt ein nach Ausdehnung und Höhe bedeutender Burgwall, zu dem es in einer historischen Quelle heißt: »Besonders erwecken die Burgen im östlichen Teile des Landes lebhafte Teilnahme, um so mehr, da bisher nur wenige bekannt geworden sind«.

Der Burgwall von Neu Nieköhr ist auf allen Seiten von großen Wiesenflächen eingeschlossen. Es soll früher der ganze umliegende Wiesengrund ein großer See gewesen sein, der den Burgwall umspült hat. Eher schon wird allerdings der etwa 200 Schritt östlich fließende Bach bisweilen die ganze Niederung unter Wasser gesetzt haben …

Ich lese mich fest:

Die Form des Burgwalles erscheint abgerundet, doch ist die ursprüngliche Gestalt längst nicht mehr sicher erkennbar. An der nordöstlichen Seite ist seit Jahren Erde abgegraben und zur Verbesserung der umliegenden Äcker und Wiesenflächen verwandt worden. Indes hat der Burgwall dadurch bis jetzt nur etwa ein Zehntel an Masse verloren, so dass er sich noch immer weitgehend in seiner früheren Mächtigkeit präsentiert. Die innere Oberfläche des Walles liegt stellenweise etwas tiefer als ihr Rand. An der südwestlichen Seite scheint ein Einschnitt erkennbar zu sein, und da hier der Seitenabhang weit weniger steil abfällt als in seiner übrigen Ausdehnung, ist wahrscheinlich, dass auf dieser Seite der Aufgang zum Wall war. Dafür spricht nicht nur, dass von dieser Seite aus in kürzester Entfernung die Wiesen durchschritten und fester Boden erreicht werden kann, sondern auch, dass man auf dieser Seite des Walles Reste eines alten Pfahlwerkes gefunden hat, das einer Brücke zwischen dem Burgwall und dem festen Boden gedient haben könnte. Rings um den Burgwall läuft ein Wallgraben, der aber teilweise verschüttet und überwachsen ist. Die Breite des Grabens beträgt durchschnittlich wohl acht bis zehn Meter. Die Seitenabhänge des Walles sind größtenteils mit Dorngestrüpp bedeckt. Er trägt einige hohe Buchen, ziemlich viele, teilweise sehr alte Ahornbäume und außerdem Holunder in reicher Menge. Der wilde Hopfen wuchert überall in üppigster Fülle und verwandelt während der Sommermonate die Oberfläche des Burgwalles zum großen Teil in ein undurchdringliches Dickicht.

Beim Abgraben an der Nordostseite stieß man in der unteren Erdschicht auf ein Pfahlwerk von Eichenholz, das nach der Meinung von Augenzeugen zu einem verdeckten Gang gehört haben muss, einem geheimen Tunnel … Hier ist übrigens auch ein zu Berühmtheit gelangtes ›fossiles Hirschgeweih‹ gefunden worden. Sieht man ferner, dass die Erdschicht mit den Gefäßscherben schon in einer

geringen Tiefe unter der Oberfläche des Walles beginnt, und dass die bei der Abgrabung gefundenen Feuerstellen ihre Lage in einer Tiefe von höchstens 2 Meter unter der Oberfläche hatten, so kann dies gut bedeuten, dass der Burgwall seine jetzige Höhe von seinen wendischen Bewohnern erhalten hat. Historische Anhaltspunkte über die Bedeutung, die Bewohner und die Schicksale dieser wendischen Burg haben sich bis jetzt nicht ergeben, und es muss der Forschung vorbehalten bleiben, weiteres Licht darüber zu verbreiten. Es gewinnt dieser Burgwall aber für die historische Forschung um so größeres Interesse, als sehr wahrscheinlich ist, dass derselbe seit der Wendenzeit nicht wüste gelegen hat, sondern noch im christlichen Mittelalter bewohnt gewesen ist. Auf dem östlichen Teile der Oberfläche des Walles, der Mitte ziemlich nahe, findet sich nämlich eine Höhlung von etwa 10 Fuß und einem Durchmesser von 25 Fuß. Allem Anscheine nach ist hier ein längst eingestürztes kellerartiges Gewölbe gewesen. Nachgrabungen, die man früher hier anstellte, förderten Mauersteine von einer Dicke und Stärke zu Tage, wie man sie bei den mittelalterlichen Gebäuden zu finden pflegt. Mutmaßlich gehört auch das auf dem Walle gefundene Hufeisen der Zeit des christlichen Mittelalters an. Hierdurch würde die Volkstradition eine Bestätigung erhalten: dass auf diesem Burgwalle in früherer Zeit eine Ritterburg gestanden habe. Heutzutage kann man zu dem Burgwall von Neu Nieköhr nur gelangen, wenn man sich über Felder und Wiesen einen Weg sucht.
(Nach: Heinrich Krüger, Pastor in Boddin, Der Burgwall von Neu-Niekör, Jahrbücher des Vereins für Mecklenburgische Geschichte und Altertumskunde, Band 39 (1874), zitiert aus dem Internet – Dokumentenserver der Landesbibliothek Mecklenburg-Vorpommern).

Das kann ich mit den Kindern wohl vergessen …

Bliebe womöglich die Burg Mecklenburg. Mecklenburg! Wer sich mit den Wurzeln des heutigen Mecklenburg, seiner Kultur und Menschen befasst, wird immer wieder in dieser Region landen, in dem Bereich zwischen dem Nordufer des Schweriner Sees, Dorf Mecklenburg und südlich von Wismar. Hier sind, in Hohen Viecheln wie gesagt, die ältesten bis heute bekannten Funde menschlichen Wirkens gemacht worden. Hier befindet sich, in Dorf Mecklenburg, jene Burg, die die älteste Erwähnung hierzulande findet, die Mecklenburg, die über ihren Namen als namensgebend (von slawisch »Michelenburg« für »große Burg« oder »Königssitz«) für das ganze Land gelten darf. Und diese Burg bzw. was davon noch übrig ist, suche ich auf. An der Kirche des Örtchens Dorf Mecklenburg zweige ich von der Hauptstraße ab. Eine schmale und fast gerade verlaufende Straße führt mich umstandslos zwischen kleineren Einfamilienhäusern aus DDR-Zeiten mit ihren typisch den Widrigkeiten der Materialbeschaffung so ehrgeizig wie liebevoll trotzenden und nicht selten fröhlich-farbenfroh in Selbstbauweise errichteten Veranden und Gartenzäunen hindurch zum Burgwall und dem kleinen Parkplatz. »Slawische Wasserburg aus dem ersten Viertel des 7. Jahrhunderts«, steht dort dann auf einem großen Schild. Auch hier handelt es sich um einen Ring, einen Wall aus Erde mit eingearbeiteten Kastenkonstruktionen aus Holz. Das gibt Stabilität, wenn man so will, bis zum heutigen Tag. Der Wall hat einen Umfang von 234 Metern und ist bis zu 12,75 Meter hoch. Dass es sich um eine Wasserburg handelte, lässt sich heute nur noch erahnen anhand des die Burg umgebenden Flachlandes, das man sich gut als einst überschwemmt und also einen oder mehrere Seen bildend vorstellen kann. Bis zum Jahre 1322, also während rund 600 Jahren, ist diese Burg immer wieder zerstört und neuerlich aufgebaut worden, dann erst wurde sie aufgegeben. Aus der Vorburgsiedlung aber entstand nach und nach das heutige Dorf Mecklenburg. Vom Parkplatz führt ein sanft ansteigender Weg in den heute nach mehreren Aufforstungen stark bewaldeten Bereich der ehemaligen Burg, durch den man über eine abgeflachte Stelle des Walles hinüber in sein Inneres geht. Etwas überraschend befindet sich dort heute gepflegt, grün, ruhig und in seiner harmonischen Wirkung lediglich durch einen glänzend-neumodischen robusten Metallzaun beeinträchtigt, der örtliche Friedhof. Ich finde den schmalen Pfad, der auf dem Wall um denselben herumführt, einen Weg, der also ca. 234 Schritte durch das nasse Gras bedeuten wird. So umrunde ich den Friedhof und schaue hier und da hinaus über das flache Land. Wenn alles stimmt, was man über diese Burgen weiß, muss das zum Großteil einmal schützende Wasserfläche gewesen sein. Der Blick wird beeinträchtigt durch die heute hier schon prächtigen Bäume, viele Eichen fallen mir auf, sie mögen aus einer ersten gezielten Aufforstungsaktion im Jahre 1856 stammen, denn in jenem Jahr wurden an einem Aussichtspunkt auch stolz einige Findlinge gepflanzt, ihr erhabenster erhielt eine Inschrift: »1856«.

Die auf dem Gebiet des heutigen Mecklenburg lebenden Slawen waren die Wenden. In unserer Region waren die Obotriten beheimatet. Obotritenfürst Niklot geriet mit dem Fürst des deutschen Kernlandes, Heinrich dem Löwen, in kriegerische Auseinandersetzungen, weil dieser sich Gebiete der Obotriten aneignen wollte. Niklot musste den westlichen Teil seines Reiches aufgeben. Er zerstörte die Burg Schwerin und zog sich weiter östlich in die sumpfigen Warnowwiesen bei Werle zurück, wo er die alte Burg Werle befestigte und damit einen schwer einnehmbaren Schlupfwinkel hatte. Noch eine Burg! Und auf einem Hügel liegt auch hier just seit dem Jahre 1856 ein etwa 6 Tonnen schwerer Granitfindling, der daran erinnert, dass hier zwischen 600 und 1200 eine Slawenburg stand. Ist nicht weit von Schwaan, dorthin könnte man also von Rostock aus mal eine Familienradtour initiieren, wenn man Mut hätte.

Aber zurück zu Niklot: Um ihn aus seiner Festung zu locken, entschloss sich Heinrich der Löwe, zu einer List zu greifen. Er wusste, dass Niklot ein großer Pferdenarr war. So ließ er eine

Herde edler Pferde am Warnowufer auftreiben, von als Hirten verkleideten Kriegern. Wie erwartet beschloss der Obotritenfürst die »Hirten« zu überfallen und sich die besten Tiere herauszusuchen. Da warfen die getarnten Krieger die Hirtentracht ab, und es kam zum Gefecht. Dabei wurde Niklot im Jahre 1160 getötet. Sein Tod bedeutete auch den Zusammenbruch des obotritischen Widerstandes.

Ein Blick noch auf die auch spätere Bedeutung des heute weitgehend unbedeutenden Weilers Werle: Zwischen 1229 und 1235 sollte es zur ersten mecklenburgischen Hauptlandesteilung kommen. Eine der vier entstandenen Teilherrschaften hieß Werle und erstreckte sich über Güstrow bis ins Müritzgebiet. Um diese Region wurden viele Machtkämpfe ausgefochten, wie folgende Sage berichtet. Fürst Heinrich I. von Werle-Güstrow etwa residierte auf der Burg Werle. Er hatte nach dem Tod seiner Frau ein zweites Mal geheiratet. Seine Söhne Heinrich II. und Niklot IV. sahen ihr Erbe bedroht und töteten 1291 den Vater auf der Jagd. Von der Verwandtschaft verjagt, starben die Vatermörder bald darauf unter Seelenqualen. Noch heute sollen sie als Geister des Nachts auf der Burg Werle herumirren …

Eine in völlig anderer Weise etwas unheimliche Begebenheit hat sich vor unseren eigenen Augen auf einem anderen slawischen Burgwall ereignet. Das Gleiche ist am selben Tag wahrscheinlich noch an ungefähr sieben bis neun anderen Stellen passiert, und dass in unserem MV ein Ereignis sich gerade auf einem slawischen Burgwall zuträgt, kann einfach vorkommen, schließlich ist es das Land mit den meisten slawischen Burgwällen überhaupt, aber so viel Natur war für uns doch ungewohnt: Wir waren mit ordentlichem Erfolg in Dorf Mecklenburg gewesen, besuchten nun die wiederum sehr sehenswert gelegene Burgwallinsel von Teterow und spazierten ein wenig auf dem heute im Sommer erfrischend kühl bewaldeten Wallring, als wir kaum einen halben Meter neben dem Weg eine Schlange mit einem Froschkopf wahrnahmen, einen Schlangenfrosch, eine Froschschlange, ein Urzeittier? Die einfache, grausame, naturgewollte Auflösung ist, dass da eine Kreuzotter in der Ruhe der Natur des Teterower Burgwalles einen Frosch erbeutet hatte. Mit, so denke ich, ausgeklinktem Kiefer schob sie sich nun von hinten über das Tier von der Größe einer Frauenfaust. Während das Opfer vorn noch lebte, wurde es, falls auch bei Kreuzottern die Verdauung im Mund beginnen sollte, wohl hinten schon verdaut. Die Augen des Beutetiers, das sich in seiner Zwangslage halb im Schlangenmaul schon nicht mehr regen konnte, werde ich nie vergessen. Wahrscheinlich sollte man in die Mimik eines Frosches oder einer Kröte nicht zu viel hineingeheimnissen, aber für mich war ihr Ausdruck schicksalsergeben, als gelte es, die Regeln der Natur zu akzeptieren, damit von tiefer Ruhe und doch auch von unmittelbarer Todeserwartung und großer Trauer. Da wäre mir ein nächtliches Gespenst in Werle fast lieber gewesen und den Kindern auch.

Die tausendjährige Glasmurmel von Friedrichsruhe

Was macht der Archäologe, genauer: der Ausgräber, wenn er eine bestimmte Ausgrabungsstätte für erschöpft hält? Er klopft sich auf die Schulter und schüttet alles ordentlich wieder zu, bis es dem Zustand möglichst nahekommt, in dem er den Ort vorgefunden hat. Äußerlich. Denn natürlich hat er innen trotzdem alles mitgenommen, was er gefunden hat, und gibt es jetzt in die »Sammlung«, an die Orte also, wo solche Funde aufbewahrt und manchmal auch ausgestellt werden. Und so sehr uns seine Arbeit natürlich nützt und vieles lehrt: Die Ausgrabungsstätte ist in der Fachsprache jetzt eine »gestörte« Ausgrabungsstätte, denn ihren vorherigen Zustand hat sie nicht mehr und wird sie nie wieder haben. Das sind die Tücken unser aller Wissenwollens und der Entdeckungsfreude der Ausgräber. Wobei es inzwischen manchmal auch schon anders geht. Aus der Luft. Nicht selten kann man Einhegungen aus früherer Zeit oder Wälle auch von dort aus sehen. (Dann begeht man sie vielleicht nur und rührt manchmal gar nicht dran.) Von dort oben erkennt man etwa bis heute die Umrisse des ehemaligen Schlosses von Putbus. Es steht nichts mehr, aber daran, wo auf der Wiese, die sein ehemaliger Standort ist, das Gras dünner oder gar nicht wächst, erkennt man aus der Höhe noch fast einen regelrechten Grundriss. Noch besser, gerade hier in der Gegend, klappt die »Luftnummer« mit Schiffswracks im Wasser.

Aber zurück zur klassischen Vorstellung von Archäologie: zum Graben. Unbewusst geht man leicht davon aus, Ausgrabungen gäbe es quasi nur in Ägypten, aber sicher nicht mit spannendem

Inhalt vor der eigenen Haustür. Daran stimmt, dass in MV vieles seit den fünfziger Jahren des letzten Jahrhunderts schon ausgegraben ist. Das heißt aber nicht, dass es nicht bis heute Versuche gäbe, die Ergebnisse dessen weiter zu ergänzen. Genau genommen wird ständig an etlichen Stellen des Landes zufällig gefunden, dann gezielt weitergebuddelt und oft genug weitergefunden, besonders, als die Autobahn gebaut oder größere Projekte in den Innenstädten verwirklicht wurden. Mitten hinein in meine Bemühungen herauszufinden, was es denn über das steinzeitliche Mecklenburg schon zu erfahren gibt, lese ich eines Tages, dass in Friedrichsruhe aktuell Ausgrabungen stattfinden und Führungen erfolgen. Natürlich fahre ich zur nächsten Führung hin.

Wie entscheidet der Ausgräber, wo er graben will? Schlüsselreize erster Ordnung sind Ansammlungen großer Steine, die künstlich zusammengefügt wirken, so dass der Verdacht kommt, es könnte sich beispielsweise um ein Großsteingrab handeln. Weitere Schlüsselreize sind kleine kegelige Hügel in sonst eher planem Gebiet, bevorzugt in Wäldern, die den Verdacht aufkommen lassen, es könnte sich um Hügelgräber handeln. Und Schlüsselreize sind schließlich wallförmige Aufschüttungen, womöglich noch auf kleinen Inseln im See oder an anderen Stellen, die sich nach altertümlicher Denkweise für den Bau einer Burg angeboten haben könnten, etwa, weil ein Gewässer um die Burg zusätzlichen Schutz bietet oder die Gestalt der Landschaft es ermöglicht hätte, sich nähernde Feinde lange vor ihrer Ankunft an der Burg zu sichten. Eine solche wallförmige Aufschüttung – die allerdings nur noch zu etwas mehr als der Hälfte vorhanden war – inmitten einer großen, flachen Flussebene machte beispielsweise die Ausgräber bei Friedrichsruhe neugierig. Friedrichsruhe liegt zwischen Schwerin und Parchim. In dieser Gegend wurden schon eine Reihe von Gräbern und anderen Altertumsfunden gefunden. Um festzustellen, ob etwas, das aufgrund seiner engen und runden Form (die so gar nicht nach einer natürlichen Landschaftsform aussieht) nicht doch eine Laune der Natur, sondern ein alter Burgwall ist, nimmt man einen sogenannten »Wallschnitt« vor. Man gräbt von der Wallkrone ausgehend mit großer Vorsicht eine Scheibe heraus, als schneide man aus einem Topfkuchen ein großes Stück für unterwegs. Die Slawen haben nämlich beim Bau ihrer Burgen, ich erwähnte es im Falle Groß Radens, nicht einfach Erde angehäuft, sondern sie haben diese durch kastenförmige Gestelle aus Eichenholz in ihrem Innern, die sie dann wiederum mit Erde gefüllt haben, stabilisiert gegen witterungsbedingtes Abrutschen und gegen Feinde. Findet man im Zuge dieses Wallschnitts einen Hinweis auf früheres Leben, etwa Teile der Holzkästen oder Reste von Keramik oderoderoder, so kann man ziemlich sicher sein, einen altslawischen Burgwall vor sich zu haben. Man weiß weiter, dass Slawenburgen bevorzugt so angelegt waren, dass es zwar diesen Burgwall gibt, das eigentliche Leben sich aber vor dem Wall bzw. außerhalb dieses Walles abgespielt hat, in der sogenannten Vorburgsiedlung. Hier standen einfache Häuser aus Flechtwerk oder Blockhütten, die dem Wohnen oder handwerklichem Tun dienten. Dieser Bereich, die Vorburgsiedlung, war durch einen einfacheren Zaun oder einen kleineren Wall geschützt. Die eigentliche Burg hinter dem hohen Wall aber diente entweder als Zuflucht bei Bedrohung oder war Wohnstätte hochgestellter Persönlichkeiten wie Stammesfürsten oder Geistlicher. Dass man den Begriff der »Burg« bei alledem erst heutigen Begrifflichkeiten anpassen muss, hatten wir ja auch in Groß Raden schon gesehen. Ist der Ausgräber sicher, dass er einen Burgwall und damit Spuren einer ehemaligen Burg gefunden hat, ruft er den Geophysiker. Der Geophysiker kann, indem er in der Nähe des Burgwalles auf und ab läuft, mittels Echolot, Radar und Ähnlichem herausfinden, wo sich das Weitergraben lohnt, denn er kann alte Holzreste, Metall und Ähnliches bis weit in die Tiefe des Bodens hinein aufspüren. Und wenn er erfolgreich war, wird gebuddelt. Hier in Friedrichsruhe (genauer: auf einer nur mit sehr einheimischer Instruktion überhaupt zu findenden Scholle im Nichts zwischen Waldrand und Burgwall nahe Friedrichsruhe) hatten sie Befestigungsteile des Walles gefunden, der um die ehemalige Vorburgsiedlung herum etwas Schutz geboten hatte.

Die kurze Führung habe ich mitgemacht.

Was sehe ich jetzt? Tausendjährige Eichenbalken, vom Moor gut erhalten, die nun gegen die Zersetzung durch die Sonne geschützt werden müssen, ehe das Ausgrabungsgebiet alsbald wieder verfüllt wird. Ich beobachte zwei Studentinnen, wie sie in der Nähe ein Schnittprofil zeichnen, also die Anordnung der Erdschichten entlang der Schnittkante skizzieren, die der Spaten beim Graben gestochen hat. Die Mädchen wirken eher gelangweilt. Unser Führer hat uns einen stattlichen Schuhkarton mit Funden unter die Nase gehalten, die hier gemacht wurden: ein Stück Eichenholz, er schätzte es auf mindestens tausend Jahre, und viele kaum handtellergroße Scherben von alter Keramik, wobei ein Leuchten immer dann in seine Augen getreten ist, wenn es sich um ein Stück handelte, das aus der Nähe des Randes der ehemaligen Amphore stammte, denn anhand von Mündungsform und, soweit vorhanden, Verzierung ist der Eingeweihte heute schon recht weitgehend in der Lage, das Alter der Keramik zu bestimmen. Und wieder lief es mir ein kleines bisschen kalt den Rücken hinunter, als wir Scherben mit kleinen Kerbungen oder Ritzungen zu sehen bekamen, Merkmalen, die aussahen, als seien sie einer Gesetzmäßigkeit folgend und damit gezielt und absichtlich dort angebracht worden, so dass davon auszugehen ist, dass ein lebendiger Mensch mit seiner geschickten Hand sie vor tausend und mehr Jahren an genau dieser Stelle genau dieses Stückes Keramik angebracht hatte.

Was rieche ich? Es riecht ein bisschen feucht – angesichts des gerade abgezogenen Regens und des moorigen Untergrundes, in dem ich vor mir noch immer auf die alten Balken sehen kann, kein Wunder.

Was höre ich? Ich höre den Kompressor, der zwar in einiger Entfernung steht, dessen dennoch vernehmliches Dröhnen aber etwas unwirklich über der präriehaften Szenerie liegt. Er wird gebraucht, weil hier außer dem Ausgrabungsleiter nur Studenten und Praktikanten am Werk sind. In diesem Falle kommt eine Schlämmmaschine zum Einsatz. Hier wird der Aushub aus dem eigentlichen Grabungsfeld wie beim Goldwaschen schaufelweise noch einmal auf eine Arbeitsfläche gegeben und dort mit dem Wasserstrahl gesiebt und so nach Erdreich und Fundstücken sortiert. Ich frage die Mädchen, ob es noch aufregend für sie sei, wenn sie Keramikscherben bergen. Sie verneinen, schränken aber ein, wenn es ein Stück sei, das sie aufgrund seiner Form oder Verzierung datieren könnten, sei es immer noch aufregend.

»Aber noch viel aufregender ist es, wenn man eine Glasperle findet oder so«, meint die Hübschere von beiden, offen lassend, was »oder so« bedeutet, aber mit einem Blick, der keinen Zweifel lässt, das dieses kaum zwanzigjährige Mädchen mit der geringen archäologischen Erfahrung und der kurzen Erfahrung als Ausgräberin in den letzten Tagen das Glück hatte, hier, in dieser grasigen Tiefebene im Niemandsland zwischen Schwerin und Parchim, über der sich gerade wieder Sonne und Wolken über die Wetterherrschaft streiten, und über der im Übrigen nur das Dröhnen des Kompressors der Schlämmmaschine liegt, eine hübsch verzierte tausendjährige Glasperle aus dem moorigen Grund geborgen zu haben!

Kinder bis sechs Jahre …

Es muss mal wieder ein uneingeschränkt kinderfreundlicher Ausflug her! Wir sollten uns einen Vorgeschmack auf das frisch beschlossene Urlaubsziel verschaffen. Und ein Tag am Meer ist das Größte. Selbst unentschlossenes bis schlechtes Wetter erträgt sich dort am besten. Das Meer ist ein altes Menschheitssehnsuchtssinnbild, nicht weniger! Regalmeter von Büchern und Filmen gipfeln am Meer, enden am Meer, preisen das Meer als ein einziges Mehr. Und wir haben es vor der Haustür! Man kann sich das ruhig zwei-, dreimal täglich klarmachen! Neuerdings versuchen wir, unsere Begeisterung auf die Kinder abfärben zu lassen. Die kennen das nämlich mit dem Meer vor der Tür nicht anders, finden das total normal und sind, wenn sie frei haben, am liebsten zu Hause und tun nichts. Wir erreichen, wenn wir zum Aufbruch ans Wasser blasen, erst lange nichts, dann lange Gesichter und schließlich lange Verhandlungen. Natürlich ändert das wenig, als Eltern einer erstaunlich alten Schule setzen wir uns durch. Erstmal.

Dann sind wir in Warnemünde. Es ist frisch, windig, waagerecht einfallender Sprühregen, alles, was Kindern Spaß macht. Wenn sich das Wetter nicht mehr gar so affig hat, taucht alsbald dieser drahtige ältere Herr mit der gesunden Gesichtsfarbe und dem weißen Pferdeschwänzchen auf seinem Künstlerfahrrad auf, hält in der Nähe unserer kleinen Musterfamilie an und nestelt an seiner Tasche, ehe er sich zufällig im Moment unseres Vorbeikommens aufrichtet, voller Freude unsere missgelaunte Meute als »hinreißende« Kinder bezeichnet und sie ganz dringend und auf der Stelle malen will. »Dauert fünf Minuten, kostet fünf Euro je Portrait!«

Glaube ich gern, guter Mann, ist fair, machen wir irgendwann auch noch mal, aber nicht jetzt, denn für die Gesichter, die meine Banausenbrut heute, bei diesem wunderbaren Spaziergang an unserem wunderbaren Meer macht, würde ich im Leben nicht auf die Idee kommen, auch nur einsfünfzig zu bezahlen!

Uns schwebt eher das Angebot vor, das weiter draußen gemacht wird, dort, wo man schon in Richtung Leuchtturm und Mole gucken kann. Hier stehen die Hafenrundfahrtdampfer und davor ihre wackeren Werbeschreier, die stets jeden Moment mit Abfahrt und zu besichtigenden Ozeanriesen und stundenlanger Abwesenheit drohen.

Und dann sagen sie: »Kinder bis zu sechs Jahren fahren kostenlos mit!«

Hihi. Sie sagen nicht, dass dazu auch ein Erwachsener mitfahren muss. Vor allem aber drohen sie nicht, dass sie die Kinder ins Wasser werfen, wenn nach der zweiten und der dritten Runde noch keiner da ist, der sie wieder abholen will. Dafür sehen sie so aus, als würden sie sich eine Weile freundlich um die Kinder kümmern und ihnen Seemannsgarn erzählen. Und wiederholen dauernd, dass die Fahrt für noch so übellaunige Kinder unter sechs nichts kostet. In Zeiten, in denen die Preise für herkömmliche Kinderbetreuung ständig steigen, könnte das zur echten Alternative werden, wenn die Großen es mal wieder eine Weile ein bisschen nett haben wollen an Land.

Jedenfalls käme Warnemünde als Ziel für den Sommerurlaub mehr als nur in Frage! Unsere Wohnung am Wasser. Dieser Roman begann, wo andere enden: am Meer. Es gehört zu jeder Jahreszeit zu den größten Momenten in meinem Leben, mit einem guten Glas (manchmal Fern-, meistens Wein-) an den großen, verandaartigen Fenstern der Ferienwohnung zu stehen und aufs Meer, auf die Ostsee zu sehen. Die Wohnung ist, wenn wir wirklich einmal alle hier sind, viel zu klein, aber im Grunde fällt nicht ins Gewicht, wie viele Quadratmeter sie außerhalb des Bereiches hat, von dem aus man die Fenster einsehen kann, denn im restlichen

Teil des Appartements hält sich ohnehin nur auf, wer schläft, kocht oder ein Bad benutzt. Ebenso gehört es zu jeder Jahreszeit zu den größten Momenten, hinter den großen Fenstern am Tisch zu sitzen und zu schreiben, zu lesen oder zu spielen. Hier habe ich meinem ersten Buch den letzten Schliff gegeben (oder das, was ich dafür hielt), und das waren schon sehr große Momente! Und schließlich ist es bei fast jedem Wetter der reine Genuss, die Wohnung zu verlassen und die wenigen Schritte zum Strand zu gehen. Da die Wohnung günstig zur Haustür liegt und der Strand sich hier schon etwas verjüngt, haben wir im Spaß mal ermittelt, dass es sich womöglich gar um diejenige unter allen Wohnungen in Warnemünde handelt, von der aus man mit den wenigsten Schritten ans Meer gelangen kann.

Vor allem früh morgens kann man dort am Meer sitzen und an nichts denken. Nur an das Meer, das vergnügt zu unseren Füßen spielt. Sich vielleicht niederlassen auf einer frühen Sandburg, gestern gebaut, über Nacht verwittert, als erhöhter Sitzplatz bestens geeignet mit weichem Halt und freiem Blick. Manchmal sitzen wir also am Meer, weich, warm, leicht erhöht und bequem und denken an nichts. Nur an das Meer. Und weil man als Ungeübter nicht lange nichts denken kann, wollen die Gedanken wandern, doch würde man sie, verbrächte man dort den Sommerurlaub, endlich einmal wirklich beim Meer halten, ohne über Äußerlichkeiten sinnieren zu müssen, die vom Eigentlichen, vom Meer, ablenken. Ich möchte dann nicht über Schiffe nachdenken, über heimische Fische, über Quallen, über die Härten des Seemannsberufes, darüber, welche Farbe das nächste Boot hat, das ich sehen werde. Ich möchte dann über das Meer nachdenken, über Innerlichkeiten. Was mag der Grund sein, dass wir uns ans Meer sehnen, dass wir, am Meer angekommen, uns an seinen Saum sehnen, dass wir, an seinem Saum angekommen, den Blick aufs Meer ersehnen und sonst nichts? Und dabei ist gleich, was es tut, das Meer.

Was tut es, das Meer?
Es liegt tatenlos herum, es unterwirft sich, es beruhigt, es streichelt die Seele mit zarten Fingern, es zeigt Horizont, es perlt, es plätschert, es hilft, sich sammeln und besinnen, es platscht, es planscht, es leckt, es schlabbert, es kullert, es lässt tief blicken, man zieht sich aus, so sehr zieht es an, es erfrischt, es streichelt den Körper, es teilt das Blickfeld in Augenhöhe, und auf der Trennlinie fahren Schiffe wie im altertümlichen Schattenspiel, es gurgelt, es kringelt sich in Strudeln, es wellt sich, es häufelt sich an, es tanzt, es rockt, es rollt, es wirft sich auf, es wirft sich einem vor, es spielt vergnügt, es spielt ausgelassen, es wird übermütig, es gerät zusehends in Wallung, es wird ernst, es fesselt, es knebelt, es staubt, es gischtet, es schäumt, Sturmhauben, Gischtfäden, die sich windwärts lösen, es wütet, es faltet sich in Zorn, es tobt, es unterwirft, es unterwirft alles, es unterwirft – uns!?

Es unterwirft, es tobt, es faltet sich in Zorn, es wütet, es schäumt, Sturmhauben, Gischtfäden, die sich windwärts lösen, es gischtet, es staubt, es knebelt, es fesselt, es verliert an Ernst, es verliert an Wallung, es verliert an Übermut, es spielt ausgelassen, es spielt vergnügt, es wirft sich einem vor, es wirft sich auf, es rollt, es rockt, es tanzt, es häufelt sich an, es wellt sich, es kringelt sich in Strudeln, es gurgelt, es teilt das Blickfeld und lässt Schattenspielschiffe fahren, es streichelt den Körper, es erfrischt, man zieht sich aus, so sehr zieht es an, es lässt tief blicken, es kullert, es schlabbert, es leckt, es planscht, es platscht, es hilft, sich sammeln und besinnen, es plätschert, es perlt, es zeigt Horizont, es streichelt die Seele mit zarten Fingern, es beruhigt, es unterwirft sich, es liegt teilnahmslos herum.

Und dann beginnt alles von vorn. So ist selbst der Sturm eine Welle im Dasein des Meeres, dieses Wesens aus Wellen, an dem ich sitze und an nichts denke.

Ja, das wäre eine Perspektive für den Sommer.

Der mecklenburgische Territorialstaat – Zersplitterung und Aufkommen der Stände

Zunächst aber wird es Zeit, mal nach Schwerin zu fahren. Es ist eine der »Geschichtszentralen« des Landes und dort steht das schönste Schloss der Welt in einem wundervollen Park ... Ich gebe zusätzlich meine Devise aus, Geschichte mache glücklich, MV sowieso, und es geht los.

»Was meinst du denn mit ›Geschichte macht glücklich‹?« fragt mich Klara, unsere Große, auf dem Weg, und hat sich wohl regelrecht ein Herz fassen müssen, um diese Frage zu stellen.

Jedenfalls vermag sie zwischen »Geschichte« und »glücklich« keinerlei Verbindung zu sehen.

Da habe ich jetzt nicht viele Versuche frei: »Na, du fühlst dich um so mehr zu Hause; Orte um uns herum sind nicht einfach mehr verschlafene Nester, du weißt, was hier früher schon mal los war, es kommt Leben in die Bude, du verwurzelst, weißt, wo du herkommst, das macht doch zufriedener.«

Klara sagt nichts mehr. Ihr Gesicht aber sagt, wofür ihr die Worte gerade nicht recht einfallen wollen: Papa, wenn du davon überzeugt wärst, hättest du nicht so viel Text gebraucht, um es zu sagen.

»Man soll doch«, sage ich nach kurzem Nachdenken, »das Angenehme mit dem Nützlichen verbinden, das ist ein alter und folglich wahrer Spruch. Und Lernstoff prägt sich besser ein, wenn seine Aufnahme von angenehmen Begleitumständen untermalt wird.«

»Hast du auch schon ein Lernbuch geschrieben, ›Lernen lernen‹ oder so?«

»Nein, aber mehr als eins gelesen, und ich glaube eins davon hieß sogar wirklich genau so.«

»Sieh an, und was sagt uns das jetzt hier?«

»Das sagt uns jetzt hier, dass ich in Zukunft auf jedem unserer Geschichtsausflüge etwas erzählen werde, was meiner Meinung nach zum Glück und zum Glücklichwerden gehört.«

»Ab heute?«

»Ab sofort.«

»Schön! Ich höre.«

»Naja, Moment, ich muss doch nachdenken.«

»Bist du denn glücklich?«

»Sorry, ist schon die falsche Frage, wirst du gleich sehen.«

»Wieso, ist doch eine total normale Frage. Bist du glücklich? Hört man jeden Tag tausend Mal.«

»Deswegen kann sie trotzdem falsch gestellt sein, denn eine bejahende Antwort müsste vollständig ungefähr heißen: Ich bin ein zufriedener Mensch mit ausreichend Glücksmomenten, also bin ich glücklich, ja.«

»Das ist doch nun Quatsch, das ist als würde man auf die Frage ›Ist dir warm genug‹ antworten ›Ja, mir ist nicht kalt‹ oder so ähnlich.«

»Ziemlich gutes Beispiel, ich weiß, was du sagen willst, aber langsam, du wirst schon sehen, wie ich das meine. Lass uns sozusagen vorn anfangen: Frage alle Menschen, die du greifen kannst, was sie sich am meisten im Leben wünschen. Sie werden ein bisschen nachdenken, werden vielleicht kurz etwas von lieben Kindern, einer größeren Wohnung oder einem generellen Handy-Verbot erwägen, werden aber, spätestens wenn du gezielt nachfragst, alle zu einer Antwort kommen: ›Ich möchte bitte glücklich sein!‹ Gesundheit, Liebe und Glück sind so etwas wie die ›Großen Drei‹ im Leben eines jeden Menschen. Was hat es also auf sich mit dem Glück?«

»… ›im Leben eines jeden Menschen‹, heute sind wir aber feierlich!«, spöttelt es von hinter uns von einer der Rückbänke, und ich bin mir ziemlich sicher, Elles Stimme erkannt zu haben …
Ich lasse mich gar nicht beeindrucken, schließlich bin ich wirklich feierlicher Stimmung.

»Glück ist erstmal etwas, das einem widerfahren kann. Glück zu haben bedeutet, dass einem etwas gelingt, worauf man wenig oder keinen Einfluss hat. Manche sagen übrigens auch, das habe zumindest unter anderem mit der anderen Sorte Glück zu tun, der Sorte, um die es hier vor allem gehen soll: dem Glück, das man in sich trägt.«

»Und das ist?«

»Na, das Glück, das man in sich trägt, sorgt dafür, dass wir innerlich viel lachen, dass wir ausgeglichen, ja, beschwingt sind, dass wir andere mit Fröhlichkeit anstecken können, dass wir in ruhigen Momenten lächelnd nach oben gucken und nicht finster nach unten, dass wir aufrecht gehen, dass wir tief atmen, dass wir rücksichtsvoll und verständnisvoll sind, dass wir …« Ich kann nicht mehr. Und Klara sieht mich fast anerkennend an.

»Das ist dauerhaftes Glück, man könnte auch von großer, umfassender Zufriedenheit sprechen, was den Reiz hat, dass das Wort ›Frieden‹ darin vorkommt. Vielleicht kann man sagen, es ist die anhaltende Wahrnehmung des eigenen Lebens als erfüllt, sinnvoll und angenehm.«

»Soso.« Klara scheint mir ernsthaft zuzuhören, wie seit Langem nicht. Da heißt es dranbleiben.

»Ja, und manchmal führt das Glück, das man in sich trägt, sogar dazu, dass wir die ganze Welt umarmen möchten, dass wir wild herumhopsen wollen, dass wir ›Juhuu‹ schreien oder dazu, dass wir einfach ganz ruhig werden und ein sehr, sehr zufriedenes Gesicht machen. Der Puls steigt an, wir atmen schneller, vielleicht läuft es uns auch wohlig warm oder kalt über den Rücken und kribbelt im Bauch. Das ist momentanes Glück, ein absolutes Hochgefühl, das man aber nur manchmal haben kann, sonst wäre es ja kein momentanes Glück. In beiden Fällen fühlen wir uns jedenfalls mächtig wohl, und so recht kann uns nichts und niemand in der Welt jetzt etwas anhaben.«

Klara schweigt und scheint zu lauschen. Ich muss eine Pause lassen. Dann sage ich: »Ich werde nur selten große Literaten zitieren, aber jetzt muss es einmal sein. Goethe ist es, leider kann ich hier nichts Originelleres aufbieten, der als Schöpfer wohl des Satzes der Sätze über den Glücksmoment gelten muss. Wenn ich den Moment festhalten möchte, wenn ich zum Augenblick sagen möchte: ›Augenblick, verweile doch! Du bist so schön!‹, dann kann ich ziemlich sicher sein: Dies ist ein Glücksmoment! Genauso, wenn ich plötzlich unwillkürlich die Melodie summe, die für mein Empfinden die Melodie des Glücks, der Euphorie schlechthin ist, in meinem Fall Beethovens Neunte Symphonie, die Ode an die Freude, ›Freude schöner Götterfunken‹. Anderen geht bis heute unwillkürlich ›We are the champions‹ von Queen durch den Kopf oder ein gängiger aktueller Popsong, nichts dagegen, was zählt, ist das Empfinden: Ich bin glücklich!«

»Darf ich auch mal was sagen?« Elle fragt das.

»Na gut, dies' eine Mal!« Klara und ich sagen es gleichzeitig und lachen.

»Darf ich Glück mal medizinisch erklären?« Muss sie dürfen, sie ist unsere medizinische Abteilung.

»Bin ich froh, dass ich hier nicht fürs Unromantische herhalten muss«, sage ich.

»Ich denke mal, das heißt ›ja‹ …«, sagt Elle und legt los: »Erstmal brauchen wir um ›akut‹ glücklich werden zu können, mindestens einen unserer fünf Sinne. Vielleicht sehen wir etwas Beglückendes, hören die Glücksmelodie schlechthin oder riechen Sommerregen oder einen Menschen, dessen Geruch wir am liebsten nie wieder hergeben würden. Vielleicht explodiert einfach die Süße einer reifen Stachelbeere beim Hineinbeißen in unserem Mund. In unserem Gehirn, genauer in dem Teil unseres Gehirns, der als limbisches System bezeichnet wird, befindet sich die sogenannte *Amygdala*, ein mandelförmiges Etwas; die wandelt ganz allgemein Sinnesreize in Gefühle um und steuert zum Beispiel in Notfällen körperliche Reaktionsprozesse. Im ›Glücksfalle‹ nun aktiviert sie das sogenannte *ventral-tegmentale Areal* im Hirnstamm und den *Hypothalamus*. Dann kommt es zu zwei Prozessen. Im *ventral-tegmentalen Areal* im Hirnstamm liegen erstens die Nervenzellen, die in Glücksmomenten die Ausschüttung von *Dopamin* im Belohnungszentrum des Gehirns auslösen.«

»So etwas gibt es?«, fragt Klara.

»So etwas gibt es! Von hier werden arterhaltende Handlungen mit angenehmen Gefühlen belohnt, was uns reizt, diese Handlungen möglichst oft zu wiederholen.«

»Arterhaltende Handlungen?«, hakt Klara nach.

»Naja, Sex und Essen, aber so deutlich wollt ich's nicht gleich sagen. Es heißt übrigens, bei den meisten Menschen sorge auch ein Schnäppchenkauf für einen Dopaminschub, weil sie meinen, jetzt für ihr Geld mehr zu bekommen, als ihnen eigentlich zusteht, das aber mehr als Scherz am Rande. Dann geht es weiter. Der *Hypothalamus* steuert zweitens die *Hypophyse* und alle anderen Hormondrüsen. Empfängt er Glücks-Signale von der *Amygdala*, bewirkt er die Ausschüttung von – in der *Hypophyse* hergestellten – *Endorphinen* in den Blutkreislauf. Diese bewirken dort, dass der ganze Körper entspannt ist, beschwingt und ›kribbelig‹: Die Augen lächeln, die Mundwinkel ziehen sich nach oben, in der Lunge steigt die Atemfrequenz, der Pulsschlag beschleunigt sich leicht, Magen und Darm werden angeregt, so dass es kribbelt im Bauch, die Muskeln werden entspannt, die Bewegungen weicher, und die Hauttemperatur nimmt ein wenig zu, die Haut wird feucht, die Haare stellen sich auf, Schauer laufen über den Rücken.«

»Ui.«

»Genau, jetzt noch eins, dann bin ich fertig: Der *präfrontale Cortex* schließlich, das sogenannte Bewusstseinszentrum im Hirn, stellt den Zusammenhang zwischen dem Umweltreiz, der am Anfang dieser Prozesse stand, und dem Glücksgefühl am Ende her, er erklärt uns, dass der gute Geschmack, der schöne Anblick oder der betörende Geruch für unser Glückserleben verantwortlich sind, so dass wir auch verstehen, warum wir gerade glücklich sind. Kurz: Indem einer unserer Sinne einen erfreulichen Reiz empfängt, wird im Gehirn ein Stoff freigesetzt, von dem wir das Glück haben, dass er dort einfach vorrätig ist. Er heißt *Dopamin* und macht uns bewusst, dass da etwas passiert, was gut für uns ist. Nebenbei setzt der Körper *Endorphine* frei; sie sind es, die das eigentliche Glücksgefühl in dem jeweiligen Moment, das ›momentane Glück‹, in uns bewirken«, schließe ich zufrieden den theoretischen Teil, denn wir haben das schönste Schloss der Welt erreicht, das Schloss in Schwerin: »Wow!!«

»Leute, Geld macht doch glücklich ...!«, stellt Klara fest und wird kaum Widerspruch dulden.

»Du meinst, wer so ein Schloss bauen kann, muss ein glücklicher Mensch sein?«

Klara staunt mit offenem Mund, scheint mittelfristig zu keiner Antwort fähig.

»Jedenfalls muss Geld nicht unglücklich machen ... Aber, wenn es allein glücklich machte, müsste ich ja nur alles daran setzen, möglichst viel Geld zu verdienen. Dann kann ich mir alles kaufen, dann habe ich ständig Augenblicke momentanen Glücks, oder?«

»Klar!« Klara ist für eine Silbe wieder bei uns, aber natürlich nicht so, dass sie uns beispielsweise beim Kinderwagenausladen zur Hand ginge.

»Nein, mein Kind, genau das funktioniert komischerweise nicht, und nicht zuletzt deshalb ist das mit dem Glück so kompliziert. Richtig ist, dass genug Geld die Chance auf Glück natürlich erhöht. Aber die Beziehung besteht nicht unmittelbar, wie man vielleicht denkt. Daher kommt der Spitzenspruch ›Reiche Menschen sind arme Menschen mit viel Geld!‹ Geld, das wirst du vielleicht auch schon bald so sehen, Geld ist erstmal nur Metall und Papier. Geld bedeutet Möglichkeiten – Möglichkeiten, die man nutzen oder vergeben kann. Man kann diese Möglichkeiten nutzen, um sich Momente zu verschaffen, in denen man glücklich ist. Aber oft gelingt das auch nicht. Und noch wichtiger: Es gibt etliche glückliche Momente, die nichts kosten. Die Losung ist: Glück, das sind Momente, nicht Moneten!«

»Papa macht wieder auf Pööt, nein, Poet ...!«

»Na wenn schon, Dichter lügen nicht! Sie romantisieren höchstens.«

Inzwischen haben wir das Auto geparkt und uns auf den Weg über die Schlossbrücke gemacht. Heute wollen wir zwar erstmal nur in den Park, aber aach, dieser Anblick! Dieses Schloss. Diese warme Farbe, die Türme und vielen, vielen Türmchen und Schornsteine, die durch die vielen Gliederungen, Gesimse, Vorsprünge, Balustraden und Figuren nie langweilige Fassade. Und, natürlich, dieses stolze Daherkommen durch das Reiterstandbild mit dem erhobenen Schwert: Niklot. Ja. Schon wieder. Der Ober-Obotrit, der wehrhafte Werler. Der Niklot.

Bis zu Niklots Tod und dem Ende der Slawenzeit 1160 bei Werle waren wir gekommen. Heinrich der Löwe blieb aber auch nicht lange Herr der Lage und der Landschaft. Er unterlag spektakulär Barbarossa, und Nutznießer waren die Dänen. Das sächsische Stammesherzogtum war durch diese Pleite insgesamt geschwächt, so dass Mecklenburg wieder zu mehr eigener Stärke fand. Besondere Einigkeit kam hierbei jedoch nicht heraus. Die Grafschaft Schwerin konkurrierte mit dem Fürstentum Schwerin, vor allem aber innerhalb des mecklenburgischen Fürstenhauses brodelte es, die Einheit auf mecklenburgischem Territorium war dahin: Heinrich Borwin I., der Sohn Pribislaws (und Enkel Niklots), der ein Schwiegersohn Heinrichs des Löwen war (eine Tochter Heinrichs war also mit einem Sohn Pribislaws verheiratet, dessen Bruder, Wertislaw, derselbe Heinrich hatte hängen lassen, wenn ich alles richtig verstanden habe), konkurrierte mit Nikolaus, dem Sohn des anderen Niklotsohns (jenem des gehängten Wertislaw). Das malt man sich, wenn man wirklich folgen können will, am besten auf… Später mussten beide als dänische Vasallen in den Krieg ziehen, ihr Streit wurde äußerlich geschlichtet, indem Heinrich Borwin Westmecklenburg und Nikolaus den Osten erhielt. Als Nikolaus in einem dieser Kriege fiel, kam Borwin zur Alleinherrschaft. Als Borwin aber starb, hinterließ er gleich vier Söhne; wieder war das sich abzeichnende Problem nur durch Gebietsteilungen zu lösen, in diesem Fall die sogenannte 1. Hauptlandesteilung 1229/1235, eine Zersplitterung, die aufzuheben erst gut hundert Jahre später wieder begonnen wurde: Es kam neben den sich entwickelnden Landesherrschaften der Bistümer Ratzeburg und Schwerin und den Grafschaften Schwerin und Dannenberg zu den vier Teilherrschaften Mecklenburg, Werle, Rostock und Parchim, mithin zu nicht weniger als acht Einheiten auf einem Gebiet, das wenig größer ist als das heutige Mecklenburg. Sie befanden sich, wie damals schon fast üblich, in beinahe ständigen Auseinandersetzungen untereinander. Und die Landesherren waren nicht die einzigen Herrschaftsträger: Es gab zudem die geistlichen Institutionen, die Städte kamen auf, und nicht zuletzt begann ein weltlicher ländlicher Adel (Ritter, Knappen), die Schwäche der Oberen zu nutzen und sich zunächst als Beistand, späterhin jedoch zusehends auch als Ansprüche stellende Konkurrenz, um grund- und gerichtsherrliche Rechte zu behaupten. In dieser Phase, seit dem 13., spätestens 14. Jahrhundert, bildeten sich Geschlechter heraus, deren Namen teilweise bis heute bekannt und vererbt sind.

Auf dem Land traten deutsche bäuerliche Siedler neben die slawischen Bauern und siedelten sich – wie lange zuvor die Slawen umgekehrt – nicht selten friedlich neben den slawischen Siedlungen an. So kam es zu gleichnamigen Orten, die bis heute unterschieden werden durch Zusätze wie »Deutsch«/»Wendisch«, »Alt«/»Neu« oder »Groß«/»Klein«. Namen blieben vielfach slawisch, ansonsten erfolgte eine Assimilierung, und auch die Rechtsverhältnisse slawischen Ursprungs traten im 14. Jahrhundert mehr und mehr in den Hintergrund.

Wie sah es denn in dem Teil Pommerns inzwischen aus, den wir heute Vorpommern nennen? Urgeschichte und Steinzeit wiesen deutliche Parallelen zu dem auf, was wir schon kennen. Und auch hier breitete sich das (West-)Slawentum aus. Anders aber als Mecklenburg, das wie gesehen durch die Sachsen erobert wurde, griffen hier die Polen in Person des Herzogs Boleslaw Schiefmund zu. Dann begann die Christianisierung des Landes, mit der

Boleslaw insbesondere den Bamberger Bischof Otto beauftragte. Bei Stargard begrüßte ihn Herzog Wartislaw, der erste bekannte Vertreter der Greifendynastie (der Greif ist bis heute im Landeswappen präsent), der als Begründer des pommerschen Staates gilt. Nach seiner Ermordung um 1130 bei Stolpe an der Peene, einem Ort übrigens, wo man heute ausgezeichnet essen kann, kam es zu einer Aufteilung zwischen seinen beiden Söhnen in die Bereiche Stettin und Demmin. Etwa zur gleichen Zeit starb auch Boleslaw Schiefmund, was Polen schwächte. Pommern wurde zu einem Ziel dauerhafter dänischer Begehrlichkeiten, und das Fürstentum Rügen fiel denn auch 1168 an die Dänen. Bei der Etablierung des Christentums in Pommern spielten Klöster eine große Rolle. Die ersten wurden mit Hilfe des Erzbistums Magdeburg gegründet; von dort zogen um 1150 Benediktiner nach (schon wieder) Stolpe, wo bis heute auch Klosterreste zu sehen sind. Aber auch hier setzte sich zunehmend der dänische Einfluss durch. Dänische Zisterzienser waren es beispielsweise, die sich 1172 in Dargun niederließen.

Und Schwerin, wie sah es hier aus in dieser Zeit? Es war die erste Stadt. 973 hatte der arabische Reisende Ibrahim ibn Jacub al-Israili, der auch die Existenz der Mecklenburg schon vermeldet hatte, hier eine Inselburg in einem Süßwassersee erwähnt. 1160 nahm Heinrich der Löwe die dortige Inselburg ein und baute eine neue Burg, die er mit einem Grafen (Gunzelin) besetzte. Zur Keimzelle der eigentlichen, 1160 durch Heinrich den Löwen gegründeten Stadt Schwerin wurde wohl eine deutsche Kaufmannssiedlung unweit des heutigen Marktes. Gunzelin ist bis heute präsent. Unter der Kuppel mit der Reiterfigur Niklots sehen wir vier Ahnen, die Geschichte gemacht haben, darunter ganz links eben jenen Gunzelin I., von 1166 bis 1187 erster Graf von Schwerin, der Befestiger der Burg und eigentliche Stadtgründer. Sieht man allerdings von diesen vagen Anfängen Schwerins im Jahre 1160 ab, so war das 13. Jahrhundert der wichtigste Zeitraum der Entstehung der heutigen Städte. *Zuarin* bedeutet übrigens Tierpark, ebenso wie das griechische Paradeisos; Schwerin, die Paradiesische? Oder doch das verschlafene Beamtenkaff, als das es böse Zungen heute sehen? Eine der schönsten Städte Norddeutschlands? Oder das »Landeshauptdorf«, weil es als einzige deutsche Landeshauptstadt die 100 000-Enwohner-Schallgrenze, die es zur Großstadt machen würde, seit einigen Jahren immer wieder knapp verfehlt? Ich denke, es stimmt von alledem etwas.

Städte nach heutigem Verständnis hatte es also zuvor nicht gegeben, sondern lediglich kleinere Siedlungen. 1218 wurde Rostock gegründet (zur Zerstörung der dort zuvor existierenden Burg vgl. o.). 29 weitere Städte, darunter alle noch heute bedeutenden, folgten noch in diesem Jahrhundert! Gewiss hatten vorher vielfach frühstädtische, aber eben noch dörfliche (meist slawische) Siedlungen existiert, aber nun erst kam es zu Stadtrechtsverleihungen und entsprechenden Ansiedlungen.

Nicht nur Volksstämme – Germanen und Slawen – waren in dieser Epoche jedoch gegeneinander angetreten, sondern auch die diese mit ihrem jeweiligen mentalen Rüstzeug ausstattenden Religionen. Positiv könnte man von Weltanschauungen, negativ von religiösem Ballast sprechen, der für unnötiges Blutvergießen sorgte, anstatt dass man jeden nach seiner Art hätte glücklich werden lassen, aber so ist es ja teilweise bis heute. Nach dreimaligem Anlauf im 10., 11. und schließlich 12. Jahrhundert hat das Christentum seinerzeit die Obotriten und Lutizen vereinnahmt. Als besonders bemerkenswertes Symbol hierfür bis in die heutige Zeit mag das Zisterzienserkloster in Althof von 1171 dienen, das 1186 in Doberan, heute Bad Doberan, erneuert wurde. Wer es besucht, dem wird aus seinem Inneren die Farbe grün in sehr lebhafter Erinnerung bleiben, mehr verrate ich nicht. Das ursprüngliche Kloster wurde schon nach wenigen Jahren im Slawenaufstand 1178 unter großem Blutvergießen zerstört, 1186 aber neu begründet. Das Kloster war im Mittelalter landesfürstliche Hauptgrablege, aber auch das lässt man sich am besten vor

Ort erklären, in dem hochgotischen Backsteinbau, der immerhin als das bedeutendste mittelalterliche Bauwerk in MV mit zudem europaweit konkurrenzlos reicher Originalausstattung gilt. In der Sprache der Denkmalpflege: Das Münster ist ein im gesamten Ostseebereich einzigartig dastehendes Kunstmerkmal. Es überstand nicht zuletzt, was sich damit ja schon ahnen lässt, auch den Zweiten Weltkrieg ohne Zerstörungen und Plünderungen. Ob es einfach Glück hatte, in DBR zu stehen, was lange das Autokennzeichen für Bad Doberan war, im Umgangssprachgebrauch der Rostocker aber unmerklich abwertend für »Dorf bei Rostock« steht!?

Ein weiteres großes mecklenburgisches zisterziensisches Feldkloster entstand zur gleichen Zeit (1172) in Dargun – das mit den dänischen Mönchen. Es sieht heute nicht mehr so gut aus, die Symbolik zum Zustand des Christentums in dieser Gegend mag man zugeben oder auch nicht. Auch Neukloster (1219), Dobbertin (1239) sowie Malchow (zweite Hälfte des 13. Jh.) und Ribnitz (erste Hälfte 14. Jh.) seien in diesem Zusammenhang erwähnt.

Wir sind noch immer auf der Schweriner Schlossinsel, ein bisschen linksherum, ein bisschen rechtsherum um den wunderbaren Bau geschlichen, der bei schwachen Naturellen vielleicht ein klitzekleines bisschen Lust auf Monarchie wecken könnte, auf einen König, der da im Schloss residiert, aber natürlich nur stellvertretend für uns, sein Volk, das schon deshalb ein stolzes Volk ist, weil ihm dieses wunderschöne Märchenschloss so auch ein klitzekleines bisschen gehört, ein Symbol für uns, für das »Wir«!

Ich nehme die allgemeine Euphorie zum Anlass, unter Elles beifälligem Nicken etwas gewagt Klara (und auch Ava, der Strebsamen, die mehr und mehr ein Ohr offenhält, wenn wir diese Gespräche führen) gegenüber einen Zusammenhang von Herrschaftsformen und Glück zu konstruieren: »Ich bin übrigens ziemlich sicher, dass man auch in Armut und Unfreiheit seine kleinen und großen persönlichen Glücksmomente erleben kann. Statistiken, die immer wieder in armen, politisch instabilen

Ländern einen besonders hohen Anteil von Menschen ausmachen, die sich als glücklich bezeichnen, belegen das. Aber ich denke, ein paar Grundbedingungen, die wir hier heute für selbstverständlich halten, die es aber nicht überall auf der Welt sind, und auf die Einfluss zu nehmen für den Einzelnen verdammt aufwendig ist, will ich ruhig mal nennen. Solche ›politischen Rahmenbedingungen‹ sind Frieden, Demokratie und die Freiheit, zu sagen und zu schreiben, was man will und denkt.«

Wir gehen inzwischen stracks auf den Eingang des Schlossparks zu, denn bei dem wollen wir es heute erstmal belassen. Von nirgendwo sonst hat man vergleichbare Ausblicke auf das Schloss, nirgendwo lässt sich die Vorfreude auf einen Schlossbesuch eines Tages besser erzeugen …

»Ich will aber nochmal zur Frage von Glück und Geld kommen, und Klara, du wirst mir eines Tages zustimmen: Glück ist, für die eigenen Grundbedürfnisse selbst aufkommen zu können. Wir reden hier erst einmal nur von sauberem Wasser, genug zu essen, einer trockenen und dir angenehmen Wohnung und genug zum Anziehen. Alles, was darüber hinausgeht, hängt schon von den Vorlieben des Einzelnen ab. Ich zum Beispiel könnte nicht so gut leben, wenn ich nicht auch das Geld für Bücher, Musik, ab und zu ein besonders gutes Essen und ein paar schöne Reisen hätte. Ich werde dir hier also nicht erzählen, Geld sei dem Glück regelrecht hinderlich, auch wenn manche Leute ab und zu so tun. Ich glaube, das Geld, das nötig ist, um die Dinge zu bezahlen, die man im Leben wirklich zu brauchen meint, kann man ruhig haben. Allerdings: Wenn man sich einmal öfter mit dem Guten zufrieden gibt, statt ständig nach dem Besten zu schielen, braucht man erstaunlich wenig.«

Elle meldet sich: »Zu Hause hängt doch dies Schwarz-Weiß-Poster, mit dem schrumpeligen Paar alter Leute drauf. Die sitzen in einem Stall, die Kühe stehen daneben, an einem rohen Holztisch. Der Mann gibt der Frau Kaffee aus seiner verbeulten alten Blechkanne, dazu gibt's ein kleines Stück Kuchen, fertig! Die beiden alten Leutchen lächeln aber, ihre Gesichter leuchten. Die

Bildunterschrift lautet: *Le bonheur est simple.* Das ist französisch und heißt: Das Glück ist einfach.«

Und wenn einer das begriffen hat, und zwar bis heute, dann ist das der Mecklenburger. Womöglich ist das Foto auf dem Poster in Wirklichkeit nicht in Frankreich, sondern zwischen Laage und Gnoien gemacht …

»Schließen wir das Thema Geld also so ab: Geld ist allenfalls eines von vielen Mitteln zum Zweck, dem Zweck, glücklich zu sein. Und das Risiko, auf der Jagd nach dem großen Geld das Glück zu verpassen oder schlicht zu übersehen, ist größer als die Chance, über das große Geld glücklich zu werden. Mehr als das Überleben und die individuellen Grundbedürfnisse zu sichern, kann Geld zum Glück nicht beitragen. Und du wirst sehen: Sehr viel ist das noch nicht! Zum Glück fehlt noch so allerlei.«

»Yippiie. Und jetzt ab in den Park!«

Machen wir. Als ich allerdings zuvor noch schnell die Schlosstoilette benutzen will, passiert mir etwas Eigenartiges. Die Putzkolonne besteht aus einem älteren Ehepaar. Der gute Mann ist geringfügig im Weg, als ich zu den Pissoirs strebe und spricht heiser vor sich hin, als wir gleichzeitig versuchen, aneinander vorbeizukommen.

»Stehe ich im Weg?«, frage ich etwas belustigt.

Und seine völlig ernst erteilte Antwort ist gut, wiewohl rätselhaft. Er sagt mit brüchiger Stimme, aber festem Willen: »Nein, das macht meine Frau.«

Wie hat er das gemeint?

(Ähnlich gut und auch mal im Vorbeigehen in Mecklenburg aufgeschnappt: Sagt ein älterer Mann zu seiner älteren Frau mit dem etwas mechanischen Schutzreflex des Langverheirateten: »Pass auf, dass du nicht hinfällst mit den Schuhen, die Leute lassen doch heute alles liegen.«

Weiß ich auch bis heute nicht, wie er das gemeint hat, aber Muddi schien zu verstehen und sich über die Fürsorglichkeit zu freuen.)

Paddeln auf der Warnow

Der in Warnemünde als stolzer Strom mündende Fluss Warnow beginnt viel kleiner. Seine Quelle liegt vielleicht siebzig Kilometer Luftlinie und, wegen zahlloser Schlingen, ungefähr einhundertfünfundfünfzig Flusskilometer landeinwärts bei dem Ort Grebbin, gar nicht weit von Friedrichsruhe (tausendjährige Glasmurmel), das wir schon kennen. Und einmal im Jahr sollte der dazu körperlich halbwegs in der Lage befindliche Hiesige für mindestens einen ausgedehnten Tagestörn ein Paddelboot besteigen. Und es auf einen der zahlreichen paddelbaren Flüsse der Umgebung ausführen, Tollense, Trebel, Peene … oder eben Warnow. Auch wir machen das seit Jahren so. Mal im Früh-, mal im Spätsommer, immer mit befreundeten Familien zusammen. Man trifft sich an einem »Basislager«, Zelte, gelegentlich ein Feldbett, Isomatte, inzwischen mehr und mehr Klappstühle, rundherum Natur und ein Dusch- und Küchenhäuschen. Mehr nicht. Möglichst auch nicht im Kopf, damit die Familienfreundlichkeit der Unternehmung gesichert ist.

Freitag ist der Tag des großen Eintreffens. Im Auto fragt mich Klara, ob dies ein Ausflug sei. Na sicher.

»Was Geschichtliches?«

»Äh, eher nicht, wir wollen doch einfach paddeln fahren.«

»Aber mecklenburgische Landschaft macht auch glücklich, stimmt's?«

»Mich auf alle Fälle.«

»Dann erzähl auch was übers Glück.«

Ich muss mich kurz sammeln.

»Muss es ganz eng mit der Landschaft zu tun haben?«

»Nein. Es kann dir auch zum Alltag hier oder den Leuten einfallen, mit denen du hier zu tun hast.«

Das ist einfach: »Glück ist nicht zuletzt die Abwesenheit von Dauer-Unglück. Dazu gehört, dass man mit Menschen Umgang pflegt, die man wirklich mag, dass man eine Wohnung hat, an der einen nicht ständig etwas stört und ärgert, dass man eine Beschäftigung hat, in der man einen Sinn erkennt, auf die man sich freuen und vielleicht sogar hin und wieder ein bisschen stolz sein kann – und sich eben nicht mit Leuten oder in einer Bleibe oder mit Tätigkeiten herumplagt, die einem jeden Morgen das Aufstehen zur Überwindung machen, und dass man keine Ängste hat, die gar nicht nötig sind. Die richtige Landschaft vor dem Fenster zu sehen, ist dabei übrigens auch nicht von Nachteil. Glück ist die Abwesenheit von ständigen Ärgernissen, von Frust und Angst und Langeweile. Fehlt mir ein Inhalt? Dann werde ich mir wohl eine Herausforderung suchen müssen – Sport? Musik? Wie wäre ein Haustier? Alles bewährte Glücksbringer!«

Ich sehe Klaras zufriedenes Lächeln. Dem Kauf ihrer beiden Meerschweine war eine lange Diskussion vorausgegangen, und jetzt gehen mir hier fast buchstäblich glatt die Pferde durch, und ich proklamiere Haustiere als Glücksbringer. Gedacht habe ich zwar eher an den Dackel für die gelangweilte Oma, aber gesagt habe ich etwas anderes, und Klara weiß das in diesem Moment ebenso gut wie ich.

Dann sind wir da, diesmal in Vorbeck, das zwischen Crivitz und Schwerin an der Warnow liegt. Man lässt sich nieder, baut die Zelte auf, parkt die Autos möglichst abseits, lässt die Kinder sich die Hörner aneinander abstoßen und kocht große Töpfe mit Nudeln und Soße.

Peter ist seit einigen Tagen zum ersten Mal verliebt. Das Mädchen, nennen wir es Petra, ist auch hier. Das Beste an Petra ist, wie er findet, dass sie genauso gern mit Autos spielt wie er. Ein Kriterium, so erhaben, dass es von mir stammen könnte. Die Zelte unserer beiden Familien stehen fast nebeneinander. Natürlich hatten nicht alle Erwachsenen ihre Augen immer so ganz auf dem Geschehen, so konnten sich Peter und Petra schon mal auf ein halbes Stündchen ins Zelt zurückziehen.

Und wenn ich diese Begegnungen schon nicht habe unverhofft begucken können, will ich wenigstens hinterher wissen: »Was habt ihr denn gemacht, da im Zelt?«

Peter nimmt sich für seine Antwort genau die Zeit, die er braucht, um seinem Gesicht einen »Die Antwort wird dich nicht enttäuschen, Papa«-Ausdruck zu geben und sagt dann: »Autos gespielt und Popel gegessen.«

Was ist das? Es ist wärmer als sonst, es ist heller als sonst, es ist beschwingter als sonst, es fällt manchmal für ein ganzes Jahr einfach aus, aber wenn es denn nicht ausfällt, ist es für junge Menschen nicht weniger als die erste echte Erfahrung von Freiheit und Abenteuer und für anders junge Menschen Lebenselixier und Supersizeaphrodisiakum. Es ist Naturgewalt und Wetterlaune, ist schönste Tageszeit des Jahres und versöhnlicher als manches Weihnachtsfest. Na? Ja!, gemeint ist der »laue Sommerabend«, der ungefährlichste rechtsfreie Raum, der sich denken lässt: Alle sind euphorisch, nichts ist wie sonst! Als Kinder nahmen wir vom lauen Sommerabend wahr, dass wir unerklärlich lange draußen spielen durften. Das Fahrrad war außer Gefecht gesetzt, die Katze vom Ende der Straße war mit blauem Sprühlack veredelt (ob es eine echte Katze war, sag' ich nicht), mit den Geschwistern war gestritten und sich versöhnt und gestritten und sich versöhnt usw. ..., der Tag war ein prima Kumpel gewesen, allmählich aber beulte sich im Bauch gleich der Erbse unter der Prinzessin das Gefühl, nun sicher bald ins Haus kommen zu müssen. Aber selbst, als die Blicke in die Richtung der Eltern offener wurden, blieb die Reaktion der sonst verlässlichen Spielverderber ein aufmunterndes Nicken, das nektarsüß sagte: Spielt nur schön weiter! Ein Traum. Keine Pflichten, keine Verbind-, noch Verantwortlichkeiten und nicht einmal Eltern, die zu Bett bitten – mal ehrlich philosophisch:

Lässt sich ein freierer Mensch denken als ein Kind an einem lauen Sommerabend?

Natürlich nicht, und wir ahnten das! Heute, als Erwachsene, nehmen wir vom lauen Sommerabend wahr, dass wir, nunja, unerklärlich lange draußen spielen dürfen. Das Tagewerk ist ventiliert, der Schwatz mit dem Nachbarn ist gehalten, der gehetzte Einkauf ist eingekauft, der Tag war ein prima Kumpel und: Heute brennt nirgendwo mehr was an! Alles, was ich heute noch vor mir habe, ist - kühl und in Maßen alkoholisch. So geht der Blick jetzt noch einmal nach ganz weit oben, wo vor späthimmelblauem Hintergrund orangene und violett angehauchte Wolkenknäuel sich in sanfter Bewegung zu Anblicken fügen, wie sie gemalt nur kitschig geraten könnten. Lässt sich ein freierer Erwachsener denken als an einem lauen Sommerabend? Höchstens ganz kurz wird es sich beulen, das Gefühl unten rechts im Bauch, dass man nun sicher bald wird ins Haus gehen müssen. Aber nein – es stehen ja nur Zelte dort, und es ist Paddelwochenende und lau. Und es ist das ganze Leben, das da nickt und sagt: Ich bin jetzt! Spiel' nur schön weiter!

Und doch: Man lässt es nicht allzu spät werden am Ankunftsfreitag. Denn am Samstag, wenn sich alle aus ihren Zelten geschält, geduscht und das Frühstück im Freien zelebriert haben, soll es ja schon losgehen. Das Morgenprozedere beginnt meist sehr früh, weil das Zeltschlafen so ungewohnt geworden ist, dass es auf die Knochen geht, und viele froh sind, wenn sie aufstehen können; andererseits wird es aber fast unmerklich jedes Jahr ein wenig länger ausgedehnt, weil alle wissen, was danach kommt. Unerwartete Probleme tun das Ihre zur Verzögerung. Die Vorzüge eines zünftigen Campingaufenthaltes sind ja schnell umrissen. Die Gewissheit, dass einen hier keiner stören wird, macht es leicht, an einem naturbegünstigten Ort genussvoll ein, zwei ruhige Glas Rotwein zu trinken, ehe man bettschwer in ein wiewohl für Menschen von norddeutscher Länge immer zu schrägwandiges Kuppelzelt kriecht und auf dünner Matte des soeben genossenen Sternenhimmels gedenkt, bis es hell wird. Zeit zur Heimfahrt wird sein, wenn die Schrägwandigkeit des Zeltes gewichtiger erscheint als der Genuss zuvor. Womit wir bei den Nachteilen sind. Zeltet man in freier Natur, ist schade, dass einem meist die Erlaubnis, fast immer aber morgens eine Dusche fehlt. Tut man es auf dem Campingplatz, ist schade, dass einem meist die abendliche Ruhe, fast immer aber morgens die *eigene* Dusche fehlt. Stattdessen sucht man einen »Sanitärtrakt« auf. Unter dem Arm trägt man, was drolligerweise Kulturbeutel heißt (als könnte man Kultur reißversschlossen bei sich tragen, oder als mache es schon kultiviert, morgens eine Zahnbürste zu benutzen), um den Hals schmiegt sich ein Handtuch und in der freien Hand schwingt man, um Lässigkeit wie um diskrete Tarnung bemüht, nun ja, eine Toilettenpapierrolle. Das allein! Ebenso könnte man fröhlich ein Transparent vor den Körper pinnen: Hallo Leute, ich bin dann mal ka…! – Was soll's, gehört dazu! Dann ist man drin. Im Trakt. Links alles voller Duschen, aber auch eine Schlange triefiger Gesichter, deren Wein schwerer oder deren Schlafuntergrund unebener war als meiner, jedenfalls guckt keiner sonderlich zeltseelig. Rechts die Toiletten, keine Schlange, hat wieder keiner geschnallt, dass hinter den Klos noch zwei Duschen sind. Aber reicht ja, dass ich es gemerkt habe, freue ich mich. Sind sogar geräumig, die Duschen hier, regelrechter Vorraum, wo man die Klamotten lassen kann, ohne dass man sie mitduschen muss, Waschtisch für mich allein, mit Spiegel!, ich kann mich rasieren, Fingernägel schneiden, das mache ich doch morgen wieder so. Aber erst dusche ich. Und stelle, wann immer das Wasser ausgeht, fest, dass die benachbarten Kammern auch benutzt werden. Von den Klorollenschwenkern. Mit allen Konsequenzen. Geräuschen. Gerüchen. Ich Profi! Die in der Schlange wussten alle, dass hier auch Duschen sind. Und warum sie die nicht benutzen. Jetzt trete ich mit der Ferse auf einen Grasbatzen, den wohl wer reingeschleift hat. Wieso aber piepst der so winzig wie schrill? Weil das so ist, wenn Spitzmäuse unter Camper geraten. Buchstäblich.

Sieht nicht gut aus, die Kleine. Muss jetzt wohl auch noch ein Gnadenakt her. Wo ich doch kaum eine Fliege tottreten kann! Und ich muss hier raus, und schnell muss es gehen. Vielleicht ein andermal wieder, für diesmal sei lediglich noch einmal hervorgehoben, dass die Vorzüge des Campens sich letztlich mit weniger Worten haben erklären lassen als die Tücken …!

Dann kommt »das Eigentliche«, das Paddeln. Zu Anfang noch meist familienweise wird Platz genommen in eben noch schnittig zu nennenden, sportlich gesehen jedoch recht komfortablen, fast pomadigen Paddelbooten, Mama vorn, Papa hinten, dazwischen die Kinderschar, und dann geht es los, die Warnow hinab. Kein Auto wird man sehen den ganzen Tag auf dem Wasser, einige Kühe, Wiesen, entfernte Wege und Gehöfte. Zu Beginn ist die Warnow familiengerecht, leichte Strömung setzt uns in Gang, großflächige Seerosenblätter und allerlei Wassergesträuch bremsen, der Fluss ist breit genug für die Nebeneinanderfahrt, Libellen umschwirren uns schon nach wenigen Metern, wir hören Vögel im Rohr, das Sirren von Käfern, das leichte Kräuselgeräusch der Strömung und der eher symbolisch zu nennenden Bugwelle, die wir erzeugen. Die Warnow mäandert in dieser Gegend, und wir und unsere Boote und Gedanken mit ihr. Wir bestaunen die knolligen leuchtendgelben Teichrosen, deren Blütenform ihren Beinamen, Mummel, von selbst erklärt. Manchmal sehen wir Raubvögel, Milane, aber auch Adlerarten am Himmel auf ihrem geräuschlosen Kaperflug. Ein Vater erzählt, vor Jahren habe er beobachten können, wie ein solcher Adler auf dem See, den wir am Nachmittag zu überqueren haben werden, wenige Meter, »fünf vielleicht«, neben seinem Boot in den See gestochen und mit seiner empört-ergeben zappelnden Flossenbeute wieder emporgestiegen sei. Natur. Fisch- und Seeadler in großer Zahl kommen zwischen Müritz und Havel vor. Der seltene Schreiadler soll hierzulande schon gesichtet worden sein, und am Ostufer der Müritz brütet selbst der Schwarzstorch. Wohl nur Biologen können wirklich ermessen, was das auszusagen vermag. Ich verkneife mir, vom »Busen der Natur« zu schwadronieren, ich schreibe nichts von »pur«, am prätentiösesten finde ich es ganz ohne Zusatz, was wir hier antreffen. N-a-t-u-r. Wir fahren durch Waldstücke, die an heißen Tagen herrlich schattig sein müssen, heute ist das Wetter wohltemperiert, in der Sonne nicht drückend, im Wald nicht zu frisch. Wir haben Glück mit dem Wasserstand. Über im Wasser liegende Bäume gleiten wir, wenn wir sie rechtzeitig sehen, eben noch an der günstigsten Stelle hinweg, wozu es nur manchmal einer kleinen Ruckelbewegung der Bootsbesatzung bedarf. Und wo größere Bäume über dem Wasser liegen, schaffen wir es, unterdurchzugleiten, ohne dass das dazu erforderlich werdende Zurücklegen der Oberkörper allzu artistisch ausfallen muss. »Warnowlimbo« heißt das im Nachbarboot. Natürlich erkennen wir auch an manchen Stellen, dass sich die örtlichen Paddelbootvermieter schon sorgen und kümmern: Umgefallene Bäume, an denen es weder drunter noch drüber ginge, haben sie schon mal beherzt durchgesägt. Aber die Ursprünglichkeit des Gesamteindrucks nimmt davon keinen Schaden. Störender wäre es gewesen, hier mit Sack und Pack, also Kind und Kegel, aus dem Boot zu müssen, dieses über das Hindernis oder gar, womöglich auf morastigem Grund, um das Hindernis herum bugsieren zu müssen und dann erst weitertreideln zu können.

Zwei andere Boote schieben sich unauffällig auf unsere Höhe. Klara möchte eine Lektion Glück.

Bitteschön, in dieser Umgebung fällt einem doch sofort was ein: »Glück ist jetzt gleich. Ich kann mich jetzt gleich eine Stunde in die Sonne setzen, weil Sonne und Meer für alle Menschen ein Glück sind. Ich kann jetzt gleich einen schönen Spaziergang machen. Und ich kann jetzt gleich mich an etwas freuen, was mich einfach freut.«

»Kann ich nicht«, wendet Klara planmäßig ein, »weil ich gerade in der Schule bin, weil die Sonne nicht scheint und ich gerade keinen Urlaub machen kann. Weil, weil, weil ...«

»Ist ja richtig. Zu viel sollte ich nicht aufs Spiel setzen. Ich kann mir aber jetzt vornehmen, mir einen dicken, fetten Glücksmoment bei allernächster Gelegenheit zu genehmigen, und planen, wann die nächste Gelegenheit sein wird: heute Abend, am kommenden Wochenende, spätestens im nächsten Urlaub, den ich dann aber auch nehme … So habe ich nicht nur einen glücklichen Moment in der kommenden Woche, sondern auch Vorfreude, ein konservierbares Glücksgefühl jetzt gleich und in der Zeit bis dahin. Apropos Vorfreude: ein völlig unterschätztes, weil sehr, sehr lange haltbares Glücksgefühl!«

Ich widme Klara einen Seitenblick, will sehen, ob sie noch dabei ist, meine Altherrenplattitüde »Vorfreude ist die schönste Freude« (ein Spruch, den ich natürlich auch schon übernommen habe – von meinem »alten Herrn«) dürfte zu ihren meistgehassten Sprüchen gehören. Klara seufzt diensteifrig; sie hört also noch zu.

»Aber wenn es so weit ist, müssen wir dann auch stillhalten und nicht gleich wieder den nächsten Termin im Hinterkopf haben, der zu unserem Glück in unbestimmter Zukunft führen soll. Ein kluger Franzose hat mal gesagt: Ich habe beschlossen, fortan glücklich zu sein, weil es gut für die Gesundheit sein soll. Ein wirklich kluger Franzose! Und etliche der Tätigkeiten, die wir mit ›irgendwann glücklich sein‹ assoziieren, tragen, so sagt jedenfalls die Wissenschaft, sofort ausgeübt zu einem besseren Grundgefühl bei. Wenn wir erst einmal glücklich sind, denken wir, nehmen wir öfter mal einfach in Ruhe ein Buch zur Hand. Warum nicht gleich? Oder lächeln zum Beispiel. Wenn wir erst glücklich sind, werden wir bestimmt viel lächeln. Aber der Weg ist wieder einmal das Ziel: Wer öfter einfach mal lächelt, ja, sich allgemein um einen freundlicheren Gesichtsausdruck bemüht, ist augenblicklich glücklicher. Nicht nur die gute Stimmung sorgt für das Lächeln, sondern das funktioniert auch umgekehrt!«

Klara zieht ein Gesicht.

»Ich seh's genau: Jetzt lächelst du nicht, sondern grinst! Über mich! Aber bitte: Lach nicht, eh' du es nicht zumindest probiert hast mit dem Lächeln! Na los, lächle mal!«

Klara ringt sich eine Grimasse von fröhlicher Grundausrichtung ab.

»Siehst du?«

Klara schweigt. Aber sie widerspricht nicht.

Wir machen früh Pause, wissen, dass nun bald das »spannende Stück« kommt, legen an einer großen Wiese an. Die Mädchen suchen sich versteckt erscheinende Orte für ihre Bedürfnisse, die Jungs erobern den Jägerhochstand und machen damit einen Großteil der Bemühungen der Mädchen zunichte. Es gibt Brot und Obst und Limonade. Nach und nach werden alle Boote wieder zu Wasser gelassen, es kommt zu ersten Durchmischungen der Mannschaften, dann geht es weiter. Ruhig, wir wissen, nun kommt der anspruchsvollere Teil. Die Strömung nimmt etwas zu, die Flussschleifen werden zackiger, die Durchlässe zwischen Bäumen und Steinen enger, kleine Stromschnellen wollen gemeistert werden. Wir sehen Holz, dessen Rinde völlig abgewaschen ist, verletzlich wirkendes Treibgut, das Wasser ist flach und angenehm kühl, aber Beine, Füße und Hände bleiben jetzt in den Booten, die streng hintereinander fahren und Abstand halten, denn sonst ist, wenn einer eine Enge nicht gleich schafft, auf einen Stein fährt oder strömungsbedingt ins Schilf gerät, die Karambolage da. Es wird wenig gesprochen. Unser Boot hält sich wacker, wir geraten zweimal seitwärts auf einen Stein, einmal neigt sich das Boot bedenklich, nur Zentimeter noch, und Wasser würde ins Boot schwappen und uns kentern lassen. Im günstigsten Fall hieße das: Alle Mann raus (das Wasser ist flach, die Tragfähigkeit des wohl morastigen Grundes vielleicht nicht ganz unproblematisch, aber alle Kinder tragen Schwimmwesten), Halt suchen, Boot wieder klarmachen, Paddel einsammeln, und dann bei nächster Gelegenheit anhalten und aus der wasserdicht verschlossenen Gepäcktonne die zweite (und letzte) Garnitur an Kleidung bergen und anziehen. Im ungünstigsten Fall hieße es: Das Boot kippt um, die Kinder schreien, die Erwachsenen werden zunehmend unruhig, während sie beim Wiedereinfangen des Bootsinhaltes versuchen, die eingeprägte Reihenfolge einzuhalten: Kinder, Paddel, Tonne, Sonstiges. Sonstiges sollte es aus genau diesem Grunde eigentlich nicht geben, aber die Tour ist schon einige Stunden alt, so dass eben doch die eine oder andere Jacke oder Wasserflasche einzeln durch das Boot klabautert. Was seit einem spektakulären Kieloben (nein, die Boote haben natürlich keinen Kiel) einer Familie vor einigen Jahren nicht mehr ungeschützt zu sehen ist, sind Funktelefone und Fotoapparate. Wer es gesehen hat, wird den Anblick nicht vergessen: Das Telefon, mit dem der Bootsvermieter um Hilfe gebeten werden sollte, wurde zwar flugs eingefangen (anders als ein Paddel, das über hunderte Meter verfolgt werden musste, erstaunlich, setzte man einen Ast als Schiff aus, blieb der immer nach spätestens zwanzig Metern irgendwo hängen, aber das Paddel fand mit traumwandlerischer Sicherheit die Ideallinie zwischen den Schikanen aus Wurzelwerk, überwand mühelos steinerne Schwellen und nahm in idealer Ausnutzung der Strömung jede Kurve ohne den geringsten Kontakt zum Ufer). Als wir das Telefon aber benutzen wollten, schwappte unmerklich schlammiges Wasser durch das Display, das darüber hinaus nichts mehr anzeigte, nicht einmal, was sicher trotzdem stimmte, »Kein Netz«.

Doch diesmal schaffen wir es, und alle anderen Boote auch, wohlbehalten die letzte Kurve zu erreichen, in der noch einmal im forschen Zickzack eine Doppelschikane aus Baumresten und Steinen zu meistern ist. Dann wird es wieder gemütlicher, zur Wasserpromenade. Als die ersten Kinder nachhaltiger zu ermüden drohen, kommt die Fischtreppe: eine Folge aus kleinen Stromschnellen, die das Boot für vielleicht fünfzig Meter mühelos und mit einem Sprudeln unter dem Grund Fahrt aufnehmen lassen, dass ein leichter Wind durch die Haare streicht. Es juchzt allenthalben. Und immer noch keine Autos, keine Menschen, kaum Häuser, nur Wiesen, Pferde, Kühe, waldige Abschnitte, Seerosen, Libellen, Schilf, hier und da sogar ein flinkes Fischlein. N-a-t-u-r. Dann steigen die Ersten aus. Wir anderen nehmen uns noch »den See« vor, einen zusätzlichen Abschnitt, die Kür.

Schon auf dem Weg frischt der Wind auf, natürlich als Gegenwind, in mir keimt die Sorge, ich könnte einen Fehler gemacht, mich als Einmalimjahrpaddler (also Ungeübter) in der Euphorie übernommen haben. Die Mannschaft hat gewechselt. Ich habe zwei vierjährige Kinder im Boot, na klasse, allerdings paddelt außer mir auch noch ein Mann, Stefan, er sieht nicht schwächlich aus (auch jetzt noch nicht) und kennt den See: Er ist es, neben dessen Boot seinerzeit der Adler Beute gemacht hatte. Wir sprechen nicht viel. Ich schiebe es auf den langen Tag, verdränge die Idee, dass es an der (Ehr-)Furcht vor dem Gewässer liegen könnte. Wir erreichen den See. Der Wind flaut eher wieder etwas ab, immerhin, ansonsten: ein Haus in weiter Ferne, Schilfgürtel allenthalben, kein Boot, kein Mensch, nur viele Schwäne. Drei Paddelboote in unterschiedlicher Besetzung. Ich versuche, die Ausfahrt aus dem See zu erspähen. Überall Schilf. Gegen die Strömung zurück bis zum letzten Ausstieg? Unsinn, es gibt Tonnen, die den Weg weisen, der Wind ist beherrschbar, die Kinder sind guter Dinge, und wenn ich das Stechpaddel richtig tief einsetze, erreiche ich in ca. einem Meter Tiefe bereits Grund! Außerdem wechseln Stefan und ich die Seiten, merken, dass wir jetzt unsere jeweiligen Paddelschokoladenseiten zu fassen haben. Das Boot nimmt Fahrt auf, gleitet dahin, dass es die reine Freude ist, der See wird zu einem Höhepunkt der an Abwechslung und landschaftlichen Reizen überreichen Paddelpartie. Lächelnd höre ich später, dass der See tatsächlich auch an der tiefsten Stelle kaum eineinhalb Meter tief ist. Dann allerdings kommt eine Morastschicht, die dem Fuß keinen festen Halt bietet und deren Tiefe noch keiner zu ergründen Mut und Muße hatte. Na, wir sind ja oben geblieben.

Viel wird am nächsten Morgen – man reibt sich Knochen, Muskeln und Sehnen – philosophiert, ob man eine dritte und vierte Zeltnacht bräuchte, um sich wieder daran zu gewöhnen, ob der leicht abschüssige Untergrund günstig ist oder nicht, ob die selbstaufblasende Luftmatratze (aus der man die Luft dann aber nur mit größter Mühe wieder vertrieben bekommt), eine Isomatte, doppelte Isomatte oder Luftmatratze das Mittel der Wahl ist. Und dann fahren doch wieder alle nach Hause. Es ist Sonntag, morgen muss gearbeitet werden, und insgeheim ist den meisten das Risiko, nach einer dritten Zeltnacht gar nicht mehr auf die Beine zu kommen, wohl doch zu groß.

MV scheint seine Wirkung bei Klara nun intensiv zu tun. Eine Portion Glück darf ich noch an die Männer und Frauen bringen, bittet sie.

Bitteschön: »Wenn der Glücksmoment da ist, muss ich ihn erkennen! Dabei sollte man gar nicht so kritisch sein. Lieber einmal zu viel glücklich gewesen als einmal zu selten … Und dann heißt es: Innehalten, vielleicht sogar leise ›Was'n Glück!‹ zu sich sagen (oder auch laut zu sich und den anderen, ist ja nicht peinlich), durchatmen, genießen. Glück ist jetzt gleich, mitnehmen, ehe es vorbei ist, und bloß nicht zögern und warten und hoffen, dass es noch besser wird. Ich sehe einen Menschen, wobei meine Augen jubilieren: Hingucken! Ich spüre, dass ich bei einer Musik, vielleicht Straßenmusik, ein inneres Vibrieren bekomme: Hinhören! Jetzt! Ich rieche Sommerregen auf der Wiese: Stehenbleiben! Tiiieef einatmen! Ich lese ein Buch oder lege ein Buch weg, von dem ich wünschte, es würde noch ewig weitergehen – freuen! Dazu brauche ich natürlich wache Sinne: Augen, Ohren, Nase, Mund und Haut, die mir auch melden, wenn es etwas Beglückendes wahrzunehmen gibt: Das kann ich in so ziemlich jeder Lebenssituation üben! Glück ist also nicht: ein Leben voller Entbehrungen, um irgendwann einmal das Geld für ein Haus am Meer zu haben, von dem ich dann vielleicht gar nichts mehr habe, weil ich entweder vorher sterbe oder bis dahin so erschöpft bin, dass ich das Haus gar nicht mehr recht genießen kann. Man kann es mit der Dauer der Vorfreude, von der ich vorhin sprach, auch übertreiben! Sollte im Übrigen mein wirklich allergrößter Wunsch ein Häuschen am Meer sein, muss ich eben überlegen: Meere gibt es viele und Häuser am Meer auch, dann müsste ich eben mal sehen, ob sich das nicht vielleicht machen ließe. Vielleicht geht's ja auch ein bisschen schneller. Vielleicht stelle ich aber auch fest, je mehr ich darüber nachdenke, dass ich dazu meine Freunde zurücklassen müsste und meine Arbeitsstelle und meine Wohnung, über die ich mich eigentlich auch sehr gefreut habe, und merke so, dass ich eigentlich verdammt zufrieden bin mit der Situation, in der ich lebe, und ans Meer ja auch im Urlaub fahren kann. – Nebenbei bemerkt: Da haben wir es hier natürlich einfach! Nicht zuletzt, weil ich tatsächlich einst »alles« aufgab, um ans Meer zu kommen. – Dann kann ich aufhören für ›irgendwann‹ zu sparen und mir zur Feier des Tages dieser Erkenntnis erstmal ein leckeres Essen jetzt gleich spendieren. Momentanes Glücksgefühl eingeschlossen. Und wenn du das nächste Mal irgendwo warten musst, mache es doch, indem du dich erinnerst, welches Ereignis aus den letzten vierundzwanzig Stunden der stärkste Eindruck für jeden einzelnen deiner Sinne war: der größte Augenschmaus, der beste Geschmack, der angenehmste Geruch, der schönste Klang und das Beglückendste, was deinem Tastsinn widerfuhr. Wenn alles klappt, wirst du schon bald Wartezeiten in Zukunft ganz anders zu schätzen wissen!«

Teil 3

Zwischen den Landesteilungen – Hanse, Backsteingotik, erste Universitäten

Wenig später habe ich mal Glück besonderer Art. Klara kommt, gerade jetzt, mit genau dem passenden Geschichtsvortragsthema aus der Schule heim. Es heißt *Zwischen den Landesteilungen*. Die waren 1231, 1621 und 1701, man hätte also auch *Das Mittelalter in Mecklenburg-Vorpommern* sagen können. So aber ist gleich noch ein spezifisch hiesiger Begriff eingeworfen, das sagt mir zu.

Wir ordnen das Thema also ein.

Die weitgehende Zersplitterung der Herrschaft, bei der wir sozusagen bei der Abfahrt von Schwerin angekommen waren, hielt dann während reichlich zweihundert Jahren an. Es gab ein wenig übersichtliches, nicht so furchtbar interessantes Hin und Her.

Interessanter in diesem Zeitraum ist eine ganz andere Entwicklung: die der *Hanse*. Bis heute tragen die ja einige Städte im Namen. Insbesondere die Hansestädte Rostock und Wismar waren es, die einen derart rasanten wirtschaftlichen Aufschwung nahmen, dass sie den Landesherren sogar die Vogtei-, also örtliche Verwaltungsrechte abtrotzten und damit fast vollständige Autonomie erreichten. Die Gewaltigkeit der in diesen Zeiten entstandenen Kirchen und insbesondere die Höhe ihrer Schiffe symbolisieren dieses immense Aufwärtsstreben. Rostock verfügte bereits über eine Bevölkerung in fünfstelliger Zahl, das war geradezu großstädtisch. Was aber hat die Hanse (althochdeutsch für »Schar«

oder »Bund«) denn nun eigentlich gemacht? Sie hat den Fernhandel institutionalisiert. Man schloss sich zusammen zum Schutz gegen Raubüberfälle unterwegs, begründete Kontore als Handelsstützpunkte im Ausland (London, Nowgorod, Brügge und Bergen), verdrängte Konkurrenz und übte sich in Diplomatie und Druck. Da ging es nicht immer fein zu. Von Lübeck ausgehend wurde ferner der bekannte Städtebund begründet, dem sich nach und nach Hamburg, Wismar und Rostock, Stralsund, Greifswald, Stettin, Demmin und Anklam anschlossen. Letztlich war man ein Bund von Zwischenhändlern, der an alles herankam, was damals gebraucht wurde bzw. nachgefragt war: Gewürze aus Brügge, Tuche aus London, Fisch aus Bergen und Kaviar und Pelze aus Nowgorod. Aber auch Wein aus dem Süden, Bier (beispielsweise aus Rostock und Wismar), Felle, Getreide, Pökelfleisch und Schlachtvieh aus Mecklenburg und Pommern. Auch Städte weiter südlich beteiligten sich, so dass Salz aus dem Lüneburger Raum, Kupferwaren aus dem Harz um Quedlinburg und vieles, vieles mehr beschafft werden konnte. Man sicherte sich Monopole wie das des Heringshandels, verfügte Anfang des 16. Jahrhunderts über rund eintausend seefähige Schiffe, worunter die plump wirkenden Koggen – ideale, zugleich wehrhafte Wasserlastesel für die Küstenschifffahrt – besonders im Gedächtnis blieben.

Reichtum, Erfolg und ein beileibe nicht immer zimperliches Vorgehen bei der Erlangung und Erhaltung dieser Ziele rufen Neider und Gegner auf den Plan. Da waren die Seeräuber, unter ihnen der berühmt gewordene Klaus Störtebeker. Sie nannten sich die »Vitalienbrüder« oder »Likedeeler«. Im ersten Wort stecken, gleichsam etwas zerkaut, die »Viktualien« drin, was passenderweise Lebensmittel bedeutet und uns an ganz anderer Stelle in Deutschland bei einem großen Platz in München noch einmal begegnet, der ganz schick »Viktualienmarkt« und damit eigentlich nur ganz schlicht »Lebensmittelmarkt« heißt. Das plattdeutschere Likedeeler hingegen heißt »Gleichteiler«, also Leute, die die Dinge in gleiche Teile teilten. Na, wollen wir es mal glauben. Probleme machten auch Zar Iwan III., indem er das Kontor in Nowgorod schloss, das Schicksal in Gestalt einer Sturmflut, die das Kontor von Brügge versanden ließ, und eine Handelssperre von Kaiser Rudolph II. gegen die Engländer, die die dortige Königin Elisabeth I. wenig überraschend veranlasste, die »Niederlassung« in London zu schließen. Das Ende schließlich markierte, wie für so vieles andere so auch für die Hanse, der Dreißigjährige Krieg.

In diese Zeit fiel auch die Blütezeit der Backsteingotik. Hinzu kamen ab 1419 die ersten Universitätsgründungen. Den Anfang machte Rostock, die »Leuchte des Nordens«, mit zunächst Kunst, Jura und Medizin sowie ab 1432 Theologie, und schon 1456 folgte Greifswald.

Auf dem Land waren es in dieser Zeit die Ritter, die ihre Macht und ihre Habe ausbauten, der Abstand zu den einfachen Bauern wuchs. Ein wesentlicher Einschnitt erfolgte 1471, als es zu einer Vereinigung der verschiedenen Herrschaftsbereiche kam. Mehr durch Glück und Zufälle als durch besonderes politisches Geschick, so liest man, fiel in die Zeit der Regierung von Heinrich IV., der den Beinamen »der Dicke« trug, das Zusammenfallen dieser diversen Bereiche mit der Folge, dass er sich mit folgendem klangvollen Titel schmücken durfte, der dann für eine Weile vollständiger Titel aller mecklenburgischen Herzöge sein sollte: Herzog von Mecklenburg, Fürst von Wenden, Graf von Schwerin, der Lande Rostock und Stargard Herr. Na denn!

Auf Heinrich den Dicken folgte 1477 Magnus II. Die Spannungen mit den Städten blieben, doch gelang es ihm, im Jahre 1484, erstmals einen gesamtmecklenburgischen Landtag zusammenzurufen. Verschiedenerlei Uneinigkeiten unter den Magnus-Söhnen und Enkeln, bei denen teilweise auch konfessionelle (religiöse) Meinungsverschiedenheiten eine Rolle spielten, sollten jedoch im Ergebnis in eine zweite Hauptlandesteilung im Jahre 1621 münden. Sie führte zu den Bereichen Mecklenburg-Schwerin und Mecklenburg-Güstrow sowie einem gemeinsamen

Besitz Mecklenburg-Schwerin und Mecklenburg-Güstrow, dem Stiftsland Ratzeburg, dem Stiftsland Schwerin, Bereichen mit gemischten Besitzverhältnissen und kleinen Bereichen in pommerschem oder brandenburg-preußischem Besitz. Die Residenzen befanden sich zu dieser Zeit in Schwerin und Güstrow, wo also nicht aus Versehen bis heute sehenswerte Schlösser stehen.

»Erwähnen wollen wir noch«, schreiben Klara und ich in *unserer* Geschichtsarbeit, »dass das Gebiet Mecklenburgs, das unter diese zweite Hauptlandesteilung fiel, nicht ganz mit jenem der ersten Teilung übereinstimmte. So war im äußersten Südwesten nördlich der Elbe bei Dömitz und Neuhaus ein kleiner Teil fortgefallen (das ist bedeutsam, weil dieses Gebiet bis in die heutige Zeit eine Sonderrolle spielt), wohingegen das Gebiet nach Südosten hin jenseits des Malchiner und des Tollensesees, wo 1229/1235 noch weitgehend Schluss gewesen war, deutlich gewachsen war.«

Aber ganz so weit ist es noch nicht.

Okee

Meine Leute haben es nicht immer leicht. Wenn man mit Sprache zum Gutteil sein Geld verdient, übersieht man schon mal, dass andere es etwas lockerer angehen können mit dem regel- und sittenkonformen Sprechen. Aber muss mein Sohn mit seinen vier Jahren nun an jeden Satz ein »OK« dranhängen? Er stottert nicht, er lispelt nicht mehr als beispielsweise in der gehobenen Literaturkritik gängig (manche kommen damit sogar ins Fernsehen, finden das dann aber irgendwie selber un-th-umutbarrr ...), er ist also akustisch passabel zu verstehen, da bedarf es doch dieser dauernden Vergewisserung nicht. Ich geh spielen, okee? Ich hab Duast, okee? Ich zieh den schuaazen Pulli an, okee?

Nee! Dieser Tage ging mir das zu weit. Das sollte doch in den Griff zu kriegen sein, und sei es über eine Finte. Ich habe ihm erklärt, das heiße genau genommen unter Hiesigen »einverstanden«. Keine Sekunde bin ich natürlich davon ausgegangen, er würde jetzt jedem seiner Sätze ein »Einverstanden!« anfügen, ist doch schließlich lang und umständlich, nicht nur für eine Zunge dieses Alters, ich spekulierte einfach, es ginge in Zukunft ohne diese Anhängsel ab. Dies ist aber keine gute Zeit für Spekulationen, die man nicht voll überblickt, und auch meine ging nur ungefähr auf.

Als ich ihn am nächsten Tag aus der KiTa abhole, nehme ich den Kommentar der Erzieherin, er habe neuerdings so etwas Herrisches an sich, noch als nicht ganz so gravierend hin; würden wir jede Wasserstandsmeldung aus dem Kindergarten pädagogisch auswerten, könnten wir den Jungen schließlich gleich selbst großziehen. Oma und Opa am Tag indes sagen nach zwei Stunden Einhüten gar nichts mehr, mir fällt nur auf, dass sie den Kleinen ständig »Chef« nennen. Sollen sie ihm eben nicht immer alles erlauben, denke ich achselzuckend und fröne meinem Pauschal- und Generalstolz auf den Stammhalter, der sich wohl irgendwie überreichlich Autorität verschafft haben wird. Vergeht wieder.

Ein Zusammenhang zwischen diesen Reaktionen unseres gemeinsamen privaten Umfelds und meiner Spracherziehung für und wider das dauernde »OK« kommt mir erst weitaus später in den Sinn, am Abend, als maschinengewehrartig nacheinander aus ihm heraussalvt: »Ich geh jetzt Th-ähne putzen, verstanden? Und dann liest du mir wa-th vor, verstanden? Und ausziehen mu-th du heute helfen, verstanden?«

EINverstanden, Mann! Aber lass es gut sein für den Moment, wenn du nur für den Übergang bitte einfach wieder »OK« sagen könntest? Okee! Er sagt das sogar, ohne das Köpfchen nach vorn zu klappen. Guter Junge.

Wismar und Güstrow waren Stichworte. In Wismar war ich gleich kurz nach der Maueröffnung einmal und habe fast geweint über den DDR-verschuldeten Zustand der Fassaden in den Straßen dort. Heute weint man wieder – vor Freude über das, was daraus geworden ist. Da ist der Marktplatz von stattlichen Ausmaßen, mehr als dreißig mal dreißig Meter, mit in einer Ecke der Wasserkunst, einem nicht unkitschigen, aber trotzdem – oder gerade deshalb – dekorativen Renaissance-Tempelchen, das vom 17. bis zum 19. Jahrhundert die örtliche Wasserversorgung »regelte«. Gleich daneben steht der »Alte Schwede«, ein Backsteingebäude, dem Namen nach leicht zu erkennen an dem stilisierten Kopf im Eingangsportal. Heute ist es ein Restaurant, früher beherbergte das Gebäude, das älteste der Stadt, den obersten Beamten der Stadt, die die Schweden immerhin von 1648 bis 1815 befehligten, ja, besaßen. Im späten Mittelalter übrigens war Wismar eine weltweit bedeutsame Bierstadt mit im ausgehenden 15. Jahrhundert rund 180 Brauereien, deren Produkte sich bis Vorderindien verkauften, und die Wasserkunst auf dem Marktplatz steht damit in Verbindung, denn wer derart viel Bier braut, braucht auch viel Wasser! (In Rostock sollen um 1650 gar 250 Bierbrauer tätig geworden sein, und ihre Erzeugnisse haben nach der Überlieferung nicht zuletzt auch bei der Hochzeit des schwedischen Königs Gustav Adolf II. im Jahr 1620 eine große Rolle gespielt!)

Und ganz nahe bei Wismar lockt ein gemeinsamer Badeausflug zur Wohlenberger Wiek. Dies ist ein Ort, den man in aller Kürze so beschreiben könnte: Die Familie verlangt nach Strand, der Erziehungsberechtigte aber ist völlig übermüdet und sorgt sich, seine Lieben könnten ihm, während er kurz nur einnickt, entwischen und ertrinken. Die Lösung ist ein Ausflug zur Wohlenberger Wiek unweit von Wismar in einer weiten, flachen Bucht östlich von Boltenhagen und Klütz. An den Weg dorthin legen wir einen Haken vorbei am Wasserschloß Gnemern und dem Groß Tessiner See. Das Wasserschloss liegt umgeben von sanft gewellten Feldern, nur über Kopfsteinpflaster und Sandwege erreichbar, aber durchgängig ausgeschildert – im erneuten Dornröschenschlaf. Erneut, weil sich vor Jahren bereits einer jener Unentwegten gefunden hatte, die hier manches Gutshaus, Schloss oder Schlösschen mit wenig Geld und viel Enthusiasmus wiederzubeleben versuchen.

Ob es sich bei einem Gebäude um ein Schloss, ein Herren- oder ein Gutshaus handelt, richtet sich übrigens nach seinen Bewohnern. Schloss-Herren waren nur die Landesfürsten oder ihnen Gleichgestellte. Wurde ein Haus vom Adel genutzt, war es ein Herrenhaus, und Gutshäuser wurden von Gutsbesitzern bzw. -pächtern bewohnt.

Nicht immer klappt die Wiederbelebung dieser historischen Gemäuer in heutiger Zeit. Als wir zum ersten Mal hier in Gnemern waren, war Leben in dem stolzen, wenngleich für ein (Wasser-) Schloss nicht eben großen, sichtlich heruntergekommenen, aber noch nicht eigentlich »abgerissen« aussehenden Haus, das da verwunschen auf seiner von einem Wasserarm umgebenen Insel stand und den Besucher mit seinem prachtvoll die Eingangstür umrandenden Schmuck empfing. Antiquitäten konnte man dort kaufen, wenngleich wie fast immer in solchen Fällen auch reichlich schlichter Trödel angeboten wurde. Im kleinen Restaurant gab es Quiches und Tee. (War nicht sogar ein »Kräuterfest«, und ich habe hier gelernt, dass man Salbeiblätter nur trocken in siedendes Fett legen muss, und schon werden sie knusprig und schmecken geradezu himmlisch beispielsweise zu Gnocchi?)

Und heute? Heute findet sich am Zaun eine Kette, ein Schild verweist verwaist darauf, dass das Gebäude in Privatbesitz und das Betreten des Grundstücks verboten sei. Erneuter Dornröschenschlaf eben, und selbst die Kraft, die damit einstweilen überflüssig gewordenen Hinweisschilder zum Schloss, die uns auch beim Weiterfahren noch begleiten, zu entfernen, scheint derzeit nicht da zu sein. Weiter geht es durch winzige Orte, erweiterte Gehöfte eigentlich, mit wie hingetupft bunten Bauerngärten, großflächigen, oft neugedeckt in der Sonne glänzenden Dächern, durch kleine, gewundene Alleen mit holprigem Pflaster, vorbei an urigen Anwesen mit ungestümen Tobewiesen, Baumhäusern, wie nur echte Kerle sie haben, Badestegen von Kinderhand (mit Opas fachkundiger Hilfe) – Tom-Sawyer-Romantik, wo man hinsieht. Kurz bevor ich später bei Proseken die Wiek erreiche, biege ich, von der dösenden Familie unbemerkt, noch einmal in Richtung Grevesmühlen ab. Die Karte verspricht ein malerisches Alleendreieck. Südwärts geht es, wiederum auf kleinen, gewundenen Straßen bis nach Grevesmühlen, von dort in nördlicher Richtung zurück bis Klütz, wo am Ende seiner kleinen, wie gemalt wirkenden Allee aus gestutzten Linden, die man immer für Weiden halten würde, Schloß Bothmer der Wiedererweckung seines in MV nicht eben verbreiteten Barocks harrt, und dann zurück in Richtung Osten vorbei an Boltenhagen und durch Wohlenberg hindurch – zur Wiek. Kann man sich hier noch als Linienbusfahrer bewerben? Diese Strecke jeden Tag? Nachdem es damals bei Zastrow und Passow ja nichts geworden war?

Was ist die Wohlenberger Wiek? Ich sagte es: Im Grunde nur ein Strand für faule Eltern. Zur einen Seite der Straße erstrecken sich schier unerschöpflich wirkende Parkflächen. Ein Mal muss die Straße dann mit Sack und Pack und möglichst allen Mitgliedern der Reisegruppe überquert werden, und schon befindet man sich in einer weiten Bucht mit Sandstrand und gaaanz flach abfallendem Grund, also nur naach und naach tiefer werdendem Wasser, und kaum schöpft man als Erwachsener Hoffnung, nun doch alsbald schwimmen zu können, macht eine großflächige Sandbank sie wieder zunichte. Schilf und anderes hartes Gewächs schluckt den Straßenlärm. Dem Imbiss *Möwe* im Wellblechschachtelcharme kommt ein bedeutender Teil der Strandversorgung zu. Ich bin sicher, die Brettchen, auf denen hinter der Fensterluke die Ware präsentiert wird, stammen ebenso noch aus der Zeit vor dem Beitritt wie die Servietten darauf. Doch zu meinem Entsetzen entdecke ich auf der Angebotsliste auch den in diesem stimmigen Gesamtbild krassestdenkbaren Stilbruch: Es gibt »Kaffee to go«! Toilettencontainer schließlich gibt es auch, und zwar dem Vernehmen nach in einer Entfernung, die man noch bewältigen kann, wenn man sich alsbald nach den ersten Anzeichen eines aufkommenden Bedürfnisses auf den Weg macht … Es ist schön in der Wiek, und die Kleinen finden es besonders schön! Peter mussten wir in ein giftgrünes T-Shirt stecken, um ihn immer und überall sehen zu können, denn er kann hier nun einmal gefahrlos ins Wasser waten bis kurz vor Dänemark. Und seinen wohlweislich einst auch in gut sichtbarem Gelb gewählten Bagger lässt er schon mal für auch größere Streifzüge in die Umgebung allein. Das ist bemerkenswert, denn seinen Bagger behandelt er niemals sorglos. Die Gefahr aber, ihn hier nachher nicht mehr zu finden, sieht auch er wohl als schlicht nicht gegeben an.

Das Güstrower Schloß

Schön am Zugezogensein ist, dass man jedenfalls am Anfang nicht wie der Einheimische sagt, da können wir immer noch mal hin, sondern zumindest zu den sehenswerteren Sehenswürdigkeiten fährt man wenigstens *ein*mal hin, und welche Sehenswürdigkeiten als wie sehenswert einzustufen sind, bestimmt sich danach, wie lange dieser erste Atem reicht. Natürlich war ich zu Anfang meiner MV-Zeit mal in Güstrow im Schloss. Eingeprägt hat sich mir nicht ganz so viel, ich weiß aber noch sehr genau, dass es einen größeren Saal gab, in dem jagdspezifische Leichenteile, die Geweihe erbeuteten Wildes nämlich, in ungewöhnlicher Weise präsentiert werden: Man hat nicht, wie in der Jagdhütte um die Ecke, einfach Geweih plus Schädelrest auf Baumscheibe geschraubt und dieses Waldpotpourri dann an die Wand gepinnt, sondern man hat einmal umlaufend im Saal unter der Decke ein Fries geschaffen, das aus Stuck modelliertes, in den Farben des Lebens bemaltes Rotwild zeigt, und den Tieren dann echte Geweihe aufgesetzt. Man kann das lebendig finden, man kann es kitschig finden, originell oder geschmacklos, jedenfalls ist es wohl einzigartig und mir in Erinnerung geblieben.

Diese Gestaltung des Festsaals ist auch das Erste, was meine Reiseführer erwähnen, in denen ich mir am Vorabend unserer Güstrowreise noch schnell wieder die wichtigsten Dinge in Kürze anlesen will, freilich nachdem die Generalien abgearbeitet sind: Das Schloss ist der bedeutendste Renaissancebau des Nordens, Herzog Ulrich von Mecklenburg-Güstrow hat's gewollt, Franz Parr hat's ab 1558 zu bauen begonnen, später bauten andere weiter, unter anderem Wallenstein hat's genutzt, und der Fries mit den halb plastischen Köpfen samt echten Geweihen ist von Franz Parrs Bruder Christoph Parr. Außerdem gebe es, so heißt es, ein Restaurant.

Peter ist zurzeit in seiner Ritterphase, das könnte von Nutzen sein, denn ich meine, auch Ritterausrüstung in Güstrow gesehen zu haben. Ein bekannter süddeutscher Spielwarenhersteller kombiniert seine Ritter bevorzugt mit Drachen, die er sie dann besiegen lässt. Das ist tückisch, denn Ritter gab es wirklich, und vierjährige Jungs vermengen schon mal Drachen und Dinosaurier, was es dann unerhört schwierig macht, mit einem ehrlichen »ich weiß es nicht« auf Dauer durchzukommen, wenn immer wieder die Frage gestellt wird, wie es ausginge, wenn ein Mensch auf einen Saurier träfe. Über den Ausgang des Duells Ritter – Drache macht die Firma Playmo-, sorry, die Spielzeug-Industrie schließlich auch eindeutige Aussagen.

Und Klara kann nicht mit. Sie muss lernen. Mit einer Freundin. Aber die wohnt – manchmal könnte auch der geschichtsbeflissenste Vater die Zufälle nie so gut herbeiführen wie die Wirklichkeit sie fügt – in dem kleinen Dorf Werle mit der großen heimatgeschichtlichen Vergangenheit. Damit wäre das auch gleich wiederholt.

Im Güstrower Schloß werden die Besucher ohne Ansehen von Alter und Status statistisch mittels der pfeilschnell aus einer modernen Ticketmaschine klickenden Eintrittskarte erfasst. Auf diese Weise kommt die inzwischen fünf Monate alte Flora hier zur ersten Eintrittskarte ihres Lebens. Im ältesten herzoglichen Schloss des Bundeslandes, von dem zudem noch vieles echt und original ist und nicht nach irgendeinem Brand rekonstruiert und neu gemacht. Ein guter Anfang. Die Museumspädagogik ist auch auf Zack, macht in einem kindgerechten Führer schnell auf eine Krönchen tragende Plastik aufmerksam, über die wir bei näherem Hinsehen erfahren, dass sie aus dem Kloster zum Heiligen Kreuz in Rostock stamme.

»Was macht sie dann hier?«, fragen die Kinder.

Das wissen wir auch nicht und lenken den Blick auf ein größeres Gemälde eines Elefanten, auf dem wir die Elefantenbeine zählen sollen, wie der handliche Führer auffordert. Erst mit Verzögerung stellen wir fest, dass irgendwo zwischen den damit vier Beinen perspektivisch weiter hinten noch ein Artgenosse abgebildet ist, und geben die richtige Antwort. Man muss schon genau hinsehen im Güstrower Schloß. Sonst findet man auch nicht die winzige Spielzeugmaus im Lauf eines der ausgestellten Gewehre. Was wir dafür ganz schnell entdecken, ist ein stattlich aus Holz geschnitzter St. Georg, der Drachentöter in der Ritterrüstung, und daneben eine schon reichlich eingeschüchtert wirkende Großechse. Glücklicherweise ist so viel Ablenkung, dass die Ritter-Saurier-Frage heute ausbleibt. (Sogar, als wir feststellen, dass all die vielen Wetterfahnen, die wir auf den zahlreichen Türmen und Türmchen des Schlosses entdecken, Drachen und Fabeltieren nachgebildet sind.) Zum Beispiel entdecken wir eine gut gefüllte Schatztruhe, die offen ihren komplizierten Riegelverschlussmechanismus bestaunen lässt, dann einen Schaukasten mit tatsächlich reichlich Ritterausrüstung: Helm, Schwert, Gewehr, Pistole, Stiefel … Peter staunt, wie groß und schwer das alles war, was er seinen Männchen da bisher so gedankenlos kunststoffleicht immer mitzuschleppen umplünnte, und genau das ist wohl der Sinn dieser Vitrine. Für Kenner gibt's dann noch prätentiöse Pokale, darunter einen, in den eine perlmuttfarbene Turboschnecke eingearbeitet ist (ich wusste nicht, dass es so etwas gibt, ist doch schon dem Wort nach widersinnig, aber nein, gibt es, und wird von Laien der Optik nach sicher oft mit der Weinbergschnecke verwechselt). Schließlich stoßen wir sogar noch auf einen Wandteppich, auf dem die Gebietsherrschaften Mecklenburg, Rostock, Wenden/Werle und Stargard symbolisch dargestellt werden, die vier Teilherrschaften, die Ergebnis der ersten mecklenburgischen Landesteilung waren, was uns einen Gedanken ins 13. Jahrhundert und einen weiteren an die lernende Klara senden lässt und Werle wohl endgültig in den Köpfen verankert.

Und dann sind wir drin in dem Festsaal mit dem Fries. Ich staune, wie relativ tief und durchgebogen die Decke über unseren Köpfen hängt, aber sie wird schon noch halten, bis wir wieder draußen sind. Den Kindern gefällt die Idee mit dem Fries auch besser als die handelsüblichen Jagdzimmer im hinteren Teil mancher Gaststätten, und Elle fällt als Erster auf, dass die mit aufwendigen Stuckbildnissen ausgestatteten Kassetten an der Decke ganz unterschiedlich groß sind. Ich denke mal, in Ludwigslust oder gar Schwerin, den deutlich jüngeren Schlössern, wird's solche Unregelmäßigkeiten schon nicht mehr geben.

Das Restaurant finden wir nicht. Schon an der Kasse hatte man mir gesagt, das sei »damals gleich 1992« geschlossen worden. Interessant ist, dass in diesem Satz das Wort »Wende« nicht vorkam, es hieß nur einfach »damals gleich«. Wir entdecken aber an einer Tür einen Glaskasten mit einer ansprechenden Karte und Euro-Preisen. Da kann was nicht stimmen, auch wenn wahr ist, dass sich die Tür nicht öffnen lässt. Wir haken an anderer Stelle nach, erfahren wieder, das Restaurant sei »gleich« (diesmal ohne »damals«, aber auch wiederum ohne »Wende«, man weiß auch so, was gemeint ist) geschlossen worden, was wir gesehen hätten, sei das Café, und das sei tatsächlich erst seit dem vergangenen Jahr nicht mehr in Betrieb.

So machen wir – das Wetter ist betont freundlich, im überschaubaren, nach alten Stichen rekonstruierten Schlossgarten stapeln sich fast die Stullenesser – noch einen Kringel in die Stadt und zum Markt. Schon das Quartier um das Schloss sieht im warmen Licht anheimelnd und wieder gut intakt aus, hübsch bleibt Güstrow auch während der vielleicht hundertfünfzig Schritte ins Zentrum, und schließlich sieht auch der Markt, der fast rundherum fertig wiedererstanden ist und im Gesamteindruck klassizistisch daherkommt, engagiert saniert aus. Ich mokiere mich über das rosa Rathaus, aber Ava, die Strebsame, weist mich zurecht, das stehe mir nicht zu, unser Rostocker Rathaus sei schließlich selbst rosa. Das ist zwar verallgemeinernd, tief rosa ist »nur« der barocke Vorbau, doch macht der immerhin die Aufmerksamkeit heischende Schaufassade aus, und insofern lässt mich der Einwand etwas beschämt schweigen. Inzwischen betrachte ich ein grünes Haus, das Art Déco zu sein scheint, eine munter-eigenwillige Stilrichtung, die ich aber ganz gut leiden kann und die mich an Napier in Neuseeland erinnert, den Ort mit dem meines Wissens weltweit einzigen fast geschlossenen Zentrum im Art Déco-Stil. Man fühlte sich dort wie in einer Filmkulisse. Hier in Güstrow handelt es sich allerdings, wie ich von der rechthaberischen Tafel an der Fassade erfahre, streng genommen um Eklektizismus, das bedeutet – hätten Sie's gewusst? –, dass Elemente verschiedener Stilepochen neu zusammengesetzt werden. So viel wird mir aber zugestanden: Die architektonische Promenadenmischung vor meiner Nase enthalte in bestimmendem Maße »Elemente des Art Déco«. Na immerhin, dankeschön.

Reformation – Dreißigjähriger Krieg – Der Weg in die Rückständigkeit, 1523–1644/48

Drei weiteren Stichwörtern muss sich nähern, wer diese Zeit für dieses Land einigermaßen umfassend beschreiben will: Der Reformation, dem Problem der sich einstellenden Rückständigkeit und dem Dreißigjährigen Krieg.

Die Reformation, d. h. die Abspaltung der evangelischen von der katholischen Kirche, die mit Luthers Thesen von Wittenberg im Jahre 1517 ihren Ausgang genommen hatte, begann hierzulande in – Rostock. Dort predigte der Kaplan der Marienkirche, Joachim Slüter, ein Freund Luthers, im Jahre 1523 erstmals nach der neuen Lehre. Die Leute hörten gern, dass der Bischof eigentlich kein Geld von ihnen kriegen müsse und anderes mehr, sehr viele hörten sehr aufmerksam zu, und all das führte zu Unruhen. 1549 kam es wieder zu einem Landtag, diesmal in Sternberg, und es wurde entschieden: Das Luthertum ist Mecklenburgs Richtung. In dieser Zeit war man auch hierzulande noch in aller Regel gläubig. Auch die Herzöge sympathisierten mit der Reformation, und alsbald stellte sich die Frage, wer die Klöster und das Vermögen der Kirche bekommen sollte. Die Wahl fiel überwiegend auf die Herzöge. Und noch etwas brachte die Reformation mit sich, es war nämlich der Buchdruck in Mecklenburg bekannt geworden. Zur Erinnerung: Der Buchdruck mit beweglichen Lettern, also Buchstabenplättchen aus Metall, war nicht zuletzt zur Verbreitung der Bibel Mitte des 15. Jahrhunderts von einem Mann mit einem Namen von schlichter Schönheit, Johannes Gutenberg, in Mainz erfunden worden, so dass der Zusammenhang auf der Hand liegt. Nun kam das Schulwesen in Gang, und in der zweiten Hälfte des 16. Jahrhunderts wurde die Metallverarbeitung vorangetrieben.

Abwärts ging es demgegenüber mit den einfachen Bauern. Das Bauernlegen und die Dummhaltung nahmen ihren Ausgang und damit eine Bewegung, jene in die Rückständigkeit, die für Mecklenburg bis heute sprichwörtlich geblieben ist. Aber von vorn. Unser Landstrich steht im Ruf einer gewissen, spätestens seit Bismarck geradezu sprichwörtlichen Rückständigkeit. Bismarck wird ein Ausspruch sinngemäß des Inhalts zugeschrieben, dass, wenn die Welt unterginge, er nach Mecklenburg gehen würde, dort geschehe alles hundert Jahre später. Nun ja. Das kann alles auch seine Vorteile haben. Vielleicht machen wir nicht alle Fehler der anderen nach … Diese Rückständigkeit hat es aber jedenfalls in der Geschichte wohl gegeben, und ihre Wurzeln werden um 1600 herum zu finden sein. Mit der Reformation hatte man einen beherzten Schritt aus dem Mittelalter hinaus getan. Nun aber? Erst waren es in erheblichem Umfang die neu errichteten Zisterzienserklöster, die ursprünglich privates Land in klösterliche Bewirtschaftung überführten. Dazu war dies die Zeit der Gutsherren und Grundbesitzer. Sie verlangten, weil zugleich Gerichtsherren, den einfachen Bauern Beweise, beispielsweise Urkunden, zum Nachweis ab, dass sie die rechtmäßigen Eigentümer ihrer Schollen waren. Solche schriftlichen Beweise gab es nicht, also nahm man ihnen ihr Land weg und ließ sie als Leibeigene an gleicher Stelle weiterschuften – für die hohen Herren.

Man nennt diese Riesensauerei etwas verharmlosend »Bauernlegen«. »Bauernreinlegen« träfe es auch. Zwar fielen die Bauern natürlich, weil sie nun nichts mehr hatten, beispielsweise auch als Steuerzahler weg, aber das fiel in der schnellen Gier erstmal keinem auf. Nach und nach führten diese Methoden aber auch zur Entmündigung all jener, die nicht Gutsherren und Mächtige waren, also des weitaus größten Teils der Bevölkerung. Und wer nichts zu melden hat, hat auch wenig Ansporn zu denken – das ließ in diesem Fall, der in der Geschichte ohne Beispiel ist, einen ganzen Landstrich in die Rückständigkeit fallen. Und es gibt nicht wenige Scharfzüngige, die sagen, nach 1990 seien ähnliche Fehler erneut gemacht worden. Leicht zu erraten, wer diesmal die Gutsherren und wer die »gelegten Bauern« waren. Seinerzeit kam es im Gefolge der Französischen Revolution dann zu einer Art geistigem Aufbruch. Was werden wohl die späteren Geschichtsforscher sagen – wann hat man sich nach 1990 wieder freigeschaufelt?

Damals kam in diese ganze Entwicklung hinein auch noch der Dreißigjährige Krieg über das Land. Er hatte hier schreckliche Folgen. Neben der Pfalz und Württemberg zählte Mecklenburg zu den am meisten betroffenen Regionen! Rund die Hälfte der Bevölkerung Mecklenburgs und zwei Drittel der Bevölkerung Pommerns sollte er in den Tod reißen! Eine Zahl aus Gnoien ist mir in Erinnerung: Hier lebten am Ende des Krieges von zuvor einundachtzig Hauswirten noch sechs. Hinzu kam die Pest. Das Land und seine Menschen und Tiere brannten gleichsam völlig nieder. Warum? Mecklenburg stand zwischen dem katholisch orientierten Süden mit Österreich, Polen, Italien, dem Papst und der kaiserlichen Liga sowie dem protestantisch-nordischen Lager mit Schweden, Dänemark, Frankreich und den deutschen Reichsfürsten der Union und mühte sich um Neutralität. 1623, anlässlich eines Landtages in Malchin, beschloss man dennoch die Aufstellung von Truppen für den möglichen Verteidigungsfall. Ab 28. Juli 1627, mit dem Überschreiten der Elbe durch Truppen der Liga, war es dann vorbei. Die Schlüsselfigur hierzulande war Wallenstein. Die Festung Spantekow, das als Kuriosität am Rande, hat dem Ansturm seiner Kräfte standgehalten. Aber sonst? Insbesondere die Städte, zuletzt bis Oktober 1628 Rostock, versuchten sich zu wehren bzw. freizukaufen, doch wurden auch sie eingenommen. Wallenstein war nun Landesherr, hielt Hof im Güstrower Schloß, dem Vernehmen nach sehr prächtig, krempelte aber auch im schon damals vergleichsweise rückständigen Mecklenburg eine Menge um. Armenhäuser wollte er einrichten, die unterschiedlichen Maße und Gewichte wollte er vereinfachen. Ein Hobby Wallensteins war die Astronomie. Selbst den Astronomen Johannes Kepler wollte er verpflichten. Dieser starb jedoch, ehe es dazu kam. Eine winzige Regierung aus Nichtmecklenburgern hatte das Sagen. Das Wegenetz wurde ausgebaut, die Städte wurden gestärkt, ein Wasserweg zwischen Elbe und Ostsee war geplant, kam aber nicht mehr zur Ausführung, weil Wallenstein nur drei Jahre hier regierte, eine Zeit, die noch als die erträglichste nach dem Kriegsausbruch hierzulande gelten sollte.

Dann aber kamen über Usedom die Schweden. Die Kaiserlichen hielten dagegen, entsetzliche Gemetzel vor allem um Neubrandenburg waren die Folge. Die Schweden und die zurückgekehrten beiden Herzöge erlangten 1632 die Oberhand, die kaiserlichen Truppen hatten sich ergeben. Wieder wurde alles neu erfunden, es kam zum schwedisch-mecklenburgischen Bündnis vom 13. März 1632, das unter anderem die Abtretung Wismars und zunächst auch Warnemündes an die Schweden zum Inhalt hatte. Doch wie wir heute wissen, war der Krieg, da er dreißig Jahre währte, zu dieser Zeit erst zur Hälfte vorbei. Die Kaiserlichen kamen zurück, nach und nach merkten die Schweden ihre Unterlegenheit, plünderten jedoch vor ihrem Abzug noch einmal gründlich durchs Land. Ab 1641 wurde eigentlich über Frieden verhandelt, doch waren es nun noch für eine Weile Brandenburger und Schweden, die auf mecklenburgischem Gebiet gegeneinander kämpften. 1644 war der Krieg hier vorbei. Die Schweden hatten Wismar, Poel und Warnemünde als Kriegsentschädigung gefordert und Wismar, Poel sowie das Amt Neukloster erhalten.

Allein die befestigten Städte hatten, mit Ausnahme Neubrandenburgs, die Zeit einigermaßen überstanden. Rostock beispielsweise hat sich 1630 einen Wall als Befestigungssystem errichtet – die daraus zwischenzeitlich entstandenen Grünanlagen gibt es in ungefähr der heutigen Form seit 1904.

Wie sieht es mit (Vor-)Pommern inzwischen aus? Die Fürstentümer Wolgast und Stettin hatten sich herausgebildet, wobei das Fürstentum Wolgast nach seiner Ausgestaltung Ähnlichkeit mit dem heutigen Vorpommern hatte. Moment, Wolgast? Ja, die heute etwas bäuerisch daherkommende kleinste der Hafenstädte an der südlichen Ostseeküste war einst Residenz, verfügte über ein Schloss. Indes sollten die Schweden es später zum Steinbruch freigeben, und es blieb nur noch ein Modell im Museum und ein Wappenstein, eingemauert in einem Pfeiler der Kirche. Aber kurz noch einmal zurück: Es kam auch hier nach dem Tod der jeweils regierenden Fürsten zu Aufteilungen, zeitweise Unabhängigkeit, Kontakten zu Brandenburg, Flächenverlusten (so, als Rügen 1326 mal für 3.000 Mark an Mecklenburg ging), weiteren Teilungen … 1478 kam es zu einer Vereinigung ganz Pommerns unter Bogislaw X. – für neun Jahre, dann starb Bogislaw X., mit ihm die Vereinigung, und die Herzogtümer Wolgast und Stettin waren wieder da. Und schließlich schlug auch hier der Dreißigjährige Krieg zu, als nämlich 1630 die schwedische Armee Pommern angriff und etwa Rügen einnahm. Der Friedensvertrag von Osnabrück schlug Vorpommern (und Stettin sowie kleinere Orte) den Schweden zu, Brandenburg bekam das restliche Pommern. Schwedischer und pommerscher Adel wuchsen in den Folgejahren auch verwandtschaftlich zusammen. Lilienstedt, Horn, Meyerfeldt, Mellin, Mellenthin, von Essen, von Platen – Ende des 18. Jahrhunderts sollte schwer zu sagen sein, ob das schwedische oder pommersche Adlige waren. Aber ganz so weit sind wir ja noch nicht.

Darf ich meine Kinder heimlich beobachten?

Darf ich meine Kinder heimlich beobachten? Den Vierjährigen, wenn er versonnen spielt, Auto um Auto in den Förderkorb des Aufzugs seiner Parkgarage rollt, diesen im Handbetrieb (die Winde ist längst gerissen, die Reparatur wäre kein Problem, aber man kommt ja zu nichts...) emporhievt, dabei rutscht der Korb schief, das Auto rollt hinaus, fällt mehrere Wagenlängen tief auf den Teppichboden, in Wirklichkeit ein Totalschaden mit Zeitungsmeldung, hier nur Anlass, das Manöver gleichmütig noch einmal von vorne zu beginnen, dann wird mit kernigem Motorgeräusch neben einem Autokumpel eingeparkt. Und noch mal. Und noch mal. Dann schwenkt das Interesse um. Ein Klotz weckt den Impuls, einen anderen auf ihn zu türmen, ein Gebäude entsteht, wird verworfen, zurückgebaut, stattdessen baut man einen Tunnel. Und so weiter. Schaue ich lautlos zu, höre ich natürlich seine Selbstgespräche, sehe ihn popeln und höre ihn andere Dinge tun, die den Schluss nahe legen, dass er sich allein fühlt. Mache ich mich bemerkbar, mache ich alles kaputt, das Kindgewollte, die Unschuld, das Ausprobieren, alles eben. Ohne argumentativ in die Höhen der Menschenrechte abheben zu wollen, beschließe ich gefühlsmäßig: Bei dem Vierjährigen darf ich das. Ebenso sicher darf ich es bei der Fünfzehnjährigen nicht. Bleibt die Achtjährige. So oft ich ihr befohlen habe, den Schreibtisch wenigstens ein wenig freizuräumen, um das Buch oder Heft oder Zeichenblatt glatt ablegen zu können, und sich ordentlich auf den perfekt positionierten Stuhl zu setzen, so sehr genieße ich es, wenn ich vom Rahmen der Zimmertür aus sehen kann, wie sie wieder ein Blatt alles andere als plan zuoberst auf die diversen anderen Arbeitsschichten auf dem Tisch klatscht, sich mit gekreuzten

Beinen auf eine Ecke oder Kante des viel zu hoch eingestellten Stuhles klemmt und versonnen lächelnd eine schnelle Skizze aufs Papier wirft, wie ich sie selbst nach langer Konzentrationsphase und bester Vorbereitung (Licht von links, ergonomisch perfekter Stuhl, mitwachsender Arbeitstisch) nie und nimmer hinbekommen hätte. Darf ich spähen? Solange sie die Tür offen lässt, denke ich, sie hat nichts dagegen. Und während ich bei dem Kleinen ab und zu heimlich wieder davonschleiche, um später erneut verstohlen spähen zu können, mache ich mich bei der Mittleren gewöhnlich im Abgehen bemerkbar, lobe sie, das ist ehrlich und erhöht die Wahrscheinlichkeit, dass sie so abgelenkt nichts gegen meine kleine Lässlichkeit sagen wird …

Nun kann man das in gewisser Weise noch steigern. Peter schaukelt mehr oder weniger für sein Leben gern. Stundenlang. Und wenn ich sage »stundenlang«, meine ich: Seit Peter sich auf der Schaukel allein in Bewegung manövrieren kann und hoch und weniger hoch pendeln kann, wie und wann er will, kann er mehrere 60-Minuten-Einheiten am Stück damit ausfüllen, ohne ein Wort dabei zu sprechen zu schaukeln. Man hört allenfalls das mit der Zeit ganz allmählich lauter werdende regelmäßige Quietschgeräusch, das einem an jedem Punkt des Grundstücks beruhigend vermittelt: Das kleine Gewicht schaukelt noch, es sitzt noch drauf, ihm ist nichts geschehen, eingeschlafen ist er auch nicht, es ist einfach alles in einem sorgsam eingependelten Gleichgewicht. Ich habe viele Versuche unternommen, zu erfahren, was Peter während dieser außerordentlich meditativen Pendelschaukelsitzungen denkt, was ihm durch den Kopf geht, was mit ihm und in ihm vorgeht. Natürlich ist nichts weniger aussichtsreich, als ihn danach zu fragen. Dann fällt er vom Meditieren zurück ins bewusste Denken, vom Drauflosassoziieren ins Spruchreifdenken, dann ist alles vorbei.

Peter fasste das in ein Diktum von wahrscheinlich tieferer Wahrheit, bei dem er mich nicht einmal ansah: »Das ist mein klisseklissekleines Geheimnis.«

Ohne es spöttisch zu meinen, behaupte ich, seine Gedankenströme fließen dann so traumartig-geheimnisvoll, dass er sie teilweise selbst hinterher nicht mehr zurückverfolgen kann.

Auf dem guten alten direkten Weg erreicht man hier nichts. Also ersann ich eine Art Staudämme, indem ich versuche, die richtigen Stichworte zu geben: »War es schön heute im Kindergarten?«

Manchmal kommt dann eine recht schnelle Antwort, der danach tropfenweise noch etwas hinzugefügt wird. Damit weiß ich zwar nicht, ob er an diese Dinge nun sowieso gerade gedacht hatte, aber ich habe immerhin jedenfalls an ihnen teilgenommen, wenn auch vielleicht nicht spontan, sondern weil ich sie in diese Richtung, die ihm aber offenbar nicht unlieb war, gelenkt habe.

Einmal, einmal!, gelingt es mir, ihn in einer dieser Meditations- und Kontemplationsphasen, von deren Innigkeit so mancher der gern durch unsere Studentenstädte reisenden Hobby- und Tingellamas noch lernen könnte, so anzusprechen, dass er einfach laut weiterdenkt. Und zwar: »Ich bin mit ei'm roten Auto auf einer Fernsehbühne.«

Und damit geht das Fenster zu Seele und Phantasie und Innenleben meines kleinen Meditations- und Tagtraumexperten auch schon wieder zu.

Und doch bin ich überglücklich.

Überglücklich, das ist es: Wir brauchen Höhepunkte. Auf der Stimmungsskala von eins bis zehn streben wir natürlich eine fette Zehn an. Damit aber zehn der Durchschnittswert werden kann, müssen wir ab und zu auch deutlich darüber greifen und unsere Skala »sprengen«, mit den Augenblicken momentanen Glücks, des absoluten Hochgefühls (Freude, Feiern, Sex – wir erinnern uns), mit Momenten, in denen wir nicht einfach nur glücklich sind, sondern überglücklich. Und wenn alles klappt, kommen mit den Momenten des »Überglücks« auch die Phasen das Dauerglücks. Manchen Menschen gelingt das nicht so recht. Denn Dauerglück ist auch eine Frage der inneren Einstellung. Kennt jemand den: Pessimisten haben es gut, sie haben immer Grund zur Freude – geht etwas gut, sagen sie: »Ist doch schön!« Geht es dagegen schief, sagen sie: »Habe ich doch gesagt!«

Vielleicht kann ich das beim nächsten Ausflug in die Geschichte oder Landsschaft MVs zum Besten geben…

Nach dem Dreißigjährigen Krieg, 1648–1785

Ende des 17. Jahrhunderts herrschte, auch nachdem die Kriegswirren bereinigt waren, begünstigt durch das Aussterben der Güstrower Herzogslinie, einmal mehr große interne Uneinigkeit darüber, wer wo das Sagen hatte. Was Wallenstein aufgebaut hatte (Verwaltung, Nachrichtensystem, Verordnungen), wurde gedankenlos wieder zerstört, wodurch sich die Herzöge selbst viel von ihrer Macht nahmen. Unklug in einer Zeit, in der sich an vielen anderen Stellen Deutschlands Herrscher das unumschränkte Sagen sicherten. Charakterliche Besonderheiten der hiesigen Herren und innenpolitische Probleme, die jedenfalls diese Jungs aufgrund mangelnden Talents nicht zu lösen vermochten, kamen hinzu. Es wurde die Dritte Hauptlandesteilung beschlossen (1701). Mecklenburg, das sich diesmal in seiner Ausdehnung im Vergleich zur vorherigen Teilung (der von 1621) nicht verändert hatte, wurde zu einem großen Teil Mecklenburg-Schwerin (von einer gedachten Nord-Süd-Linie bei Boizenburg bis zu einer Linie Stavenhagen – Penzlin – Müritz) in der Hand des Schweriner Herzogs Friedrich Wilhelm, zu einem kleineren Teil Mecklenburg-Strelitz (östlich dieser Linie bis Woldegk, hinzu kamen allerdings, mehr oder weniger ganz woanders, das Fürstentum Ratzeburg im Westen und der Elbzoll bei Boizenburg) in der Hand des Herzogs Adolf Friedrich, außerdem gab es schwedischen (Wismar, Poel Amt Neukloster, s.o.), pommerschen und brandenburgisch-preußischen Besitz sowie einzelne sogenannte lübeckische Hospitaldörfer. Die Hauptbedeutung lag also bei zwei Herzögen, die beide unter anderem Friedrich hießen, und die hatten ihre Residenzen in Schwerin (Friedrich Wilhelm – sehr ähnlich, nämlich Friedrich Wilhelm I., hieß zur gleichen

Zeit der preußische König, und die beiden verstanden sich gut) bzw. Neustrelitz (Adolf Friedrich).

Und noch etwas legte man fest: Um weitere Teilungen zu vermeiden, sollte fortan immer der Erstgeborene allein erben. Sollte eine Linie ganz aussterben, so sollte die andere Linie erben und damit alles übernehmen. Gerichte, Landtage und andere Einrichtungen bestanden bereits gemeinsam.

Doch weitere Auseinandersetzungen folgten. In dieser Zeit erlangte Dömitz eine gewisse geschichtliche Bedeutung, weil dorthin der Bruder des verstorbenen Herzogs Friedrich Wilhelm und neue Herrscher, Karl Leopold, in die Festung zog; als Mensch, über den man hört, er sei selbstgefällig, grausam, verschwenderisch, herrsch- und genusssüchtig gewesen, kämpfte er von dort vergebliche Kämpfe um Machterhalt und Verbündete.

Wenige Kilometer westlich von Dömitz findet sich übrigens heute eine nun drollige Fußnote der Geschichte. In einer engen Elbschleife liegt der Ort Rüterberg. Damit war er zu DDR-Zeiten Teil des Sperrgebiets, bekam in den Grenzverhau hinein ein einziges regelrechtes Zugangstor, und das erforderte einen Passierschein und wurde nachts völlig abgeriegelt. Wahrscheinlich war es die reine Großzügigkeit der Oberen, dass man die Bewohner nicht alle kurzerhand umsiedelte, wie es andernorts ja auch geschah (einigen Familien widerfuhr das aber im Rahmen der »Aktion Ungeziefer« auch hier in Rüterberg). Mit der Grenzöffnung 1989 rief man hier die »Dorfrepublik Rüterberg« aus und brachte sogar eigene Briefmarken in Umlauf. Heute gehört der Ort wieder ganz harmlos zur Stadt Dömitz.

Wo wir gerade bei den kleinen Orten mit der besonderen Rolle sind, können wir kurz zum Beginn des 18. Jahrhunderts kommen. Nach Nehringen zwischen Tribsees und Demmin, dorthin, wo eine spektakuläre Holzbrücke bis heute die Trebel überqueren hilft. 1712 nun, mitten im Großen Nordischen Krieg, ließ sich in Nehringen ein Pferdedieb erwischen. Pferde gehörten damals zum Wertvollsten, so dass das ein schweres Delikt war. Als er gestellt wurde, sprang er in die Trebel und ertrank. Da aber die Anklageschrift samt Urteil wohl schon fertig war und ihn das Genick kosten sollte, wurde der Ertrunkene geborgen und mitsamt der ihm zugedachten Schlinge begraben. Damit, wenn er gefunden würde, man wissen sollte, dass er ein schlimmer Finger war?

Dies geschah zu Kriegszeiten. Wieder einmal kloppten sich eigentlich andere, meinten aber, das gerade hier austragen zu müssen. Eine bedeutende Schlacht ereignete sich im Dezember 1712 bei Gadebusch, wo die Schweden einen Sieg über die sächsischen und dänischen Truppen einfuhren. Bis heute verweisen Hinweisschilder auf der Landstraße auf das Schlachtfeld. Ich bin ihnen bislang aber nicht nachgefahren.

Die nächste größere geschichtliche Entwicklung, die hier näher interessieren soll, war der Landesgrundgesetzliche Erbvergleich von 1755, der das Verhältnis zwischen den Herzögen und den Rittern sowie den Rittern und den »Leibeigenen« durch eine Festlegungsmischung aus Gewohnheitsrecht und notwendigen Neuerungen neu regelte. Die wichtigste, jedes Jahr im Herbst wiederkehrende Versammlung war der Landtag, der abwechselnd in Sternberg und Malchin stattfand. Das Bauerntum jedoch spielte in der Folgezeit praktisch keine Rolle mehr.

1756 verließ der Mecklenburg-Schweriner Hof sein Schloss und wanderte für ziemlich genau hundert Jahre aus. Nach Klenow, nahe dem heutigen Ludwigslust! Kann man sich das vorstellen?- Heute kaum, damals aber müssen der Zustand des Schlosses und das Bild, das die etwas beziehungslos in der Nähe liegende Stadt Schwerin abgaben, den Herzog zu diesem Schritt veranlasst haben. Und nahe Ludwigslust unterhielt man Jagdgründe, das Jagdschloß Klenow und ein, freilich etwas abgewirtschaftetes,

Gut, das der Herzog aber meinte, angemessen ertüchtigen zu können. Die Idee, sich vor der Stadt neu zu entfalten, hat schließlich auch Versailles hervorgebracht... Und auch das Schloß Ludwigslust, das aus diesen Gedanken entstand und um das gleich noch eine spätbarocke geschlossene Stadtanlage errichtet wurde, steht bis heute in einem bemerkenswerten künstlerischen Rang.

Ludwigslust

Ja, so war das. Herzog Friedrich baute sich ein Schloss, wo gerade mal ein Jagdschloss und ein heruntergewirtschaftetes Domänengut gewesen waren, umgab es mit einem prächtigen Park, ließ das Ensemble mit einer kompletten kleinen harmonisch-spätbarocken Stadtanlage umgeben, nannte das Ergebnis, das Schwerin in künstlerischer Hinsicht weit übertraf, zu Ehren seines Vaters, Christian Ludwig II., der just 1756 starb, Ludwigslust und ließ Schwerin in einen tiefen Dornröschenschlaf versinken. Gern wird in Schwerin heute gewitzelt, Schloß Ludwigslust bestehe in Wahrheit aus Pappe. Der wahre Kern dieser kleinen Gehässigkeit: Etliche Dekorelemente im Schloss in »LuLu« sind nicht Stuck oder Holzschnitzwerk oder was man sonst benutzt hätte, sondern Pappmaché – warum auch nicht? Aber dazu gleich in Ruhe mehr.

Wie gelungen die Gesamtgestaltung ist, das zeigt sich besonders gut im Spätherbst, mit anderen Worten: in der Vorweihnachtszeit. Dann führt eine weihnachtlich geschmückte Straße auf die kleine Brücke zu, die das Entré zu dem großen, freien, vielleicht etwas kargen gepflasterten Schlossvorplatz bildet. Nichts, auch nicht die sonst hier in großer Zahl geparkten Touristenautos oder das Laub der Bäume, lenkt dann den Blick ab. Zur Linken rauschen breite, fallartige Wasserspiele mit Skulpturen und Vasen (Rudolf Kaplunger, 1780). Geradeaus stehen ein paar Nebengebäude und kleine dekorative Fachwerk-Gesindehäuser mit Schwibbögen in den Fenstern, vor allem aber steht hier ab Einbruch der Dämmerung hell und einladend erleuchtet die Alte Wache. Sie wurde erst 1830 gebaut, als der Hof sich schon fast wieder auf den Weg zurück nach Schwerin machte.

Ein schmuckes, kleines Haus, das nach wechselvoller Geschichte (als Wohnhaus diente es auch ein paar Jahre) zur Zeit unseres Besuches ein liebevoll geführtes Restaurant beherbergte. Und die Türen der ehemaligen Arrestzellen im Obergschoss sind bis hin zum gläsernen Spion noch von »damals«.

Und rechts steht das Schloss. Auch seine Fenster im ersten Stock sind zu dieser Zeit schon am späteren Nachmittag aufgrund der hierzulande frühen Dämmerung hell erleuchtet und lassen die aufwendigen Leuchter und kunstvollen Wandverkleidungen erahnen.

Das aber mehr als Tipp für die Großen; mit Kindern ist ein Besuch in der wärmeren Jahreszeit sicher mindestens ebenso verlockend, wenn sich ein Picknick im größten Schlosspark MVs anschließen lässt, dem heute die Lennésche Handschrift tragenden 140 Hektar messenden Ludwigsluster Schlosspark mit seinen weiten Freiflächen, einer Grotte, Mausoleen und der Katholischen Kirche, die zu ihrer Zeit erster neogotischer Sakralbau Mecklenburgs war (1803–1809).

Ab 1772 also baute man hier unter dem Architekten Johann Joachim Busch vier Jahre lang das heutige Schloss als Nachfolger des vormaligen Jagdschlosses. Es ist ein ordentliches symmetrisches Schloss, wie es der Klassizismusliebhaber gerne hat, in der Form eines auf der Seite liegenden E und mit vielen Skulpturen auf der Dachkante. Der Fürst, Friedrich, bezog den Ostflügel, seine Gemahlin nach französischem Vorbild den Westflügel. Ob es an dieser Trennung oder an den Hintergründen für Friedrichs Beinamen (»der Fromme«) oder einem dritten Grund lag, werde ich nicht mehr aufklären, aber jedenfalls blieb die Ehe kinderlos, wie der sehr mecklenburgische Schlossführer unmerklich und doch den Mundwinkel an gerade dieser Stelle schelmisch verziehend betont. Bei seiner Führung erfährt man auch, dass es das Größte war, wenn Friedrich einen nicht im Vorzimmer, versteht sich, und auch nicht im Audienzzimmer oder im Schlafzimmer empfing, sondern auf ein Wort ins Kabinett bat. Und dort dominiert, was im Mecklenburgischen doch erstmal überrascht: die bunte Welt des Rokoko. Im Damenflügel erfahre ich, dass »Boudoir«, der Raum also, den herrschaftlichere Anwesen landläufig für das Schminken und die Kosmetik der Dame vorhalten, dem ursprünglichen Wortsinne nach »Schmollwinkel« bedeutet, weil bouder nämlich schmollen heißt. Die sogenannte Boudoirmalerei hingegen sei etwas eher Heiteres. Weibliche Logik? Oder die der Franzosen? Und man erfährt, dass es eine Auszeichnung war, wenn der Gast der Dame beim Ankleiden helfen durfte. Aber zu den Dingen, die heute als privat oder intim gelten, soll es ja zu den Zeiten, da mancher seinen Glanz buchstäblich im Glänzen suchte, vielfach andere Auffassungen gegeben haben, aus Frankreich erzählt man sich gar, der König habe schon mal offizielle Termine vom Topf aus absolviert und sich zugleich erleichtert, ohne im Geringsten ein Geheimnis daraus zu machen, im Gegenteil, auch hier tendierte es zur Ehre, dabei sein zu dürfen. Derlei ist aus Ludwigslust nicht überliefert. Jedenfalls nicht bis zu mir.

Die Kinder bemängeln, dass im Schlafzimmer der Herzogin kein Bett steht und im Esszimmer weder Tisch noch Stühle. Gut, dass das mal einer sagt, findet artig der Führer und gibt zu, dass die Räume zum Großteil nur nachempfunden seien und im Zweifel nicht original eingerichtet.

Zwischen den Flügeln befanden sich das herrschaftliche Treppenhaus mit dem geradezu beschwingt geschmiedeten Metallgeländer und der »Goldene Saal«, ein mit prächtigen Lüstern und Purpur und Gold ausstaffierter Saal über zwei Etagen mit Aussichtsbalkonen von der oberen.

Und spätestens jetzt kommt die Ludwigsluster Spezialität zur Sprache: der damals schick französelnd sogenannte »Ludwigsluster Carton«. Sind es hier im Saal die anstelle des ursprünglich vorgesehenen monumentalen Deckengemäldes nun angebrachten Verzierungen, so waren es in den anderen Räumen schon die kunstvollen Umrahmungen von Fenstern, Türen und Wandflächen: alles Papier aus ehemaligen und ausgemusterten Aktenbeständen(!) mit Wasser und Leim – Papiermaché, konkurrenzlos günstig in der

Beschaffung, in annähernd jeder begehrten Menge vorhanden und, mit Blattgold belegt, offenbar auch konkurrenzlos beständig. Jedenfalls weist der Schlossführer ein ums andere Mal stolz auf die unbeschädigten Ornamente hin, scheint immer wieder mit den Fingerknöcheln förmlich prüfend dagegenklopfen zu wollen, wie Männer es eben tun, selbst wenn sie nur beiläufig eine Wandstärke oder ein Werkstück begutachten, lässt es dann aber im letzten Moment doch und betont nur, wie schadhaft an der gleichen Stelle Stuck oder eine goldplattierte Holzschnitzerei jetzt schon wären. Unsere Pappe aber, die ist noch heil. – Der Trabbi unter den Schlossdekors, geht es mir durch den Kopf.

Die Führung endet an der Spendenbüchse. Wo diese andernorts, etwa im Pommerschen Landesmuseum in Greifswald, durch ein aufwendiges Innenleben mit Metallmechanismen und Klingeling es scheinbar spannend machen, wann und ob die milde Gabe es irgendwann auf den Grund und damit zu den anderen Spenden schaffen wird, ist es hier ein schlichter, etwas begrabbelt-schmieriger Plexiglaskasten mit einem geräumigen Schlitz.

»Einige haben ja schon festgestellt, dass hier nicht alles so ganz mit rechten Dingen zugeht«, beginnt er und zwinkert in die Richtung meiner Kinder, »und das ist in der oberen Etage und erst recht im Mezzanin-Geschoss darüber, wo die Bediensteten wohnten, noch schlimmer.«

Er sagt das, als spuke es im Schloss, dann erklärt er: »Die Räume sind passabel erhalten, denn wir haben ja ein dichtes Dach, vor allem den Ornamenten geht es auch dort noch sehr gut.« Wieder ist er sichtlich in Versuchung, gegen eine blattgoldbelegte Pappmaché-Ranke zu pochen, »Aber da oben fehlen nicht nur Thron und Bett und Tisch: Die Räume sind vollkommen leer! Doch mit Hilfe Ihrer Spende hätt' das womöglich einst ein Ende!«

Mit dem Glück, so muss ich den Kindern (und mir selbst) auf dem Weg über den Schlossplatz zurück zum Auto aus alter

Gewohnheit erläutern, ist es wie mit allem Schönen: Am meisten erfreut es, wenn nicht nur ich etwas davon habe, sondern auch andere, vor allem natürlich diejenigen, die mir wichtig sind im Leben. Wenn man nicht gerade ein ausgesprochener Eigenbrötler ist, wird man merken: Glück macht am glücklichsten zu mehreren. So gibt es gewaltig gutes Gefühl, einfach mit denjenigen zusammen zu sein, die man gerne hat oder sogar liebt. Und das beruht auf Gegenseitigkeit, die anderen freuen sich nämlich auch, dass sie in diesem Moment mit uns zusammen sind. Es ist ein unerhörtes Geschenk, dafür geliebt zu werden, dass man ist, wie man eben ist. Auskosten, wenn wir das merken und sich die Gelegenheit ergibt! Und man kann das noch steigern, indem man schöne Anlässe mit Menschen teilt, die man mag. Man kann das Glück zu mehreren aber auch steigern, indem man sich nicht nur mag, sondern gelegentlich ganz bewusst etwas für diejenigen tut, die einem wichtig sind, und ihnen auf diese Weise nützt.

Das kann ein Gefallen sein, den man jemandem tut, aber auch mal eine einfache Nettigkeit mit Worten: »Ihr kennt das bestimmt, man nützt sich damit auch selbst, denn diese Nettigkeiten sind ein wichtiger Bestandteil von Freundschaft und ihrer Pflege. Die bewusste Pflege von Freundschaften ist auch ein völlig unterschätztes Glücksgefühl, so ähnlich wie die Vorfreude. Und nicht nur das: Allgemein ist es schön, etwas für andere zu tun, ihnen nützlich sein zu können. Man merkt das in Momenten, in denen jemand einem dann danken möchte, man selber aber das Gefühl hat, gar keinen Dank zu brauchen, weil man sich ohnehin schon selbst gut getan hat, indem man nett war. Glück vermehrt sich, wenn man es teilt! Und sei es, dass man eine Schlossetage gemeinsam zu neuem Leben erweckt.«

Auf der Rückfahrt animiert das Ava zu einem bemerkenswerten Traum. Als wir in Rostock die Autobahn verlassen, erzählt sie, als glaube sie noch halb selber daran, dass der, der die größte Spende gebe, dann der neue König in dem Schloss sein dürfe. Ein bisschen umgestrickt wird womöglich nochmal ein Schuh draus.

Wer einen ordentlichen Schein spendet, darf vielleicht mal für ein Wochenende ein paar Räume des Schlosses bewohnen?

»Aber da muss es dann ein Bett geben. Und einen Tisch brauchen wir auch. Dieser Indingsbumsboden (Ava meint Intarsien, sie ist acht Jahre alt und spricht im Halbschlaf, ich erwähnte es) würde mich ganz nervös machen, wenn ich davon essen müsste!«

Und sonst?

Schwerin also verfiel für eine gute Weile in einen Dornröschenschlaf.

Zur gleichen Zeit brauchte das Königreich Preußen Soldaten, da es mit Schweden den Siebenjährigen Krieg ausfocht (1756–1763). Nun könnte man fragen, was die Mecklenburger damit zu tun hatten. Antwort 1: Es lag genau dazwischen. Antwort 2: Hier gab es Männer! Hier gab es echte Kerle! Sie wurden als Soldaten »angeworben«. Nicht selten unfreiwillig. Preußenkönig Friedrich II., immerhin »der Große« genannt, tat sich durch große Sprüche hervor: »Mecklenburg ist wie ein Mehlsack, der immer noch stäubt, sooft man ihn klopft.« Toller Typ. (Das ist ganz besonders sarkastisch gemeint.) Eine überlieferte Geschichte aus dieser Phase spielte sich Weihnachten 1761 in Basedow bei Malchin ab und hat bis heute eine Kugel in der Mauer hinterlassen. Erst nahmen die Preußen Basedow ein. Dann kamen die Schweden zurück, vertrieben sie und verschanzten sich im Schloss. Die Preußen kamen zurück und beschossen es mit Kanonen (daher die Kugel). Gewonnen hat keiner, verloren haben die Dorfbewohner, die geplündert, gequält und ihrer Katen durch Brandschatzung beraubt wurden.

Und auch mit den Städten, die den Dreißigjährigen Krieg noch einigermaßen überstanden hatten, ging es nun bald abwärts. Rostock, Schwerin, Güstrow, Neustrelitz, Ludwigslust durchliefen einen beträchtlichen Verfall an Macht und Wohlstand.

Damit sind alle Hauptlandesteilungen abgefrühstückt, Klaras Arbeit ist fertig. Sie bekommt eine gute Note für unsere Geschichtsarbeit.

Und vielleicht ist ja tatsächlich ein Keim gesetzt für ihre geflechtartige Verwurzelung mit dem Land! Danach fangen ihre großen Ferien an, die sie in den ersten vier Wochen bei Verwandten und deren Freunden unter anderem auf einer bekannten Sonneninsel verbringen wird. Sonneninsel, wie gesagt, aber eben, wie auch gesagt, vier Wochen.

Insofern muss ich mich schon beherrschen, als sie nach einer guten Stunde des Klamottenpackens fragt: »Eine lange Hose habe ich an; soll ich trotzdem noch eine einpacken?« Vier Wochen! Sie packte ihren Koffer dann etwas ungelenk, aber immerhin »nach Themen«, wie sie es niedlich nannte. Gewissermaßen »süß thematisch« statt »systematisch«.

Nicht weniger bemerkenswert wird einige Tage später ihr erster Anruf sein. Peter nimmt ihn entgegen, ihr nach wie vor vierjähriger Bruder.

Natürlich wünscht sich Klara ein paar Worte der Verbundenheit in die Ferne und versteigt sich wohl zu der Frage: »Und – vermisst du mich denn?«

Peter aber ist gern ein hartgesottener kleiner Bursche, dem so schnell nichts wehtut. Behauptet er. Diese Indianermentalität, denkt er, ist auch jetzt gefragt und die richtige Antwort. So gibt er zurück:

»Nein. Es ist nicht so schlimm, dass du nicht da bist.«

Das Mittelalter hast du verpasst, kleiner Ritter! Zweimal noch versuche ich, anstelle des »nicht so schlimm« ein »nicht so schön« in das Gesagte hineinzuhören, aber nicht zuletzt die plötzliche betretene Stille in der Leitung nimmt mir diese Hoffnung. Mir bleibt nur, aus dem für solche Fälle wohlgehüteten Nähkästchen eine eigene angestaubte Episode wieder ans Licht zu holen. Ich war ungefähr zwölf, als meine Mutter zu einer längeren Kur fuhr. Als sie nach sechs Wochen zurückkam, wollte ich der tapfere und selbständige Großsohn sein, um den man sich so schnell keine Sorgen machen musste.

Mit der größtdenkbaren Selbstverständlichkeit gab ich daher quasi zur Begrüßung zum Besten: »Wir sind prima ohne dich klargekommen.«

Hoppla.

Die betretene Reaktion meiner Mutter damals fand ich merkwürdig. Konnte sie nicht ein bisschen stolz sein? Jahre später erst verstand ich, wie es sich hier mit Mutters richtigem und falschem Hals verhalten haben muss. Aber jetzt, wo ich sie entwarnend für die immer noch schweigende Klara hervorkramen kann, hat sich diese etwas böse Begebenheit fast noch bezahlt gemacht.

Die Hauptlandesteilungen waren also ausgestanden. Und nun?

Beide Mecklenburg, das große Herzogtum Mecklenburg-Schwerin und das kleine Herzogtum Mecklenburg-Strelitz mit seinen Trabanten u. a. in Ratzeburg, gerieten in immer größere Rückständigkeit. Und auch das, was wir heute als Vorpommern ansehen, war in dieser Zeit zweigeteilt. Seit 1720 gehörte der südliche Teil bis zur Peene zu Preußen; der Norden mit Greifswald, Stralsund und Rügen gehörte zu – Schweden! Und insbesondere Preußisch-Pommern entwickelte sich. Man schätzte die Pommern in Preußen als ein bisschen schlicht, aber gutmütig, beendete die Leibeigenschaft und gründete über zweitausend neue Siedlungen und Dörfer.

Ab 1785 war Friedrich Franz I. Herzog. Und als er kränkelte und sein Arzt ihm das Baden in der Ostsee empfahl, gründete er im Jahre 1793 Deutschlands erstes Seebad: in Heiligendamm! Folgen sollten nach und nach Putbus auf Rügen (auch wenn es ein paar Kilometer von der See entfernt ist – man hatte ja Kutschen …), Graal-Müritz, Prerow, Warnemünde und Kühlungsborn, um nur einige zu nennen.

Teil 4

Die Franzosenzeit

1805 erfand ein kluger Mann aus Barth, Peter Kreeft, den ersten Taucheranzug. Oder war es nur ein Vorläufer? Jedenfalls vergingen danach noch einmal zwanzig, dreißig Jahre, ehe die Erfindung zu Weltruhm kam, dann allerdings, angeblich »weiterentwickelt«, in England.

Untergetaucht wären die Hiesigen in dieser Zeit wohl auch geschichtlich gern. Aber das gelang ihnen deshalb noch lange nicht. Es kann der Bravste nicht im Frieden leben, wenn es dem bösen Nachbarn nicht gefällt, weiß der Volksmund. Ziemlich genau das bewahrheitete sich für die Mecklenburger gleich nach 1800. Zwar hatte man an den Grenzen Neutralitätsschilder angebracht, der Herzog hoffte, dass ein anderer »den Frieden eines Landes nicht stören wird, das nach den Grundsätzen gesunder Politik regiert wird«, aber den Franzosen war dies nach erfolgreichen Schlachten gegen die Preußen bei Jena und Auerstädt leider complètement saucisse. Die Preußen flohen nordwärts, und die von Napoleon befehligten Franzosen kamen hinterher. Angeführt von Gebhard Leberecht von Blücher, einem Preußischen Generalleutnant, der einst in Rostock geboren war, kamen rund 20 000 Preußen im Oktober 1806 bei Strelitz an, behaupteten sich mehr schlecht als recht, und diejenigen 8000, die Anfang November noch übrig waren, kapitulierten dann bei Lübeck. Die so eingefallenen Franzosen besetzten, plünderten, zerstörten und drangsalierten nun mehr oder weniger wahllos das Land! Das

Sagen vor Ort hatte ein Generalgouverneur Laval. Es folgte im Zuge der Napoleonischen »Kontinentalsperre« ein Handelsstopp gegenüber England und in dessen Mitgift ein Verbot der Ostseefischerei und eine Sperrung des Warnemünder Hafens. Ein drastischer wirtschaftlicher Niedergang insbesondere der Gutsherren war die Folge! Fritz Reuters Roman »Ut de Franzosentid« (»Aus der Franzosenzeit«) schildert dieses düstere Kapitel eindrucksvoll, das bis 1813 mit immer wieder neuen unschönen Höhepunkten anhalten sollte. Einige Aussprüche haben sich trotzdem gehalten; so sagt der Mecklenburger bis heute, etwas sei wohl »perdü«, er könne es jedenfalls »pattu« nicht finden, und dann hebt er das Glas mit einem wohlmeinenden »Ah wu!« an die Adresse des trinkbrüderlichen Gegenübers.

Nichts mit alledem zu tun hat indessen Gravelotte, der Name eines Fleckens und Ausflugsziels am Kummerower See. Die Bezeichnung geht vielmehr auf den Begründer der ehemaligen »Ausspanne im Schweizer Landhausstil« zurück, als die das Hotel Gravelotte mal angefangen hat, einen Kriegshelden aus Meesiger (das liegt nahebei), der bei Gravelotte in Frankreich 1870/71 eine Schlacht geschlagen hat.

Womit wir aber dennoch fast wieder beim Thema sind: Eine wichtige Schlacht gegen die Franzosen um 1800 wurde bei Retschow nahe Schwaan geschlagen, falls da mal jemand vorbeikommt (ist nicht weit von Werle ...). Und selbst die Vertreibung der Franzosen brachte für den einfachen Mann noch für Jahrzehnte keine wirkliche Befreiung mit sich. Auch hierzu entstanden bekannt gewordene Werke Fritz Reuters. Insbesondere verzögerten die Ritter, dass die eigentlich seit 1815 geltende Aufhebung der Leibeigenschaft nach preußischem Vorbild (ja, die Leibeigenschaft gab es hier in Mecklenburg nach wie vor) auch hierzulande nennenswert griff. Der schon genannte »Rostocker Preuße« Blücher übrigens setzte den Franzosen nach und war an ihrer verheerenden Niederlage bei Waterloo im heutigen Belgien im Jahre 1815 wohl nicht unmaßgeblich beteiligt. Sein Denkmal ist unter der künstlerischen Leitung Johann Wolfgang von Goethes entstanden(!), der nicht zuletzt den Text auf der Gedenktafel abfasste, ohne allerdings einen seiner stärksten Tage gehabt zu haben, und steht seit 1819 vor dem Uni-Hauptgebäude in Rostock in Sichtweite des Porno-Br…, nein, des Brunnens der Lebensfreude!

Fritz Reuter wird heute insbesondere in Stavenhagen geehrt, dem schon erwähnten Städtchen zwischen Malchin und Neubrandenburg, das sich nun Reuterstadt Stavenhagen nennt und in Reuters Geburtshaus am Markt (Reuters Vater war hier vierzig Jahre lang Bürgermeister) ein heimeliges Reuter-Museum eingerichtet hat. Mit etwas Phantasie liegt das auch ungefähr mittig zwischen Strelitz und Rostock, zwei Orten, die, wie gesehen, in dieser Anfangsphase des 19. Jahrhunderts eine bedeutsame Rolle gespielt hatten. Widmen wir der Franzosenzeit also einen Ausflug in die gute alte Mecklenburgische Schweiz …

Mecklenburgische Schweiz reloaded

Malchin ist Jahre her. Nun aber nähere ich mich, meine Lieben im Gepäck, von Remplin her, wo die älteste erhaltene Sternwarte Mecklenburgs den Schlosspark adelt, wieder dem, wir erinnern uns, ehemaligen Ackerbürger- und später sogar Landtagsstädtchen, das ich wie immer schlummernd wie einen Hund in der Sonne antreffe. Durch das Kalensche Tor, Schulbuch-Backsteingotik, lasse ich den Wagen ausrollen – gleich hier habe ich gewohnt. Und, oh Wunder, während ich scheinbar nur einen Augenblick lang weggesehen habe, haben sich erstaunliche Dinge getan. Der Block, in dem ich gewohnt habe, ist freundlich farbig umgestaltet, Leute sind ein-, aus-, und innerhalb des Hauses umgezogen, es gibt neue Klingeln und Briefkästen. Wie mögen die Treppenhäuser zwischenzeitlich aussehen? Und in meiner Wohnung wohnen jetzt alte Leute, die Gardinen legen engmaschig Zeugnis davon ab. An anderer Stelle fehlen ganze Häuserblocks, so dass ich – zum Beispiel gegenüber dem Amtsgericht – die Einfahrt zu Straßen, die ich früher täglich benutzt habe, kaum wiedererkenne. Etwas Orientierung gibt das alte Eisenschild vom Schumachermeister Horst Quiatkowski, denn das hängt, obwohl damals schon alt, bis heute. Oder es sind neue Häuser entstanden. Selbst der gute alte Supermarkt hält am Sonnabend bis 16 Uhr auf: Ich kaufe Physalis für alle, denn die Kinder sind noch nicht restlos überzeugt, dass sich der Wochenendausflug auf Papas Spuren am Ende gelohnt haben wird. Das Kino! Es wurde während meiner Malchiner Zeit eröffnet und scheint noch lebendig. Wären noch einige der Menschen, mit denen mich hier etwas verband, greifbar? Am Gericht zum Beispiel ist niemand mehr, mit dem ich näher zu tun hatte. Nicht mein Ausbilder, der inzwischen anderswo zeigen darf, was er kann. Nicht die Rechtspflegerin, die mich für arrogant hielt, obwohl ich nur unbeholfen war in der völlig neuen Umgebung, und deren Mann als Rettungshubschrauberpilot (wie gemein kann Schicksal sein?) bei einem Einsatzflug tödlich abstürzte. Meine früheren Nachbarn sind teilweise weggezogen; die liebsten sind in ihrem Bungalow am See, wie ich aus der Stille schließe, die meinem Klingeln nachfolgt. Es bliebe allein die Kanzlei, in der ich gearbeitet habe: Schläfrig liegt sie in der samstäglichen Nachmittagshitze, ein herb-heißer Hauch von High-Noon liegt über Malchin, und nicht einmal das Auto meines geschätzten ehemaligen Chefs steht in der Straße. Die Kinder finden es aufregend, dass ich in dem fremden Ort gleich mehrere Klingeln drücke. Sie sind aber auch nicht traurig, als sich keine der Türen öffnet und es so recht bald vorbei ist mit Papas Kontaktversuchen.

Wir verlassen Malchin südwärts in Richtung Waren, vorbei am Sportgelände, in dessen Vereinsgaststätte ich Oliver Bierhoff bei seinem Golden Goal zusah, das – damals und lange her! – Deutschland zum Fußball-Europameister machte. Nach Stavenhagen hätten wir ostwärts gemusst, aber es war ja mehr ein Symbol und nicht wirklich heutiges Ziel. Ich werde ein andermal nachsehen, wie man einem Schriftsteller ein Museum widmet, das muss nicht auch noch auf dem Rücken der Kinder geschehen. Auf dem Land, in Carlsruhe, wo Bekannte wohnten, nichts Neues: Ihre ehemalige Wohnung ist ohne neue Gardinen, seither unbewohnt. Eine herrliche Scheune stand damals dahinter. Ein geduckt wirkender Stall aus rotem Backstein und Fachwerk unter einem riesigen reetgedeckten Dach, der hinter dem Wohngebäude den kleinen Hof gegen die Wildnis abgrenzte und ihm im Winter trutzig den einzigen Schutz gegen den eisig über das Feld fauchenden Wind bot. Die Scheune galt damals als einsturzgefährdet. Nun ist sie eine Abrissruine. Hinter dieser Scheune haben wir vor Jahren um diese Zeit ein Sommerfest mit Kollegen und Freunden gefeiert (es waren über dreißig, alle lebten in der

Gegend – wer mag noch hier sein?), an einem lauen Abend unter einem Mecklenburgischen Feuerhimmel, der alles zeigte, und an das sie sich alle, alle!, später noch manches Mal derart gern erinnern sollten, dass man sie durchs Telefon die Augen in Verzückung verdrehen ahnte: Den Blick auf das freie Feld vor uns, auf den kleinen Feldweg, der sich hindurchschlängelt und über das neue Holzbrückchen nach Faulenrost führt. Manches Mal waren wir ihn, zum Kochen zu faul und dank dieser Möglichkeit nicht gezwungen, in der Dämmerung gegangen, um dort frischen Wels zu essen, ehe wir im Stockfinsteren diesen Pfad nur ahnend auf das Gehöft zurückkehrten. Weiter bot der Blick den leicht links versetzt liegenden Tümpel mit den stämmigen, zu jener Zeit grotesk gestutzten Weiden dar. Das Ensemble, im wechselnden Licht des Tages der stündlich neuen Betrachtung wert, sah man auch von einem Fenster von der Wohnung aus: Nie werde ich den Morgen vergessen, als es um Ostern noch einmal mächtig geschneit hatte und die Weiden, die damals noch prächtige Kronen dem Wetter entgegenstreckten, majestätisch fast ungebeugt der schweren Last des reichlich gefallenen Schnees trotzten – stolz, aufrecht, gigantischen Trümmerfrauen gleich. Und schließlich konnte der Blick nach rechts schweifen auf eine Reihe bewohnter Storchennester auf Dächern und Masten sowie das Treiben, den rege an- und abgehenden Vogelflugverkehr dort. Im Rücken wussten und fühlten wir an jenem Sommerfest-Abend die warmrote Wand der Scheune von Fachwerk und Backstein, die, mit zunehmend über das Feld kriechender Abendkühle, Grad für Grad die gespeicherte Wärme des Tages, jenes Sommertages, auf uns, auf unsere Festgesellschaft abstrahlte und im Schein von Fackeln Schattenspiele zauberte.

Heute sehe ich den alten Mann, der der Vermieter der Freunde war und zum Grüßen stets frivol die Krücke geschwenkt hatte, mit der unvermeidlich wehenden silbrig-weißen Haarsträhne durch die Reste der Grundmauern dieser prachtvollen Scheune waten, die wie die schwarzen Stummel eines in Vergessenheit geratenen Gebisses in den sonnigen Nachmittagshimmel ragen.

Mein Gedächtnis spielt eine Szene ein, die sich in dem kleinen Hof zwischen Wohnhaus und Scheune zugetragen hat, als ich hier noch häufig ein- und ausging. Eines freundlichen Frühlingsmorgens fiel mir hier eine Schale mit Grütze herunter. Ich beseitigte die Spuren auf dem holprigen Feldsteinpflaster und überließ einen Rest dem nächsten Regen. Niemand hatte sich gezeigt. Erst als ich danach wieder zum Auto ging, mich anschickte wegzufahren, erschien der alte Mann auf dem Treppenabsatz, dirigierte für sich selbst mit der Krücke und basste: «Es geht ja doch im Leheben gar mancher Schuss daneheben!«

Er wird Gravelotte nur knapp verpasst haben. Seine Frau sehe ich nicht. Mein erster Blick hätte ihren roten Pumps gegolten, die sie mit knapp siebzig und zu reichlich Schminke auch dann trug, wenn sie, inmitten von Natur und Grün, die Zwischenräume der Steine und Platten im Hof von Grünem befreite, wozu sie sich einen Plaste-Behälter auf den Rücken zu schnallen pflegte und mit einer Spritzdüse unter hohem Druck Substanzen versprühte, deren zu unterstellende Zusammensetzung mich die kontaminierten Stellen anschließend jedes Mal über Tage meiden hieß.

Die Schlösser Basedow (das mit der Kanonenkugel) und Klink sehen besser aus als bei meinen letzten Besuchen hier. In Basedow finde ich ein Wappen, in dem steht: »Ich leb in Hoffnung«. Es ist das Wappen derer von Hahn, die über sechshundert Jahre, von 1337 bis 1945, ihren gräflichen Hauptsitz hier hatten. Hoffnung als Lebensmotto? Als Glücksquell womöglich? Natürlich, »Hoffnung« ist ein positiv besetzter Begriff, und das ist auch in Ordnung so. *Die Hoffnung stirbt zuletzt!*, hofft der Volksmund nicht umsonst. Hoffnung enthält aber auch die Komponente, dass man mit der Gegenwart oder zumindest bestimmten Elementen der Gegenwart nicht recht zufrieden ist und nun auf bessere Zeiten hofft. Vielfach geht das damit einher, dass man das eigene Geschick in fremde Hände legt und nur noch hofft. Der Ausgang solcher Hoffnungen ist ungewiss, das Glück ist jetzt, und jeder ist selbst seines Glückes Schmied. Kann ich nicht selbst aktiv dazu beitragen, dass es klappt mit dem Glück? *Hoffnung ist ein Mangel an Information*, las ich – das könnte stimmen und enthält einen absolut negativ besetzten Begriff, den des Mangels. Mit noch einem Spruch mache ich Schluss: *Hoffnung ist das schönste Gefühl der Machtlosigkeit.* Nicht mehr und nicht weniger! Den Hahns hat es aber nicht geschadet. Das Schloss erlebt seinen x-ten Frühling, und der Garten, ein Werk Lennés, der hier nicht zuletzt zwei echte alte Großsteingräber integrierte, sucht seinesgleichen.

Und in Klink ist aus der Welt eines verwunschenen Zauberschlosses, die mit Brettern vernagelt war, ein Hotel geworden. Neu ist schon der ausgebaute Parkplatz. Daneben stören über der der Müritz zugewandten Kaffeeterrasse nur die grellen Werbebeschriftungen der blauen Sonnenschirme.

Ich gehe an der Müritz auf und ab, weiß sogar wieder, welches Buch ich bei mir hatte, als ich vor Jahren zum letzten Mal allein hier war. Einen Walser. Zwar war mir der Held, Alfred Dorn, ein asexuelles verklemmtes Muttersöhnchen, unsympathisch. Zwar waren mir seine Erlebnisse als logische Folge seiner Persönlichkeitsstruktur zu fremd, als dass ich Hoffnung hatte, aus seiner Bewältigung dieser Problemchen lernen zu können. Auch wurde mir die Erwähnung der «Unmöglichkeit der Liebe« auf dem Klappentext nicht deutlich. Oder hatte ich mich nur, auf Pärchenliebe fixiert, irreführen lassen? Dörnchens Liebesprobleme jedenfalls beschränken sich darauf, dass seine Umwelt seinem pathologischen Ödipus-Komplex mit den ihr gegebenen Mitteln (Argwohn, Spott und Nachsicht) begegnet. Darauf, dass er sich – sein nicht sehr langes Leben lang – für sonst niemanden wirklich mit Liebe und für überhaupt niemanden erotisch interessiert. So war es ein Buch, das fremdartig auf mich wirkte. Doch verneigte ich mich seinerzeit genau hier, an der Müritz bei Klink, durch jedes Umblättern vor der Erzählkunst Walsers: ein abstoßender Held, der nichts erlebt. Aber ich wollte es bis zum Ende wissen.

Dieser Samstag, Sonnabend (»Sonnam'd«) sagt man hier, macht den Auftakt zu einer Reihe traumhafter Sommerabende, die dieses Jahr in MV für uns bereithält. Spätnachmittags besuchen wir Bernd. Bernd war mein Nachfolger als Referendar in Malchin. Ich mochte ihn sofort. Ein schlanker Typ, mir in vielem nicht unähnlich, meist sympathisch offen lachend – nicht der stämmige Kerl vom Land, und doch der ruhige, tiefgründige Mecklenburger durch und durch. Wir haben unregelmäßigen Kontakt. So meldet Bernd, der hier seinen Großvater in dessen Katen hingebungsvoll pflegt, sich nie. Doch ist er immer ehrlich erfreut, von mir zu hören. Bernd wohnt in der Nähe auf dem Land am Nordufer des Kummerower Sees. Wir sind nicht angemeldet. Er ist überrascht und – wie immer – erfreut, als wir auftauchen, und der Zufall meint es gut: Heute ist Lichterfest. Wer ein Seegrundstück hat, grillt dort heute und entzündet tunlichst ein paar Lampions. Zwar haben wir, unvorbereitet, nicht einmal Würstchen für uns, geschweige denn ein Gastgeschenk dabei, aber Bernd, der weitere Gäste erwartet, hat reichlich eingekauft. Noch während des ersten Bieres (ein Dunkles aus dem Örtchen Dargun, das fast in Sichtweite liegt), kommen weitere Gäste. Ein Großteil trifft von der Seeseite her mit dem Boot ein; einige waren baden, für andere war dies die kürzeste Anreise. Die Kinder sind mit Elle am See und planschen. Mein Blick schweift über die Länge des Sees. Von hier sieht man die Malchiner Siloanlage besonders gut. Über den Kummerower See sieht sie wie ein gewaltiges Fabrik- oder Kraftwerksgebäude aus. Oder eben wie ein Schwesterschloss der Anlage in Ludwigslust (das dortige Original ist allerdings wesentlich kleiner). Nicht lange nach der Vereinigung, dem Beitritt, starben hier, am Malchiner Silo, zwei Menschen, als ihr zu Reinigungsarbeiten außen angebrachter Förderkorb aus der Verankerung riss und in die Tiefe stürzte. Heute wirken die symmetrischen Umrisse des Komplexes mit dem scheinbaren Türmchen in der Mitte jenseits des leichten Dunstschleiers auf mich wieder wie die eines prächtigen Schlosses, und dieser Abend ist dazu da, sich wie ein Schlossherr zu fühlen.

Wo wir übrigens einmal dabei sind: Nicht weit von hier liegt Kittendorf, das heute Hotel ist. Friedrich von Oertzen, ein Kammerherr des Herzogs von Mecklenburg, der sich zu dieser Zeit gerade Großherzog nennen durfte, ließ es um 1850 von Friedrich Hitzig, einem Schinkel-Schüler, als Kopie des Schlosses Babelsberg in Tudorgotik erbauen. Ein riesiger Lennéscher Park gehört dazu. Von Oertzen war wichtig, der Herzog oft hier zu Gast. Nach der Enteignung der von Oertzens nach dem Zweiten Weltkrieg diente der Bau zu DDR-Zeiten als Berufsfachschule und Internat. Ein Berliner Unternehmer nahm sich 1992 des Schlosses an, renovierte es und sammelte in Ermangelung jeglicher verbliebener Inneneinrichtung Gegenstände aus der Zeit des Schlossbaus. Der Mann starb recht jung an Krebs, nun war sein Sohn, ein Student aus Berlin, einer der jüngsten Schlossherren in Europa, ehe er im Jahr 2011 verkaufte. Derart interessante Dinge zur Heimatkunde fand ich in der Zeitung. Allerdings nicht im hier eigentlich zuständigen Blättchen, sondern in der Süddeutschen.

Auch nicht weit ist es nach Schlitz. Hans von Labes, ein junger preußischer Diplomat, kaufte 1791 die heruntergekommene Wasserburg in Kastorf. Durch Adoption wurde er 1793 zum Grafen Schlitz. Er war ein Pionier der Landwirtschaft und der Anleitung Untergebener, die er nicht wie Leibeigene führte. Und er baute sich ein Schloss nach eigenem Bilde und ohne stilistische Zwänge. Hier ein bisschen Klassizismus, dort ionische Säulen, hier ein bisschen halbrund, dort ein bisschen rechteckig, und bei allem musste es funktionell sein und bürgerlichen Wohnkomfort zulassen.

Provence – Toskana – Mecklenburg-Vorpommern – Glück, glücker, am glücksten?

Wir haben schon davon gesprochen. Immer wieder werden, wenn es um die Traumlandschaften Europas geht, die Provence und die Toskana genannt. Auch die dreiteilige Seifenserie habe ich erwähnt, die ein Lavendelprodukt, eine toskanische Ausgabe und einen eindeutig auf unser Land gemünzten Sanddornduft zu einer Art Dreifaltigkeit kombinierte. Bezüge gibt es also – wie viel Sinn hat ein Vergleich?

(Vergleiche – ein reiches Thema auch, wenn's ums Glück geht. Glück, glücker, am glücksten? Schöner Unsinn. Genau einen Vergleich gibt es wohl, zu dem aber sogar dringend zu raten ist: den Vergleich mit Menschen, denen es schlechter geht als uns. Aber zurück zu MV.)

Wie superlativisch ist die Schönheit MVs im europäischen Vergleich? Das ist eine Frage, die man, natürlich nicht ganz ernst gemeint, doch mal untersuchen kann. Wir haben über die Franzosenzeit in MV gesprochen, Zeit also, nach Frankreich zu fahren. Für unseren Kurzbesuch im Süden suchen wir uns mit Seillans bei Fayence einen winzigen Ort im Hinterland der Côte d'Azur aus, der nach seiner Beschreibung ganz und gar urwüchsig und schlicht himmlisch sein soll. Dort beziehen wir ein großes Hotelzimmer in einem alten Gemäuer, das uns ebenfalls als ganz besondere Attraktion beschrieben worden ist, weil dort trotz des immensen Charmes des Hauses mit seinen ausgetretenen Stufen ein Zimmer für unter hundert Euro die Nacht zu bekommen ist. Alles irgendwo richtig, aber nur ein Teil der Wahrheit.

Der Ort ist einfach süß. Das Haus aus verputztem Feldstein ist wirklich von mittelalterlichem Charme und doch familiär. Die Kinder der Familie bewegen sich hier mit reizender Natürlichkeit, ebenso der Hund, und auch die Zimmer sind mit in ansprechender Weise auf alt gemachten Details liebevoll hergerichtet. Diejenigen Zimmer, die es für neunundneunzig Euro gibt, und natürlich in der Tat in die Lage versetzen, den gesamten Charme des übrigen Hotels (ausgenommen die anderen Zimmer) in Anspruch zu nehmen, sind aber ein bisschen klein. Ein bisschen sehr klein. Unser Zimmer kostet etwa die Hälfte mehr. Nicht eingeschlossen das Bettsofa, das wir für die Kinder natürlich benötigen. Sein Preis pro Nacht lässt in uns, die wir für zehn Tage gebucht haben, am Ende ein bisschen das Gefühl aufkommen, keiner könnte uns ernsthaft böse sein, wenn wir es einpackten, schließlich haben wir es inzwischen fast bezahlt! Ebenfalls nicht eingeschlossen: das Frühstück. Für keinen. Macht noch mal um die sechzig Euro jeden Morgen. Ein Hotelzimmer für unter hundert Euro die Nacht? Wer ein augenfälliges Beispiel sucht, um den Begriff »Augenwischerei« zu erklären, mag sich inspirieren lassen. Und doch, wir genießen schon auch vom ersten Tag an. Sogar die ausgezeichnete Küche des Hotels, die allerdings auch schon wieder nicht gerade billig ist … Wir verleben alle Sinne stimulierende Tage in Südfrankreich, fahren ein ums andere Mal die Küste entlang, in beiden Richtungen, genießen die Ausblicke, die Sonne, die Farben, die ungezwungene Atmosphäre außerhalb der Saison. Es ist auch schön, es ist auch eine Traumlandschaft, es ist legitim, den Dreiklang Provence – Toskana – MV in den Köpfen verankern zu wollen, aber es ist, natürlich, völliger Unsinn, ernsthaft zu vergleichen oder eine Rangfolge bilden zu wollen. Hatten wir uns ja schon fast gedacht.

So viel zur französischen Konkurrenz. 1808 begann zudem auch noch ein Italiener, sich in MV einen Namen zu machen: Der Mittdreißiger Gaetano Medini, 1772 in Mailand geboren, erwarb, sich Gustav nennend, das Stralsunder Bürgerrecht. 1811 übernahm er mit seiner Frau einen gepflegten »Club« wirtschaftlich selbständiger Herren, die *Stralsunder Ressource-Gesellschaft*, 1812 aber übernahm er in Bad Doberan den *Großen Saal*. Zehn Jahre verdingte er sich als »Badewirt«, dann ließ er dortselbst, wie man wohl seinerzeit gesagt hätte, eines der schönsten Gebäude am Kamp bauen. Zwanzig Jahre führte er sein Lokal, erhielt vom Großherzog den Titel »Oberhofküchenmeister« und war gleichzeitig Mecklenburger und bis 1836 auch Inhaber des Stralsunder Bürgerrechts (und damit Preuße).

Spätestens das nun muss die Italien-Linie befruchten, die Toskana-Berührung verstärken, auch wenn Mailand natürlich nur auf dem Weg dorthin liegt. Im Übrigen wird auch Tadeo Paglione, der um 1600 herum das Schloss in Penkun entworfen hat, nicht ganz ohne italienische Ahnen ausgekommen sein. Es gibt sie also …

Was ist von einem Toskana-Kurzbesuch im Vorjahr in Erinnerung – abgesehen davon, dass wir Florenz noch einmal außerhalb der Saison besuchen werden? Dreierlei und natürlich der Hinweis, dass das nur stichpunktartig gemeint sein kann:

Toskana I: Das Grillen der Zikaden

Ein Grund für viele, die Toskana zu schätzen, sind die tierischen Geräusche, die sie macht. Das Grillenzirpen zum Beispiel. Für mich nicht. Kaum nämlich wird es mal ruhig im Land der Mafia und Korruption, scusi, der Zypressen, Weingüter und Feldsteinhäuser, schon sirrt und zirpt und keckert es im Gebüsch. Und was da klingt wie durch ein Loch im Fahrradreifen ungleichmäßig entweichende Luft, an die jemand ein Megaphon hält, oder wie ein japsender Rasensprenger, das sind die Zikaden. Dem Lärm nach müssen die Zirper locker Eselsgröße haben. Tatsächlich aber sieht man sie kaum. Ich versuche also, im Schatten eines gewaltigen Oleanderbusches mittels eines Reisehandbuches meinen Besuch in Pisa, Florenz, Siena oder San Gimingiano vorzubereiten, da geht es aber los im Gesträuch, das Heuschreckenhallo, das Grillengerassel, das Zikadenzirpen. Bis eben noch hatte ich erwogen, mich in der sonntäglichen Stille, die mich bei wohliger Wärme und lauen Windchen umgibt, an der Motoregge zu stören, die der Nachbar am Hang gegenüber auf seine Ländereien ausführt. Aber ach, hatte ich dann gedacht. Und jetzt dieses Insekteninferno. Kurz mag sich der Naturromantiker melden, doch schnell gebietet der Realist Schweigen und erinnert daran, dass allzu viele Frösche abends am Teich bisweilen auch nur noch Appetit auf knusprige Froschschenkel machen und das hier jetzt eben zu laut ist. Vertreiben? Denkste! Schon mal versucht, eine Zikade auf den Olivenhain zweihundert Meter die Straße runter oder die Zypresse im nächsten Dorf zu vertrösten? Die stellen sich stumm, sind im Gehölz einfach nicht zu finden, und kaum gibt man die Jagd auf, quaken, zirpen und ventildefekten sie wieder los, indem sie, nur die Männchen, mithilfe von Tommelorganen am Hinterleib »artspezifische Schrill- und Zirplaute erzeugen«, wie das Lexikon sagt. Wie wahr, wie wahr! Nicht leicht zu entscheiden, ob man lieber die Motoregge oder das Zikadenzirpen als Störfeuer gegen den sonntäglichen Lesegenuss haben möchte? Sagen wir es so: Wenn die Egge fern genug und die Zikade nah genug ist, ist das seeehr einfach zu entscheiden. Romantisches Grillenzirpen? Dass ich nicht lache, das ist rom-artiger Lärm!

Das macht klar, weshalb man das Viehzeug in Landstrichen fern im Osten röstet. Spieß quasi umgedreht, die Schrillzirper drauf aufgereiht und los: Grillengrillen statt Zikadenzirpen, das Grillen der Zikaden statt des Zirpens der Grillen, jaa, da erstirbt es, das Zirpen der Zikade und wird zu einem letzten Zirpen der Grilladen. Und dann ist Ruhe!

Toskana II: Lecker statt länger?

In jeder Banane steckt dieselbe Menge Geschmack. Dochdoch, davon bin ich überzeugt, seit ich auf Madeira Bananen aß. Die sind zwar winzig, kaum größer als eine ordentliche Spreewaldgurke, aber ungemein aromatisch. Nein, nicht einfach süß oder schon so gärig-übersüß – ich sagte: aromatisch, kann man nicht beschreiben, muss man schmecken! Leider kommen sie über Madeira nicht hinaus, weil sie zu klein sind. Sagt wohl die EU.

Mein Geschmacksmengentheorem gilt auch für Gurken und Tomaten. Auch in jeder Gurke oder Tomate steckt dieselbe Menge Geschmack. Sie ist nur auch hier ungleich verteilt, was schon mal zum Nachteil der größeren Vertreter sein kann, die dann bei aller Glattheit und Stattlichkeit gern etwas holländisch-wässrig daherkommen. Nun sind die Holländer freundliche, fröhliche und noch dazu grundehrliche Menschen, die auch tollen Käse machen. Nur wozu machen sie Gemüse? Toll und fröhlich sind nämlich auch die Italiener. Und ehrlich? Na ja, die meisten sicher. Und auch sie machen guten Käse. Aber schnitzen sie deshalb Holzpantinen? Nein, sie beschränken sich auf ihre Fähigkeiten und machen leckere Gurken und Tomaten. Bedauerlicherweise gibt es die leckersten Sorten nur vor Ort. Die sind dann von für deutsche Gaumen überraschender Aromaintensität, aber nicht ganz so groß, vielfach recht krumm und manchmal etwas schrumpelig. Und so was stört nun wieder massiv die EU. Das sind die mit der Bananenregelung für Madeira (s. o.). Aber zurück zu meinem Kernanliegen: Wenn man mal in Italien ist, sollte man sich die vollreifen, nicht ganz so großen Tomaten und die krummen Gurken, die aussehen, als hätten sie Warzen, keinesfalls entgehen lassen!

Toskana III: Münzgeldmachos

Natürlich ist es nicht ganz fair. In Italien wirkt es beinahe urlaubsstimmungsvertiefend, wenn die Wegelagerer von der Autobahn erst ihr Gespräch von Mauthäuschen zu Mauthäuschen zum Punkt einer sinnvollen Unterbrechung bringen müssen, ehe sie mich, den zwangsweise Zahlungswilligen, überhaupt beachten. Zu Hause empfände ich das als Zumutung. Oder der Gel-Kopp vor mir an der Kasse, der längst zu zahlen dran wär', aber erst noch sein Telefonino (Ist das mal eine reizende Bezeichnung fürs Mobile?) zu Ende vollquatschen muss. Habe ich meine Zeit denn gestohlen? Sicher, Urlaub ist, nichts zu tun und den ganzen Tag dafür Zeit zu haben, aber darf ich bitte selbst entscheiden, welche Art von Nichtstun mir vorschwebt? Und wenn wir gerade im Supermarkt sind. Die Oberkrönung sind doch wohl diese Münzgeldmachos, die die Kassen bedienen. Was die sich für eine Zeit nehmen, die sommerleicht bekleidete weibliche Kundschaft unter, sagen wir, vierzig einer eingehenden, e-i-n-g-e-h-e-n-d-e-n, Betrachtung zu unterziehen. Und dem Kollegen an der Nachbarkasse Mitteilung zu machen. Zwar stehe ich natürlich daneben, der Touristo dämlico, der die gerade jetzt so Begaffte und Kommentierte mit ins Land gebracht hat, der natürlich vor lauter machismo als zu ignoranto eingestuft wird, sich das gängige italienische Musterungs- und Kommentarvokabular angeeignet zu haben, ja, der auch zu borniert ist für capito, den Sinn der Worte der Betonung, den Gesichtern und Blicken zu entnehmen, aber nein, sie schaffen es, dass ich sie nicht mit einem kleinen, feinen, stechenden Blick aus zu Strichen verengten Augen schreiend in die Arme ihrer Mammmas zurückjage, nein, ich fühle mich deplatziert, ja, zuhälterähnlich im Weg. Und Elle, nur zum Beispiel jetzt, die mir gleich im Auto versichern wird, sie habe keinerlei ausziehende Blicke und keines der Worte »bionda«, »grande«, »bella« oder »mammamia« auch nur den Schwingungen in der Luft entnommen, sie inhaliert in Wahrheit das Geschehen, sie genießt, sie strafft sich so innig, wie sie gleich abwiegeln wird. Und inzwischen geht an den Kassen eben nichts weiter. Jetzt ist ja Brust- und Po-Beschau, da haben alle Verständnis …

Ist aber doch genau richtig so. Der Mann versteckt nicht seine Freude am tiefen Blick, die Frau darf ihre Freude am Kompliment ausleben und sich sogar beim Supermarktbesuch noch auf Händen getragen fühlen. Das ist Urlaub, das ist die Stimmung tiefer Zeitlosigkeit, für die ich bezahlt habe. Und macht gar nichts, denn, Ihr Giorgios, Lucas, Marcos, und wie ihr alle heißt, diese Bella nehme ich am Ende wieder mit. Und den Entschluss, mir noch etliche Wochen lang urlaubsartige Pausen zu gönnen, wenn wieder einmal eine schöne Mecklenburgerin das Kompliment verdient, in den Genuss nunmehr meiner tiefen Glutäugigkeit zu kommen …

Glücksmomente eben. Übrigens auch der, als wir von der A 19 aus wieder auf die Hochhäuser von Rostock sehen konnten. Noch dazu war es das Wochenende der *Hanse Sail*, des großen alljährlichen Seglertreffens. Jeweils am Samstag des *Sail*-Wochenendes ist großes Feuerwerk. Eben, als wir in Sichtweite kamen, ging es los. Wir wussten den Empfang durch unsere Heimatstadt zu schätzen!

Es geht vor- und aufwärts, oder?

1814 erfolgt ein (Vor-)Pommern betreffender Friedensschluss in Kiel: Norwegen geht an Schweden, die unterlegenen Dänen erhalten als kleine Entschädigung Pommern und Rügen. Es sind ja nur Menschen und Land, um die da munter geschachert wird …

Zufällig auch im Waterloo-Jahr, 1815 also, kam es endlich zur offiziellen Abschaffung der Leibeigenschaft in Vorpommern nach preußischem Vorbild. 1820 zogen die beiden Mecklenburg nach. Ja, noch bis dahin also hatten sich Menschen für andere Menschen auf deren Ländereien als sogenannte Leibeigene verdingt! Auf der anderen Seite kam es im Agrarbereich zu bemerkenswerten Entwicklungen, etwa durch Hans von Labes alias Graf von Schlitz, den überaus fortschrittlichen Gutsherrn. Die Gutsbesitzer erhielten auch zunehmend Anteil an der Macht und den Privilegien des Adels. Und es geschah auch etwas beispielsweise in der, wie wir heute sagen würden, Infrastruktur. Die ersten Chausseen entstanden 1827 in Vorpommern zwischen Berlin und Stettin (heute Autobahn) und 1829 in Mecklenburg zwischen Grabow und Boizenburg, und fortan wuchs das Netz befestigter Straßen kontinuierlich. Auch hier gab es den industriellen Fortschritt im 19. Jahrhundert, aber (wieder einmal) gemächlicher als anderswo. Die industrielle Revolution zeigte in der ersten Hälfte des Jahrhunderts hierzulande so gut wie keine Auswirkungen. Hier geschieht eben alles fünfzig bis hundert Jahre spä …, nein, wir wollen nicht lästern. Architektur und Literatur kamen voran. In der Architektur muss man vor allem den Hofbaumeister Georg Adolph Demmler kennen, der besonders die Regierungsviertel in Schwerin prägte, seit die Residenz nach rund einhundertjähriger Abstinenz aus Ludwigslust dorthin zurückgekehrt war, aber auch Gotthilf Ludwig Möckel, der für das Ständehaus in Rostock als dem letzten energischen Ausrufezeichen der Land- und Ritterschaft verantwortlich zeichnete. In der Literatur machten sich in erster Linie der schon genannte Fritz Reuter (1810–1874) aus Stavenhagen und der gebürtige Rostocker John Brinckman (1814–1870) einen Namen.

1828 nahm der Leuchtturm am Kap Arkona auf Rügen, einer von heute 34 aktiven Leuchttürmen an unserer Küste, seinen schwindelerregenden Betrieb auf.

Allgemein war dies die Zeit der Romantik in Europa. Napoleon hatte nach knapp 850 Jahren das Heilige Römische Reich den Geschichtsbüchern überantwortet. Die angewandten Mittel hatten mit den Idealen der Französischen Revolution, die erst wenige Jahre zurücklag, aber wenig gemein gehabt. Bald darauf war Napoleon geschlagen, doch die Zeiten, die Möglichkeiten der politischen Mitbestimmung für das Bürgertum wurden nicht besser. Man suchte das Glück im Privaten, im Kulturellen, das Biedermeier blühte. Und es blühte unter anderem der 1774 in Greifswald geborene Caspar David Friedrich auf. Seine oft schwermütigen, bisweilen farbarmen und fast nur durch abgestufte Helligkeitsgrade einer Farbe geschaffenen Gemälde, darunter, natürlich, die Jasmunder Kreidefelsen auf Rügen, gelangten zu großer Berühmtheit und Anerkennung und nicht zuletzt in das Eigentum des preußischen Königs.

Zahlreiche andere Künstler entdecken Ahrenshoop: Als ehemaliger Wahl-Malchiner kann ich mir zwei besonders gut merken: Malchin und Malchin. Da war einmal Carl Malchin (allerdings aus Kröpelin …) und zum anderen Fritz Grebe, der zwar nicht so hieß, aber dafür aus Malchin stammte, außerdem Fritz Wachenhusen, dazu Eva Stort, später Paul Müller-Kempf, der sich als erster fest hier niederließ und aus dessen Erinnerungen ein schöner Ausspruch überliefert ist:

»Im Spätsommer 1889 hielt ich mich mit meinem Kollegen, dem Tiermaler Oskar Frenzel, in Wustrow auf dem Fischland auf, um zu malen. Gelegentlich einer Wanderung auf dem Hohen Ufer lag plötzlich, als wir die letzte Anhöhe erreicht hatten, zu unseren Füßen ein Dorf: Ahrenshoop. Wir hatten von seiner Existenz keine Ahnung und blickten überrascht und entzückt auf dieses Bild des Friedens und der Einsamkeit. Kein Mensch war zu sehen, die altersgrauen Rohrdächer, die grauen Weiden und grauen Dünen gaben dem ganzen Bilde einen Zug tiefsten Ernstes und vollkommener Unberührbarkeit. Nirgens ein öder Nützlichkeitsbau mit Pappdach, nichts, was den Gesamteindruck störte: die Dorfstraße sehr breit und sandig, kein Drahtzaun, keine Reklametafel.«
(Zitat entnommen aus: Wolf Karge, Illustrierte Geschichte Mecklenburg-Vorpommerns, 1. Aufl., S. 277 f.)

Ein schmucker Ort!

Wer weiß übrigens, wo genau die Grenze zwischen Mecklenburg und Vorpommern verläuft? Zumindest im Mittelalter war die nicht unwichtig, mit einer regelrechten Kette von Burgen schützte man die mecklenburgische Grenze gegen Pommern. Ein Glied in dieser Kette war Galenbeck, ein bis heute so eigentümlicher wie sehenswerter dreieckiger Ort im geräumigen »Nichts« südöstlich von Friedland, wo bis heute, gut gestützt, die letzte noch erhaltene Tanzlinde MVs steht. Wo also ist die Grenze zwischen M und V? Der Fluss Recknitz ist es, lautet die Standardantwort, die aber nur bis Bad Sülze taugt. In der Verlängerung ist dann erst die Trebel die Grenze, dann biegt sie ab entlang der Peene und durch den Kummerower See. Gezackt verläuft sie zwischen Malchin (Mecklenburg), Altentreptow (Vorpommern) und Neubrandenburg (Mecklenburg), wendet sich dann nordwärts und verläuft schließlich nördlich von Friedland (Mecklenburg) entlang eines Flüsschens, das mit Namen nur »Landgraben« heißt, bis zur polnischen Grenze. Zurück im Norden bedeutet die Recknitz-Linie, dass vom Doppelort Ribnitz-Damgarten der westliche Ortsteil Ribnitz zu Mecklenburg gehört und Damgarten zu Vorpommern. Noch diffiziler wird's im Bereich Fischland-Darß-Zingst, denn hier verläuft die Grenze im nördlichen Teil Ahrenshoops: Nur was südlich und im Bereich Fischland liegt, ist Mecklenburg. Bis heute heißt ein Sträßchen in Ahrenshoop *Grenzweg* und weist so auf nicht mehr und nicht weniger als die nun nicht mehr sonderlich bedeutsame Grenzziehung zwischen Mecklenburg und Vorpommern hin. Anfang des 19. Jahrhunderts aber bedeutete die Überschreitung dieser Grenze »Grenzverkehr« zwischen Mecklenburg und Preußen! Und wo der schlechte Weg begann, wusste der Reisende sich in Mecklenburg.

Ich hüpfe ins Heute. Sich einfach abends ein Herz fassen und sagen: Macht es mal gut, ich fahre zum puren Vergnügen jetzt nach Ahrenshoop, lasse es mir gut gehen, gehe spazieren, esse etwas, sammele Eindrücke und komme wieder – es ist eben nicht einfach, und meist ist man ja auch zu wenig entspannt und einfach (!) dankbar, stattdessen faul zu Hause in den Sessel fallen zu können. Etwas anderes ist es, wenn so eine Art Arbeit ruft, eine Lesung zum Beispiel. Im Idealfall ist man es sogar selbst, der da öffentlich liest. Ich absolviere in diesen Tagen eine sehr angenehme Lesung in Ahrenshoop. Die örtliche Bibliotheksverwantwortliche war schon am Telefon besonders nett gewesen, drückte mir zum Abschluss noch ein Buch der Namensgeberin meiner heutigen Wirkungsstätte (Käte-Miethe-Bibliothek, diese Dame habe ich schon gewürdigt) nebst freundlicher, handgeschriebener Grußkarte in die Hand – so persönlich-verbindlich gestalten nicht alle das Drumherum für uns »Tingelgäste«.

Und dann ist alles vorbei, das Wetter schön, der Abend schickt sich an, lange hell zu bleiben und ist noch jung. Ich schlendere zum Strand. Nun kann ich jetzt nicht einfach schreiben »... und bin überwältigt!« Den Ahrenshooper Strand zu erreichen ist, ganz gleich welchen Zu- bzw. Übergang man wählt, fast immer überwältigend. Denn dieser Strand ist in seiner Sandigkeit und zugleich Wildheit schier unvergleichlich. Heute komme ich vom Haus *Windflüchter* her den Grenzweg (da ist er wieder!) entlang. Es ist ein windiger, fast stürmischer Tag zwischen Frühling und Sommer. Schon am Nachmittag habe ich den wiederholten Anblick »Wolkenstadt auf Glasplatte« gefeiert. Vereinzelte Stränge fester Wolkenknäuel hängen nun auch jetzt grau, aber vom untergehenden Licht orange beleuchtet über dem Meer, der Rest des Himmels ist klar und sagt einen dramatischen Sonnenuntergang voraus. Und das Meer tost. Aufgepeitschte Gischt klatscht gegen die Buhnen und Wellenbrecher, Wasserfontänen schießen noch einmal hoch auf, ehe sie, nein, nicht ersterben, denn sie nehmen ja sogleich den nächsten Anlauf, sagen wir also: niedergehen, um von neuem Schwung und Energie aufzunehmen, sich erneut gegen die Buhnen zu werfen, wütend, vielleicht, vielleicht aber auch einfach ungestüm und tobend, mit sattem schmatzenden Klatschen jedenfalls und am heutigen Abend nicht nachlassendem Elan. Ich schlendere den Hochuferpfad entlang, genieße den Blick bis weit hinüber auf die Trennlinie, die das Meer am Horizont zieht, und auf der es die Schiffe fahren lässt, Frachter und Skandinavienfähren, und den Blick hinüber in Richtung Rostock, wo der Kühlturm des Kraftwerks in Krummendorf vielleicht nicht unbedingt schön, aber jedenfalls unfehlbar die Ortung ermöglicht.

Und immerhin hat Peter, als wir an dem Turm einmal im Dunkeln vorbeifuhren und der, fast mystisch beleuchtet, wie üblich seine pompöse weiße Dampfwolke entließ, wissend erklärt: »Siehst du, da wohnen die Wolken!«

Industrieromantik für weit Fortgeschrittene. An den blühenden, bei aller Stachelbedrohlichkeit immer so wattig erscheinenden Hagebuttensträuchern entlang gehe ich bis zu meinem Lieblingsplatz, dem sandigen Hochuferdünenabschnitt mit den steilen, fast senkrecht zum in der Tiefe liegenden Strand weisenden Abbruchkanten. Ich liebe den Anblick dieser ockerfarbenen Sandwände im warmen späten Licht. Und zugleich muss dieser Abschnitt, ein kurzes, doch gar so intensives Stück Hochuferküste von vielleicht achtzig oder hundert Metern Länge, doch Mal um Mal wieder wehmütig stimmen. Nicht nur, weil es jedes Mal anders aussieht und so wirklich jedes Mal einen einmaligen Anblick bietet. Sondern auch, weil diese schnellen Veränderungen letztlich nichts anderes sind als ein überaus dynamisches Zeichen der Vergänglichkeit: Diesen Küstenabschnitt holen sich das Meer und die Stürme. Schon sind wieder neue Abschnitte des Weges wegen Abbruchgefahr gesperrt, die man früher – schon, als ich schon hier war, womöglich noch im vergangenen Jahr! – begehen konnte. Schon sind wieder Abschnitte des Weges von Winden und Fluten in die Tiefe gerissen worden, sind weg, werden nie wieder zurückkommen und begehbar sein. Schöne, grausige, ergreifende Vergänglichkeit zum Anfassen!

Heute ist es auch hier windig, der Wind kommt von der Meerseite, was mit sich bringt, dass keine rechte Romantik aufkommen will. Wann immer man das Meer sehen kann, pustet es einem nämlich, das ist der Preis, Sand entgegen, feinen Sand, in die Haare, zwischen die Zähne, vermutlich in die Nase und untrüglich in die Augen. Im Schutz einer kleinen, bewachsenen Düne liegt eine tote Möwe. Das berührt mich. Es ist nicht mehr der Schreck, der einem als Kind durch alle Glieder gefahren ist, wenn man unverhofft auf ein totes Tier oder erkennbare Teile davon stieß, einen toten Nestling im Garten, eine Maus auf dem Weg, einen Fisch am Strand. Aber es ist auch nicht das Gleiche, als wenn sie dort nicht läge. Sie sieht weitgehend unversehrt aus, kann noch nicht lange tot sein, ein nach oben zeigender Flügel wiegt noch im Wind, der Kopf ist unter Sand verborgen. Wie mag sie dort zu Tode gekommen, wie der Sand über den Kopf geraten sein? Mein Verhältnis zu Möwen hat sich sehr entwickelt in den Jahren meines Am-Meer-Lebens: Waren sie anfangs auch in der Stadt willkommene Künder des nahen Meeres, lasse ich mich bis heute gern von ihren Rufen, unleugbar allerdings einem Kreischen, wecken, so habe ich doch am Strand auch erkennen müssen, dass es sie nicht nur in reinweiß und niedlich, sondern auch in groß, grauweiß und mit betont aggressiver Ausstrahlung gibt, Raubvögel unverkennbar, um die ich die Kinder einen Bogen zu machen anhalte. Diese ist nicht groß, nicht klein, nicht weiß, nicht grau, vielleicht die Sorte, die in Warnemünde auf der Strompromenade den Lustwandelnden das Eis aus der Waffel oder den Fisch aus dem Brötchen stiehlt (ja, das ist so oft vorgekommen, dass man Touristen nun warnt und Gegenmaßnahmen ersinnt), und wenn ich jetzt einen kleinen Bogen ihretwegen mache, dann hat das einen anderen Grund, eine gewisse Scheu vor dem Tod, den Umstand, dass ich hier einen der für mich weltweit schönsten Plätze habe genießen wollen, ohne im Augenwinkel den Flügel der Möwe zu sehen, wie er windbedingt geflattert wird, wo er vielleicht heute Vormittag noch selbst flattern konnte. Ich werde aber noch fündig auf meiner Suche nach einem windgeschützten Platz, an dem ich nicht übermäßig einsande, das bewegte Meer sehen kann und den Hals recken müsste, um die Möwe zu sehen.

Und da ist es wieder. Das Meer. Und da ist er wieder. Der Himmel.

Auch hier aber ist es immer noch so zugig, dass ich entscheide, den mit absoluter Sicherheit in Aussicht stehenden Bilderbuch-Sonnenuntergang zu verpassen. Ja, nach Jahren in dieser Gegend kann man sich diesen Unterlassungsluxus das eine oder andere Mal erlauben. Ein Restaurant, das mir dank seiner buchstäblich hervorragenden Lage – ohne selbst im Geringsten schmuck gebaut zu sein, steht es stolz, der Strandvogt persönlich, auf einem kleinen Vorsprung über dem Meer – zugfreien Blick auf den Sonnenuntergang ermöglicht hätte, scheint mir heute nicht die richtige Karte zu haben. Es gibt etwas zu feiern. Denn noch immer ist es ja so: Ich habe anfänglich für mich geschrieben, Fingerübungen, dann zumindest für die Schublade. Eines Tages habe ich einen Stapel dieser Texte an die örtlichen Zeitungen geschickt. Als ich es schon fast vergessen hatte (na ja, in einem hinteren Winkel des Hirns vergisst man so etwas nicht und verliert auch nicht die Hoffnung, der Redakteur werde sich doch noch rühren), meldete sich an einem fortgeschrittenen Abend der Redaktionsleiter und sprach mit warmer Stimme die Worte ins Telefon: Ich will ihre Kolumnen! Die haben sich wohl bewährt, und irgendwann ist die Idee gewachsen, ein Buch daraus zu machen. Das setzte allerdings einen Verlag voraus. Den gibt es inzwischen auch und sogar das Buch. Und der Gipfel der Lust ist, dass ich daraus nun anderen vorlese, die eigens dafür abends an schönen Plätzen mit mir zusammenkommen, lauschen, lachen, zufrieden scheinen, klatschen. An Orten wie diesem! So ist mir immer noch jede Lesung eine kleine innere Feier, und die will ich heute nicht mit Omas Kartoffelsuppe oder einem falsch geschriebenen »Sorbe« zum Nachtisch feiern, sondern ich habe noch etwas anderes im Sinn. Auch wenn ich dort den Sonnenuntergang verpassen werde. Es wird weitere geben, es wird weitere für mich geben, und es wird weitere für mich davon in Ahrenshoop geben, das ist das Schöne an meinem Ausgewandertsein. Auch das ...

Minuten später betrete ich so eine mit sicherer Hand (von Braunschweiger Architekten) wieder in Form gebrachte Jungendstilvilla mit großem Wintergarten. Dort lässt man mich allerdings nicht speisen, sondern ich darf mir im Schankraum ein Plätzchen aussuchen, so dass ich einen Ausblick weniger auf den Garten als auf mein auf der anderen Straßenseite geparktes Auto habe, aber im Wintergarten will man »für morgen noch eine Tafel stellen« (was bis zu meinem Gehen anderthalb Stunden später nicht gelingen wird), doch wird es ohnehin dunkel, und ich entscheide, mein neues Käthe-Miethe-Buch zu entjungfern und meine Aufmerksamkeit der gekonnt schlicht-schmucken Einrichtung und beispielsweise dem Leuchter zu widmen, der wie eine metergroße, von unten angestrahlte Medaille an der Decke hängt. Ob Gold oder Bronze würde ich bei Tageslicht entscheiden wollen. Am Nebentisch sitzt ein älteres Paar, noch zwei Tische weiter in der anderen Ecke sitzen zwei junge Familien, vier Erwachsene, drei oder vier Kinder von zehn Jahren und knapp darunter. Sie sprechen englisch, amerikanisch um genau zu sein, und sie sind fröhlich, nicht eben leise. Erst will mich das befremden. In einem so gediegenen Rahmen sind Familien nur fröhlich und unleise, wenn sie den Raum gemietet haben. Aber diese Leute sind es einfach so, doch sind sie es auf eine angenehme Weise und beruhigen sich auch wieder. Wie würden sie den Namen Käthe Miethe aussprechen? Oder ein anderes Wort, das übrigens auch ein in dieser Gegend nicht unüblicher Name ist: Brathering? Ich bemerke, dass die Erwachsenen auch deutsch sprechen, die Frauen sogar so gut, dass ich sie fast für deutschstämmig halte. Es ist eine ungewöhnliche Zusammensetzung. Ich finde beide Männer mit ihrer lässigen, aber so gar nicht großspurigen Ausstrahlung und den freundlichen, durchgängig auf deutsch geäußerten Anerkennungsadressen, die sie an die Kellner richten, vor allem aber mit ihren gewellten, lockigen, reichlich vorhandenen Haaren sehr attraktiv. Bei dem einen wird sich das später relativieren, als er zum Gehen keine Jacke und keinen Pullover überziehen, wohl aber, wenngleich es draußen sicher nicht kalt, sondern nur etwas windig ist, trotz seiner dämmenden Locken eine unmögliche glockenförmige Mütze überzieht. Aber das tut dem Ganzen nicht wirklich Abbruch. Die Frauen hingegen sind von freundlicher Ausstrahlung, aber sonst allenfalls durchschnittlicher Attraktivität. Sagt man nicht, Männer gehen nach dem Aus- und Frauen nach dem Ansehen? Sei's drum, der freundliche, fröhliche und nur bisweilen etwas lautere Umgang dieser Amerikaner miteinander, die entspannt-herzliche Ausstrahlung, die die Gruppe hat und die nicht nur das ältere Paar zwischen unseren Tischen zu amüsierten Blicken inspiriert, wo man bei deutschen Gepflogenheiten vielleicht auch Indigniertheit hätte erwarten können, nehmen mich viel zu sehr für ihr Grüppchen ein, als dass ich darüber lange würde nachdenken können. Was mögen sie hier machen, frage ich mich. Urlaub? Obwohl es sich um ein zweifellos grandioses Fleckchen Erde handelt, kann ich mir doch nicht recht vorstellen, dass Amerikaner hierher kommen, um Urlaub zu machen. Liegen sie mit dem Kreuzfahrtschiff in Warnemünde und machen eine Extratour? Ob die Frau, die gar so gut deutsch spricht, von hier stammt und den anderen nun ihre Heimat zeigt? Ich ertappe mich bei dem Gedanken, dass ich es schön finde, dass sie so nett sind und muss an eine Begebenheit vor wenigen Jahren in Neuseeland denken. Bei einer Besichtigung hatten wir ein amerikanisches Ehepaar in der Gruppe, ebenfalls auffallend angenehme Menschen, und ein ums andere Mal musste ich deren Hände betrachten und habe mir dabei die Frage gestellt: Haben diese gewöhnlichen Hände freundlich-gewöhnlicher Durchschnittsamerikaner, ja, haben gerade diese Hände, die ich dort vor mir sehe, bei jener Wahl ihr Kreuz bei George W. Bush gemacht? Und noch etwas geht mir durch den Kopf bei dem Gedanken »Sieh mal an, das sind ja richtig nette Amerikaner!«, ein Satz, der mich vor Jahren ähnlich über mich selbst auf die Palme brachte, als ich, das provinziell geprägte Kleinstadtkind, nach mehreren Bekanntschaften in Berlin und anderswo mich am Telefon einem Freund berichten hörte: »Es gibt ja wirklich nette Schwule!«

Tja, und hier habe ich es also offenbar – zum wiederholten Male – mit wirklich netten Amerikanern zu tun … Leute gibt's! Fast habe ich Lust, mich dazuzusetzen, aber ich will am Ende doch lieber ein Beobachtender sein; schließlich bin ich kein Journalist, der durch sein Gefrage und seine Einmischung die Dinge verfälscht, über die er eigentlich nur von außen berichten soll. Ich verhalte mich still, nehme mir, ich bin ja allein, die Eitelkeit heraus zu überlegen, wie ich wohl auf die Anwesenden wirken mag (falls sie mich wahrnehmen), schließlich würde ich mein Wohlsein nur zu gern hinausposaunen, es als glücklicher Mensch mit diesen glücklichen Menschen teilen. Halten sie mich für einen einsamen Urlauber? Getrennt, geschieden, überarbeitet? Mit billiger Unterkunft und nun im teuren Restaurant? Was macht der Kerl hier ganz allein und so spät mit einem Buch in der Hand? Ja, fast wünschte ich, jemand würde mich in ein Gespräch verwickeln mit dem Ziel, das zu erfahren. Die selige Antwort »Ich habe hier im Ort, am Meer, vor zwei Stunden aus meinem Buch vorgelesen und werde nach diesem romantischen Essen wieder zu meiner Frau und den gerade vier Kindern in meine Wahlheimat im nahen Rostock zurückkehren, und meinetwegen könnte die Zeit gerade mal für einen Moment stehenbleiben!« würde mir schon großen Spaß machen.

Wie auch die ersten Zeilen, die ich von Käthe Miethe goutiere. Sie stellt Prerow als altes Strandräuberdorf vor, indem sie einen Witz erzählt, zugleich aber beschwichtigt, es könne sein, dass er in Prerow ebenso über die Fischländer erzählt werde:

> Da ist also ein Prerower Schiffer gestorben, kommt an die Himmelstür und möchte gern hinein, aber Petrus bedeutet ihm, daß der Himmel bereits überfüllt sei, es säßen auch schon genug Prerower drin. So bittet denn der alte Seemann, Petrus möge ihn doch wenigstens einmal durch den Spalt der Himmelstür hineinsehen lassen. Als darauf Petrus, gutmütig wie er ist, die Tür wirklich ein wenig öffnet, ruft der Prerower aus voller Kraft: »Schipp up Strand!«, und im selben Augenblick sind alle Prerower aus dem Himmel verschwunden.
> *(Käthe Miethe, Das Fischland, 9. Aufl., S. 43)*

Inzwischen habe ich ausfindig gemacht, wer hier die Küche befehligt. Ich bin kein Haute-Cuisine-Groupie, aber manche Namen bereiten mir Freude. Dieser gehört dazu. Der Koch hatte früher unter anderem in einem sehr bemerkenswerten Haus am Krakower See gezaubert, später Fehlversuche unternommen mit einer Ölmühle und einem sehr fein angelegten Restaurant in einem sehr modern angelegten Rostocker Funktionsgebäude mit unverbaubarem Blick auf eine mehrspurige Hauptverkehrsstraße samt Kreuzung (nachvollziehbarerweise passte das nicht). Und nun ist er offenbar hier. Was mich sehr freut und sich sicher nicht negativ auf die ausgezeichnete Spargelschaumsuppe mit den Scheibchen vom eben angebratenen Spargel, der fantastisch angebratenen Jakobsmuschel und dem Hauch Schnittlauchöl (da ist die Ölmühle wieder!) auswirkte, die ich wenig später zu genießen bekomme. Auch der Wein dazu, eine Referenz an den Wein vom selben Gut, den es zu Elles und meiner Hochzeit gegeben hat, und der Cappuccino machen meine kleine Feier zu einem gelungenen Fest. Der Cappuccino? Ja, auch den gibt es hierzulande nach wie vor in gut gemeint (bisweilen schon auch mal aus dem Päckchen zum Anrühren – anrührend!, sage ich nur) wie in gut gemacht. Dieser ist ausgezeichnet. Der Italiener mag den Gegensatz von heißem Espresso und kühler, nichtsdestoweniger wirklich luftig schäumend geschlagener Milch. Das klappt hier schon mal vortrefflich! Zum Feiern aufgelegt, wie ich bin, beeindruckt mich aber auch der feine kaffeeschaumbraune, feinblasige Rand, der gleichmäßig breit zwischen Tassenrand und Milch verblieben ist, und an dessen Kante zur Milch hin sich, als ich den Löffel eintauche, eine Bruchkante ergibt wie auf einem beim Backen aufgeplatzten appetitlich braunen Baisergebäck oder den dem Cappuccino natürlich beigefügten Amarettini – fast knusprig sieht das aus, ein Gedicht. Nur Beobachtungen am Rande einer Kaffeetasse, gewiss, aber es ist ein gelungener Cappuccino am Ende eines gelungenen Abends, und das soll man dann auch würdigen.

So viel also zu Ahrenshoop und den Künstlern heute (wobei ich bei diesem Stichwort unbedingt Wolfgang Schreyer noch erwähnen will, denn er wohnt und mischt genau hier bis heute seine Fiktion mit Zeitgeschichte zu vielfach höchst Lesenswertem).

Und weiter aufwärts

Erstaunlich spontan äußerte sich der Mecklenburger zu den revolutionären Ereignissen 1848 erst in Paris und dann in Berlin. Gehalten hat sich von daraus resultierenden kurzzeitigen Errungenschaften aber erstmal nicht viel. Die Revolutionsereignisse als solche, einfache Arbeiter forderten mehr Rechte, schwappten zwar auch nach Mecklenburg. In vielen Städten wurden Reform- und Arbeitervereine gegründet. Und selbst auf dem Land wurden offensiv Forderungen gestellt: Freies bäuerliches Eigentum! Reduzierung des Großgrundbesitzes! Abgabe von Land an die Landarbeiter! Das waren etwa die Kernforderungen, für die beispielsweise in Waren sogar bewaffnet eingetreten wurde. Das Militär schritt massiv ein, das Aufbegehren wurde blutig niedergeschlagen, wie man heute sagen würde. Ein bisschen was erreichte man – nicht zuletzt wohl dank des benachbarten preußischen Vorbildes – aber nach und nach schon. Das ständische System kippte, man schuf Wahlrecht, Pressefreiheit und Versammlungsfreiheit – erste Schritte hin zu einem bürgerlichen Parlament. Dennoch: Die Lage in beiden Teilen Mecklenburgs besserte sich nicht schnell und nachhaltig, viele Menschen wanderten aus (das war an vielen Orten Deutschlands zu dieser Zeit so), nach Amerika, viele auch erstmal nur bis Hamburg, und nicht allen erging es gut dabei.

Besser kamen »wir« in der zweiten Hälfte des 19. Jahrhunderts industriell voran: Eisenbahnstrecken, Kanäle für eine rege Binnenfrachtschifffahrt, 1842 die erste Dampfmaschine, ab 1846 regelmäßiger Schiffslinienverkehr über die Ostsee zwischen Warnemünde und Gedser in Dänemark, zunächst mit Segelschiffen, im

Auftrag der Oberpostdirektion Schwerin, 1851 der erste Schraubendampfer (natürlich in Rostock!), ab 1873 Schraubendampfer auf der Ostsee im genannten Post-Linienverkehr (der erste hieß – *Rostock*), im gleichen Jahr das erste *Wertheim*-Kaufhaus in Rostock, es wurde leider und im Grunde skandalöserweise um das Jahr 2000 herum gesprengt und weggeräumt für eine sachlich-gesichtslose Nullachtfuffzehn-Passage, die längst schon wieder umgebaut wurde; zwei Jahre später, 1875, begann in Stralsund Hermann Tietz, der Erfinder des Umtauschrechts, und sein *Kaufhof*, 1881 kam in Wismar das *Karstadt*-Stammhaus hinzu (beides steht noch), Sparkassen, Banken, Versicherungen, neue Krankenhäuser, neue Schulen …

Außerdem war da die Geschichte mit dem Motor von Marcus aus Malchin. Siegfried Marcus, 1813 in der Straße hinter dem Rathaus in Malchin geboren, stellte wohl 1870 sein erstes benzinbetriebenes Straßenfahrzeug her, einen motorisierten Handwagen. Mit einem 1875 entwickelten Wagen mit Viertaktmotor, der schon alle Bestandteile des Kraftfahrzeugs aufwies, ließen sich sogar schon kleine Ausfahrten mit bis zu 8 km/h bewerkstelligen – lange bevor 1883 Daimler und Benz ihre Modelle präsentierten. Und nun? Daimler und Benz erklärten, ihrer Schöpfung seien etliche jahrhundertelange Überlegungen verschiedener kluger Entwickler vorangegangen, ihr Ergebnis nun sei die »Kristallisation vorausgegangener intuitiver, geistiger und philosophischer Kräfte«. Das ist zumindest nicht gelogen und verbietet es insbesondere nicht, Siegfried Marcus aus Malchin als den Erfinder, jedenfalls aber maßgeblichen Wegbereiter des Autos anzusehen! Dass er den größten Teil seines Lebens in Wien verbrachte, wo er auch die meisten seiner Entwicklungen hervorbrachte und beerdigt ist, schert dabei nur Kleingeister. Steigt man noch tiefer ein in die Geschichte, erfährt man allerdings auch, dass die Datierung des Viertakter-Wagens womöglich auch nur irrtümlich im Nachhinein auf 1875 vorgenommen wurde, wo er in Wirklichkeit erst um 1888/89 fuhr. Das erinnert dann an den Mythos vom ach so eisenreichen Spinat, der auch nur auf einen Irrtum zurückgeht. Immerhin aber steht Marcus' Auto heute denkmalgeschützt als das älteste in fahrfähigem Zustand erhaltene, benzinbetriebene Automobil da. Im Museum. In Wien.

Auch fast anekdotisch nimmt sich die Entwicklung aus, die August Fuhrmann 1880 in Rostock vorstellte: die *Kaiserpanoramen*. Die Menschen saßen im feinen Ausgehrock um große hölzerne Kästen, an die sie ganz nah heranrücken mussten, um dann durch zwei Gucklöcher, unter denen man sich ein wenig die Nase am Holz plattdrückte ins Innere schauen zu können. Und dort sah man, in »3D«, wie man heute sagen würde, Aufnahmen aus der ganzen Welt, China, Peru, den Alpen und natürlich Rostock! Es handelte sich um zwei aus fast gleicher Perspektive aufgenommene Bilder, die vor den Augen dann optisch zu einem verschmolzen. Damals waren dies noch Schwarz-Weiß-Aufnahmen, die aber in einem aufwendigen Verfahren mit Farben nach geheimen Rezepturen koloriert wurden. Im Ergebnis sahen die Menschen, die in Sonntagskleidung mit plattgedrückter Nase durch Löcher in große Holzkästen schauten, dreidimensionale Farbaufnahmen, während eigentlich selbst die Schwarz-Weiß-Fotografie noch in den Anfängen begriffen war. Es gibt wenige große Sammlungen dieser *Kaiserpanoramen*, aber eine hat zufällig ein Warnemünder Zahnarzt angelegt, und heute findet man sie, lange nachdem die Technik durch das aufkommende Kino verdrängt wurde, im kulturhistorischen Museum im Kloster zum Heiligen Kreuz in Rostock.

Erst nach 1918 aber sollte sich in Mecklenburg die industrielle Revolution deutlich zeigen. Durch die Gewerbefreiheit entwickelten sich ernst zu nehmende Unternehmen und industrielle Zentren in den größeren Städten. Besonders bemerkenswert: Podeus und Heinkel. Zunächst einmal war es aber gut ein halbes Jahrhundert, nachdem 1806 beide Mecklenburg ihre Souveränität erlangt hatten und nach 1815 dem Deutschen Bund beigetreten waren mit der Selbständigkeit 1866 vorbei, indem man sich

Bismarcks Preußen anschloss. Sodann wurde sich aber ab 1870 schon wieder bekriegt – gegen Frankreich und mit dem Ergebnis eines, festhalten!, einheitlichen Deutschlands: dem Kaiserreich, dem nun also einheitlich auch alles angehörte, was heute Mecklenburg und Vorpommern heißt! In den Städten entstanden gleichzeitig Armen- und Reichenviertel, die Menschen wanderten in die Städte ab, gerade auch nach Rostock, wo ab 1890 die Neptunwerft als Zusammenschluss mehrerer Rostocker Werften über 1000 Menschen Arbeit bot. Und man freute sich an einheitlichen Maßen, Gewichten, Uhrzeiten … (Wobei ich bis heute in nachdenkliche Gesichter sehe, wenn ich von »viertel nach« und »viertel vor« spreche, wo es doch »viertel« und »dreiviertel« heiße, was lustig ist, denn ich rede nur nach, was meine nord(west)deutschen Eltern sagten, obwohl ich es mir leicht machen könnte und problemlos verstanden würde, indem ich nachspräche, was auch die Schwaben sagen, unter denen ich aufgewachsen bin. Wer mag mir erklären, warum das Nord(ost)deutsche hier näher am Schwäbischen ist als am Nordwestdeutschen?)

Dies war die Blütezeit der Gutshäuser und privaten »Schlösser«. Kein Wunder, einigen Menschen ging es einfach materiell hervorragend, und der Architekt und Baumeister Paul Korff aus Laage, so las ich, war außerdem mit seiner Baufirma in der Lage, schlüsselfertige Schlösser und komplette Gutshöfe zu liefern … Die Frage ist eher, was machen wir heute mit dieser (vielfach vergangenen) Pracht, wer braucht alle fünf Kilometer ein Tagungszentrum eine Managerakademie, einen Golfplatz, einen Reiterhof, ein Nobelhotel, nur weil hierzulande alle fünf Kilometer ein Schloss oder ein Gutshaus mit nicht eben abstoßender Architektur und dreißig bis fünfzig Räumen steht, nicht selten umgeben von kompletten Wirtschaftsgebäuden?

Ein paar gelungene Beispiele muss ich natürlich trotzdem – vollständig nach einem sich jeder Erläuterung verschließenden Zufallsprinzip – herausgreifen:

Da ist das Schloss in Neetzow, das sich ein Ziegeleibesitzer aus dem Brandenburgischen 1848–1850 baute. Heute ist es ein bezahlbares Hotel mit einem Treppenhaus, das entfernt an das im Ludwigsluster Schloß erinnert, und einem in einer sehenswerten Rotunde aufgebotenen Frühstücksbuffet. Als ich mit Peter dort den weiten Weg zurück zum Tisch gehe, möchte er sein Cornflakes-Schälchen zunächst selbst tragen, wozu er beide Hände braucht. Alsbald bedeutet er mir, ich möge das Schälchen, nein, nicht etwa nehmen, aber auf der rechten Seite halten, damit er seine rechte Hand frei hat. Ich komme dem nach, er kratzt sich, das Schälchen zwischen seiner linken und meiner rechten Hand haltend, an und in der Nase, bedeutet mir mit einem knappen Nicken, dass er nun wieder mit seiner Aufgabe allein gelassen werden möchte, und ich ziehe meine Hand weg.

Oder Schloß Dwasieden inmitten eines riesigen Parks am südwestlichen Ortsrand von Sassnitz, erbaut 1873–1875 von einem der reichsten deutschen Privatbanker, ja, einem der reichsten Bürger des Kaiserreichs überhaupt, Adolph von Hansemann, der es zum Sommersitz wollte. Der Berliner Architekt Friedrich Hitzig schuf die Pläne. Hoch über dem Ufer mit Blick über die See; nicht nur Gerhart Hauptmann, das Kaiserpaar und vielerlei Geldadel waren zu Besuch, im und nach dem Krieg wurde das Schloss noch eine Zeit lang für militärische Zwecke genutzt, später gesprengt, heute ahnt man, wenn man sehr genau weiß, wo es stand, noch den Grundsriss, und findet nur einige Meter weiter zwischen verödeten Kasernenkomplexen und Buschwerk gleichsam das Skelett des ehemaligen Marstalls.

Auch das Jagdschloß Granitz auf Rügen kann hier genannt werden. Wilhelm Malte Fürst zu Putbus ließ es errichten, und kein Geringerer als der Geheime Oberbaudirektor des preußischen Königs, Karl Friedrich Schinkel, soll daran zumindest planerisch beteiligt gewesen sein, und sei es, dass er nur Vorschläge zur Änderung der ursprünglichen Pläne beisteuerte. Ein einprägsames

Merkmal, wenn man den Aussichtsturm besteigt, sind die in der Form kunstvoller Gitter gestalteter Stufen, durch die man leicht nach unten hindurchsehen kann, was den einen oder die andere zu Schwindelanfällen reizen soll. Im Treppenhaus des Panoramahotels in Lohme auf Rügen (das hier schon deshalb erwähnt werden muss, weil es das erste Hotel war, das meinen Kolumnenband auf allen Zimmern auslegte …) hängt ein schönes Foto. Es zeigt die Granitzer Treppe von senkrecht oben. Sie geht aber wohl nicht auf den Geheimen Direktor Schinkel zurück.

Einige weitere Entwicklungen dieser Zeit in Stichworten ohne Anspruch auf Vollständigkeit oder System:

Über 80 Kirchen wurden neu gebaut, fast 200 von Grund auf modernisiert. Ab 1873 entstand ein bedeutendes Unternehmen der Papierindustrie in Neu Kaliß. Ein erstes Kindererholungsheim an der See entstand in Groß Müritz (heute Graal-Müritz), dem weitere ähnliche Einrichtungen folgten. Und Pommern begründete seinen Ruf als Kartoffelzentrale: Die Hälfte der Pflanzkartoffeln bezogen die deutschen Landwirte vor dem Ersten Weltkrieg in der Regel aus Pommern. Der »Krupp von Mecklenburg«, der in Rostock (genau: in Warnemünde) geborene, Wismarer Heinrich Podeus (zu sprechen wohl »Pode-us«, wiewohl mancher Wismarer bis heute »Podois« sagt), versuchte sich erst als Seemann mit eigenem Schiff, dann als Kohleimporteur, es war die große Zeit des Eisenbahnausbaus, ab 1884 stellte er bis zu zehn Dampfer in Dienst. Er kaufte eine Eisengießerei und Maschinenfabrik hinzu, später eine weitere, baute Eisenbahnwagen im großen Stil, kaufte Säge- und Hobelwerke, beschäftigte schließlich rund 900 Menschen, für die damalige Zeit, als das 20. Jahrhundert noch ganz jung war, ein Firmenkonglomerat ohne Beispiel.

Und auch in (Vor-)Pommern, wo ich in meinem Lokal nördlich des Grenzwegs in Ahrenshoop ja genau genommen gewesen bin, fand der altpreußische Staat 1806 sein Ende. Und nicht viel später, aus den bereits bekannten Gründen, die Romantik nahrhaften Boden. Ernst-Moritz Arndt, auf dem schwedischen Rügen geboren, machte den Vordenker. Heute mag man ihn aber auch als einen der Väter des deutschen Nationalismus bezeichnen, was womöglich auf Dauer nicht ohne Folgen für seine Namensgeberschaft hinsichtlich der Greifswalder Uni bleiben wird.

Und im Anklam des Jahres 1891 machte Otto Lilienthal seine zunächst viel versprechenden, alsdann aber leider tödlichen Flugversuche. Ein feines und modernes Museum ehrt ihn heute in seiner Heimatstadt.

Fremdenverkehr ab der Jahrhundertwende: Heiligendamm, Warnemünde, Usedom …

In der zweiten Hälfte des neunzehnten Jahrhunderts und danach war es auch, dass der Fremdenverkehr noch einmal einen gewaltigen Aufschwung nahm. Kaiser Wilhelm I. erklärte 1879 den Bereich Heringsdorf/Neukrug auf der Insel Usedom zum *Seebad Heringsdorf.* Wenn allerdings die Orte Heringsdorf, Bansin und Ahlbeck (alle auf Usedom) heute bisweilen als »die Kaiserbäder« bezeichnet werden, so ist diese Bezeichnung eine vielleicht prestigeträchtige, jedenfalls aber neuzeitliche Erfindung. 1898 gönnte sich Ahlbeck eine Seebrücke mit pavillonartigem Aufbau, der als einziger alle Stürme und Eisgänge folgender Jahre überstand und bis heute ein beliebtes Motiv für die touristische Attraktivität des Landes ist. Um 1900 erhielten die Ostseebäder ihre Pensionsarchitektur, bis heute gern als »Bäderarchitektur« bezeichnet, eine Stilrichtung, die es so richtig aber gar nicht gibt. Genau genommen ist damit eine Mischung aus Neostilen gemeint mit – als einem wesentliches Kennzeichen – vor jeder Gästewohnung einem Balkon oder einer Veranda. Zudem findet man im oberen Bereich der Verandafenster gern eine besonders kleinteilige Unterteilung der Fensterflächen durch Sprossen.

Warnemünde und Ahlbeck verzeichneten um 1900 herum jeweils knapp 15 000 Gäste, 1910 waren es jeweils schon knapp über 20 000, Sassnitz legte in der gleichen Zeit von nicht einmal 10 000 auf fast 23 000 Gäste zu. Zum Vergleich die heutigen Zahlen? Bitte sehr: Warnemünde kommt auf reichlich 70 000 Übernachtungen im Jahr bei nach wie vor steigender Tendenz, Ahlbeck wird gemeinsam mit Heringsdorf und Bansin erfasst, und zusammen kommen sie auf 2,1 Millionen, und Sassnitz schließlich trägt mit Sicherheit ein ordentliches Scherflein bei zu den jährlich zwischen sechs und sieben Millionen Übernachtungen, auf die die Insel Rügen so kommt.

Bei meiner ersten einprägsamen Usedom-Erfahrung denke ich an einen Ausflug aus der Zeit, in der »das« mit Elle und mir noch jung war. An einem Samstag, der hier aber ja Sonnabend heißt, stand ich Punkt acht Uhr bei ihr auf der Schwelle. Vorher musste ich an dem Paar vorbei, das im Erdgeschoss wohnte, tagsüber jedoch gleich einem selbsternannten Pförtnerpaar unvermeidlich direkt vor dem Haus stand und von dort, sie mussten für jeden Vorbeigehenden erst zur Seite treten, den Eingang überwachte: sie im blau-lila Kittel, er dahinter mit vollem Haar und Zigarette. Elle sollte später feststellen, er sei kaum die Hälfte von ihr. Das traf zu, doch mehr war auch nicht erstrebenswert. Elle sollte weiter erzählen, dass sie ihr, da immer auf dem Posten, eben dort neulich ein Gummibärchen angeboten und die Tüte hingehalten habe: Der Kittel habe mit der ganzen Hand hineingegriffen, das Problem des Affen, der den Zucker aus dem Baumstumpf nehmen will, aber nicht bekommen, denn die Concierge habe auf dem Rückweg mit der geschlossenen Faust kurzerhand die Öffnung der Tüte erweitert. Um ein Erhebliches.

So fuhren wir ohne Sorgen singend in den Morgen. Das Wetter ließ alle Möglichkeiten offen – der Anblick dramatischer Wolkenformationen in den wohlvertrauten drei dunkelsten Grauschattierungen jenes Sommers ergab sich, je nach gewählter Richtung, ebenso wie der Blick auf die Sonne. Staus gab es keine. Autobahn in dieser Gegend auch noch nicht. Als Tribsees hinter uns lag, häufte sich, wenn wir nach rechts und links sahen, der Bildband-Klassiker dieser Tage, «Ostfarbener Trabbi auf unmarkierter Vorwendestraße im Allee-Blättertunnel«.

In Zinnowitz der erste Spaziergang und der erste Guss: Unter der Seebrücke fanden wir eine trockene Zuflucht. Dann fuhren wir nach Bansin und liefen bis Heringsdorf über den Strand. Elle kannte die Seebrücke und die Glaspyramide an deren Ende noch nicht. Wieder ein Schauer, wieder die Sonne, wir erreichten den Lieper Winkel, unser Ziel.

Dieses Licht!

Es zeichnete bis zum Horizont die scharfen Kontraste der Dachfirste ebenso gegen den Himmel wie jene der Strohballen auf dem Feld oder des Fischerbootes vor uns auf dem Boddengewässer. Gespeist wurde es von dunklen Wolken im Spiel mit der hervorbrechenden Sonne, von Regenschleiern und Wind. Vor allem aber von klarer Luft. Keine Gewalt, keine Industrie! In Irland habe ich es kennengelernt, in Deutschland aber, das ich bestens kenne, nur hier wiedergefunden. Von Malchin aus, ich sagte es, fuhr ich häufig die Strecke Loitz – Greifswald. Über Sassen hatte man die schöneren, lauschigeren Alleen. Über Görmin hatte man die niedlicheren Dörfer, den allgegenwärtigen Hufschlag von Pferden, und man hatte, wenn alle Zutaten gegeben waren, was häufig genug der Fall war, das schönere Licht. Dieses Licht! Diese Tiefe, diese Klarheit, eins steht hinter dem anderen, dreidimensional bis weit, weit ins Land hinein.

Auf der Rückfahrt vom Lieper Winkel zur Hauptstraße wurde der Wagen vom nächsten geradezu unglaublich heftigen Guss erschüttert. Hätte ich nicht sicher gewusst, dass hier weit und breit kein anderes Auto war, und hätte ich nicht fürchten müssen, anstelle der Feldwege, die uns hergebracht hatten, bei Abwarten des Schauers schiffbare Flüsse vorzufinden, hätte ich angehalten. Wir sprachen davon, wie wir diese Güsse als Kinder im Garten genießen konnten. Dann dachten wir wohl beide, wie schön es wäre, jetzt einen Stichweg zu suchen, sich splitternackt auszuziehen, wie Kinder den Regen auf einer Wiese zu genießen und anschließend, um wieder warm zu werden, auf der Wiese, im Wald oder im Auto etwas zu tun, was man als Kind noch nicht getan hätte. Und das setzten wir dann um. Darüber wurde es wieder heller, der Weg verließ den Wald, die Sonne schien, das Licht war augenblicklich wieder warm, die Konturen über den Feldern waren kristallklar, und ich verlor mich im geliebten Anblick der Strohballen in diesem Sonnenlicht.

Mit etwas Glück habe ich jetzt des Lesers Lust auf etwas Auszeit geweckt, auf einen Rhythmuswechsel. Sommerferien, erstmal genug gelernt, raus aus der Geschichtsstunde, zwischendurch mal rein ins pralle Leben im heutigen MV? Miterleben, wie sich ein richtiger Urlaub an der Küste und auf der Seenplatte anfühlt? Dann kommen Sie doch mit (und wenn nicht, überblättern Sie für's Erste den nächsten Teil, Sie haben ja jederzeit die Chance, es sich anders zu überlegen), unsere Sommerpläne sind fertig.

Und damit nehmen wir Sie auch schon mit …

Teil 5

... bis ans Meer – so geht Sommerfrische heute!

Sommer, Sonne, Ferien, bevorstehender Urlaub, aaaaahhhh! Man streckt sich, man entspannt sich, man erholt sich schon bei dem Gedanken. Es sei denn, man hat nichts gebucht, und die freien Tage stehen kurz bevor. Dann *ver*spannt man mit Blick auf den baldigen Erholungsbefehl. Wo woll'n wa'n hin?? Und Geld kostet es auch, und wir haben doch Krise.

Also Süden? Adria spontan? Den Machos bei der Arbeit zusehen, die ja dann wieder darin besteht, unsere Frauen und – auf dem Weg zu deren Herz – unsere Bambini mit Nettigkeiten einzucremen, dass allen sehen und hören vergeht? Auch wenn im Land dieser Machos natürlich alles immer furchtbar lecker schmeckt, und – wenn man sich nur ein bisschen schlau anstellt – nicht die Welt kostet ... Oder in die Berge? Ooooch nö, ich höre im geistigen Ohr sogleich die Kinder stöhnen, waren wir doch erst, und das strengt immer alles so an da! Ach ja? Die letzten Male in den Bergen waren wir immer Ski fahren, und der Gipfel der Anstrengung bestand darin, stärker zu sein als die klemmende Skistiefelschnalle. Aber die Herrschaften ahnen wohl, dass da im Sommer noch ganz andere Gipfel warten könnten ... Ich überlege. Wie haben meine Eltern das früher gelöst mit dem Urlaub? Wir sind mal in den Süden gefahren, ja, war aber meistens fast schon zu heiß. Wir sind weggeflogen, das auch, ist aber schmutzig fürs Ozon, für größere Familien ganz schön teuer und mit mehr als zwei Kindern anstrengend, falls wirklich mal die Sauerstoffmasken von der Decke fallen. Wir sind auch ins Gebirge gefahren, mehr als einmal, Kinder hatten ja früher eine ganz andere Härte, könnte aber jetzt auch für die Eltern stressig werden, wenn's die Kinder von heute nich so recht wollen. Urlaub auf dem Bauernhof? Heuhotel? Och nöö, es geschah schon nicht ohne Grund, dass man das Bett erfunden hat und die Matratze dazu. Und dass Mensch und Tier heute getrennt schlafen.

Nein, mir fällt was ganz anderes ein. Und das hatten wir ja ohnehin schon erwogen. Wenn meine Eltern sich und mir, der ich ja nun einmal ziemlich im Süden Deutschlands aufgewachsen bin, einen tollen Urlaub bereiten wollten, hat man sich am ersten Ferientag früh ins Auto gesetzt und auf die Autobahn begeben. Und wenn es ein richtig toller Urlaub werden sollte, ist man der dann bis nach Norden gefolgt. Bis man ans Meer kam! Damals konnte das schon mal einen Tag dauern, Autos und Straßen waren nicht wie heute. Und die Entfernung auch nicht. Wir machen das diesen Sommer genauso, beschließen wir. Und nach knapp 20 Kilometern sind wir da. Da, wohin andere bis heute Tagesreisen unternehmen, um dort Urlaub zu machen. Eine Viertelstunde bis – Sommer, Sonne, Ferien, Urlaub, Meer, feiner Sand und Strandkorb: aaaahhhh!

Und danach werden wir noch eine Woche an den Kummerower See fahren … Sommerfrische für Eingeweihte. Wie schön, wenn man sich auskennt im Land.

1.

Erstmal aber geht es also ans Meer. Anfahrttag und Ankunft. Sie wissen, wie das normalerweise läuft. Der Transfer ist geglückt, man hat Schlüssel und Begleitschutz zum Appartement erhalten, die Spannung beim ersten Blick in die Zweiwochenbleibe mündete in keine sofortige Enttäuschung, man hat, wiewohl das Zimmer erst am Morgen von einer anderen Familie verlassen und anschließend gründlich gereinigt und gelüftet wurde, weit die

Fenster aufgerissen und in Tateinheit geklärt, ob der Blick zum Meer, zu den Bergen oder zur Sechsspurstraße hinaus geht. Man hat die Koffer geöffnet, geduscht und einen Blick in den Werbeprospekt geworfen (»Taukurs ünter deutscher Leistüng«). Und jetzt geht der Käfig hoch, man startet zur ersten Entdeckungstour. Gleißende Sonne, als man hinaustritt. Hitze. Gibt es Straßen? Gehwege? Schatten? Wie weit ist es zum Wucherkrämer und wie weit zum richtigen Supermarkt? Erholung ist frühestens, wenn man am Strand liegt und der Kühlschrank voll ist, wenn also der Käfig sich wieder gesenkt hat und der Fressnapf wie gewohnt an Ort und Stelle steht.

In Warnemünde aber öffnet man nur das Fenster. Nein, man reißt es auf! Und schließt vielleicht die Augen. Was da rauscht, gern unterschwellig, in Wellen vernehmlicher, ist das Meer, sind die beiden Bäume vor dem Fenster, ist die Dünenvegetation, ist das Meer, durchsetzt vielleicht von ein paar Möwenschreien, spitz oder schrill oder kehlig, ist DAS MEER!

Wir erreichen das Seebad, das Ortsteil Rostocks ist, am Nachmittag. Ein strahlender Sommertag und zugleich letzter Tag der Sail. Die Sail ist, ich erwähnte es kurz, das jährliche Großseglertreffen am zweiten Augustwochenende, an dem sich zu uns zweihunderttausend Rostockern rund eine Million, manchmal sind es auch noch mehr, Schaulustige und Touristen gesellen, was die Stadt, da es nun jedes Jahr passiert, in eine Art ganz normalen Ausnahmezustand versetzt. Trotzdem geht der Einheimische in diesen Tagen nur zu ganz bestimmten Zeiten und mit einer ausgefeilten Strategie, die ich hier nun aus naheliegenden Gründen der Geheimhaltung nicht breittreten kann, auf die Straße. Neunundzwanzig Grad im Schatten bei unserer Urlaubsankunft, auslaufende Segler in allen Größen, gut gefüllter Strand. Wir packen aus und wollen's natürlich auch gleich noch wissen. Das Wasser der See hat nur achtzehn Grad, das ist kaum zu verstehen, nachdem es schon seit Tagen schön und warm ist, aber es ist zu fühlen.

In welchen Etappen vollzieht sich ein Badegang in der Ostsee? Möglichst nicht erst mit den Zehenspitzen eintauchen, sondern gleich mit dem ganzen Fuß. Beiden Füßen. Auf dem Weg zum Knie ist zu klären, ob die Füße vor Wasserkälte wehtun. Wenn nicht, sollte, sobald es mit leichtem Vornüberbeugen möglich ist, mittels schöpfender Hände der Oberkörper wohldosiert auf die anstehende Herausforderung vorbereitet werden. Dann kommt der für mich immer spannendste Moment: das Saumnässen der Badehose. Und eben dieses Saumnässen vergibt sich der Ossi. Indem er keine Badehose trägt. Doch kurz vor dem Saumnässen breche auch ich meinen ersten Badeversuch dieses Jahres ab und strebe zurück zum Strandkorb. Ich muss mir doch hier nichts beweisen, denke ich den aufkeimenden Frust über den potenziell trocken verlaufenden Urlaub weg, der bis eben noch als Badeurlaub geplant war, immerhin lebe ich am Meer, ich kann jeden Tag baden, wenn ich es nur will.

Lassen wir die ansehnlichen und sehr ansehnlichen jungen Damen heute weg. Bald fällt mein schlendernder, sich noch akklimatisierender Blick auf einen betagteren Frauenkörper, aber dazu sofort. Zunächst: Man sieht an diesem Strand (wir lagern am Textilstrand, aber nur wenige Meter von den Nudisten entfernt) manchmal auch erst auf den zweiten Blick, wer nun Nudist ist, wer nicht, und wer sich beispielsweise nur gerade umzieht. So wie die ältere Dame wenige Strandkörbe neben dem unseren. Ich sehe eher zufällig hin, dann artig wieder weg und gleich noch einmal hin. Ist sie Opfer einer Quallenschwarmattacke geworden? Am ganzen Körper hat die wohl in einem Zwischenstadium des Umkleidens befindliche augenscheinlich Nackte nahezu handtellergroße rote Male, als hätte sie am ganzen Körper offene Beine, die Arme. Aber ach nein, ich sehe für alle Fälle noch mal hin, und siehe da: Sie trägt einen ehemals goldfarbenen Badeanzug mit ehemals roten Rosen mit prächtigen vielblättrigen Blüten. Allein, das Goldfarbene ist ausgeblichen und hat sich der Hautfarbe der Trägerin bis auf eine winzige Nuance angenähert, und auch die Rosen sind vielleicht nicht mehr gar so knallig wie einst, wirken aber in der Summe eben immer noch so, wie sich der Urlaubsneuankömmling die Folgen einer Quallenschwarmattacke vorstellt. Oder einer Neunaugenhordenattacke. Ich werde nicht verlangen, dass alle Seniorinnen schwarze Badeanzüge tragen. Aber das hier muss man mögen. Und das ist gar nicht so leicht. Neunaugen übrigens sind aalartige fischähnliche, lebende Fossilien. Es gibt sie auch in der Ostsee, und seit 500 Millionen Jahren verstehen sie es, sich mit ihrem runden Saugmaul am Opfer, das kann auch mal ein Mensch sein, festzusaugen und dann mit ihren Hornzähnen ungefähr eurostückgroß Haut und mehr regelrecht wegzuraspeln, wobei es Menschen ja erst seit rund 200 000 Jahren gibt und Eurostücke noch etwas kürzer. Im Durchschnitt einmal pro Sommer und deutscher Ostseeküste kommt das vor und ist dann immer spektakulär, aber nie schlimm.

Als ich nach dem Abendessen aus dem Fenster schaue, werde ich auf den älteren Herrn auf dem Balkon im benachbarten Hotel aufmerksam. Er hat mit seinen Mitreisenden (seine Frau und ein Enkel von ziemlich genau dreizehn Jahren, der heute mit seinem Fernglas verwachsen scheint), den großen Balkon über dem kleinen Hallenbad des Hotels und mir bisher am Tisch sitzend den Rücken zugewandt. So weit, so gewöhnlich. Aber als er aufsteht, ruft er Erinnerungen wach, die ich an meine frühen Ostjahre habe, Erinnerungen an kurze, richtig kurze, Hosen an erwachsenen Beinen. Bald nach dem Beitritt sah man noch sehr häufig diese Shorts, abgeschnitten oder gleich so gemacht, die an Männerbeinen diesen lang anhaltenden Eindruck maximaler Lächerlichkeit hinterlassen. Manche meinen, rund sei das Bild erst, wenn aus der einen Gesäßtasche noch ein Kamm, möglichst mit Stiel luge, ich neige eher zur Auffassung, dass man maximale Lächerlichkeit auch hier nicht steigern kann. Allerdings trugen die »Jungs« diese Hosen immer in Jeansblau und meist zu schrebergartenbraunen Beinen. Der Opa nebenan nun trägt sie in einem Schilfkhaki. Über weißen Beinen.

Da sollte man aber nicht stundenlang hinstarren, ob ungläubig oder fasziniert, so dass ich dankbar und empfänglich bin, als sich die Gelegenheit zu einer Unterhaltung mit Flora auftut. Sie ist dieser Tage zwei Monate alt. Sie kann sehr große Augen machen und diese sehr geduldig, fast starr, auf einen Punkt richten. Ist dieser Punkt zufällig mein Blick, den sie auffängt, haben diese großen Augen etwas eklatant Ungläubiges. Auf diese Weise hat sie mir jüngst beigebracht, dass es eine Frage der Wahrnehmung ist, wer in der Interaktion zwischen Erwachsenem und Säugling wen imitiert. Natürlich sei es so, verstand ich, dass die Erwachsenen dem Säugling häufig Dinge vorsprächen oder vormachten, damit sie es imitierten. Das funktioniere aber erst mit zunehmendem Alter. Anfangs sei es eher so, dass die Kleinen etwas täten oder von sich gäben, und dann seien es die Großen, die – wohl um sich die Illusion einer Kommunikation zu erhalten – den Laut oder das Rucken des Kopfes imitierten in der Hoffnung, die Kleinen täten es dann auch noch mal. Der erste Akt der Nachahmung gehe also meist von uns Großen aus. Gestern brachte ich sie damit zum Lachen, dass ich, um sie zum Schlafen zu animieren, langsam die Augen schloss und dann den Kopf leicht vornüber sacken ließ. Das fand sie amüsant. Eingeschlafen ist sie allerdings nicht. Man muss ein Konzept haben, ob man das Kind zum Lachen oder zum Schlafen bringen will und das dann konsequent umsetzen, denn beides widerspricht sich weitgehend, und es ist annähernd ausgeschlossen, sie in diesem Alter derart zum Lachen zu bringen, dass sie dann vor Erschöpfung einschlafen. Eher schon bekommen sie, wenn überhaupt, einen Schluckauf. Was ich eigentlich sagen will: Ich versuche die Kopfkipptvornüberundisteingeschlafen-Nummer heute noch mal, und was soll ich sagen: Sie lacht zwar nur beim ersten Mal, aber dann, so scheint es mir ganz entschieden, imitiert sie mich, sie ahmt mich nach, und lässt ihrerseits den Kopf nach vorne hin absacken. Kurz überlege ich, ob ihr einfach die Kraft im Halsmuskel ausgegangen sein könnte, aber Ava, meine treue Kameradin, bestärkt mich, dann wäre der Kopf nach hinten oder zur Seite weggekippt, dass er nach vorne geklappt sei, sei ein deutliches Zeichen, dass sie sich mit mir habe amüsieren wollen.

Schließlich gehen wir noch eine Runde. Den einen oder anderen Drei- und Viermaster östlicher Provenienz (»Herkunft« hätte man auch sagen können, aber »Provenienz« ist lautmalerisch gesehen einfacher welliger und seefahrerromantischer) habe ich am Kai noch ausgemacht am Nachmittag und bin fast sicher, die werden heute Abend noch verabschiedet. Und ein Kreuzfahrtschiff, meine ich, lag da auch. Als wir unter dem Balkon des Rentners mit den Hot Pants entlanggehen, schaue ich angelegentlich nach oben. Der mit dem Fernrohr verwachsene Enkel von ziemlich genau dreizehn Jahren steht dort und sieht durch sein Okular, und der Opa steht daneben, und die Hosen sind so kurz und beim Sitzen vorn minimal geknickt bzw. hochgerutscht, dass man die Stoffsäckchen der Hosentaschen herauslugen sieht. Nein, das geht nicht. Geht so überhaupt nicht, dass es mir auch gleich ist, dass der Opa meinen Blick in die Gegend seines Schritts nun doch bemerkt hat und sich die Schöße ordnet. Geht eben einfach nicht, und da werde es nun nicht ich sein, der sich hier für irgendwas schämt.

Wir sehen noch Dreimaster ausfahren, einen Viermaster und das holländische Kreuzfahrtschiff. Die Kinder juchzen und nehmen die heimatnahe Zweitwohnung wie ein exotisches Urlaubsziel wahr. Ich will mir morgen beim Brötchenholen etwas Zeit lassen und dem Ort beim Erwachen zusehen, und wenn ich Nerven habe, will ich das dieser Tage sogar noch steigern, indem ich mal richtig früh im Zentrum aufschlage, sagen wir, eine halbe Stunde, ehe der Bäcker aufmacht, aber sagen wir es vorläufig, denn morgen muss ich erstmal herausfinden, wann das ist …

2.

Der Bäcker macht um 6.30 Uhr auf; wir werden sehen, was aus meiner Frühreportage wird. Die Brötchen heute jedenfalls holen wir so spät, dass der Ort schon wach ist.

Das bedeutet, dass auf vielen Balkonen die Menschen schon sitzen und frühstücken. Mit Handtuchturban. In der Badehose. Im ulkigen weiten weißen Gewand (es ist ungewohnt, Großvaters Nachthemd mit einem Mal tatsächlich an Großvater zu sehen). Im hellblauen Nachthemd. Wobei die Dame im hellblauen Nachthemd nicht frühstückend auf dem Balkon sitzt, sondern nur eben mal mit der Nase an der Morgenluft schnuppern wollte und entschlossen zwei Schritt zurück in die Wohnung macht, als sie sieht, dass mein Blick sie zufällig trifft, indem er sie erst nur streift, dann aber, als sie fast erschrickt, dadurch an ihr hängen bleibt.

Der Strand füllt sich nur sehr allmählich.

Der Warnemünder Strand kann schwerlich genug gepriesen werden. Es ist ein feiner breiter heller Sandstrand, der dann flach ins Wasser hinein abfällt. Und auch das Wasser verdient sich jedenfalls an diesem Morgen Bestnoten. Die höchsten Badequalitätsbewertungen bekommen die Strände in dieser Region ohnehin jedes Jahr. Gelegentliche unaufregende Algen- oder Quallenhäufungen ändern daran nichts. Aber heute ist das Wasser rein, annähernd quallen- und völlig algenfrei und phantastisch klar. In Streifen unterschiedlicher Grün- und Türkisschattierungen liegt es vor mir bis zum blauen Himmel am Horizont. Noch immer verlassen größere und kleinere Segler das Revier. Ich scheue mich vor Vergleichen wie »karibisch« oder »maledivisch« oder »balibalisch« und selbst »balinesisch«, denn dort käme auch keiner auf die Idee, kristallklares Wasser über feinem, in Rillen gelegten Sand als »warnemündisch« zu preisen, obwohl das nur fair und völlig korrekt wäre. Und wer mir jetzt beckmesserisch entgegnen will, das Wasser dort sei ja auch sicher die entscheidenden fünf Grad wärmer, dem halte ich cool entgegen: Um erfrischend zu sein, dürfte das Wasser höchstens noch drei Grad wärmer sein als dieses hier, und was heißt schon »entscheidend«? Entscheidend ist für mich, dass dies Wasser die entscheidenden sechs Gradstufen weniger salzig ist als dort oder in der Adria. Natürlich ist das eher symbolisch gemeint, denn ich weiß nicht, wie man Meerwassersalzgehaltgradstufen misst. Mit der Annahme, dass der Salzgehalt des Wassers hier vielleicht ein Sechstel desselben in handelsüblichem Salzwasser (Nordsee, Adria, Malediven) beträgt, liege ich aber vermutlich gar nicht schlecht, auch wenn es sicher auch da noch wieder Abstufungen gibt. Hier jedenfalls entsteigt man dem Nass, trocknet sich ab, und fertig. Weder wird einem schlecht, wenn man versehentlich doch mal einen Mundvoll Welle abbekommt, noch fühlt man den Rest des Tages diesen klebrigen Salzfilm auf der Haut. Apropos »Mundvoll Welle«: Es ist eine vergleichsweise teilnahmslos herumliegende Ostsee, die sich uns heute darbietet. Aber wie im Schwimmbad kommt es zu regelmäßigem Wellenbetrieb, der sogar angekündigt wird: Wenn nämlich ein größeres Schiff oder eine der Skandinavienfähren die Leuchttürme passiert, die auf den Molenspitzen die Hafeneinfahrt markieren. Wir üben uns in einer großartigen und unerhört anspruchsvollen Kunst: jener des Nichtstuns. Wir gehen zum Wasser, ins Wasser, aus dem Wasser, trocknen am Strandkorb oder darin, haben nicht einmal Lesestoff bei uns, buddeln wie nebenbei, genießen die mildwarme Temperatur, den leichten Lufthauch, den jederzeit begehbaren Sand (andernorts wird der ja unerträglich heiß, so dass die, die ihn barfuß begehen, das berühmte »Bild für die Götter« abgeben, wenn die Zuschauer auf plumpe Schadenfreude stehen), genießen alles. Die Kinder sind friedlich, ausgeglichen, glücklich, wir sehen es daran, dass sie von Zeit zu Zeit aus der Bewegung heraus unvermittelt die Arme in die Luft werfen; sie werden uns in Zukunft zur Rede stellen, wenn wir tagelange Autofahrten unternehmen, um an ein Ferienreiseziel zu gelangen. Sie stellen nicht das Geringste an. Aber wir eben auch nicht. Nicht einmal tiefschürfende Gedanken zum Rest des Tages oder gar dem kommenden. So geht wohl Muße für aus der Übung Geratene.

Auf dem Rückweg werfe ich einen winzigen Blick auf den Nachbarbalkon. Der Enkel hat sein Fernglas zur Seite gelegt und ist ganz vielleicht doch erst elf. Und der Opa ließ an seine Haut heute nur eine türkisblaue Badehose. Sonst nichts. Aber da schaue ich auch schon wieder weg,

Abendessen im *Neptun*. Der Zufall wollte, dass ich heute die in Vorfreude auf die Urlaubsruhe mitgenommene aktuelle Ausgabe des Bekenntnisblattes aller Großgewässerfetischisten, der Zeitschrift »mare« nämlich, aufgeschlagen habe, und was guckte mich an? Ein Foto des aus dem Seitenfenster unserer Wohnung bestens sichtbaren *Neptun*-Hotels hier in Warnemünde nebst Bericht zur aktuellen Lage dort. Die ist übrigens gut. Ausreichend Gäste aus Ost und West, die mit der Vergangenheit dieses Hauses, das natürlich geradezu Symbol der DDR und ihrer Auswüchse war (wenn man so will freilich auch ihrer Qualitäten: Qua Auszeichnung kam dort mancher zum unglaublich günstigen zwölftägigen Familienurlaub), pragmatisch umgehen. Lächelnd erinnere ich mich, in den Anfangsjahren meiner Zeit hier mit Kollegenfreunden mal das Gedankenspiel gespielt zu haben, was man täte, wenn man drei architekturbezogene Wünsche für MV frei hätte. Einem meiner Wünsche wäre seinerzeit das Neptun zum Opfer gefallen. Heute würde ich Gnade walten lassen, denke ich. Sicher ist es ein eigenartig stählern wirkender Klotz da inmitten der ansonsten weit niedrigeren Bebauung, die sich zudem ganz überwiegend den Anstrich villenartiger Bebauung zu geben versteht. Aber wie sagt der Stadtplaner zum alles überragenden Schandfleck? »Städtebauliche Dominante«. Irgendwer oder -was muss ja den Ton angeben, dafür sorgen, dass Warnemünde auch von Weitem gesehen wird. Gewiss, der nahe Brückenkran der Werft käme ebenso in Frage, aber so sind da eben zwei Erkennungszeichen, und wenn man sie beide erspäht hat, darf man sich sicher sein, auch von Ferne: Das ist es, das ist Warnemünde.

Man kann sehr unterschiedlich essen im *Neptun*. Wir entscheiden uns volkstümlich für das Erdgeschoss. Hier kooperieren ein Bistro mit Eiscafé und eine Hähnchenbraterei, die Broilerbar, die sich seit den Anfängen des *Neptun* in den frühen Siebzigern kaum verändert hat. Braune Fliesen allenthalben, festes Mobiliar in Form gepolsterter Holzbänke, da weiß man, was man hat. Keine Außenplätze. Aber der leidlich Eingeweihte weiß, ich kann mich draußen beim Eiscafé hinsetzen und einen halben Broiler bestellen, dann bekomme ich ihn auch hier. Die Broilerbar heißt also immer noch Broilerbar, weil irgendwer in der DDR mal auf die Idee kam, man könnte knusprige Hühnchen auch Broiler nennen. Das Warum ist rätselhaft. »To broil« ist englisch für »braten«, aber aus diesem Sprachraum wurde ja sonst wenig entliehen... Einmal fand ich auch die Schreibweise »Breuler«, aber das war wohl ein Ausrutscher. Das Café heißt heute »M«. Wer sich auskennt, weiß: Früher war das die »Milcheismokkabar«. So jedenfalls meint sich Elle zu erinnern. Oder hieß sie Mokka-Milch-Eisbar, wie andere meinen? Im Abspann zu meinem Mare-Artikel heißt es, die Einrichtung habe Milch-Mokka-Eisbar geheißen. Ist wohl doch alles schon eine Weile her... Einerlei. Das mit dem »M« ist also eine Art Insider unter Hiesigen und Zugeständnis an die neue Zeit, in der man es zwischen Handyanruf und Kosmetiktermin zwar vielleicht auf ein Eis schafft, aber sicher nicht mehr, sich jedes Mal erst in der »Milcheismokkabar« (oder wie immer sie nun hieß) zu verabreden, »M« geht einfach schneller. So fand ich vor Monaten die Zeit gekommen, den *Neptun*-Gewaltigen auch für ihre Hühnchenbraterei einen neuen Namen vorzuschlagen. Ich empfahl »Nept-Huhn«, aber ich bekam nicht einmal eine Antwort. Entweder hatte man keine Zeit, oder ich habe ein Traditionssakrileg begangen, oder das Schweigen der Marketingabteilung hat noch einen dritten Grund.

Mein Broiler wird gleich serviert werden, ich unterhalte mich mit Elle, da sagt Ava leichthin: »Kartoffelpuffer, Hähnchenbrust und ein Päckchen Süßstoff.«

Ich registriere das, spreche meinen Satz zuende und wende mich ihr zu: »Wie bitte?«

»Kartoffelpuffer, Hähnchenbrustfilet und ein Päckchen Süßstoff.«

Jetzt bemerke ich auch, dass sie, eine Spur amüsiert, neben mir auf den rauen Kunstrasenteppich sieht, auf dem wir sitzen. In einem Quadratmeter Umkreis neben meinem Stuhl finden sich in der Tat als Hinterlassenschaften unserer diversen Vorgänger zwei mundgerechte Bröckchen Kartoffelpuffer, zwei spießgerechte Würfel Hühnerfleisch und eines der Papiertütchen, wie sie üblicherweise Süßstoff enthalten. Während ich mich freue, dass meine achtjährige Tochter nicht einfach mit reichlich Ekel im Ausdruck »Iiiiih, guck mal da« gerufen hat, sondern mit einer feinen Spur Spott »Hähnchenbrustfilet« am falschen Ort monierte, überlege ich, wem das jetzt im schicken *Neptun* peinlich sein muss (mir oder dem *Neptun*). Ich beschließe, dass das darauf ankommt, wie man damit umgeht, und bitte höflich um Beseitigung. Und da das ein freundlicher junger Kellner sofort und mit einem Ausdruck des Bedauerns erledigt, muss es gar keinem peinlich sein. Für die Ferkel vor uns kann schließlich keiner der Anwesenden.

Ein heftiges Gewitter am späten Abend mahnt mich Donner für Donner, mich nicht zu wundern, sollte auf den heutigen Traumtag morgen ein nicht ganz so warmer folgen. Nicht umsonst wird ein Ostsee-Ferienführer redlicherweise darauf hinweisen, dass sich im Laufe eines sagen wir vierzehntägigen Ostseeurlaubs in der Regel ganz von allein der eine oder andere Tag auftun wird, der sich witterungsmäßig zwanglos für Ausflüge ins Hinterland oder zu einer der nahen Attraktionen (Vogelpark Marlow, Umweltpark Güstrow, Zoo Rostock, Ozeaneum und Meeresmuseum Stralsund undsoweiter) anbietet. Aber meinetwegen müsste es eben nicht gleich morgen sein.

3.

Früh, sehr früh am kommenden Morgen zitiert mich Peter zu sich ans Bett. Sein Problem ist eine Fliege, die ihn ängstigt. Ich weiß nicht, woher der Begriff Schmeißfliege stammt und ich werde es auch nicht erkunden, nur um hier, es wie beiläufig erklärend, so tun zu können, als hätte ich es immer schon gewusst.

Aber diese Fliege hat die lästige Angewohnheit, sich regelrecht auf einen zu stürzen, zu werfen, eben zu schmeißen. Außerdem unterstellt Peter jedem Insekt bis zum Beweis des Gegenteils, dass es ihn zu stechen im Sinn habe. Ich bringe einige Zeit an seinem Bett zu, erkläre noch einmal, wie das ist mit den Fliegen, und als er wieder eingeschlummert ist, alle Extremitäten unter der Decke versteckt, denn auch Papas können irren, stehe ich noch lange am Fenster. Es ist fast hell, und ein Kreuzfahrtschiff schickt sich leuchtend an, Rostock anzulaufen. Merkwürdig, man hat sich daran gewöhnt, sie abends auslaufen zu sehen, womöglich mit Feuerwerk und so vielen winkenden Menschen an Deck, dass man fürchten könnte, selbst diese fahrenden Großwohnsiedlungen (gegen die sich bisweilen selbst der Monolith des *Neptun*-Hotels fast bescheiden und zierlich ausnimmt) könnten sich unter der einseitigen Last bedrohlich zur Seite neigen. Sie kommen also immer raus aus der Öffnung zwischen den Molentürmen, aber ob und wie sie je reinkamen, wurde nie so ganz klar. Der Vergleich zum Baby und dem Mutterleib mag sich nicht nur mir aufdrängen. Dies Schiff aber will nun rein.

Und ist die Erklärung für die auffälligen Italiener später in der Mühlenstraße, als ich meine Brötchen hole. Es wird, wie nach dem Gewitter ja fast erwartet, ein witterungsmäßig eher zurückhaltender Tag werden, das zeichnet sich schon ab. Aber unverdrossen tragen sie ihre Strohhüte, leuchtenden Sommersachen und fröhlichfarbigen Brillengestelle und preisen melodiös untereinander den Charme des Örtchens (von hier aus in erster Linie an Charmantem sichtbar: 1 Stück Backsteinkirche, 1 Stück Originalwindmühle), als ich meine Schrippen und Kürbisknacker ordere. Das weckt Erinnerungen an den Urlaub in der Toskana im letzten Jahr und bruchstückhaft auch an die dafür eigens aufgefrischten Sprachbrocken. Kurz will ich mich anbieten, nützlich zu sein, aber schon der Satz »Guten Tag, kann ich Ihnen etwas zeigen, ich war letztes Jahr in der Toskana und habe mich dort immer so gefreut, wenn mir Einheimische ansahen, dass ich für eine gute Empfehlung dankbar sein würde«, will mir, zumal in der Vergangenheitsform, nicht einfallen. Im Präsens aber wäre er offenkundig eine ungelenke Schmeichellüge, also zähle ich meine Brötchen nach und trolle mich beleidigt über meine Unzulänglichkeit.

Prägendes Merkmal des Tages, der lange Zeit tatsächlich witterungsmäßig zurückhaltend bleiben wird, ist die taschenreiche Herrenweste in jeder denkbaren hässlichen Farbschattierung zwischen sandfarben und buschbohnengrün. Alle haben sie, alle tragen sie, keiner nutzt die Taschen alle, aber alle strahlen sie die Ruhe aus, die nur hat, wer weiß: Ich könnte. Wir machen den Spaziergang linksherum durch den traumhaften Küstenwald mit seinen zahllosen unbezahlbaren Ausblicken bis zur Wilhelmshöhe und zurück. Zurück schaffen wir es genau rechtzeitig vor Einbruch einer Mischung aus Sintflut und Weltuntergang. Man sieht kaum noch das Meer, so sehr regnet es um die Mittagszeit. Oder sagen wir: Der ganze Himmel ist meergrau, und man weiß nicht genau, wo der in Böen fast waagerecht fallende Regen aufhört und der Meeresspiegel anfängt. Da wir es aber trockenen Fußes und Kopfes bis hinter die schützenden Scheiben unserer Wohnung geschafft haben, können wir dies Schauspiel jetzt, eine Tasse Tee in der Hand, die nur durch ihre frische Geschmacksnote noch sommerlich daherkommt, von dort aus genießen. Und diejenigen, die noch draußen sind und nun mit ihren Schirmen, Pelerinen, Fahrrädern und durchweichten Sandalen kämpfen, sind jeden Blick wert. Ganz zu schweigen von den älteren Herren in den allzeit aufnahmebereiten Westen, in deren zahllosen Taschen sich jetzt, wenn's dumm für sie läuft, das Wasser sammelt.

Stunden später aber reißt es zum späten Nachmittag hin noch einmal auf. Sofort streben wir zu unserem Strandkorb. Selten stand der in einem meiner vorherigen Urlaube derart im Mittelpunkt, aber ich habe auch noch nie ausführlich Urlaub in Warnemünde gemacht, und hier wurde er immerhin einst auch erfunden: 1882 von Wilhelm Bartelmann, seine Frau schuf flugs auch die erste Strandkorbvermietung der Welt, die Gedenktafel hängt nach heute an dem Haus in der Straße *Am Leuchtturm*. Der Wind hat die dunklen Wolken gesammelt und nach Osten fortgetragen. Von Westen her wirft die Sonne ihr helles Licht hinterher und satt kontrastreich gegen die weiße Fassade des Hotels am Leuchtturm, den Stahl der emsig verkehrenden Fähren, die pullovergleiche Binde des grünen Molenfeuers, den hellen Ton des großen Leuchtturms am Teepott und, natürlich und nicht zuletzt, das *Neptun*. Ein Hauch von Herbststimmung, der aber schnell weggeatmet ist durch die mutigen Bader in den noch immer bewegten Fluten und die noch einmal aufkommende Wärme. Außerdem ist der Wind für Herbst viel zu warm. Meine Lieben baden. Ich halte mit Flora Zwiesprache im Strandkorb. Wir verstehen uns, auch wenn wir uns diesmal nicht umfassend verständigen. Schließlich genügt es mir vollauf, wenn ich ihren Namen ein ums andere Mal wiederhole und sie das stets aufs Neue zum Anlass nimmt, verzückt-verschmitzt und zahnlos lachend den strähnig behaarten Kopf in den Nacken zu werfen. Mehr Gleichklang der Herzen ist selten.

Am Abend lese ich Peter vor. Es geht um Drachen und ein befreundetes Stachelschwein, das die Unbesiegbarkeit der Feuerdrachen »superschickischnacki« findet, ein Ausdruck, über den Peter sich minutenlang nur schwer wieder einkriegt. Er lacht bis zum Schluckauf, wiederholt das Wort, bis er vor Schläfrigkeit nur noch murmeln kann: Das Leben – und das Glück – können so einfach sein.

4.

»Warum macht man das?«, fragt mich Elle am Nachmittag.

Es ist bedeckt, hat um die Mittagszeit wieder geregnet und wird es gleich noch einmal tun. Der Himmel ist geradezu bedrohlich bedeckt. Jedenfalls wenn man wie ich mit Peter im Strandkorb sitzt, neben uns den Kinderwagen. Ava und Elle stehen vor uns und streifen sich die Badeklamotten ab. Luft und

Wasser haben beide ungefähr 18 Grad, es ist windig, die Ostsee wirft sich in Wellen, denen die beiden soeben entstiegen sind.

»Ich habe wirklich keine Vorstellung«, antworte ich auf Elles Frage, die ich so verstanden habe, als wolle sie wissen, warum man bei 18 Grad baden geht.

Sie bezog es aber wohl eher auf das Wellentoben, das die beiden eben ausführlich betrieben haben und antwortet selbst: »Weil es einfach jeden Menschen wieder zehn Jahre jünger macht. Man will toben, plötzlich ist da die Welle, dann musst du hüpfen, musst dich reinstürzen, musst herumtollen, du musst reagieren, die Welle wartet nicht, es ist, ach ...«

Schwärmerisch-versonnen bricht sie ab, kommt aber nicht mehr dazu, der See noch einen schmachtenden Blick zuzuwerfen, denn wir müssen eilig den Strandkorb gegen die Windrichtung drehen, es fängt, wie sich ja überdeutlich ankündigte, an zu regnen. Drei schmale Pos sitzen, Peter steht hinter uns, bekommt einen Keks mehr, so schauen wir in Richtung Mole zu den noch Härteren, die auch jetzt noch baden, wobei die meisten Bretter bei sich haben und Neoprenanzüge tragen, zu den Drachen am Himmel, die den Wind auf ihre Weise nutzen, zu einer einlaufenden Fähre. Eine Möwe nähert sich bedrohlich, hat die Kekse gerochen. Es ist eine der habichtgroßen, fast raubtierhaft-bedrohlichen, die eigentlich mehr grau als weiß sind, weiß sind sie nur an Hals und Kopf, eine Silbermöwe. Ihr liebster Laut ist ein forderndes Klagen, ähnlich dem einer robusten, aber ermüdenden Bettlerin, wie man sie vielleicht gefühlsmäßig und unter Vorbehalt im osteuropäischen Raum verorten würde, was man aber aus Gründen der politischen Korrektheit am Ende nicht darf. Sympathischer ist die kleinere, reinere Lachmöwe. Sie erinnert an Jugend und Frische, wie sie uns im osteuropäischen Raum ganz sicher begegnet. Meine Mädels versuchen mich zu nötigen, ich solle auch baden. Wozu? Dann ziehe ich mich doch aus, breche aber auf halber Strecke, Verwünschungen ausstoßend, ab und ziehe mich wieder an. Ava hat geniest, mir ist ohnehin klamm, was wir hier machen ist pubertär: Baden, nur weil Urlaub ist, oder was? Schaut euch doch mal um und dann zum Himmel. Wir gehen stattdessen zum Fahrradvermieter. Wer Fahrradschläuche flicken kann, kann auch verwundete Haie mit Sonnenbrand reparieren, vermuten wir. Unser Schwimmtier, ein in Orange und Rot gehaltener Gummihai in voller Lebensgröße, hat an der Schwanzflosse eine Verwundung erlitten. Nun ist ein bisschen die Luft raus.

Repariert der gute Mann aber nicht: »Haben wir schon versucht, hält nicht, da braucht man spezielle Flicken für.«

Hatte ich schon fast befürchtet.

Den ganzen Tag über schon faszinieren mich die Durchblicke, die sich durch die Strandübergänge eröffnen, die in sanfter Welle halb durch, halb über die Dünen führen. Wir sehen den sandigen Zugang, ein Weg aus schmalen Bohlen führt ins Paradies dahinter, eingerahmt vom Grün der Dünenbepflanzung, und schließlich dann, dahinter, das wieder in Streifen von fast grün bis immer blauer sich legende Meer bis zum Horizont, und darüber, vielgestaltig, der Himmel über Mecklenburg. Mit kleiner Wolke. Mit Wolkenkuschelkissen. Ohne Wolke. Blau. Soweit das Grundmotiv. Davor sehen wir heute: 1. Nichts. 2. Einen Mann mit Strohhut und rotem Hemd neben strahlendweißem Segelboot. 3. Einen majestätischen Drachen einsam am Himmel. 4. Ein Forschungsschiff mit abwechslungsreichen Aufbauten in grellen Farben. 5. Wieder nichts. Ferner wieder mal eine splitterfasernackte Familie juchzend auf dem Weg ins Wasser. Einen einsamen Wanderer mit Fototasche. Eine Frau mit zwei reizenden Töchtern links und rechts. Nein, das habe ich mir jetzt ausgedacht, wäre aber sehr gut möglich gewesen und ist an einem anderen Tag sogar so ähnlich passiert. Kann sein, dass Elle die Frau war. Im Grunde muss man sich aber vor diesem Hintergrund keinen schönen Vordergrund ausdenken. Vor diesem Hintergrund kommt alles zur bestdenkbaren Geltung. Da könnte auch ein dreibeiniges Warzenschwein mit Mundgeruch daherkommen. Oder Heinrich der Dicke, Albrecht der Schöne (beide gab es wirklich) – ganz egal.

Denn längst brach wieder der Himmel auf. Schlagartig Sonne. Wir sind auf dem Rückweg zum Quartier, als ich einen Rappel bekomme. Ich verlange nach der Badetasche, greife nach Tuch und Hose. Elle blickt mich rechtschaffen verständnislos an.

»Dem Tag fehlt noch ein Höhepunkt«, sage ich betont beiläufig, »ich werde mal doch noch baden gehen.«

Sprech's und strebe über den Zugang (flatternde Werbeflagge vor Grundmotiv mit Sand, Bohlenweg, Dünenbewuchs, Meer und Himmel mit mittelgroßer Kissenwolke) zum Strandkorb. Nur nicht erst wieder auskühlen. Ich ziehe mich aus und teile die am Meeressaum entlangschlendernde Menge (alle in Hemd und Hose, keine reinen Badehosenträger), als ich zum Wasser gehe.

Warum tut man das? Bei 18 Grad?

Weil man an der Ostsee angekommen ist. Weil man den Vergleich zu Südsee oder Mittelmeer (Hitze, Abhängigsein vom Meer als Abkühlung) hinter sich gelassen hat. Weil man spürt, dass der Knoten, der einen sonst ans Erwachsensein fesselt, Platzangst bekommt, und man unbedingt dabei sein will, wenn er zerknallt. Weil diese Wellen ein Traum sind. Weil die Temperaturgleichheit von Wasser und Luft das Wasser als sehr angenehm erscheinen lässt. Weil diese Wellen sogar mehr als ein Traum sind. Weil man augenblicklich (das heißt nach einem letzten Blick zum Strandkorb) alles um sich herum vergisst. Weil Elle in einem nicht unwesentlichen Detail irrt: Diese Wellen machen nicht zehn Jahre jünger. Diese Wellen geben für Momente das Alter zurück, in dem man zum ersten Mal mutig war, herumtollte, mit ihnen und gegen sie spielte, sich hineinwarf, sich hinauswarf, erst noch den Mädchen am Strand imponieren wollte, schnell aber sogar die vergaß und mit sich allein war, sich kopfüber stürzte, sich aalte, Wasser schluckte, Wasser spuckte, sich aufs Neue hineinwarf, die Gewalt der Welle nutzte, den Moment abpasste, in dem sie sich brach, einzuschätzen lernte, wo man sich hinein-, wo parallel-, wo lieber mit der Welle warf. Schließlich will ich doch wieder ans Ufer. (Warum eigentlich? – Kalt ist mir nicht, ein reines, leider schon wieder erwachsenes »Einmal muss es auch genug sein!« –

Empfinden ohne wirklichen Grund.) Ich werfe einen Blick zurück in die Fluten und – leider verloren, wunderschöne Brecher sind im Anrollen, ich muss nochmal angreifen! Das wiederholt sich wenige Minuten später noch einmal. Denn auch wenn sie sich beim Alter etwas vertan hat, schon hier hat Elle wieder recht: Man will toben, plötzlich ist da die Welle, dann musst du hüpfen, musst dich reinstürzen, musst herumtollen, du musst reagieren, die Welle wartet nicht, es ist, ach …!

Vor kaum mehr als einer Stunde habe ich das Baden bei diesem instabilen Wetter noch als pubertär bezeichnet. Gemessen daran habe ich jetzt ziemlich lange gebraucht. So bin ich nicht überrascht, dass ich meine Lieben schon sehen kann, als ich über den Strandübergang zurückkomme. Sie stehen am Fenster, erwartungsvoll. Ich gebe vor, sie nicht zu sehen.

Das gleiche Bild aber, als ich in die Wohnung komme: Den berühmten Orgelpfeifen nicht unähnlich, sitzen sie auf dem Sofa, im Gesicht ein einziges Und?, das Elle dann auch ausspricht: »Und?«

»Naja, wenn euch das was gibt … Es ist eben kalt und nass.«

Schon lange kann ich Elle so einfach nicht mehr narren.

»Und um das zu merken, hast du so lange gebraucht?«, lacht sie mich aus.

»Wie waa's, wie waa's?« Die Kinder haben jetzt keinen Sinn mehr für unsere Erwachsenenspielereien, und mir ist es inzwischen wieder eingefallen: »Superschickischnacki!«

Und als sie verstanden haben, dass ich das nun ernst meine, füge ich hinzu: »Wenn ihr nicht noch einiges auffahrt in den nächsten Wochen, kann ich meinen Aufsatz über das schönste Ferienerlebnis heute schon schreiben, jetzt gleich, wenn ihr wollt.«

Wir gehen essen. Frau Lange, die Bedienung, ist jung, apart und sehr zuvorkommend. Außerdem hat sie gepflegte, aber keine bunt bemalten Nägel, was hier fast selten ist und sie zusätzlich für mich einnimmt.

Und auch der Abend, Elles Silhouette vor Feuerhimmel mit mehrdimensonalem Wolkenspiel, gibt alles. So muss ein Abend im Sommer am Meer aussehen, so muss ein solcher Abend sein!

5.

Ich wache auf und höre nur ein – einziges und einmaliges – Geräusch. Womöglich ist es sogar dieses Geräusch, das mich geweckt hat. Es ist der Klang dieses Urlaubs, sein allgegenwärtiges Grundrauschen, es ist das Rauschen des Meeres, das uns seit fünf Tagen und hoffentlich noch für mindestens weitere zehn Tage mal mehr, mal weniger bewusst wird, ganz sicher aber nicht, keine Minute, loslassen wird. An diesem Morgen kommt es mir intensiver vor als sonst. Und richtig: Heute ist es unter der strahlenden Sonne so windig, dass wir das Sausen und Pfeifen des Windes in den Fahnen und sein Reißen an den Masten hören. Ein feiner Sandschleier geht über den Strand. Eine buchstäblich hinreißende Brandung ist die Folge, der wir uns nach einem späten Frühstück ausgiebig hingeben. Dann gibt es Kartoffelpuffer am Strand. Zu meiner nicht geringen Überraschung bietet die Dame am Imbiss an, mir einen großen Porzellanteller zu überlassen, damit meine Kartoffelpufferfracht nicht »schon gleich matschig ankommt«, und um meine Verblüffung komplett zu machen, drückt sie mir die noch halbvolle Packung mit dem Apfelmus einfach so in die Hand. Sie hat, obwohl höchstens mittelalt, zart und eher hübsch als mütterlich, etwas Fürsorgliches, das mich anrührt. Schon wieder volle Punktzahl für die Bedienung … Auch wenn diese wieder aufgebrezelte Nägel hat, irgendwas mit Dunkelrot und Silber. Aber man soll ja auch nicht dogmatisch sein.

Die Mittagsruhe nach diesem anstrengenden Vormittag verbringen wir, dem Wind das breite Kreuz unseres Strandkorbes zugewandt, in ebendiesem.

Am Nachmittag wünscht sich Peter einen Ausflug zum roten Leuchtturm. Da wird sich einer noch wundern, machen wir aber gerne. Das rote Molenfeuer steht auf der Ostmole, nicht der Warnemünder Warnowseite, sondern drüben in Hohe Düne. Wir müssen also erst zum Bahnhof und darüber hinaus bis zum Fähranleger laufen, erreichen eine der kleinen Pendelfähren so prompt, als fahre sie eigens für uns, tun uns ein wenig auf dem Gelände des Fünfsterneanwesens *Yachthafenresidenz* auf der anderen Seite um und schwenken dann wieder auf den ursprünglichen Kurs ein: Bei dramatischem Himmel (noch scheint die Sonne, spendiert überreichlich tausendfach blinzelndes Glitzerwasser, aber es könnte auch bald wieder zu regnen beginnen) streben wir über den Ostmolenausleger hinaus zum roten Leuchtturm. Wir passieren die Robbenaufzuchtstation, doch sind gerade keine Besuchszeiten. Dann sind wir bald da. Peter ist, so haben wir es erwartet, überrascht, wie aufwendig es war, das von unserer Wohnung aus jederzeit sichtbare Türmchen zu erreichen, und auf ausdrückliche Ermunterung hin auch überrascht, dass er es doch aus eigener Kraft bis hier geschafft hat. Ein bisschen geknickt ist man lediglich, dass der kleine, stämmige Turm, der nie für Besucher zugänglich ist, nun nicht zur Feier des Tages auch noch bestiegen werden kann, sondern ganz normal verschlossen ist. Dafür sporne ich Peter an, die paar Stufen zum Eingang emporzusteigen und den Turm nun wenigstens mal anzutitschen, um künftig von unserem Strand aus den Blick hinüberschweifen lassen und sagen zu können: Da war ich, den habe ich selbst schon angefasst!

Auf dem Rückweg kommen wir gerade recht, als das aktuelle Kreuzfahrtschiff verabschiedet wird, die Sea Cloud V, ein ausnehmend schöner Dreimaster in den Tönen von Weiß und poliertem Holz. Am Bahnhof sehen wir das aktuelle Werbeplakat eines örtlichen Mineralwasserherstellers. Es zeigt das Motiv des grünen Molenfeuers auf der Warnemünder Seite, das Pendant zu unserem handlichen roten Freund. Der trutzige Grüne ist, gern von anbrandender Gischt umrahmt, ein beliebtes Werbemotiv, eine Versicherung wirbt deutschlandweit in Zeitungen mit »unserem« Leuchtstumpen für Beständigkeit. Und wir können, wenn wir uns vor dem Plakat stehend nur um neunzig Grad drehen, von hier aus zugleich auch das Originaltürmchen auf seinem Platz auf der Mole in der Sonne blitzen sehen.

Danach geht Elle anderthalb Stunden ihrer Wege. Flora aber bekommt außerplanmäßig Hunger. Und ich kann noch immer nicht stillen. Wir haben nicht nur Spaß miteinander in dieser Phase. Nein. Vielmehr bringt mich neben viel Gequake ihr großäugig-zahnloser Blick momenteweise um die gute Stimmung. Binnen Sekundenbruchteilen changiert dieser Ausdruck zwischen der Weisheit einer sehr alten Frau und etwas, das man für die beinahe totale Idiotie einer Neugeborenen halten könnte, die sich einfach nicht erklären kann, warum sie von Papa statt der Brust nur Durchhalteparolen bekommt. Dazu kommt, weil ich neulich ausnahmsweise mal Abgepumptes aus der Flasche verabreicht habe, ein Restzweifel im Blick, der sagt: »Ich bin mir fast sicher, du könntest, aber du willst es nicht genug.« Entsetzlich. Aufhellung stellt sich erst ein, als sie mehrfach ein Gesicht macht, als denke sie angestrengt nach, dazu den Mund formt, als erwäge und verwerfe sie unterschiedliche Satzanfänge, empört, werbend, wichtig, und schließlich kommt heraus: ein bisschen zu Bläschen aufgeschäumter Speichel. Schaum statt Substanz. Flora darf das. Und gar viele Zeitgenossen kommen mir in den Sinn, die sich gar häufig im Ergebnis genauso artikulieren. Leider sind die alle älter.

Der Abend verlangt, das Essen am Strand einzunehmen. Wir kommen, wie könnte es anders sein, gerade recht zum Untergang der Sonne: Prächtig, orangegelb, kreisrund ist sie die Letzte, die sich heute – trotz Wind und Gischt – augenscheinlich noch einmal zu baden traut. Unsere Blickrichtung ist aber windbedingt die Mole und der Weg dorthin, und in unserem Blickfeld tummeln sich vor sich zusehends verdunkelndem Himmel ein paar kühne Surfer und etliche Kiter.

Haaach, schon wieder einen ganzen Tag am Meer gewesen, drauf geschaut, und sonst schlicht nichts getan. Es damit aber sehr genau genommen. Ich merke mir die Stelle. Da sollte man morgen anknüpfen können. Vielleicht nach einem Lauf am morgendlichen Strand, der im Idealfall in einer prallen Tüte Brötchen münden wird.

6.

Straff waagerecht im Wind steht die beste Badewasserqualität verheißende blaue Flagge am Ende des vor unserem Fenster abzweigenden Strandübergangs, als ich am noch jungen Morgen hinaussehe. Da aber die Sonne scheint und die Flagge in die Richtung zeigt, in der es die Brötchen gibt, schnüre ich umso lieber die Laufschuhe und mache mich auf den Weg.

Acht Uhr ist es gerade erst gewesen, da stürzen sich, kaum habe ich den Saum festen Sandes an der Scheidelinie zwischen Wellen und Strand unter den laufenden Füßen, eine Horde Schwimmer in die schäumenden Fluten nahe der Mole. Ungefähr hundert Meter entfernt im Wasser sehe ich schwankende rote Schlauchboote. Darauf stehen breitbeinig stämmige Männer, die aussehen wie Mensch gewordene Aushängeschilder der Schwimmmeisterzunft bei außer Kontrolle geratener Wellenmaschine, ja, bei aus jedem Ruder gelaufenem Wellenbetrieb, und sie wollen ihrem Bootsaufdruck, DLRG, dort draußen offenbar Ehre machen. Wir hatten gestern Aktivität wahrgenommen dort hinten bei der Mole, geräumige und zugleich schmucklose weiße Zelte waren aufgebaut und die Flaggen etlicher Nationen gehisst worden. Nun will mir scheinen, das ist eine Art internationale Trainings- und Wettbewerbsveranstaltung für Rettungsschwimmer. Eben noch dachte ich, selbst wenn ich mich aus einer Laune heraus für diese Mutprobe im Morgengrauen angemeldet hätte, spätestens beim Start hätte ich unter diesen Bedingungen (unausgeschlafen, hohe Wellen, kalt) auf das Startgeld gepfiffen und einfach gekniffen, da geht mir auf: Das sind Rettungsschwimmer, die wollen, nein, die brauchen das so, damit sie was zu üben haben, glatte See kann jeder, was gibt's da zu retten ... Voll stiller Bewunderung drehe ich ab in die Richtung warmer, krosser, wieder betulich stimmender Brötchen.

Als ich in die Wohnung zurückkomme, höre ich aus dem Schlafzimmer eigenartige Zischgeräusche. Wir sind nicht im Süden, eine Schlange wird kaum im Spiel sein!? Ich sehe nach. Peter steht an Floras Bettchen und ist lieb. Er ist aber nicht der Erfinder des gehobeneren S-Lauts, und seine Versuche, die kleine Schwester mit einer handverlesenen Nettigkeit wachzusäuseln, führen ein ums andere Mal zu der mit dem denkbar zärtlichsten Schmelz hervorgebrachten Lautfolge »Dschuckerschnäudschen«. Hätte schlimmer kommen können. Neulich hatten wir »Dschuckerpüppschen«.

Es vergeht ein Vormittag bei Sonne und Starkwind, dem geschuldet zwischenzeitlich sogar ein Badeverbot verhängt wird. Es ist kein Rettungsschwimmverbot, unsere DLRG-Helden ficht das alles nicht an, sie tragen weiter unverdrossen ihre Fortbildung aus, eingeschlossen die breitbeinigen Überschwimmmeister in ihren schwankenden Booten, die an Greenpeace-Nussschalen erinnern, wie sie im südchinesischen Meer an porösen Tankern mit höchstens einer Außenhülle Rabatz machen. Wir lassen uns heute zum grünen Bruder des gestern besuchten roten Leuchtturms pusten, machen Fotos, auf denen wir die Position der Kinder und die Perspektive so wählen, dass die an der steinernen Molenbewehrung emporbrandende Gischt höher schlägt als die Kinder ihre Arme strecken können, und tun sonst einmal mehr: nichts. Das verdient zur Belohnung mindestens ein Mittagessen in einem belebten Restaurant am Strom. Dabei wollen wir es dann allerdings auch belassen. Als wir kommen, wird gerade die seitliche Terrasse geöffnet. Das ist gut. So sitzen wir nicht auf dem Präsentierteller entlang der Promenade, sondern so zurückgesetzt, dass niemand uns begafft, wir aber den allerbesten Blick auf die Flanierenden haben. Schnell schiebt sich ins Bild eine Mutter mit offenbar renitenten Söhnen von ungefähr fünf und sechs, die sich, als ihnen irgendwas nicht passt, wie abgesprochen auf das Pflaster des Weges fallen lassen und balgen und verkloppen, allerdings wohl mehr zum Schein, denn beide lassen sie die Mutter dabei nicht aus den Augen. Es ist, als würden sie das Angenehme mit dem Nützlichen verbinden (Mutter trotzen, Bruder triezen), denn beide wirken mitnichten, als mache ihnen der Schaukampf auf dem harten, staubigen Kopfstein ernsthaft etwas aus. Die Mutter mahnt in großer Ruhe einmal, mahnt ein zweites Mal, hebt dann die Hand zu einem flüchtigen Gruß und murmelt einen ebensolchen, ehe sie, ohne sich noch einmal umzudrehen, gemessenen Schrittes der Mole zustrebt. Sekunden später erheben sich die Jungs, beide geschlagen, klopfen sich fahrig den Staub aus den Kleidern und trotten hinterdrein. Die Mutter bekommt von mir ohne Diskussion und Verhandlung hundert Punkte auf der von mir sehr kritisch gehandhabten Skala, mit der ich die Erziehungsleistung anderer Eltern bewerte.

Zwischendurch stelle ich fest, dass unsere Bedienung auch heute wieder aufgebrezelte Fingernägel hat. Irgendwas mit Grün und Grau diesmal. Darf ich eigentlich »Bedienung« sagen? Müsste es Kellnerin heißen? Frollein sicher nicht, das ist im Westen 1974 abgeschafft worden, hierzulande also spätestens mit dem Beitritt auch. Ich denke, »Bedienung« geht in Ordnung, sie bedient uns nun mal, sie wird Trinkgeld bekommen, und ich meine es ja nicht böse. Sie ist nett, etwas burschikos, hätte nichts dagegen.

Ein wesentlicher strategischer Vorteil von Restaurants, die erklären, auch französische Küche anzubieten, ist sprachlicher Natur. So können sie beispielsweise in der Karte »Dorade« statt Brasse anbieten. »Brasse« klingt nun einmal wie das Geräusch eines nass um irgendjemandes Ohren geklatschten Fischs. Dorade klingt nicht nur weltmännischer, es ist auch einfach ein hübscheres Wort. Ebenso richtet sich die Zunge eleganter ein, wenn sie »Ratatouille« erwartet anstatt »Schmorgemüse von Tomaten, Zucchini, Paprika und was sonst noch so da ist«. Brasse mit Schmorgemüse ist ein faires mecklenburgisches Gericht, zu dem ich jederzeit ja sagen würde. Aber »Dorade an Ratatouille« ist eine Delikatesse, eine kulinarische Großtat, und wenn's dreimal im Prinzip dasselbe ist.

In diese Betrachtungen hinein durchmisst eine ältere Dame ahnungslos unser Blickfeld. Sie trägt eine Rauschgoldengelfrisur, sehr rote Lippen und eine Jacke, eine Windbluse, einen Anorak mit einem floral angelegten Großfarbfleckenmuster, wie es vermutlich an der Riviera für viel Geld zu haben ist.

Wir lästern ein bisschen, dann sagt Elle: »Ich finde es gut, wenn sich auch ältere Frauen noch flott zurechtmachen.«

Was uns bis zum Essen allerlei Betrachtungen über das Wort »flott« anstellen lässt, das es ja durch bedauerliche Umstände gleichsam in den Rang seines eigenen Gegenteils geschafft hat. Wer sagt »flott«? Nur jemand, der es im Sinne des ursprünglich damit Gemeinten sicher nicht ist. Also im Zweifel nur noch Muttis Liebling oder gleich Mutti selbst...

Am Nachmittag lerne ich neu, was man braucht, um eine ordentliche Strandburg zu bauen. In Deutschland zunächst den Mut, eine Vorschrift zu brechen. Aber dazu gleich.

Erstmal strecke ich im Strandkorb die Beine aus, nachdem ich mich den wieder bezähmbaren Wellen hingegeben und Elle dabei zugesehen (und zugehört) habe, wie sie bei gleicher Gelegenheit juchzende und lachende Jungmädchenlaute des filterlosen Entzückens ausstieß wie vermutlich seit zwanzig Jahren nicht (ganz so lange begleite ich ihren Weg noch nicht, auch wenn es schade um jeden Tag ist, den ich verpasst habe). Ich habe die Kinder mit einer großen und einer kleinen Schaufel und einem Eimer ausgestattet und ermuntert, eine Sandburg zu bauen. Nun beobachte ich die alte Dame, die bereits im blaugrünen Badeanzug und mit blauer Duschhaube an den Strand kommt, mit reichlich Würde einen türkisfarbenen Stockschirm in den Sand rammt und zunächst unmerklich breitbeinig und wohl mit einer Mischung aus Genießer- und Visionärsblick das noch immer brandende Meer betrachtet. (Den Blick kann ich von hinten nicht sehen, aber sehr stark vermuten.) Zwischendurch wickelt sie sich das Tuch von den Hüften. Die dunkelblaue Duschhaube hatte sie, wie gesagt, von Anfang an auf. Dann schreitet sie auf das Meer zu. Zurück bleibt der senkrecht im Boden steckende Schirm, was immer – Orientierungs- oder getarnte Gehhilfe? – sie bewogen haben mag, ihn mit an den Strand zu bringen. Mein Blick schweift nach links, wo eine monumentale Strandburg entsteht. Viele bauen mit. Ein Wall umschließt wie ein »ß«-Zeichen ein sicher sechs bis acht Quadratmeter großes Areal, auf dem Wall sind in kurzen regelmäßigen Abständen die zahlreichen und kunstvollen Ergebnisse voll sandgefüllter Eimer zu sehen, die hier dann gestürzt wurden, in der Mitte des oberen Kringels des »ß« steht ein terrassenförmig abgestufter Berg, dessen Terrasse mit Steinen dicht an dicht belegt ist – ein kunstvolles Kastell, das über Tage entstanden sein dürfte. Ich sehe wieder zu meiner alten Dame mit der Duschhaube und komme gerade recht, um zu sehen, dass Elle sie an der Hand aus dem Wasser führt, offenbar hat man sich übernommen und zu weit vom schützenden Schirm entfernt.

Rechts umschlingt sich ein braun gebranntes junges Paar, als wolle er jetzt eine graue Fregatte besteigen und mit unbestimmter Rückkehrprognose in ein Krisengebiet aufbrechen. (Das Bild hat einen realen Hintergrund, denn kaum einen Kilometer Luftlinie von hier entfernt, brechen im Breitling tatsächlich gelegentlich graue Schiffe in Gegenden möglichen Grauens auf.) Die beiden sind aber wohl nur eben erst angekommen, und nun will er es wagen, in die kühle Gischt zu steigen und sie nicht. Er tendiert zur Feistigkeit, so dass ihm das nicht viel wird anhaben können, sie hingegen hat die dieser Tage viel propagierte Idealfigur der Mittzwanzigerinnen, sie ist nämlich so dünn, dass sie bei ungünstigem Anprall einer Welle, womöglich gar einer Begegnung mit der Kammkante, die die Welle vor dem Brechen aufweist, umstandslos auseinanderbräche (nicht die Welle – das Mädchen!). Schließlich geht er unter ihren niedlichen Anfeuerungen und übersteht es auch letztlich.

Mein Blick schweift weiter, die Kinder bauen, auf dem Wasser ziehen drei krawallige Speedboats ihre jede Ruhe zerfetzenden Proletenkreise, wobei ich eines zugeben muss: Sie kommen verdammt flott vorwärts. Flott, hihi, da ist es wieder. Und natürlich wieder gemeint, als sage es Opa abends beim Pfeifchen auf der Bank vor dem Haus zu seinem halbstarken Enkel. Als Nächstes bleibe ich hängen an einem Paar von vielleicht Mitte sechzig – schlank, er in Badehose, sie, ohne im Übrigen fadenscheinig auf ewigjung getrimmt zu sein, im Bikini – das sich einen apfelsinengroßen Ball zuwirft. Beide werfen und fangen ordentlich. Bis er einen haltbaren Ball aus unerfindlichen Gründen verfehlt und mit der Mundpartie auffängt. Er geht zu Boden, hält sich den Kiefer. Beide lachen vergnügt und ausgelassen. Der Strand verändert die Menschen. Zu ihrem Besten. Ich seufze selig.

Und wende mich meinen Kindern zu, die meine Unterstützung fordern. Das hatte ich kommen sehen. Was also braucht man, um eine Strandburg zu bauen? Wir hatten schon: den Nerv, eine Vorschrift zu ignorieren. Ich erinnere mich an die Nordseeurlaube meiner Kindheit. Um jeden Strandkorb meterhohe Wälle. Darauf stand in Muscheln geschrieben »Alexandra und Daniel« oder »Höxter« oder »Villa Seepferdchen«. Und keiner störte sich daran. Das ist heute aus Gründen, die wohl mit nächtlicher Stolpergefahr zu tun haben, verboten. Früher war alles besser. Das war früher schon so. Wir bauen trotzdem. (Es hat schließlich noch keine Strandburg auch nur die erste Nacht überstanden ...) Und brauchen natürlich Sand. Schippen und Eimer. Außerdem Wasser, das den Sand verbacken und halten hilft. Ausdauer. Muskeln. Und auch ein bisschen Idealismus. Denn was macht der Papa, wenn die achtjährige Ava sich einen Burggraben wünscht, der auch Wasser führt, und als das immer versickert als Ausweg vorschlägt, ihn dicht an dicht mit den Steinen auszulegen, die man im Umkreis findet? Na, er macht mit! (Muscheln zum Verzieren übrigens, so schöne große weiße jedenfalls, wie sie an der Nordsee verwendet werden, werden wir hier nicht finden, das muss der Neid der gezeitenlaunischen Salzbrühe von nebenan lassen ...)

Elle war inzwischen Geld holen und hat am anderen Ende der Promenade Hanna Schygulla getroffen, nein, gesehen, wir kennen sie ja nicht wirklich. Hätte ich nicht erkannt. Sie schon: »Hat aber auch ein bisschen zugelegt seit dem letzten Mal.«

Soso. Mein »letztes Mal« mit Hanna Schygulla war vor vielleicht fünfzehn Jahren. In der Zeit haben andere noch ganz anders »zugelegt«… Und Warnemünde hat sich einmal mehr als der Strand von Berlin erwiesen, denn da wird die gute Dame doch wohl fast sicher zu Hause sein.

Wo vorhin der Stockschirm der etwas wackeligen Duschhaubenblauen steckte, liegt inzwischen das Mountainbike eines gebräunten, haarlosen Schönlings im Sand; er selbst lag bis eben daneben, zieht sich jetzt ruckzuck einmal komplett aus (er hat nur auf dem Kopf keine Haare) und geht baden.

Wir packen allmählich zusammen, nicht ohne uns Peters Befürchtungen um die Sandburg anzunehmen, der schwischen besorgnisbedingter Aufgeregtheit und noch immer nicht optimierten Zischlauten verlauten lässt: »Bestimmt dschäschdöhn die Möwen unses Gebaunes!«

Ganz vielleicht lassen wir da nach dem Urlaub doch mal einen Logopäden draufschauen, aber so lange genieße ich das noch!

Ich könnte Sie in diesem Sinne zum Schluss raten lassen, was »Schebscha« bedeutet. Das wäre allerdings nicht ganz fair. Weil er das schon seit einem guten Jahr nicht mehr sagt, weil Sie ohnehin nicht drauf kämen, und weil er vielleicht etwas dagegen hätte, wenn ich hier Dinge ausbreite, die womöglich noch gelesen werden, wenn er sich beispielsweise für Frauen interessiert, deren Eltern dieses Buch in die Finger bekommen könnten. Das Schebscha kommt in Rostock auch nur im Zoo und auf der Straße vor. Die Lösung: Zebra. Aber na wenn schon, hier passt er damit her, denn der Mecklenburger, der Zwetschen sagen will, spricht schließlich auch von Schwetschen, und wenn ein Fischer einem Gauner doch mal eine gelangt hat, hat er sie ihm geschwetscht. Übrigens auch, wenn er dafür eine Brasse benutzt hat.

7.

Die ersten Routinen stellen sich ein. Wieder laufe ich den Strand entlang zu Brötchen. Das Kreuzfahrtschiff, das ich heute einlaufen sehen wollte, muss fast ein Stunde zu früh gekommen sein und ist schon da. Der Strand ist um diese Zeit noch leer, aber ich treffe dieselben Badenden wieder, die hier auch schon in den letzten Tagen die morgendliche Kreislaufkur suchten. So die alte Dame, die gleich an »unserem« Strandübergang ihren Mut beweist. Die Haare zum grauen Dutt gebunden, trägt sie einen Badeanzug in mattem Pink-Ton und stellt sich dem Wasser, indem sie den Wellen mit ruhigem, energischem Schritt entgegentritt. Leicht vornübergebeugt, legt sie dabei die Handrücken auf die Hüfte. Mutmaßlich reißt ihr ein Rückenleiden hier beim Aufeinandertreffen mit der Kälte einen kleinen heimtückischen Schmerz hinein, so dass diese Gehweise aus der Not geboren ist. Nun aber verleiht sie ihr auch etwas Unerschrockenes, fast Herausforderndes, die Trümmerfrau steckt da noch drin. Wo andere sich bald den Oberkörper hastig mit dem kalten Wasser benetzen, um ihn und sich an die Kühle des Wassers zu gewöhnen, stellt sie sich den Wellen und Widrigkeiten mit ungeschützter Brust.

Zwei, drei Männer treffe ich ebenfalls wieder. Sie baden und bewegen sich unabhängig von ihrem Alter und ihrer Bedeutung (den einen kenne ich aus dem Rostocker Stadtparlament, und er ist da kein Hinterbänkler) nackt. Aber dass der Hiesige gern textilfrei badet, weil das in Vor-Beitrittszeiten ein Gefühl von Freiheit und Gleichheit oder so geschaffen und/oder verstärkt haben soll, ist wohl häufig genug Gegenstand ost-westdeutscher Lästereien gewesen und bedarf meiner Aufarbeitung nicht (zumal FKK schon um 1930 mal ein Massenphänomen war, als es »Ost« und »West« gar nicht gab). Ich bleibe dabei, dass mir das nichts gibt und es insbesondere zu sehr unschönen Anblicken blasser Fleischberge führen kann, was nicht durch besonders schöne Anblicke an anderer Stelle wettgemacht wird (weil man da dann nicht so hinschauen darf). Elle spricht gern treffend davon, entblößt offenbarten bestimmte Menschen schonungslos, dass ihr

Gehen nicht gehen sei, sondern »Massenbewegung« ... Ich erwähne, dass FKK hier in MV auch schon mal ab 1954 für zwei Jahre aus ästhetischen Gründen verboten war. Und im Übrigen mag dann wieder jeder nach seiner Fasson verfahren, ich will da nicht etwa den Schiedsrichter machen ...

Wieder streben wir zum Anleger für die Kreuzfahrer. Elle stillt Flora. Die Fachpresse rät, Alkoholgenuss und Stillzeiten, wenn denn beides sein soll, zu synchronisieren, dann ist der Alkohol nicht in der Milch, wenn das Kind davon trinkt. Kriegen wir nicht hin, aber dafür gibt es heute danach einen guten Schluck. Vor die Wahl gestellt, einen Piccolo oder einen Prosecco zu kaufen, entscheide ich mich für das Modegetränk, ohne das recht erklären zu können. Ich denke, es hängt letztlich damit zusammen, dass flotte ältere Damen Piccolo kaufen und ich mich in dieser Richtung abgrenzen möchte. Auch ist der Prosecco gleich wieder Gegenstand für interessante Betrachtungen. Wenn man schon mal die Zeit hat. Diesmal drehen sie sich um die Frage nach dem richtigen Behältnis für die richtigen Getränke. Das Ammenmärchen, dass guter Wein in der mit Naturkork verkorkten Flasche daherkommen muss, dürfte ausgeräumt sein. Ein Auto ist auch nicht schlechter, wenn es ohne Starrachse auskommen muss. Das Einzige, was man dem Wein mit dem Korken nimmt, ist das Risiko, nach Kork zu schmecken. Darf aber ein Schaumwein in der Dose daherkommen? Es gibt in den USA ein dünnes blondes Mädchen, das vermutlich über etliche Qualitäten verfügt, über die man aber wenig erfährt. Denn ihr Schicksal ist, dass sie einer namhaften Hoteldynastie entstammt. All das zusammen macht sie in einer bestimmten Pressesparte bereits jetzt zur »Hotelerbin«, und keiner stört sich an der Geschmacklosigkeit, dass ihre Eltern noch leben und nicht alt sind, so dass sich das mit der Erberei, wenn alles einigermaßen normal läuft, noch ziehen kann. Außerdem heißt es, man hätte längst verkauft. Diese »Hotelerbin« ist wie gesagt dünn, aber nicht schlechterdings unansehnlich, so dass besagte Pressesparte sie gern herzeigt. Und sie sich auch. Das geschah unter anderem mit einer bestimmten Proseccosorte, die, das war das Besondere, in betont schlanken blondfarbenen – Metalldosen umherschwappte. Sekt im Blechkanister. Das ist praktisch, wenn Partys fortgeschritten sind und die Feinmotorik der Gäste auf dem Rückzug ist, aber zugleich natürlich zunächst ein Fauxpas, so dass es der betont schlanken blondfarbenen jungen Frau aus der Hoteliersfamilie als Werbeträgerin bedurfte, um dieses Produkt nebst Packweise einzuführen. Hat aber wohl geklappt, und der Prosecco auf, nunja, Pariser Art kommt bis heute in der betont schlankzylindrigen blondfarbenen Büchse daher. Und ich glaube, die Puristen (»Paristen«? Haha.) trinken ihn sogar daraus. Wie hat der Hersteller unseres Prosecco reagiert? Mittelmutig. Man bekommt der Form nach die vertraute Flasche in die Hand. Beim zweiten Dagegenklicken mit dem nachdrücklicher werdenden Fingernagel erkennt man allerdings: Dieses flaschenförmige Dings ist aus Metall.

Nachmittag am Strand. Wir verlegen unsere neuerlichen Sandburgbemühungen weiter ans Wasser. Erstens spielen unerhört gesund aussehende Menschen ungefähr unseres Alters nahe an der gestrigen Burg mit hohem Einsatz, aber ohne Hinterkopfaugen Volleyball, so dass zu befürchten steht, sie würden unsere Kinder sonst beim Kampf um den Ball alsbald einfach umspringen, -baggern, -schmettern oder -hauen. Zweitens müssen wir das Wasser, das der Sandburgenbau nun einmal erfordert, dann nicht so weit schleppen. Alles klappt, wir schaffen es, eine Burg zu konstruieren, die einen eigenen Wasserzufluss hat. Ich erreiche in hingebungsvoller Handschachtung, dass Meerwasser bis in den Burghof fließt, wir brauchen es nur vor Ort abzuschöpfen und können es verwenden, wo immer wir es brauchen. Dann kommt die Trelleborgfähre. Wir freuen uns, denn sie bringt Wellen der Erfrischung und Abkühlung, genießen die Wellen, hüpfen, werfen uns, amüsieren uns, vergessen uns wie gehabt. Doch dann müssen wir Peters Tränen trocknen. Allein Schaufeln, Sieb und Eimer sowie eine winzige wallartige Erhöhung, die in ihrer Höhe und

Bedeutsamkeit erinnert an die wulstförmig-überlangen Baumwollschlauchdackel, die man in alten Katen vor undichte Türen legt, lässt ahnen, wo bis eben unsere Sandburg stand.

Der Strandkorbvermieter kommt auf einen Schwatz vorbei. Meiner Anregung, er möge sich dazu bekennen, einen Traumberuf zu haben, im Sommer Strand und genug Umsatz, um im Winter nichts tun zu brauchen, will er nicht folgen. Er kontert, gerade dies Jahr sei es im Frühjahr zu Stürmen mit Fluten gekommen, die ihn mit Helfern bis nachts um eins Strandkörbe habe in Sicherheit bringen lassen, und die seien noch dazu immer vom Wagen gefallen. Und im Winter ständen genug Reparaturarbeiten an. Und die Gebühren seien so hoch, dass er jeden Cent Umsatz brauche. Ich bin nicht überzeugt. Das ist ein Traumjob hier. Basta. Er lacht freundlich und streitet nicht weiter.

Unsere Ferienwohnung liegt, wo Warnemünde schon ruhiger wird. Abends soll der Kreuzfahrer verabschiedet werden. Vorne, näher zu Mole und Ortskern hin, so vermuten wir, wird das feierlich begangen werden. Außerdem schickt sich der Himmel wieder an, einen Sonnenuntergang springen zu lassen, von dem unsere Kinder noch den Enkeln erzählen werden und weit darüber hinaus. Schnell machen wir die Strandbar aus, karibische Klänge, illuminierte Strohschirme, lange Getränkekarten, lustige Namen, hohe Preise. Elle entscheidet sich, da gerade keine Stillzeit ist, für etwas Alkoholfreies. Es wird, wie neunundneunzigkommafünf Prozent aller alkoholfreien Cocktails, wie rettungslos überteuerter Multivitaminsaft schmecken. Ich habe zum ersten Mal im Leben gleichzeitig den Mut, den Namen eines bestimmten Getränks in aller Öffentlichkeit laut auszusprechen, und Appetit drauf: Ich bestelle, jetzt leicht zu erraten, *Sex on the beach*. Der Sonnenuntergang wird das erwartete Großereignis. Ich fotografiere weniger ihn als die schwarze Phalanx von Menschen, die am Wasser stehen und ihn fotografieren; dass die rote Kuller von kitschversessener Sonne dann trotzdem mit ins Motiv rutscht, nehme ich hin. *Sex on the beach* im Glas ist eine Empfehlung, weil ein Genuss ohne Reue, denn anders als bei der Leibesübung gleichen Namens hat man anschließend nicht Sand und wunde Stellen in Bereichen, an denen man sich nicht öffentlich kratzt.

8.

Die erste Woche wird heute Abend hinter uns liegen. Elle und ich waren gestern schon übereingekommen, dass man die zweite eng am Vorbild der ersten würde ausrichten können. Gehen wir es also an, denke ich, als ich heute die Laufschuhe schnüre.

Es ist Sonntag. Das ändert alles. Natürlich gehören auch wir oft genug zu denen, die am Wochenende in ein, zwei Tagen die schnelle Erholung suchen. Aber wenn man zu denen gehört, die hier teigig ein, zwei ruhige Wochen des Loslassens zelebrieren wollen, nerven sie natürlich fast ein bisschen, die da sozusagen schnellstens ein bisschen Ruhe suchen. Das fängt damit an, dass sie unheimlich früh am Tag mit dem Erholen anfangen. Ich zähle morgens um halb neun am Strand sicher hundert Leute. Das verteilt sich, versteht sich, aber was wollen die alle hier, bloß weil es nach einem wirklich wunderschönen Sonnentag aussieht? Gestern um diese Zeit verteilten sich die Leute auch, aber da waren wir fünf! Vor den Cafés sitzen sie in Trauben. Nein, das strengt an. Sehr behäbig lassen wir es angehen, unsere Scholle Strand kann uns keiner nehmen, wir haben einen Strandkorb. Fast haben wir, als wir beim Frühstück aus unserer Veranda schauen, den Eindruck, heute könnte ein Tag von bleierner Hitze werden, aber der Wind scheint uns nicht im Stich zu lassen, wie das muntere Flattern der blauen Badewasserfahne signalisiert.

Wir wollen die zweite Woche am Vorbild der ersten ausrichten, ich sagte es. Aber so einfach ist das gar nicht. Am vergangenen Sonntag war alles neu. Uns war völlig gleichgültig, ob es Wellen gab und wann und wie oft. Irgendwann würden sie schon kommen. Im Laufe der Woche lernten wir, dass sie auch oft genug kommen, es gibt ja den Fährverkehr. Heute ist wieder Sonntag, aber eben nicht mehr alles neu. Die Ostsee liegt teilnahmslos rum, es ist warm, der Wind verhindert knapp, dass man im eigenen Schweiß in der Sonne simmert, aber er bläst keine ordentlichen Wellen. Also brauchen wir Fähren. Und sehnen Fähren herbei. Aber die kommen am Sonntagvormittag kaum. Wir haben schon fast aufgegeben, da sehen wir am Horizont gleich zwei. Nur ist ein sehr klarer Tag, der Horizont ist weit und auch weit weg, und irgendwann haben alle Hunger und Flora schreit, so dass wir ungefähr eine Viertelstunde vor dem Wellenbetrieb in Richtung unserer Wohnung streben. Na toll, um es mit Peter zu sagen, der dabei handpuppengleich den Kopf abklappen ließe. Vor einer Woche wäre das ein toller Vormittag gewesen. Heute fehlt etwas.

Mir fällt auf, dass ich die ganze Woche über am Strand noch nicht eine Zeile gelesen habe. Erst nahm ich absichtlich nichts zu lesen mit, weil ich ankommen, mich umsehen wollte. Nach und nach musste ich dann nicht mehr »bewusst« nichts mitnehmen, sondern der Impuls, sich zum Schutz vor Langeweile beim Nichtstun tunlichst mit ausreichend Lesestoff einzudecken, meldete sich einfach nicht mehr. Es gab immer genug nicht zu tun.

Gestern Abend fiel mir übrigens mein Fotoapparat auf den Parkettboden. Erst dachte ich, mehr Glück als Verstand gehabt zu haben, alles gut gegangen. Inzwischen weiß ich es besser. Das Objektiv hat Schaden genommen, es lässt sich nicht mehr einfahren, ich kann jetzt nur noch Teleobjektivfotos mit 300 mm machen. So stelle ich mir, der Vergleich sei verziehen, eine krankhafte Dauererektion vor, erst ganz lustig, schnell aber störend und ziemlich bald ausgesprochen nervtötend. Omnipotent ist jedenfalls etwas anderes. Heute ist, ich erwähnte es verschiedentlich, Sonntag, da wird sich an dem Zustand nichts ändern lassen. Ich kann den Fotoapparat auch nicht mehr mit an den Strand nehmen. Erstens passt die Latte, tut mir leid, so nicht ins Futteral, und zweitens hält mich doch nicht nur die Sitte nach kurzer Zeit für einen besonders hartnäckigen Spanner – wer macht denn bitte, zumal als Mann, ausgerechnet am Strand ausschließlich Fotos mit voll ausgefahrenem Rohr (tut mir schon wieder leid, und ich höre jetzt auf mit den delikaten Metaphern, ich versprech's)?

Ich verbringe also einen Gutteil des Vormittags auf meinem Strandlaken und grinse in mich hinein beim Gedanken, was wohl, hätte man den Anstand nicht, den Druck auf den Auslöser gelohnt hätte. Was ich meine, ist etwas verschroben. Jeder kennt den Blick des Fotografen, der die Kamera im Anschlag hat und auf das lohnende Motiv lauert, jederzeit bereit, es augenblicklich zu erbeuten. Wohl fast jeder kennt den Blick des verhinderten Fotografen, der trotz sich ankündigender Motivfülle den Fotoapparat vergessen hat (alternativ: Batterie leer, Film voll und/oder vergessen usw.), so dass er bemüht sein muss, alle Motive, die in Betracht gekommen wären, auf die innere Festplatte zu brennen, damit der Ausflug nicht nutzlos sei. Mein Blick heute ist in etwa der: Worauf hättest du, wenn das Objektiv nun schon mal hakt, du aber aus irgendeinem Grunde (Vertrag mit Zeitschrift, Wette, Mutprobe) hättest fotografieren müssen, dein Tele heute gerichtet? In diesem Sinne. »Lassen wir die ansehnlichen und sehr ansehnlichen jungen Damen heute weg«, schrieb ich am vergangenen Sonntag und hielt mich, ohne mir sonderliche Mühe geben müssen, die ganze Woche über daran. Das geht unter diesen Umständen nun nicht mehr. Meine Hauptblickachse ist selbstredend die, die es mir erlaubt, vom Strandkorb aus Peter bei seinen heutigen Bemühungen zu beobachten, eine Sandburg meernah so zu bauen, dass er Wasser hat, zugleich aber so, dass das Wasser nicht ratzfatz seine Burg hat (dass den ganzen Vormittag über keine Fähre auch nur den Horizont streifen wird, ahnen wir ja alle nicht, außerdem erhebt eine Burg von Ehre den Anspruch, mehr als einen Vormittag zu halten). Diese Blickachse gibt in der Verlängerung in aller Regel den Blick auf die badenden Elle und Ava frei. Ich muss den Kopf also im Grunde analog zum restlichen Körper den ganzen Tag über nicht bewegen, wenn ich nicht möchte. Heute möchte ich, denn ich mache das »Worauf-hätteich-das-hoffentlich-nur-ausgehakte-und-morgen-leicht-und-kostengünstig-zu-reparierende-Teleobjektiv-gerichtet-wenn-ich-nicht-auf-meinen-Ruf-achten-müsste«-Spiel. Wenige Meter links meiner Blickachse beispielsweise lagern drei sehr junge Leute. Ein auf dem Rücken liegender Mann und seine zwei – zwei! – blonden Begleiterinnen. Wer in dem Alter zwei blonde Begleiterinnen an den Strand zu schleifen versteht, kann es sich dort auch erlauben, sich ein fliederfarbenes Handtuch über den Kopf zu werfen und einfach auf dem Rücken zu liegen. Und genau das tut er. Wobei bestimmte Beobachtungen deutlich machen werden, dass er unter dem Rand des nur scheinbar wahllos liegenden Handtuchs hindurchlinst. Was nicht verwundern kann bei zwei blonden Begleiterinnen. Deren Figur, soviel vorweg, ist jeweils untadelig, über die Hübschheit der Gesichter kann ich wenig sagen, es ist wie gesagt nur ein »Was-wäre-wenn«-Spiel, und in Wirklichkeit liegt der Fotoapparat nebst seinem unpässlichen Objektiv daheim. Eindeutig ist das schlankere, blassere Mädchen mit dem ausgefallenen Wirbelsäulentattoo und den schöneren runderen Brüsten, deren im Vergleich zur übrigen Haut blassere Färbung eben noch verrät, dass sie die bisherige Sonne dieses Jahres überwiegend unter einem Bikinioberteil entgegenzunehmen verdammt waren (im Zucht gebietenden Park einer größeren Stadt?), drittes Rad am Wagen, also wohl die Freundin der etwas Brauneren, etwas Fraulicheren, deren Brüste kleiner sind und doch schon eine minimale Schwere aufweisen. Diese ist die Freundin des Jungen und liegt/sitzt/bewegt sich in der Mitte des Trios. Das Stillhalten haben die beiden jungen Frauen nämlich nicht erfunden, weshalb ich auf das Dreigespann vielleicht überhaupt nur aufmerksam wurde. Alle anderen Einzelpersonen/Familien/Grüppchen lagern am Strand und/oder gehen ins Wasser und/oder spielen Ball. Diese Mädels zappeln rum. Indem sie sich einreiben. Indem sie sich gegenseitig den Rücken einreiben (was den Jungen zu einer Bemerkung veranlasst, die sie mit kokettem Giggeln vergolden, was mir beweist, dass er unter seinem fliederfarbenen Handtuch hindurchlinsen kann). Indem sie sich die Haare bürsten. Indem sie, ich kann ja auch nichts dafür und bin nur der Chronist, offenbar Auffälligkeiten an den Brustwarzen der Schlankeren feststellen, so dass sie sie nacheinander beide befühlen, was zweifellos mein Objektiv hätte innehalten lassen, andererseits aber auch etwas von – gewiss recht hübschen – sich lausenden Affen hat und wiederum den Jungen etwas von sich geben lässt, der sich nur scheinbar unter einem wiederum nur scheinbar wahllos übers Gesicht geworfenen Handtuch, fliederfarben, sonnt. Diesmal würdigt es die Fraulichere, indem sie sich umstandslos zärtlich-anzüglich auf ihn legt, was mich bewegt, den Blick weiterschweifen zu lassen. Es sind mehr hübsche junge Frauen hier als an den anderen Tagen. Offenbar neigen hübsche junge Frauen entweder mehr zum Tagestourismus in Warnemünde, so dass man sie unter der Woche nicht sieht. Oder sie ziehen andere Strandabschnitte vor. Oder ich habe bisher geschlafen, weil mir die Grundlage für eingehende Beobachtungen fehlte, ein uneinfahrbar kaputtes Teleobjektiv.

Wieder essen wir bei ausgezeichnetem Blick und besten Aussichten auf einen hochattraktiven Sonnenuntergang. Unsere Bedienung ist männlich, nett und hat kurze, gepflegte und erfreulicherweise völlig unbemalte Fingernägel.

Und dann raffen Elle und ich uns zum ersten Mal zum abendlichen Bad auf. Dem wellenorientierten Warnemündetouristen wird nicht lange verborgen bleiben, dass abends gegen halb neun nicht weniger als drei Fähren kurz nacheinander einlaufen. Dreifachwellenbetrieb mit Ansage. Heute richten wir es ein. Und man kann Kitsch immer noch steigern. Vor der allmählich rot im Meer versinkenden Sonnenscheibe planschen, hüpfen und tollen wir in den Wellen, während Ava und Peter an Land auf Flora in ihrem Kinderwagen aufpassen müssen. Wenn sie sich entschließen sollten, den Enkeln und weit darüber hinaus später von ihren Beobachtungen am heutigen Abend anstelle des gestrigen Sonnenuntergangs zu erzählen, werden wir es nicht ändern können …

An dieser Stelle kann ein Wort über die Konkurrenz nicht ausbleiben. Wir nehmen um uns herum junge Menschen wahr, die stehend mit Paddeln auf Surfbrettern die Wellen nutzen. Sie wirken wie Neu-Gondolieri und hilflos. Bestimmt singen die auch falsch. Jedenfalls fallen sie dauernd um und sind für ungeschützte Schwimmer eine Bedrohung mit ihren scharfkantigen Brettern. Wir sollen später erfahren, dass diese Menschen einer Trendsportart anhängen, die »Stand-up-Paddling« heißt. Das liegt nahe und erinnert zugleich völlig zu Recht an »Stand-up-Comedy«. Solange der »Paddler« sein Geschäft nicht beherrscht, sollte er verschämt deutsch von »Paddelsurfen« sprechen. Das klingt uncool und trifft's damit genau.

9.

Der Zufall klappt mir gegen halb sieben die Augen auf. Ich beschließe, das als Zeichen aufzufassen, denn gegen 7.30 Uhr, so der Plan, soll die *Norwegian Jewel* festmachen, der größte Kreuzfahrer der Saison, eine schwimmende Großwohnsiedlung in Stahlplattenbauweise von 295 Meter Länge auf dem Weg von Kopenhagen nach Tallin. Und wie der erfahrene Kreuzfahrthafenurlauber weiß, kommen diese Meeresungeheuer gern mal ein bisschen früh. Ich schlage die Decke zurück und schaffe es aufzustehen, ans Fenster zu gehen, mich über den Schimmer Sonnenlicht zu freuen, den der Vorhang schon durch den Spalt lässt, und den Vorhang etwas zur Seite zu schieben. Tatsächlich. Da draußen liegt sie. Im Vergleich zu den schon nicht eben kleinen Fähren, die uns so vertraut wurden, riesenhaft wie das Ungeheuer im Trickfilm, ungemein langgestreckt, wie geduckt, ob nun lauernd oder gutmütig, jedenfalls aber von unbändiger Kraft, wenn man es reizt. Und es bewegt sich. Ich orientiere mich an der blauen Badewasserfahne, und sehe, im Verhältnis schiebt sich der Koloss, die Stadt, der Gigant – alles eigentlich zu klein und abgegriffen – vorwärts, auf uns, auf die Warnemünder Mole, auf den deutschen Hafen zu. Ava hat mein Wachsein bemerkt (habe ich gejuchzt?), ploppt beide Augen auf und eines gleich wieder zu.

»Das Schiff kommt, man kann es schon sehen – ich will zum Strand, kommst du mit?«

Sie schüttelt den Kopf, ist schon wieder eingeschlafen. Einen Blick durch den Vorhang riskiere ich noch, ja, es bewegt sich, dann gehe ich mich anziehen. Die Gäste in der Wohnung nebenan sind noch neu, gestern angekommen, örtlich, körperlich sind sie noch nicht im Urlaubsmodus, die Bäder liegen Wand an Wand, und auch wenn man sonst kaum etwas von drüben hört: In der frühmorgendlichen Stille ist zu hören, dass auch dort schon geduscht wird. Morgens um halb sieben. Das wird sich geben mit der Zeit.

Als ich in die Schuhe schlüpfe, steht Ava neben mir, angezogen, das T-Shirt mit der Innenseite nach außen, die Schlaftrunkenkheit bemüht überspielend: »Ich komme doch mit, dann bist du nicht so allein.«

Das hätte mir zwar nicht die Spur etwas ausgemacht, aber so ist es auf andere Weise ebenso schön.

Als wir aus der Wohnung kommen, hören wir im Keller das kleine Klickern, das zu hören ist, wenn ein Fahrrad geschoben wird. Es geht mir wie mit dem Duschgeräusch von eben. Ich bin irritiert, dass noch andere auf sind. Andererseits würde ich dieses feine Geräusch nicht hören, wenn uns nicht im Übrigen absolute Stille umgäbe. Vor der Tür auf dem Treppenabsatz geht es so weiter: ein einzelnes irritierendes Geräusch, es ist der Motor des kleinen Fahrzeuges, eines Multicar, mit dem dienstbare Geister um diese Zeit die Promenade entlangfahren, um sie zu pflegen, also von Sand und Abfällen zu befreien, und die vorhandenen Abfallbehälter durch leere zu ersetzen. Das ist aber auch weit und breit alles. Eigentlich, das fühle ich, ist hier nichts als Stille. Und das heißt auch: Die Stille hat uns wieder, die den Tages- und Wochenendurlaubern anhaftende Unruhe ist mit dem Sonntagnachmittag wieder in die Städte zurückgefahren. Wochentag und Wochenendtag folgen hier dem Gegenlauf zum vertrauten Rhythmus: Fünf vergleichsweise ruhige Tage stehen bevor, ehe es dann, am Samstag und Sonntag, wieder betriebsam werden kann. Wir gehen über unseren Strandübergang. Es ist fast noch ein wenig morgenfrisch, ein minimaler Hauch von salziger Meerluft zieht herüber, ein an der Ostsee nicht ganz so häufiger Genuss.

Und schon kann ich mich ein erstes Mal freuen, dass Ava bei mir ist: »Guck mal, die Vogelspuren!« ruft sie erfreut aus, und ich sehe zum ersten Mal, dass kleine Krallenfüße den Sand geritzt haben.

Bisher, an den Morgen allein, hatte ich sie nicht gesehen, die Spuren, nicht wahrgenommen, sei es, dass sie nicht da waren, sei es, was ich eher vermute, dass ich keinen Blick, kein Auge dafür hatte. Naheliegenderweise sind es Möwenspuren. Dann sind wir wieder am Meeressaum, werden bei einem Blick zurück landeinwärts gewahr, dass zwischen den Strandkörben einige Mutige auch geschlafen haben, zu zweit oder zu dritt, auf Luftmatratzen und in Schlafsäcken, durch Strandkörbe und/oder -muscheln gegen den Wind geschützt.

»Wollen wir das auch mal?«, fragt Ava, wobei ich das der Betonung nach nicht für einen Vorschlag halte, es ist eher eine offene Frage.

Ich weiß nicht, bei offenem Fenster oder offener Balkontür, selbst im nicht ganz geschlossenen Zelt (habe ich mit Elle schon gemacht, war schön, sehr schön, auch wenn es morgens Ärger und ein Bußgeld setzte, wir waren unwissentlich einige Meter ins Naturschutzgebiet geraten), aber derart unplugged? Ich glaube, so weit ginge es selbst bei mir nicht.

»Ich weiß nicht«, antworte ich nicht ganz wahrheitsgemäß, denn je mehr ich überlege, desto mehr weiß ich sehr wohl, »so ganz geheuer sind mir die Möwen dann doch nicht. Die erste flattert dir vielleicht nur über die Füße, die zweite zwickt dir schon in die Nase und die dritte kackt dir mit etwas Glück dann schon auf die Stirn!«

Ava lacht und weiß Bescheid.

»Außerdem kann es hier nachts auch mal einen Fuchs geben, und da hört es bei mir dann ganz auf, ich will ja schlafen können und nicht die ganze Zeit fürchten müssen, morgens fehle mir ein Stück!«

Weiter bummeln wir den Strand entlang, weiter entdecken wir kleine Schlafsackbündel hier und da, die hier übernachtet haben (ob sie auch geschlafen, gar durchgeschlafen haben, wage ich nicht zu beurteilen), und weiter schiebt sich das Monstrum, der Gigant, die schwimmende Siedlung von 295 Metern Länge in Richtung der Molenleuchttürme, unseres grünen und des roten Stumpens, die sie um ca. das Doppelte oder mehr überragen wird. Das geschieht bei sehr langsamer Fahrt, man könnte von einem majestätischen Gleiten sprechen, und es geschieht dadurch scheinbar geräuschlos, was den Monolithen im Morgengrauen, die Sonne hat sich wie aus Respekt hinter einen kleinen Schleier zurückgezogen, nur noch gigantischer wirken lässt.

Nach wie vor bin ich fotografisch eingeschränkt, auf die Aufnahme von 300 mm-Teleaufnahmen zurückgeworfen. Da ist man ständig und überall schon zu nah dran. Das Morgenlicht und die natürliche Schönheit der weiten Bucht, Strandkorbstillleben mit Möwen drauf, und die Romantik, die die Putzkolonne durch Besenschwingen in der frühen, verhaltenen Sonne und pfeifend geleerte Mülleimer mit Meerblick verströmt, ergeben aber trotzdem ein paar lohnende Motive. Überhaupt: Wenn ich immer schon mal am Strand sein und dafür bezahlt werden wollte, ist Strandputzkolonnist vielleicht kein schlechter Job. Jedenfalls bei diesem Wetter. Oder doch Strandkorbvermieter?

Wir erreichen die Westmole, die mit dem grünen Leuchtturm. Ava fand es reizvoll, hier heute Morgen allein herzugehen. Ein paar Jogger teilen die Alleinsamkeit, aber sie verschwinden alle gleich wieder, auf dass die Pfunde weiter purzeln mögen. Ach ja, wer es immer noch mal wissen wollte: Backbord ist da, wo das Herz des Seemanns backt. Also links. Und die Backofenkontrollleuchte ist rot, also auch der Leuchtturm dort. Und geschaut wird in Richtung Hafeneinfahrt. Demzufolge steht der grüne Leuchtturm in Hafeneinfahrtsrichtung rechts, auf Steuerbord eben.

Auf dem Rückweg die Mole entlang sehen wir, wie die letzten DLRG-Wettrettungs-Container (die des Wettkampfgerichts?) mit einem Kran auf große Tieflader verladen werden, die dazu auf den Strand rollen durften. Vier Ketten werden von den Ecken der Container aus mit dem herabschwebenden Kranhaken verbunden. Auf dem Container steht ein Mann, der sich breitbeinig an zwei der Ketten festhalten darf, ehe er mit der weißen Metallbox in die Lüfte schwebt und dann punktgenau auf dem Laster wieder landet. Ich mache ein Foto für Peter, Ava hat das Interesse verloren.

»Hier riecht es nach Melone!«, ruft sie dafür mit einem Mal aus. Wir sind die Mole fast zurückgegangen, haben das Lotsenhaus, das die Häuserreihe der Promenade abschließt, beinahe erreicht, ich schnuppere und muss zugeben: Alle Achtung, ein ungewöhnlicher Geruch, und ich hätte ihn wohl nie erkannt, aber es ist richtig, die Luft riecht hier nach Melone.

»Und jetzt nach Orangenlimonade!« Stimmt schon wieder.

Wir erleben Warnemünde hinter den Kulissen, gehören dazu, schnappen Fetzen der Gespräche der »Bühnenarbeiter« auf, etwa, wenn die Brötchenverkäuferin zu dem karrenschiebenden Lieferanten sagt: »Wir haben wieder ein Kistchen hinten stehen«, und der Kistenfahrer, während er sein Kärrelchen in Richtung Tür zirkelt, betroffen-ahnngsvoll fragt: »Muss zurück?«

»Ja. Haben's aufgemacht und wussten schon gleich.«

»Wieder mit Huhn?«

»Ja.«

»Nehm ich mit, nützt ja nichts.«

Da gibt es wohl Probleme mit den Hähnchenbrustbaguettes.

Wenige Schritte weiter: Wie oft war man als schneller Nachmittagserholer oder von winterlichen Winden um die Häuserecken getriebener Februarurlauber hier unterwegs, hat den palazzoartigen Gebäudekomplex an der Stirnseite des Platzes am Leuchtturm zwar bemerkenswert gefunden, aufgrund seiner Höhe und Dominanz auch von der anderen Warnowseite aus gesehen, aber ist man seiner Geschichte mal nachgegangen? Heute ist es so weit. Ausgerechnet im Schaufenster des Maklerbüros, das das Dachgeschoss des Gebäudes in Filets an den Mann zu bringen sucht, erfahre ich die Grundzüge. 1886 zunächst als *Hotel Berringer* gebaut und betrieben, nach dem Krieg schnell durch die Russen beansprucht, später Kasino der Werft. Das ist doch mal was! Nur wie man die oberste Etage, die offenbar großzügiges Dachrestaurant mit immenser Terrasse war, auch nur halbwegs wohnungsähnlich gestalten sollte, bleibt für mein Verständnis offen.

Landeinwärts von der Mole und Hafeneinfahrt verläuft die Warnow. Sie verzweigt sich in östlicher Richtung zum Rostocker Hafen. Der westlichste Finger bildet den »Strom«, die Flaniermeile Warnemündes mit Fischkuttern, von denen direkt Fischbrötchen und auch frischer Fisch verkauft werden. Auf der Wasserseite und den Giebelseiten ursprünglich alter Fischerhäuser, wo heute Eisläden, Lokale, Bekleidungsgeschäfte und in den oberen Etagen Ferienwohnungen für eine gewisse Gleichförmigkeit, vor allem aber tagsüber einen Trubel sorgen, der einen Schritt für Schritt den Blick nach vorne zu richten zwingt, sonst rempelt man oder wird gerempelt. Jetzt aber, noch immer vor acht Uhr am Morgen, erwacht diese Meile. Zum ersten Mal nehme ich geradezu südländisch-prächtig anmutende Blumenarrangements in den Vorgärten war, schlicht gedeckte Frühstückstische auf den kleinen Terrassen, reizende Durchblicke auf den Leuchtturm vor strahlend blauem Himmel, einen stolzen Eigentümer, der seinem kleinen Vorgarten eine Unterteilung in Terrassen abgetrotzt hat, wo jetzt seine prächtigen roten und großblütigen Rosenstauden blühen. Und mitten dazwischen steht er jetzt mit dem Schlauch und wässert. Sein zunächst bescheidener Besitzerstolzblick verbreitert sich, als er merkt, dass ich innehalte, mich an dem Anblick freue. Nie wirklich gesehen das alles, nie wahrgenommen tagsüber, wenn ich immer sehen muss, dass ich den Kinderwagen durch die vielbeinige Abwehr steuere, ohne unnötig viele Hacken zu rasieren.

Am Vormittag darf ich eine Begegnung mit dem dörflichen Charme Warnemündes machen. Am Kirchplatz gibt es eine größere Drogerie mit einer kleinen Fotoabteilung. Der Chef ist nicht der erwartete alte, mühevoll dem Ansturm der Filialisten standhaltende Mann. Der Chef ist um die vierzig Jahre jung, überlässt seiner mich angenehm in Empfang nehmenden und ihm dann überantwortenden ebenso jungen Frau die Drogerie und frönt seinem Steckenpferd, der kleinen Fotoabteilung. Von seiner Frau, die ihm mein Problem signalisieren will, unterbrechen lässt er sich aber nur ungern und fast unwirsch. Er bedient jetzt Familie Moebius aus Dresden. Die Eheleute Moebius aus Dresden haben sich für ein großformatig auf Leinwand gezogenes Foto entschieden; es zeigt, von der Bahnhofsbrücke aus aufgenommen, den Strom, die Flaniermeile, die rotbauchigen Fischkutter, die Hafenrundfahrtschiffchen, die eine oder andere Barkasse, das bunte, ein bisschen sehr bunte Treiben. Gerade geben sie ihre Anschrift an. »Mit oe!« Dann zur Sicherheit noch die Mailanschrift. Offenbar soll das Bild verschickt werden. Dann freuen sie sich ein bisschen auf das Bild. Dann erzählen sie, dass sie seit 1993 jedes Jahr herkommen. Dann beklagen sie ein bisschen, dass der Strom ja eine Amüsiermeile geworden sei. Jemand sagt, er erinnere sich noch an die Zeit, als die Fischer hier ihre Netze getrocknet hätten. Dann sagt Frau Moebius mit oe, jetzt bräuchten sie ja nicht mehr zu kommen, wenn sie das Bild erst zu Hause hätten, fügt aber sogleich mit einem verlegenen Lachen hinzu, das sei natürlich ein Scherz gewesen. Dann geht es darum, wie lange der Versand dauern würde und wann das zu versendende Exemplar überhaupt hier sein könnte. Woraufhin sich völlig überraschend herausstellt, dass alles ein Missverständnis sei, da man auch das im Laden hängende Exemplar von der Wand nehmen, in Luftpolsterfolie packen und mitnehmen könne. Ich stehe im Türrahmen zwischen der größeren Drogerie und der winzigkleinen Fotoabteilung und erwäge, später wiederzukommen. Die Hektik, mit der im Alltag feststeckende Menschen ihre Besorgungen erledigen, ist das eine. Die Zeit, die die Eheleute Moebius mit oe aus Dresden mitgebracht haben, um ein Bild zu kaufen, das man auch mit dem Bemerken »Ich nehme dies, danke, ich nehm's so, draußen scheint die Sonne, und ich habe es nicht weit!« erstehen könnte, ist aber das andere. Extrem. Das Bild liegt nun rücklings auf der Folie und wird alsbald eingewickelt werden. Die letzte Gelegenheit für mich, einen Blick darauf zu werfen. Der Fotograf kann sicher noch mehr, aber dies ist eine bei Sonne und gutem Licht von der Bahnhofsbrücke geknipste Ansicht des Stromgeschehens, wie es sich heute darstellt. Dreieinhalb Minuten von hier entfernt. Hätte ich die Möglichkeit, ein Foto mit 50er-Brennweite aufzunehmen, die ich bekanntlich aktuell nicht habe, könnte ich es noch in der mir hier prognostisch verbleibenden Wartezeit genau so aufnehmen. Was Familie Moebius mit oe aus Dresden, die, wie wir erfahren haben, insgeheim den ruhigeren Zeiten dieser Partie in den frühen vergangenen Neunzigern nachtrauert, sich davon verspricht, dieses etwas zu bunte Bild nun zu Hause aufzuhängen, verstehe ich nicht. Aber was kauft man nicht alles zu Buntes im Urlaub, wenn man Zeit hat, ausgeruhter Stimmung ist und das Geld ein bisschen locker sitzt? Ich merke, dass der etwa vierzigjährige Inhaber der kleinen Fotoabteilung, obschon der Sprachfärbung nach ein von hier stammender »alter Warnemünder«, ein freundlicher, auf unaufdringliche Weise geschäftstüchtiger Mann ist. Er geht auf die Bemerkungen und Feststellungen von Familie Moebius ein, lacht über den Scherz(!), dass man ja nun nicht mehr kommen müsse, wenn man das Bild habe, gibt allerdings in seinen Antworten zu meinem Leidwesen neue eigene Stichworte, so dass die Unterhaltung so bald nicht versiegen wird, obwohl sie mich nun schon sicher eine Viertelstunde meiner Urlaubszeit gekostet hat. Ich habe den Moment verpasst, da man hätte entscheiden sollen, später wiederzukommen und finde einen eigenen Reiz daran, mich gleichsam in ein dörfliches, persönliches Fotogeschäft zurückversetzt zu fühlen. Schließlich ist das Bild in der Folie und sogar die Kartenzahlung bewerkstelligt. Familie Moebius, der es wohl auf wundersame Weise zu Hause gelingen wird, ein Foto des bunten Treibens der Partie am Strom, wie es sich heute sommers zeigt, zu betrachten und dabei zugleich die Erinnerung an die gleiche Partie, wie sie sich 1993 darstellte, zu befeuern, geht ihrer Wege.

Und mein zukünftiger Lieblingsfotograf wendet sich mir zu. Ich schildere mein Problem, er macht ein schmerzverzerrtes Gesicht, biegt und dreht mit mehr Kraft, als ich sie je anzuwenden gewagt hätte, an meinem Objektiv, schüttelt ein ums andere Mal den Kopf, erwägt mögliche Gründe für das Problem, kleidet sie in Ausführungen zum Inneren des Objektivs (Kunststoffgewinde, dünn, leicht, Bruchgefahr). Das hilfreichste Geschäft, das ich aus der Innenstadt kenne, würde jetzt anbieten, das Objektiv an seine Reparaturwerkstatt in Bremen zu schicken. Dann werde man schon sehen. »Sehen« würde bedeuten, dass ein Kostenvoranschlag gemacht würde, dann könnte ich annehmen (und die Kosten für den Kostenvoranschlag würden angerechnet) oder ablehnen (dann sei das Geld für den Voranschlag weg). Für die Zwischenzeit solle ich doch ein schlichtes Objektiv »nehmen«, das heißt kaufen, um »einsatzfähig« zu bleiben.

Mein neuer Lieblingsfotograf stellt in Aussicht, das Objektiv direkt an den Hersteller zu schicken und sich beizeiten telefonisch zu erkundigen, wie es denn so aussehe. Kein Wort von Kosten für einen Reparaturkostenvoranschlag. Ich freue mich so, dass ich spontan von mir aus frage, ob er nicht für den Übergang ein schlichtes Objektiv für mich »habe«.

Mein neuer Lieblingsfotograf, ein offenbar in Verhaltensmustern der Kundenfreundlichkeit und Hilfsbereitschaft lebender Mann, missversteht, überlegt kurz, und sagt dann: »Ich muss mal hinten nachsehen. Ich habe meine alten Objektive, meine ich, alle nach und nach verkauft und verschenkt, aber warten Sie einfach kurz.«

Dann verschwindet er, um wenig später schon aus den Katakomben zu rufen: »Das einzige, was ich Ihnen anbieten kann, ist ein schlichtes Objektiv mit statischer 50er-Brennweite.«

Ich bin begeistert. Das hat jetzt auch alles eine Weile gedauert, aber er hat mein Objektiv fachmännisch geknetet, sicher festgestellt, dass es zum Hersteller muss, keine vergeblichen Kostenvoranschlagskosten in Aussicht gestellt und mir einfach so für den Übergang ein Behelfsobjektiv »mitgegeben«. Ich werde noch erfahren, ob ich das geliehen, gemietet oder gekauft habe, aber erstmal habe ich nichts bezahlt und bin mir ganz sicher, hier wird kein dickes Ende nachkommen. Zum Dank verkneife ich mir auf der Bahnhofsbrücke die kleine, vorher fest geplante Gehässigkeit, das 50er Objektiv in Richtung Leuchtturm zu halten und das Motiv meines neuen Lieblingsfotografen, mit dem die Eheleute Moebius mit oe aus Dresden sich alsbald wieder ebendorthin auf den Weg machen werden, ein bisschen ins Lächerliche zu ziehen, indem ich es durch schnelles Abdrücken nachknipse. Nein, mache ich nicht.

Am Bahnhof bekommen wir mit, wie ein schwarzer Kreuzfahrtgast beim Taxifahrer auf Englisch den Tarif für eine Fahrt in die Stadt erfragt.

»Twenty-five«, antwortet der, was sich mit meinen Erfahrungen deckt, also keinen Kreuzfahreraufschlag beinhaltet.

»Ist aber toll, nicht, dass das sprachlich so funktioniert? Ich dachte, hier im Osten kann das wieder noch keiner«, freut sich Elle über ihre Landsleute.

Ich sehe das Gesicht der Frau seitlich vor uns. Amüsiert-angewidert. Offenbar vermutet sie in Elle nicht die Hiesige, die sich ehrlich freut, sondern die herablassende Wessi-Touristin, und ich finde nicht die Worte, sie aufzuklären, ohne das Risiko einzugehen, dass sie dann gar nicht weiß, was ich von ihr will.

Ein Badenachmittag folgt, und als am Abend, es ist schon dunkel, das stadtartig beleuchtete Kreuzfahrtschiff ausläuft, stehlen Elle und ich uns auf einen kleinen, schnellen, zweisamen Sekt an den Strand. Die kleinen Kühnheiten der Kinderreichen.

10.

Um drei Uhr morgens begegne ich – wach, wohlgemerkt, ich habe das nicht etwa geträumt – einem Tier. Nach unserem Bestimmungsbuch handelt es sich um ein »Urinsekt«, das »noch keine Flügel« ausgebildet hat. Ob es das wohl je schaffen wird, so in 150 000 Jahren, je nach weiterem Evolutionstempo? Meinen

Weg kreuzt nämlich im Bad ein Silberfischchen, wie es sich lichtscheu wie je unter der Tür hindurch in den dunklen Flur aufmacht. »Alte Wasserleitungen« leuchtet es in mir auf, denn mir ist diffus so, als hielten sich Silberfischchen – wiederum laut Bestimmungsbuch muss das eigentlich in Anführungszeichen, weil das nun wirklich kein Fisch sei – dort auf, wo sie alte Leitungen und Feuchtigkeit vorfinden. Stimmt aber nicht, bestätigt das Buch. Ahnte ich schon, weil die renovierten Leitungen dieses Hauses kaum zehn Jahre alt sind: Die nachtaktiven Tierchen, völlig harmlos im Übrigen, bevorzugen tatsächlich alte Häuser, tun dies aber allein wegen der dort vermehrt vorzufindenden Versteckmöglichkeiten; Leitungsalter und Feuchtigkeit spielten keinerlei Rolle. Bleibt das Problem, dass man Krabbeltierchen allein wegen ihrer Fortbewegungsart nicht gern auf dem Weg ins eigene nächtliche Schlafzimmer weiß. Da ist immer diese Befürchtung, sie könnten einem im Schlaf über das Gesicht...

Jetzt muss ich noch aufklären, warum der Mann im Buch in der Ferienwohnung im Urlaub zufällig genau dann, wenn sich eine Frage auftut, ein Bestimmungsbuch zur Hand hat. Das ist tatsächlich ein Zufall, aber es ist wahr: Ich bin vielfach ausgewiesener Nichtbiologe, ein Stadtkind, das mit Mühe die Getreidesorten am Straßenrand erkennt und bis heute nicht sicher sagen kann, ob nun der afrikanische oder der asiatische Elefant die größeren Ohren hat – reines Imponier-Faktenwissen, wie es mich in meinem täglichen Leben nicht den kleinsten Schritt weiterbrächte. Und immerhin weiß ich, dass die Ohrgröße das Elefantenunterscheidungsmerkmal ist, und glaube, der Kontinent mit dem längeren Namen bringt auch die größeren Elefantenohren hervor. Anders sieht es mit Ava aus, meiner wissbegierigen Tochter. Sie interessiert sich aktuell zufällig für all diese Dinge, hat sich zum wenige Monate zurückliegenden achten Geburtstag erfolgreich ein Bestimmungsbuch gewünscht und es sogar in den Urlaubskoffer gepackt, ohne aufgefordert oder erinnert zu werden. Und so ist es an Bord und nicht nur bei nächtlichen Begegnungen mit Urinsekten, die seit Jahrhunderttausenden Anlauf nehmen, endlich Flügel auszubilden, schnell hilfreich zur Hand. (Ich könnte beispielsweise auch im Restaurant prüfen, ob ich Hecht, wie bestellt, oder einen Hering bekommen habe. Wobei ich meist Filet bestelle, und das Buch hilft in seinem letzten Teil zwar sogar bei der Bestimmung von »Fährten« im Wald und auf der Heide, aber das Kapitel »Filets«, nein, das fehlt.)

Diese nächtliche Begegnung, nach der ich längere Zeit nicht wieder einschlafen kann, führt, da sich das Ausschlafen damit verzögert, zu späten, zu sehr späten Brötchen. Das ist nicht ganz so schlimm, da es ein Starkwindstrandtag und jegliches Baden damit heute zur Mutprobe wird. Am Nachmittag streifen wir im Zickzack durch Warnemünde. Das heißt, wir gehen systematisch die Straßen zwischen Kirchplatz und Promenade ab, um alles wirklich mal gesehen zu haben: die hübschen Fischerhäuser, die Veranden, die aufwendig und die ideenlos sanierten Häuser, die Restbestände an unsanierten, meist schmucklos vergessenen Häuschen, die Läden und die Kneipen und die hier ihr Glück versuchenden Restaurants.

11.

Heute wollen wir den begonnenen Spaziergang über die Wilhelmshöhe von vor einigen Tagen fortsetzen bis zum westlichen Ende der Warnemünder Bucht. Wir wollen aus dem Fenster der Wohnung sehen und links wie rechts sagen können: So weit das Auge reicht, sind wir schon gelaufen. Wir gehen den Hochuferweg durch den Küstenwald aus Birken und Buchen mit Ausblicken durch die Blätterfenster aufs Meer, die hinreißen müssen, ach was, die dem nicht völlig Tumben ein ums andere Mal förmlich den Arm auf den Rücken drehen und einen zum Hinsehen zwingen. Es ist ein sehr klarer, sehr ruhiger Tag. Mehr als einmal fürchte ich, das gegenüberliegende Ufer bei Gedser sehen zu können. Ich habe kein Fernglas zur Hand, muss andere Spaziergänger fragen, aber wir sehen Schiffe, Fähren, Boote – das Ufer oder einen seiner Botschafter sehen wir nicht. Elegisch wirkt das Treiben auf der See. Da sind die Fähren, natürlich, dazu die

Frachter auf Reede, aber auch ein größerer und die kleinen Segler, alle durch die klare Sicht bestens auszumachen und zu beobachten; obwohl sie aber teilweise mit Segelfläche nicht geizen, kommen sie kaum vorwärts. Es ist ein Vormittag, der anderswo bleiern heiß wäre. Hier hingegen ist die Bewegungsarmut nicht hitzebedingte Apathie, es geht nur einfach gleichsam das zu wenig an Wind, was gestern zu viel ging. Auf der Höhe von Elmenhorst finden wir einen Abgang zum Strand, gehen am Strand zurück, besehen von unten die Hochufersandklippen und die zahlreichen Schwalbenlöcher darin und gelangen über den recht kiesigen Strand bald an den Vorsprung, hinter dem die Markenzeichen Warnemündes schnell und klar zu sehen sind: Erst tauchen der grüne und der rote Leuchtturm auf, dann der große Bruder am Teepott, schließlich, wieder nur einen guten Schritt später, das *Neptun*-Hotel. Viele große Findlinge markieren diesen Punkt am Strand. Außerdem scheinen einige Anreiz darin gefunden zu haben, am Strand gerade bis hierher zu wandern, denn hier werden die Badenden mehr. Der Strand bleibt steinig, was unter den ans Ufer klatschenden Wellen zu einem vielfachen Klickern führt, wenn das Wasser wieder abfließt.

An einer Stelle ist die ansonsten nur mehr oder weniger senkrechte Sandwand des Hochufers geglättet, und es wurde eine Aussparung mit hervorgehobener Umrahmung in den Sand eingearbeitet. In der Aussparung steht ein besonders großer der hier oft vorkommenden schwarz-weißen Steine, wobei dieser sogar ein Loch hat, was ihn zu einem der an diesem Strand – neben Donnerkeilen – zu finden beliebten Hühnergötter macht. Die Sandwandformation hatte mich ohnehin sehr an Südportugal erinnert, diese altarartige Ausarbeitung tut noch das Ihre zur katholischen Impression dazu. Eine kleine Algarveanleihe im hohen Norden.

Vor unserem Nachmittag am Strand stößt Klara wieder zu uns. Ihr Aufenthalt auf einer bekannten Ferieninsel hat für eine gesunde Hautfarbe gesorgt, an der es uns abgesehen von Gesicht und Armen noch immer etwas gebricht. Auch stößt sie bei der ersten Begegnung mit dem Wasser Laute aus, die Begeisterung sein könnten; sie wird mir aber später anvertrauen, die Laute hätten etwas mit der für die nach ihren Erfahrungen der letzten Wochen ungewohnten Wassertemperatur zu tun gehabt, »dort« sei man immer einfach ins Wasser marschiert, und es sei dazu warm genug gewesen.

»War es denn auch erfrischend?«

»Ja, na klar, und wenn man ins Schwitzen kam beim Toben, war es egal, man musste hinterher sowieso duschen wegen dem Salzfilm auf der Haut.«

Zu viel Malle schadet auch dem Genitiv, ich hab's immer gewusst, vor allem aber: Was könnte irritierender sein als zur Erfrischung gedachtes Badewasser, nach dessen Genuss man sich schwitzenderweise erstmal abduschen muss? Die Erfrischung als ihr eigenes Gegenteil ... Das ist ja geradezu flott!

Wir gehen zu Ehren Klaras schick essen auf der Mittelmole. Das gut aufgemachte Restaurant mit seiner nicht eben billigen Karte hält, was es muss. Und die Nägel der Bedienung sind nur unaufdringlich verschönert.

12.

Der Tag soll sehr warm werden. So gehe ich eine frühe Runde, habe das für heute angekündigte Kreuzfahrtschiff aber doch schon wieder verpasst. Den Traktor, genau genommen ist es ein Radlader, der den Strand vom Müll befreien hilft, kenne ich jetzt schon. Ich finde eine schöne Fotoeinstellung von einem Tretboot, auf dem eine Wasserrutsche montiert ist. Wenn ich mich nur etwas bücke, erscheint es in der Perspektive, als stehe der kleine grüne Leuchtturm unter der Rutsche und piekse sie von unten an. Unglücklicherweise sind die ersten Badenden unterwegs, denn in diesem Falle sind es Seniorinnen, nackte Seniorinnen, die sich just mein Rutschentretboot als Plätzchen um Umziehen und Aufbewahren der Kleidung ausgesucht hatten. Eben, als ich in die Knie gehe, um mein Bild zu machen, tauchen sie wieder auf, nein, entsteigen sie wie bejahrte Nymphen den verhalten brodelnden Fluten, und mit etwas Böswilligkeit hätte es später geheißen, ich hätte geduckt von unten herauf Nahaufnahmen gänzlich entkleideter Omas gemacht, und keiner hätte mir geglaubt, dass sie sich auf das (halb verdeckte) Boot mit dem (komplett hinter dem entblößten Becken einer der vormals Badenden abgetauchten) Leuchtturm beziehen. Ich mache kein Foto.

Den Vormittag verbringe ich mit Klara im Strandkorb. Ganz gegen meine Gewohnheit taxiere ich daher, indem ich nämlich ihren Blicken folge, heute junge Männer.

»Und, sind Hübsche dabei?«, frage ich schließlich.

Klara ist nicht anzumerken, ob sie sich ertappt fühlt oder meine Frage als die ehrliche Teilnahme empfindet, als die sie mindestens ebenso sehr gemeint ist. Nach einer kurzen Weile grinst sie nur und antwortet, was wir sie gelehrt haben: »Darauf kommt es doch gar nicht an.«

»Sagt wer?«

»Na, ich, ihr, ich meine, ihr, ich, alle, das macht man doch so, dass man Leute nicht nach ihrem Äußeren bewertet.«

»Am Strand schon.«

Jetzt ist sie doch verunsichert.

»Außerdem«, hole ich sie ab, »bewerte ich ja keinen zu seinen inneren Werten, ich frage einfach, ob Hübsche dabei sind. Ich meine, manche geben sich ja solche Mühe, die wollen doch, dass man darauf schaut.«

»Okay, also am Strand schon. Das muss ich mir merken.«

»Und genau genommen und wenn wir ehrlich sind, natürlich nicht nur am Strand. Es gehört sich eben nur nicht, offen darüber zu sprechen. Aber wir gucken, klar, und dürfen das auch.«

»Sagt wer?«

»Sagt keiner, sage ich doch, man spricht nicht darüber. Aber alle gucken.«

Klara schweigt.

Ich hole aus: »Das Schema, das manche, die gern als zivilisiert gelten möchten, als ›steinzeitlich‹ bezeichnen, ist von Natur aus nach wie vor Folgendes: Der Mann ist biologisch auf Verbreitung aus, auf das Streuen seiner Erbsubstanz, darauf, sich möglichst wirkungsvoll zu vermehren. Er sucht, zunächst einmal, in erster Linie die Paarungspartnerin. Die Frau ist auf Stabilität in der Brutpflege aus. Meistens. Die wiederum setzt eine Brut voraus. Auch die Frau sucht also den Paarungspartner. Dann aber sucht sie, wiederum zunächst einmal rein biologisch, den starken und verlässlichen Ernährer, den väterlichen Typ.«

Klara kann nicht glauben, dass ich das gesagt habe, aber ihr Blick will noch mehr wissen.

»So, und wie finde ich ein solches ›Gegenstück‹? Der Mann geht, bekanntlich und viel beklagt und bequengelt, nach dem Aussehen. Das mag man als oberflächlich brandmarken, es geschieht aber nicht ohne Grund, sagen Evolutionsforscher. Eine Paarungspartnerin, die die Aussicht bietet, auch tatsächlich für Verbreitung zu sorgen, muss belastbar sein, also jung bzw. zumindest jung geblieben und fruchtbar.«

Klara lacht. »Das sagst du jetzt nur so, weil es euch in den Kram passt.«

»Nein, nein, warte auf eine Gedankenkette, deren Existenz heute Menschen nachgewiesen zu haben meinen, die mehr davon verstehen als ich: Eine fruchtbare Frau verfügt über gesunde Eierstöcke, gesunde Eierstöcke produzieren Sexualhormone, insbesondere *Östrogene*, *Östrogene* schließlich sind äußerlich erkennbar, denn sie hemmen das Knochenwachstum mit der Folge schmaler Kiefer und eines schmalen Kinns, der Überaugenwulst – der Knochen hier unter den Brauen – ist weniger ausgeprägt, so dass die Augen größer erscheinen, andererseits sorgen sie für Fettablagerungen in den Lippen, die so voller wirken, und eine glatte Haut. Schmale Kiefer- und Kinnpartie, ausdrucksvolle Augen, volle Lippen, glatte Haut – das sind alles Merkmale, die wir mit attraktiven Frauen in Verbindung bringen. Die schlichte Steinzeitgleichung ist damit: hübsch = fruchtbar, und schuld sind die *Östrogene*.«

»Das ist ja furchtbar.«

»Weiß ich nicht, die Natur hat es ja nun einmal so eingerichtet.

Und letztlich findet sich ja für die meisten Töpfchen ein Deckelchen.«

Klara schweigt und zippelt unmerklich an ihrem Bikinioberteil. Ich komme zum tröstlichen Ende:

»Umgekehrt ist es ja nicht besser. Das Schlüsselhormon beim Mann ist das *Testosteron*. Es steht für Lust, Leistung und Dominanz, Eigenschaften des leistungsfähigen Paarungspartners wie auch des verlässlichen Ernährers, und zeigt sich äußerlich in Form von Muskeln. Die Steinzeitgleichung hier: muskulös = fruchtbar und trutzig.«

»So einfach ist das?«

»Erstmal ja, die Steinzeit war nicht so komplex ... Beide Gleichungen bedürfen allerdings, wenn schon nicht der sofortigen Korrektur im Sinne des zivilisatorischen Fortschritts, letztlich doch einer Ergänzung. Geht man nämlich den einen Schritt weiter zu fragen, welche Charaktereigenschaften den so ermittelten Idealmenschen zugeschrieben werden, dann zeigt sich, dass besonders schönen Frauen im Allgemeinen keine Bestwerte in punkto Intelligenz zugebilligt werden. Meine Erfahrungen entsprechen dem nicht unbedingt, lassen wir das aber mal außen vor. Viel auffälliger und folgenreicher ist nämlich, dass in noch weit gravierenderem Maße Frauen den besonders muskulösen Männern in Fragen der Qualität der Gesundheit und des Erbguts zwar exzellente Bewertungen geben, wobei aber die Einschätzungen zu Warmherzigkeit, Gefühl, Ehrlichkeit und Kooperativität tief im Keller landen.«

»Aha. Und nun?«

»Nun schwankt ihr in euren Vorlieben. Und zwar jeden Monat! Die Forscher gehen heute davon aus, dass die Frau in den Tagen unmittelbar vor dem Eisprung auf der Suche nach den ›gefährlichen‹ Testosteronmännern sind, den augenscheinlich besonders fruchtbaren ›Kerlen‹. In der übrigen Zeit sind sie eher kompromissbereit oder tendieren sogar zu den ›Versorgern‹. Theoretisch würde dies für eine zweigleisige Vorgehensweise sprechen: den Guten für den Alltag, den Starken für den Nachwuchs.«

Klara sinniert beinahe hörbar, dann hört man sie tatsächlich: »Wenn aber nun der Mann theoretisch ständig auf, naja, Vermehrung aus ist, und auch die Frau im Grunde mindestens zwei braucht, um alles ausleben zu können, warum, ja, haben dann immer alle nur einen oder eine?«

»Überleg mal – möchtest du eine von vielen sein? Ich meine, Kulturen mit Harems gibt es ja.«

»Nö!«

»Siehste, und wenn die Beziehung in Ordnung ist, kommt man damit ja auch ganz gut klar. Also: Sind Hübsche dabei?«

Am Abend fährt unser Kreuzfahrtschiff wieder aus. Die Molen sind gut besetzt. Und auch die Nachwuchs-Gondolieri mit ihren Stand-up-Comedy-Paddelbooten versuchen sich wieder.

Der heißeste Tag endet in warmem Abendwind.

13.

Ein Tag wie die *Norwegian Jewel* – geduckt, lauernd, bedeckt. Nimmt er nur Anlauf für einen neuerlichen Hitzenachmittag? Das Ganze kippt dann doch in Richtung Regen. Dennoch bauen wir am späteren Nachmittag noch ’ne Sandburg. Diesmal mit Tunneln und einem Graben, über den Brücken führen, die zu den Tunneln führen. Dann kommt die Fähre. Die ersten Wellen schaffen es nicht bis an die Burg. Spätere nutzen artig den durch den Graben geschaffenen Kanal, und wir freuen uns, wenn die Bäche unsere Brücken durchfließen und hinter dem Burgberg aufeinandertreffen, als reichten sich zwei Wasserarme die Hände. Natürlich leidet der Graben, wird ausgeschwemmt und flacher. Ich muss schaufeln wie ein Sturmflutgebeutelter, will ich das drohende Hochwasser in Schach halten. Ich merke, wie Peter auf seinen kleinen nackten Füßen gleichsam zwischen Angst um seine »Marienkäferburg« (den Ursprung des Namens habe ich vergessen, kein Marienkäfer hat diese Burg je betreten) und Faszination für die Dynamik des Wassers hin und her tanzt. Die Dynamik ist schließlich stärker, das Wasser holt sich unsere Brücken, leckt und schlabbert rau am Fuß der Burg wie eine Kuh, der man die Hand hinstreckt, schließlich fließt das Wasser durch die Tunnel im Inneren der Burg, die gar nicht für die Ostsee gedacht waren (sondern offenbar, wie ich ja nun noch erfahren habe, für Marienkäfer), und schon morgen werden wir nach der unbedeutenden Anhöhe suchen müssen, deren Ursprung heute Werk unseres gesamten Nachmittags war.

Kommen wir zu etwas Physik. Es gibt Tage, da ist es bedeckt, mit kürzeren Phasen, in denen man hofft, der eine oder andere helle Streifen am Himmel könnte letztlich doch der Reißverschluss im Wolkenganzen sein, durch den die Sonne hervorbricht, doch bleibt dies Frohlocken wiederholt unbelohnt. Bis – ja, bis es eigentlich schon in Richtung später Nachmittag und früher Abend geht. Dann, gleichsam zum Untergehen, kommt sie doch noch hervor, die Sonne. Ich habe es mal gelesen, den Artikel leider nie wieder gefunden, verschiedentlich versucht, mir das von Wetterkundigen erklären zu lassen (so ganz hat es nicht geklappt): Natürlich hat es etwas mit der anderen Wellenlänge des »späten« Lichts zu tun, sie schafft es wohl eher durch dünnere Wolken hindurch. Oder so. Ich möchte aber sagen, wenn die Sonne dann einmal »durch« ist, tun sich auch nach und nach immer richtige Wolkenlücken auf, durch die es Licht jeder x-beliebigen Wellenlänge hindurchzuscheinen geschafft hätte, das die Sonne so von sich zu geben vermag, und ich kann mir nicht vorstellen, dass eine bestimmte Lichtsorte es schafft, regelrecht als Wolkenschieber zu fungieren und dort oben Lücken zu schaffen, aber sei es drum. Ich will sagen: Achten Sie auf diese Tage, da die Sonne eigens zum Untergehen noch hervorkommt, sie verdienen Würdigung. Überall. Hier allerdings findet dieser Sonnenuntergang dann auch noch über dem Meer statt, und das ist anderswo anders.

Und so ist es auch heute.

14.

Zum guten Meeresurlaubsschluss gehen wir zum Abendessen zu den Fünfsternern auf der anderen Seite der Hafenausfahrt. Ganz vorn an der Hoteleinfahrt parkt ein Maybach. Die Nutzer besonders edler Autos sind fast immer vorgeblich schlecht zu Fuß. Es findet eine Hochzeit statt. Aber es gibt genug Restaurants in dem Komplex, wir finden eine ruhige Ecke. Der Restaurantleiter ist ein wenig stolz auf die Hochzeitsgesellschaft. Er berichtet, man sei schon seit zwei Tagen hier und habe größere Teile des Hotels gemietet, die Frau sei Amerikanerin, der Mann habe in Berlin eine Firma.

Zu Recht stellt Elle fest: »Dann ist es ja schön, dass sie hier heiraten.«

»Und wie. Heute haben sie einen Ausflug mit mehreren Motoryachten gemacht.«

Wer schlecht zu Fuß ist, mietet auch nicht einfach einen Ausflugsdampfer, auf dem die ganze Gesellschaft Platz hat, da merkt schließlich niemand auf, wenn man angedampft kommt, man trennt die Gesellschaft und fährt auf mehreren Yachten, dann kommt man angedüst und alle gucken. Das ist sicher toll. Heute ist außerdem Trauung gewesen und jetzt Galadiner. Nachher ist Feuerwerk.

Und was morgen ist, werden wir schon sehen.

Uns schmeckt es bei den Fünfsternern. Das Personal ist zufrieden, es mit normalen Menschen zu tun zu haben. Und wir sind froh, es mit Personal zu tun zu haben, das mit uns umgeht wie mit normalen Menschen. Auf der Rückfahrt sehen wir, Timing kann man lernen, von der Fähre aus das Feuerwerk. Der Pyrotechniker ist allerdings ein kleiner Hektiker. Die Warnow ist nur wenige Meter breit an der Stelle der Fährüberquerung, die Fahrt kurz, und doch ist, als die Fähre festmacht, alles Feurige vorbei.

15.

Das war zugleich unser Abschiedsfeuerwerk. Für uns folgt der Tag des Ortswechsels. Vom Ostsee – heute ist unser heiß geliebtes, gezeitenunabhängiges Binnenmeer wieder spiegelglatt – geht es an den Kummerower See. Ich erwähnte, dass der Großvater eines Freundes in einem kleinen Ort am Nordufer einen alten Katen auf einem kleinen Grundstück mit Seezugang hatte. Herrlich. Nun ist der alte Mann gestorben und der Katen sein schönes Vermächtnis. Allerdings habe ich dort noch nie übernachtet. Schon gar nicht mit einer Familie plus Ergänzung in Gestalt einer Freundin der halbwüchsigen Tochter. Das macht dem Anschein für andere nach fünf Kinder. Wir wachsen schnell als Familie ... Lange läuft alles glatt. Die Freunde sind da, uns in Empfang zu nehmen, alles ist wie bei den vielen früheren sonntäglichen Besuchen. Das schöne Grundstück, der Katen, die buschigen Hecken zum Schutz gegen den Wind vom Wasser her. Die lauschige Ecke im Garten, in der man windgeschützt Kaffee trinken kann und später bis zum Sonnenuntergang Licht hat. Die vielen kleinen Verschläge links und rechts in den Schenkeln des U-förmigen Gebäudekomplexes, die früher kleine Stallungen beherbergt haben dürften und heute allerbestens in einem Fall für die Heizung, im zweiten für einen Gastank, in einem dritten für die Fahrräder und weiter für die Gartenutensilien, das kleine Boot nebst Badeleiter und Ruder und schließlich Grill und Kohle herzuhalten vermögen. Allerdings bekommen wir, ab heute Abend auf uns allein gestellt, erstmals erklärt, wo im Bad die Lüftung ist, welche Steckdose den nötigen Strom für die Spülmaschine zu liefern geeignet ist und welche nicht, mit welcher Nummer sich das Zahlenschloss zur Bootskette öffnen lässt und vieles mehr.

Als die Freunde weg sind, machen wir einen ersten Rundgang durch den Ort. Als Touristen, nicht, wie bisher immer, als Gäste für einen Nachmittag. Wo gibt es morgen Brötchen? Wo einen Geldautomaten? (Antwort: 15 Kilometer entfernt in Demmin.) Der Ort ist merkwürdig ruhig für einen frühen Sonntagabend. Die Vorgärten der Häuser sind schmuck und intakt. Die meist kleineren Häuser lassen oft noch erkennen, dass sie nach und nach aus Wochenendbungalows entstanden sind, indem hier eine Garage angesetzt, dort die zum Windschutz erst nach einer, dann nach zwei, schließlich nach drei Seiten hin umbaute und überdachte

Terrasse durch eine vierte Wand zu Wintergarten oder Wohnzimmer wurde. Aber wo sind die Menschen, die all das geschaffen haben und nun so akkurat in Schuss halten? Alle zurück in ihre Städte, weil sie hier nur die Wochenenden verbringen? Unendlich viele dieser Wochenendgrundstücke gibt es in MV an den Seen. Wer es einrichten konnte, zog sich in den Zeiten vor 1989/90 – der Romantik oder gar dem Biedermeier insofern fast ähnlichen Zeiten vieler kleiner Fluchten ins Private – zurück auf seine »Datscha«, sein Wochenendgrundstück. Wie viele Restaurants sind am Ort? Eines. Aber es ist ausgezeichnet, ohne im Geringsten auf Effekte aus zu sein. Eine vernünftige Bratkartoffel mit Speck und Zwiebeln kann ein kulinarischer Hochgenuss sein. Ich lernte in Rostock eines Tages eine zarte, blonde Frau kennen, die ihr Lieblingsessen mit »gut gemachte Bratkartoffeln« angab. Ich musste zweifach lachen, eine fast zerbrechlich wirkende junge Frau und dann ein so banales wie unweibliches Leibgericht. Heute weiß ich: Nichts daran ist zum Lachen, nichts an gut gemachten Bratkartoffeln ist banal. Und hier am Ort würde es ihr schmecken.

Einen Punkt, der zu Problemen führen könnte, habe ich wohl vorhergesehen, als die uns einweisenden Freunde noch da waren. Allein, man beschied uns mit einem Achselzucken, das sei der Lauf der Natur, und man wachse da hinein. Ich habe kein Problem mit Spinnen. Ich empfinde die Vorstellung, mir könnte nachts eine über das Gesicht laufen, nicht als angenehm, aber die abstrakte Möglichkeit, eine der zwei oder drei Spinnen, die jeder Mensch meines Wissens statistisch im Leben unfreiwillig schluckt (vermutlich eher beim Radfahren als beim Schlafen), könnte sich gerade in der kommenden Nacht von der Decke meines Schlafzimmers abseilen, lässt mich nicht allabendlich die Zimmerdecke und alle Winkel absuchen. Anders meine Kinder. Anders meine Frau. HYSTERIE! Ein in ländlicher Umgebung in einem naturnahen Garten befindlicher Katen mit partiellem Efeubewuchs, alten, nicht so ganz dicht schließenden Fenstern, Ritzen und

Nischen im Backstein, durchlässigen Spalten an den Türen zum Keller, nicht mit neumodischem Acryl abgedichteten Spalten hinter den Fußbodenleisten und so weiter, ist ganz und gar nicht frei von Spinnen. Sie sitzen in den Ecken, in den Ritzen und Spalten, in den Fensternischen, aber schon auch mal hinter einem Küchenschrank oder Regal, an der rückwärtigen Seite des WC-Spülkastens oder – einfach, weil sie sich gerade hier heruntergelassen haben – mitten im Weg vor der Nase. Sie meinen es nicht böse, aber sie interessieren hier sonst keinen, also verbringen sie lange Zeit einfach einen ganz gewöhnlichen Sonntagabend im erfreulich spät noch wärmenden Restlicht eines schönen Tages. Es sei denn, die Bekloppten aus der Stadt kommen. Zähneputzen geht nicht. Spinnen. Allein schon mal ins Schlafzimmer vorgehen ist ausgeschlossen. Spinnen. Und in der Mehrzahl reden wir nicht von dicken, geradezu muskulös wirkenden Apparaten, die beim Zertreten ein hässlich knirschendes letztes Geräusch machen würden, wir reden von grazilen Tierchen mit punktkleinen Körperchen, die sich vor lauter Genügsamkeit, Arglosigkeit und Gutmütigkeit stundenlang nicht von der Stelle rühren. In größerer Zahl befördere ich sie aus dem Kinderschlafzimmer in spe hinaus. Trotzdem wird bestanden auf: Kommode verschieben und dahinter saugen sowie Bett aufrecht gegen die Wand stellen und darunter saugen. Mache ich, gegen 23.30 Uhr, auch. Ein Restzweifel bleibt. Die Familie sitzt mit angezogenen Beinen, hochgezogener Brücke sozusagen, auf der Couch im Wohnzimmer, das durch zwei Handgriffe an selbigem Sofa gleich noch zum Elternschlafzimmer werden soll. Nicht ganz ohne Stolz komme ich, den Staubsauger wie die Jungs aus bestimmten Gespensterjägerfilmen nur so schwingend, ins Zimmer zurück. Alle starren in meine Richtung. Es ist vorbei, will ich sagen. Aber keiner hätte Ohren dafür, denn keiner hat Augen für mich. Man fixiert wie hypnotisiert einen Punkt etwa einen halben Meter vor meinen Füßen. Und heiliger Strohsack. Dort läuft die erste echte Spinne dieses Abends. An einer Stelle, an der Peter den halben Nachmittag über mehr oder weniger auf dem Boden liegend mit seinen Autos gespielt hat, nicht auszudenken, wenn sie die Lust überkommen hätte, ein wenig mitzumischen ... Arachnia! Ein wuselndes Wachtel-Spiegelei. Das Dotter ist naheliegenderweise der Körper, dazu acht mehrgliedrige Beine, die so stramm sind, dass ich sie selbst im Schummerlicht und vor dem Hintergrund eines spinnentarnfarbenen, vulgo: dunkelgrauen, Teppichbodens sofort sehen kann. Zugegeben, das ist jetzt eine Spinne. Wie gesagt, im Grunde die erste des Abends. Ich überlege. Biologisch gesehen ist das ein schönes Tier. Also Glas drauf, Postkarte drunterschieben und raus damit? Stülp! Ich klappe, um sie erstmal sicher zu haben, einen blautransparenten Putzeimer über die Spinne. Mit einem gewöhnlichen Trinkglas hätte ich ihr womöglich auf acht Füßen zugleich gestanden. Und nun? Vor die Tür? Ich müsste morgen den ganzen Tag über die Frage beantworten, wo sie jetzt ist. Und könnte nichts dazu sagen und also nichts ausschließen. Auch nicht, dass sie zurückgekommen sein könnte. Dennoch, der neue Tag ist bereits angebrochen, die letzte Stunde war kraft- und nervenaufreibend, die Variante, sie mit einem Behälter einzufangen und weit genug vom Haus wegzubringen, um eine Rückkehr zumindest sehr unwahrscheinlich zu machen, ist allein theoretischer Natur. Ava will einen mutigen Blick drauf werfen. Auf diesem Teppichboden und bei diesem Licht wird das nichts. Ich finde im Regal eine teils weiße, teils rote Plattenhülle. *The doors.* Werden gern überschätzt. Ich schiebe die Hülle langsam unter den Eimer, bewege sie ein wenig hin und her, und auf dem weißen Plattenhüllenteil wird die Spinne sichtbar. Ava schaut hin und wendet sich ungut berührt ab, wie sie es wohl auch bei einem plattgefahrenen Igel auf der Straße getan hätte. Das weckt das Interesse ihres kleinen Bruders. Peter tritt hinzu und schaut. Ich bewege meine *Doors*-Hülle (hat man zu Schellack-Zeiten schon davon gesprochen, dass sie in einem »Cover« steckten?). Aber sonst bewegt sich nichts. Ich lasse den weißen Plattenhüllenteil überallhin wandern. Nichts. Da werde ich gewahr, dass der Rand des Eimers, den ich nicht kannte und eben nur mehr oder weniger geistesgegenwärtig gegriffen hatte, eine

Art Ausgießer hat. Den hat das Tier gefunden und zu nutzen gewusst. Große Spinne, großes Hirn, großer Fluchtwille. Und jetzt ist sie weg. Die Mienen meiner Lieben verkanten sich, stehen. Zu drei Seiten des Eimers ist so viel Teppichboden zu sehen, dass Arachnia diese Strecke jeweils noch nicht zurückgelegt haben kann. Zur vierten Seite hin steht ein Sofa. Ich schiebe es weg. Da ist sie. Und was soll ich sagen? Als mir klar wurde, dass ich weder bereit noch angesichts des über den Abend verteilt genossenen Weißweins in der Lage sein würde, die Spinne vor die »Stadt« zu fahren und dort auszusetzen, und auch nicht, mich morgen beim Zögern oder Notlügen auf die Frage »Wo ist sie jetzt?« erwischen zu lassen, wurde mir auch klar, was mit der Spinne würde geschehen müssen. Leider Notwehr. Ich trete also beherzt zu. Ein Knistern von Chitin, die Kraft weicht aus den Beinen, die regelrecht einklappen und sich teilweise vom Körper lösen. Ich bin nicht stolz. Null. Heldentum kann sehr ambivalent sein, denke ich, als ich Schaufel und Besen nehme. Dann gehen wir gemeinsam in den als Kinderschlafzimmer vorgesehenen Raum. Ava und Peter haben nebenbei weiter beraten und sind auf die Idee gekommen, noch den Antrag zu stellen, einmal die Matratze vom Lattenrost des Bettes zu heben. Man könne ja nie wissen, gewiss hätte ich zwar in den Aussparungen gesaugt, die in den Ecken zwischen Bettgestell und Matratze verblieben, das wolle man gern glauben, aber hier ergebe sich ein Restrisiko. Nicht erst seit einer Grünen-Kampagne zur Atomkraft wissen wir, dass das Restrisiko so heißt, weil es das Risiko ist, das uns den Rest geben kann. Wir filzen noch einmal ohne Befund das Zimmer nebst Ecken und Fensternischen. Dann stellen wir die Matratze im Bettgestell senkrecht. Und es marschiert mittig ein zwar feingliedriges, punktkörpriges, nichtsdestoweniger aber durch seine sicher sechs bis acht Zentimeter langen Beine unübersehbares Tierchen abwärts. Ich brauche nichts mehr zu sagen. Wir behalten die Matratze gleich in der Hand und wuchten sie hinüber ins Elternschlafzimmer, wo sie zu Füßen des zwischenzeitlich umgerüsteten Sofas mit etwas gutem Willen noch Platz hat.

Zwar versperrt sie die Tür zur Küche, aber da haben wir auch noch keine Kammerjägerei betrieben, so dass Peter feststellt, was festzustellen ist: »Dann können die Spinnen aus der Küche jetzt auch die ganze Nacht nicht hier rein.«

Möglicherweise, ach was, höchstwahrscheinlich, hat er damit trotz Türspalten und Schlüsselloch, zu denen ich natürlich eisern schweige, recht.

Ich habe in den ganzen folgenden Tagen unseres Aufenthaltes in dem bis hierher als Kinderschlafzimmer vorgesehenen Raum keine einzige Spinne mehr gesehen. Aber außer mir, der ich hier somit ein schmuckes kleines Reich für mich hatte, hat diese vier Wände, soweit ich weiß, kein Mitglied der Reisegruppe mehr betreten.

16.

Das Leben ist ungerecht, aber nicht immer zu deinem Nachteil. Das stand in der Zeitung, möglicherweise, glaube ich aber nicht, sogar in unserem örtlichen Blättchen. Es ist die Losung des Tages, ja, des ganzen Urlaubs.

Am Morgen probieren wir unsere Badestelle vor dem Garten aus. Durch Schilfinseln links und rechts im Wasser wird sie regelrecht zu einer kleinen privaten Badebucht. Wir beobachten zum ersten Mal die rund zwanzig weißen Schwäne, wie sie den heutigen wie auch die nachfolgenden Vormittage damit verbringen werden, in Ruhe und mit großen Pausen den See in geringer Entfernung einmal von rechts nach links zu überqueren. Wir machen Bekanntschaft mit dem einen schwarzen Schwan, der sich offenbar allein behaupten muss. Wir ahnen ein Drama, hier zwanzig und mehr weiße Schwäne, dort ein schwarzer Schwan allein, fast vertraulich Kontakt suchend, auch zu uns, aber wir lassen es nicht recht an uns heran.

Dann steige ich ins Ruderboot. Unter entwöhnten Ruderern ist der Gelegenheits-Paddler König. Dachte ich. Es wird kein Triumph, aber wir schaffen es in dem hier sehr flach abfallenden

See eine Tiefe zu erreichen, die das Baden ohne schrundige Knie erlaubt.

Morgen ist Sperrmüll im Dorf am See. Fernseher, klobige graue Computerbildschirme und Kühlschränke werden weggeworfen, aber auch, noch immer, Sprelacartmöbel: Schränke, Schrankwände, Kommoden, Tische aus Pressholz, beklebt mit einer entfernt an Furnier erinnernden Schicht, deren Optik etwas hilflos Holz zu imitieren sucht. Hat man sich hier jetzt, zwanzig Jahre danach, zu neuen Möbeln durchgerungen? Ist die Großmutter, die auf ihre fortgeschrittenen Tage nichts Neues mehr brauchen wollte, jetzt verschieden? Der Friedhof des Dorfes liegt noch etwas außerhalb an einem Hügel. Das machte man früher gern so, doch wuchsen die Orte dann bis zum Friedhof hin und drumherum. Nach so viel Ortswachstum sieht es hier nicht aus. Und wenn, dann versucht man ein Wachstum zur anderen Seite hin, am See entlang, zur Peene hin. Dort hat jemand zwanzig, dreißig gleichförmige Ferienhäuschen wie große gelbe und weiße Bausteine auf ein größeres Grundstück geworfen und dann nur notdürftig zu den Grundstückskanten hin ausgerichtet. Das Ergebnis scheint kein Erfolg. Die Grünanlagen sind ungepflegt, die Häuser wirken unfertig, hier und da steht ein Auto, Gartenmobiliar, ein Schild wirbt allein mit der Aufschrift »Ferienhäuser« und einer Funktelefonnummer. Soll ich kaufen, zeitweise mieten, dauerhaft mieten? Ist wahrscheinlich egal, wenn ich nur ein paar Mittel bringe, die laufenden Bankbelastungen zu tragen und vielleicht eines Tages das Projekt hier zu einem optisch ansprechenden Ende zu bringen. Aber wer sollte dieses Geld bringen? Warum gerade hierher? Der Ort ist reizend. Aber er ist auch tot. Wer ihn zu finden bereit war, hat ihn über die Jahre längst gefunden. Aber junge Menschen? Selbst von dem größeren Restaurant an der Hauptbadestelle des Ortes ist gerade mal ein Imbiss, die *Strandmuschel*, übrig, die auch jetzt, in der Saison- und Ferienzeit, vor dem Abendessen schon wieder schließt. Dann endet der Ort auch zu dieser Seite hin. Ich kann weiter, einen befestigten Weg über die Wiese entlang, bis zur Peene gehen. Die Peene ist die Verbindung zur Ostsee. Normalerweise verläuft so auch ihre Fließrichtung. Natürlich. Normalerweise. Der Kummerower See, neun Kilometer lang, ein Drittel dessen breit, liegt aber nur 20 Zentimeter über dem Meeresspiegel. Bei bestimmten Wetterlagen kann daher die Peene zum stehenden Gewässer werden. Im Extremfall kann es sogar dazu kommen, dass sie ihre Fließrichtung mal umdreht. Von Salzwassereinbrüchen in den See ist aber nichts bekannt ... Über die Peene fährt eine kleine Personenfähre. Sie hat die eigenartig schwimmunfähig scheinende Quaderform von Tretbooten, ist nur etwas größer, von einem blauen, markisenartigen Dach überspannt, und bei zehn Personen ist Schluss.

Elle wünscht dem Fährmann, als wir mit unserer vollen Besetzung plus Kinderwagen entern: »Guten Tag.«

Ich achte nicht auf die Antwort, erfahre aber später, für Elles Dafürhalten habe es auch keine gegeben.

Ich bezahle beim Aussteigen. Wir essen am anderen Ufer etwas, fahren dann mit der Fähre zurück. Ich will wieder bezahlen, der Fährmann weist das zurück: »Sie haben doch eine Familienkarte. Immer raufgucken auf die Dinger!«

Städter. Immer wollen sie reden. Tatsächlich heißt das »Ding« »Familien-Tageskarte«. Das erklärt, dass mehr nicht zu bezahlen ist, wir vielmehr den Rest des Tages die Fähre nach Gutdünken benutzen könnten (der Fährmann würde sich freuen ...). »Familien-Tageskarte« wären aber endgültig zwei Silben zu viel gewesen für den Fährmann, der sich hier einen ruhigen Auftrag versprochen hatte, jeden Tag Boot fahren, auf das Wasser schauen, wie fischen, nur ohne die Fische. Immer raufgucken auf die Dinger. Als wir seine Gondel verlassen haben, sehe ich noch einmal zurück. Zur einen Seite liegt gleißend, vieltausendfach zwinkernd und blinzelnd der See. Zur anderen Seite mäandert fast lockend die Peene ins Schilf. Heute ist sommerliches Wetter. Aber wäre es kalt und neblig und feucht, würde man sich womöglich gar nicht trauen, das Boot dieses schmalen, leicht gebeugt stehenden, fast wortlosen Schrates zu betreten, der seinen Blick aus dem zerfurchten Gesicht stetig in eine diffuse Ferne zu richten scheint, wenn es aus dem Nebel auftauchte. Die Gondel aus dem Reich der Untoten.

Die Peene übrigens ist ein Fluss, auf dem man würde paddeln wollen, wüsste man nicht, dass einem Ausflugsdampfer und private Hobbyschiffer dort das Leben im Paddelboot ein wenig mühsam machen. »Amazonas des Nordens« werben die, die einen doch versuchen möchten. Wir haben es einmal versucht. Seitdem weiß ich wieder, warum ich auch nie Neigung verspürte, einen Familienfaltbootausflug auf dem anderen, dem echten Amazonas zu initiieren. Ein familientauglicher Paddelfluss ist betulicher.

Abends besichtige ich so etwas wie den Vorgänger der bunten Bauklotzferienhäuser vom Vormittag. Das *Erholungszentrum VEG Lindenhof*, wie ein verwittertes, einst wohl handgemaltes Schild noch verrät. Strähniges Gras ist darüber gewachsen. Doch erkenne ich noch, ähnlich hingewürfelt wie die Häuschen von heute Morgen, die Bodenplatten ehemaliger Ferienbüdchen auf einem Grundstück; zwei, drei leidlich erhalten gebliebene Baukörper zu beiden Seiten des überschaubaren Areals deuten an, wie es hier mal ausgesehen haben mag. Vom Rest künden nur an Schokoladentafeln erinnernde nackte Betonplatten, hier und da sind noch die Eingangsstufen zu den ehemaligen Erholungsbungalows zu erkennen, oder haften gebliebene Fliesen lassen ahnen, wo wohl unter räumlichen Bedingungen geduscht werden konnte, die einem die in unseren schicken Zeiten gleichsam in den Strudel endgültig abfließender Wörter geratende Vokabel »Nasszelle« ein vielleicht letztes Mal in Erinnerung rufen.

17.

Unser Dorf am See – was hatten wir bislang? Unseren malerischen Westentaschen-Dreiseithof aus rotem Backstein mit den vielen kleinen Ex-Stallungen und deren so unterschiedlicher heutiger Verwendung, mit den weißen alten Sprossenfenstern und den verwitternden grünen Fensterläden, und schließlich mit dem glücklicherweise in jüngerer Zeit mal runderneuerten Dach. Mit dem heckenumrankten Zugang zum malerischen See und dem Blick bis hinüber zum »Schloß Ludwigslust«, dem Silo von Malchin. Mit seinen achtbeinigen Bewohnern, unter denen sich aber herumgesprochen haben muss, dass die Zeiten jetzt, da die Sterilität liebenden Stadtmenschen das Zepter führen, schlecht sind; jedenfalls treten sie nach unserer mental ambivalent geführten, nach außen hin jedoch wohl kompromisslos und konsequent zur Schau gestellten Einführungsveranstaltung der ersten Nacht kaum noch in Erscheinung. Oder sie haben in Wirklichkeit durch schlichte Beharrung gewonnen und fallen unseren kleinen und nicht ganz so kleinen Hysterikern einfach nicht mehr so auf?

Wir haben die Badestelle vor dem Haus, die hübsche Partie am Wasser auf der einen Seite und jene mit den gepflegten Gärten auf der anderen Seite, die sich bis zur Hauptbadestelle des Ortes mit dem Restaurant erstreckt, von dem leider nur ein Imbiss, die *Strandmuschel*, übrig ist, die aber vor dem Abendessen zu macht. Dann haben wir die Verlängerung dieser Straße mit den etwas ratlos im Stadium der Neunzehntelfertigkeit vor sich hin stehenden Ferienhäusern, die letztlich zur Peene und der Gondel aus dem Reich der Untoten führt. Wir haben einen Laden und den Dorfgasthof mit den guten Bratkartoffeln. Wir haben großflächige Dächer in der Ferne gesehen, die auf eine größere Kirche, wohl ein ehemaliges Kloster, und vielleicht ein ehemaliges Gutshaus schließen lassen: Potenzielle Sehenswürdigkeiten, die wir uns für morgen aufsparen werden. Wir haben den Friedhof etwas außerhalb des Ortes auf seinem Hügel. Wir haben ein gutes Gefühl, dass uns diese Ruhe hier für die Dauer einer Woche nicht den Verstand kosten, sondern im Gegenteil geistige Klarheit für dann anstehende Aufgaben zurückgeben wird. Wir haben allerdings nicht allzu viel Hoffnung, dass hier ein Aufschwung noch kommen könnte, auch wenn man sich den Ort gut um das Quäntchen lebendiger vorstellen könnte, das ein intaktes Hotel an der Badestelle und gut funktionierende Ferienhäuser etwas weiter hinten wohl mit sich brächten, ohne dass gleich der Kollaps zu befürchten stünde.

So gehen wir heute den über Berg und Tal führenden Uferweg ostwärts. In drei Kilometer Entfernung soll ein Ausflugsziel liegen. Kleiner Sporthafen, Hotel, Zeltplatz, Ferienhäuschen, Imbiss, junge Leute. Der Weg führt also über Berg und Tal, obwohl er sich nach der Wasserlinie ausrichtet, was mit dem Kinderwagen nicht durchgängig ein Vergnügen ist und uns sagt, dass das Seeufer alles andere als plan, sondern aufgeworfen und teilweise fast ein Steilufer ist. Wer zu Anfang meiner geschichtlichen Ausführungen schon aufmerksam war, wird sich die Gründe denken können, wenngleich noch ein Fachausdruck neu eingeführt werden soll: Periglaziale Vertalung. Der Skandinavische Schild schob also seine Eismassen südwärts, bewirkte eine weitgehende Plattheit des Landes darunter, bis es eines Tages von oben her wärmer wurde. Eismassen tauten ab und wollten weg. Nach unten hin ging es nicht, da der Boden noch vereist war. So schob es sich zu den Seiten hin und schuf im Gelände kleine Seitentäler, »vertalte« den Landstrich. Daher das stetige Auf und Ab in dieser Region.

Schließlich erreichen wir unser Ziel, als wir aus einem Waldstück treten. Es teilen sich gleichsam die Bäume, und vor uns steht ein in dieser Gewaltigkeit hier nicht erwartetes Gebäude mit spitzem Dachgiebel, Schweizer Landhausstil im großen Stil, viel Holz für Balkone und Terrassen, gläsernem Windschutz zum See hin, von dem es nur durch unseren Wanderweg getrennt ist, großen Flächen zum Parken – und ganz wenig Leben. Auf der glaswandbewehrten Seeterrasse steht kein benutzter Stuhl, wir sehen im Eingangsbereich unter dem »Hotel«-Schild eine einzige Person (in kellnertypischem Schwarz-Weiß) – oh weia. Das ist das Ausflugsziel. Wir streben dem Sportboothafen zu. Hier stehen tatsächlich einige Boote, und auch am Imbiss ist Leben. Elle fällt in einen Jungbrunnen. Sie meint, hier sei alles noch »wie damals«: die Gebäude, die Ruhebänke, die einzeln stehenden

Ferienbungalows, deren Typennummer nach DDR-Plattenhausbestellkatalog sie noch aufsagen kann (mir kann sie ja alles erzählen, aber bestimmte Typenbezeichnungen, nach denen bestellt wurde und jeder wusste, was genau gemeint war, hatten diese Gebäude ebenso wie die standardisierten Wohnungen in den Plattenbauwohnhäusern tatsächlich), ja, sie meint sogar die Softeismaschine als ein bereits »früher« vorzufindendes Modell wiederzuerkennen, und den Geschmack des Eises sowieso. Ob das ein Vorteil ist, will sie nicht sagen.

»Hier ist wirklich alles stehengeblieben!«, sagt sie zusehends entrückend und bezieht das offensichtlich auf die Gebäude, die Zeit, eben alles.

Einige verstreute Gestalten trinken Bier, sitzen zusammen, sehen das mit dem Stehengebliebensein vermutlich genau so, und beklagen, dass der Fortschritt sie auslasse. Dann gehen sie allerdings zu Audis oder Toyotas statt Trabants oder Fahrrädern und holen Funktelefone heraus. Vermutlich um irgendwen vollzuschimpfen, dass seit der Wende genau genommen sogar alles nicht stehen geblieben, sondern schlechter geworden ist. Früher hätte man ja nicht wochentags rumsitzen und Hartz IV vertrinken müssen, sondern Arbeit gehabt. Die Dinge sind eben komplex. Und Eigeninitiative besonders. Vor allem, wenn man zur Wendezeit vielleicht fünfzehn Jahre alt war, so dass sich die Chance, sich Eigeninitiative anzueignen, ganz vielleicht noch hätte ergeben können. Und immer irgendwen sucht (und folglich findet), dem man für irgendwas die Schuld geben kann, so dass die Überlegung, dass die DDR ja nicht überfallen oder gekauft wurde, sondern einfach an Altersschwäche wie von selbst einging, von diesen Menschen wahrscheinlich bis heute nicht ein einziges Mal angestellt wurde. Das würde einfache Dinge (»alle doof außer ich«) unnötig kompliziert machen.

Ja, solche Gedanken habe ich bei aller Liebe für dieses Land und trotz meiner aufgeräumten Sommerfrischestimmung hier und da auch. Vielleicht gerade wegen der Liebe für dieses Land. Was könnte es aus sich machen? Diese Gedanken sind nicht unreflektiert, auch sie sind das Ergebnis jahrelanger Beobachtungen. Allerdings richten sie sich gegen keinen sehr großen Personenkreis. Natürlich weiß ich auch um die Wagemutigen, die Zähen und die Erfinderischen, kurz, die Zahlreichen, die mehr oder weniger klaglos jahrelang über große Strecken nicht zuletzt gen Westen und Süden pendelten und/oder nach jeder Pleite ihrer Arbeitgeber unermüdlich nach einem neuen suchten. All das bedeutet nicht zuletzt: Es wird weiterhin Landstriche geben, die sich noch weiter gesundschrumpfen werden nach der schlichten Faustregel »je östlicher und stadtferner, desto schonungsloser«. Das kann man beklagen, aber ob man auch nur den Versuch machen sollte, diesen Zustand aufzuhalten, anstatt ihn als notwendiges Übergangsstadium zu akzeptieren und anzugehen, steht für mich an diesem sonnigen Morgen am Nordostufer des Kummerower Sees sehr in Frage. Und dabei weiß ich, was das für Demmin und Loitz und Anklam und all die Orte, die nach landläufiger Auffassung eben »nichts« haben, wohl mittelfristig noch bedeuten wird. Bis »es« vorbei ist, das Zwischenstadium, und das Leben zurückkommt. Orte, die nach landläufiger Auffassung zunächst einmal »nichts« haben, gibt es schließlich überall. Aber anderswo leben sie auch trotz allem, weil dort Menschen sind, die das Leben gerade dort wollen und befruchten. Noch zwanzig Jahre bis zu diesem Punkt?

Der *Golden Flash* reißt mich aus meinen Gedanken, ein nicht mehr ganz neues, aber neu lackiertes Motorboot, das von einem dunkel gelockten Mähnenträger mit freiem Oberkörper, grüner Badehose und Hund jetzt schnell, schnittig und im engen Bogen in die Hafeneinfahrt gelenkt wird. Aber keine blondmähnige Riesensonnenbrille strafft sich hier auf einem rosa Badelaken, kontert seinen kühnen Bogen mit ihren bühnenreifen Kurven. Außer mir nimmt einfach niemand Notiz von diesem Auftritt. Stell dir vor, du bist der Stenz, und die Damenwelt verpennt's.

Zum Nachmittag hin zieht es zu. Eine Andeutung von Gewitterstimmung über dem See. Ich sitze, solange es geht, im Liegestuhl unter pittoresk verwachsenen Weiden, unweit eines Pappelhains, der zu DDR-Zeiten zur Holzgewinnung angelegt und dann zu fällen vergessen wurde (erst wollte keiner Pappelholz, dann zerstob die DDR) und genieße den Anblick einer ruhig wabernden Wasserfläche. Es ist ein ganz normaler Dienstagnachmittag. Es herrscht fast himmlische Ruhe, gerade mal, dass immer mindestens ein Motorboot zu hören ist. Und diese Ruhe herrscht hier an jedem Dienstagnachmittag, sie hat ja nichts mit meinem Urlaub und Ruhebedürfnis zu tun. Und doch hätte es wenig Sinn, zukünftig der Hektik der Arbeitswoche durch kurze Fluchten auf einen Nachmittag hierher entgehen zu wollen. Allein die Fahrerei würde alles zerstören. Ich bin wunderbar »runter« gekommen in diesen Tagen. Durch die Ruhe, die unsere Quartiere ausstrahlten. Aber auch durch die Zeit, die man hatte. Ein paar Tage braucht es schon ... Schließlich fängt es leise und sanft an zu regnen. Ich merke es nicht unter dem Blätterdach meiner bergenden Weiden, ich rieche es nur, aaaaaah, und sehe es an den kleinen fadenfeinen Kreisen, die die Tropfen auf dem See bewirken. Selten war ich Hesses Gedicht vom lauen Sommerregen näher, auch wenn ich das Ende etwas verändere: »... nichts zu denken, nichts zu müssen, nur zu atmen und zu fühlen!«

Abends sind die Bratkartoffeln wieder ausgezeichnet. Rösch, wie man früher gesagt hätte. Und das Wild und der Zander und der Matjes (vom Hecht!) und das Bauernfrühstück und die Kartoffelpuffer. Womit zugleich gesagt ist, dass nach den guten Erfahrungen von vor zwei Tagen an diesem Ort von den vier Kindern am Tisch (anstelle der hier nicht mitzählenden Flora ist die Freundin von Klara einzurechnen) nicht eines(!) den sonst üblichen Ketchup mit irgendwas drunter bestellt hat!

18.

Unser Dorf am See am Morgen. Meine erste Begegnung ist der Chauffeur ins Reich der Untoten. Unser Fährmann. Auf dem

Weg zur Arbeit. Natürlich ist er keine Sekunde versucht, mich zu grüßen, was man, wir sind nur zwei Männer auf der frühen Straße, immerhin hätte erwägen können. Dazu hätte er sprechen und die finstere Miene bewegen müssen. Ich staune über seinen aufrechten und festen, fast dynamischen Gang. Dazu führt er einen außerordentlich gepflegten Schäferhund bei sich. Aber warum auch nicht? Ein Etablissement, das auf sich hält, muss seine Sicherheitsmechanismen in Schuss halten. Das wird beim Windfang zur Hölle nicht anders sein. Als Nächstes treffe ich auf den Mann, der hier offenbar die Straßenränder und Rinnsteine sauber hält. Er ist auf der Höhe einer größeren gemähten Rasenfläche zugange, die als Stellplatz und Abstellplatz für Campingmobile dient. Aus meiner Straße kenne ich, dass der Gehsteig morgens gewässert und dann mit einem großen Besen der Staub und das anfallende Schwemmgut in Richtung der Straßenkanalisation geschoben wird. Immer rinn damit. Wozu heißt es Rinnstein? Hier geschieht etwas anderes. Der Mann fegt in Abschnitten von sieben bis zehn Schritten Länge penibel zusammen, was er im Rinnstein findet, schiebt die Häufchen dann auf einer Metallschaufel zusammen, wozu er sich umständlich bücken muss und schleudert das Gefundene dann auf die Wiese zurück, dazu macht er sich mit gemurmelten Losungen Mut, die ungefähr den Inhalt haben von »Und zurück damit!« oder beim nächsten Mal »Da kam es auch her.« Diese Richtung kannte ich noch nicht. Einmal sagt er dabei auch etwas, das sich anhört wie »Cornichons!« Da aber beim besten Wille keine Gürkchen ins Gesamtbild passen wollen, vermute ich fast, er sagt so etwas wie »Keine Chance!« Was das im vorliegenden Zusammenhang soll, begreife ich allerdings auch nicht, so dass er letztlich doch ebenso gut auch die Gurken angerufen haben kann.

Zum ersten Mal würdige ich das Feuerwehrhaus, einen Würfel mit zwei Toren und spitz zulaufendem Dach, der vor hundertfünfundzwanzig Jahren schon fast genau so aussah. Nur der Turm auf dem Dach ist kürzer geworden seither. Ein großes

Erinnerungsfoto an der Wand legt stolz Zeugnis von der Anfangszeit ab. Die ganze Belegschaft ist angetreten. Am besten gefallen mir die Kameraden links und rechts auf dem Bild. Sie haben jeweils Leitern an das Haus gelehnt, sind hinaufgeklettert und posieren jetzt mit schicken Schnauzbärten und rückwärts an die Leiter gelehnt. Das wirkt allerdings derart steif und eckig, dass man denken könnte, sie hätten zwar nicht den berühmten Stock verschluckt, aber gleichsam die Leiter im Rücken mit unter die betresste Uniformjacke genommen. Köstlich, denke ich, und wundere mich, welche lange nicht gedachten Wörter mir meine Ausgeruhtheit eingibt.

Es ist ein Tag zwischen sonnig, bedeckt und windig. Wir beschließen, ihn den Sehenswürdigkeiten des Ortes zu widmen. Ich staune, in wie vielen Gärten ich noch die schönen alten metallenen Handpumpen mit dem Schwengel finde, der immer so schön quietscht. Auch in unserem übrigens. Allerdings ist der Schwengel mit einer Kette gegen all diejenigen gesichert, die tatsächlich denken, man könne damit noch Wasser aus der Erde fördern und durch wildes vermeintliches Gepumpe den Bestand dieses kleinen Boten aus vergangener Zeit gefährden würden. Es gibt eine sehenswerte backsteinerne ehemalige Klosterkirche von verschachtelter Bauart in einem schönen Park und gleich daneben ein Gutshaus. Gutshäuser sind in diesem Landstrich, ich erwähnte es mehrfach, überreichlich anzutreffen und Hotels, Pflegeheime, Konferenzzentren, mondäne Landwohnsitze oder – verfallen. Hier ist eine abgewandelte Form der erstgenannten Nutzungsart anzutreffen: ein sehr gelungenes Jugendhotel, eine aufgehübschte Jugendherberge mit herrlicher, großer Terrasse und einem phantastisch großen Park, in dem wir Boule spielen.

Ich halte auf diese Anstrengung hin Mittagsruhe im Liegestuhl am See. Es ist ruhig, es ist sonnig, Wolken wie Delfine und bauchige Flugzeuge stehen am Himmel. Frieden, oh ja, das ist Frieden. Der See und ich, ich und der See.

In der Küche laufen sämtliche Geräte. Das Rührgerät arbeitet sich durch einen zähen Teig, die Saftpresse presst, in der Ecke summt die Mikrowelle, und selbst der Kühlschrank ist summend und vibrierend zu hören und steht dem Geräusch nach offenbar neuerdings auf einer hohl liegenden Fliese. Ein vielgängiges Abendmenü, das mit etwas Glück, wenn nämlich die Windstille bleibt, heute direkt am Seeufer wird eingenommen werden können, ist im Entstehen. Ich erwache. Der See liegt, wie er lag, als ich einschlummerte. Neu sind zwei Motorboote (Rührgerät und Mikrowelle aus dem soeben beendeten Traum), dazu ein drittes mit einer Art liegendem Wasserskifahrer im Schlepptau (der Kühlschrank) sowie der eine gerade Bahn quer über den See zum Peenedurchstich ziehende Ausflugsdampfer (die Saftpresse). Der hiesige »Nachmittagstrubel« hat begonnen, drei Boote und ein Ausflugsdampfer von der Größe einer Hafenbarkasse, aber hier ist das Unruhe, hier ist das Lärm.

Und dann ist wirklich die Zeit des Abendessens unten am Seeufer. Es gibt Brot, Wurst und Käse, Gurke, aufgewärmte Dosenwürstchen und einen zugegebenermaßen etwas aufwendigeren Weißwein, den teuersten nämlich, den der Dorfkonsum, anders kann dieser Laden auch zwanzig Jahre »danach« nicht treffender beschrieben werden, hergab, keine Delikatessen also, keine kulinarischen Herrlichkeiten, aber der Abend wird ein Fest. Schon ehe es überhaupt losgeht, halten uns die großen Mädchen, die ansonsten landschaftlichen und Witterungseinflüssen gegenüber altersgemäß zwischen dumpf und stumpf reagieren, so lange mit erhobenen Armen davon ab, uns dem gedeckten Tisch und den zusammengewürfelten Stühlen auch nur zu nähern, bis die unberührte Tafel in diesem warmbronzen späten, flach einfallenden Vor-Sonnenuntergangslicht aus jeder sich auftuenden Perspektive mindestens einmal »im Kasten« ist, wobei es sich bei »Kasten« natürlich um neumodische Digitalkameras handelt, bei denen man einfach siebenundachtzig Mal auf den Auslöser haut, dann wird schon was dabei sein, anstatt sich auf das eine Bild oder die zwei Motiveinstellungen zu konzentrieren, die das Foto wert sind. Schadet doch nichts? Natürlich! Oft genug ist am Ende, streng genommen, nichts dabei. Das Digitalgeknipse ruiniert den Blick und die Konzentration, ihre Freunde bekommen 536 Urlaubsbilder gemailt (und schauen keines richtig an, weil 529 Schrott sind), anstatt dass man dreißig oder vierzig gemeinsam anschauen würde, und mir werden in der Wartezeit die Würstchen wieder kalt. Danach erfreuen wir uns gemeinsam des Lichts, schon wieder des Friedens, der uns umgibt (die Küchengeräte aus dem Traum sind in den Häfen), ein bisschen daran – ohne Schadenfreude, ich schwör's – dass es in Italien jetzt schon dunkel ist, wir es dort jetzt also schwerlich besser haben könnten und obendrein, zwei Tage vor dem Ferienende längst an die Rückfahrt denken müssten, und der Restwärme des Tages und der Würstchen.

Danach kann ich, einmal mehr, mich nicht sattsehen am schaukelnden Peter. Hier ist der Schaukelsitz breiter und stabiler als zu Hause, so dass Peter mir zeigt, dass er freihändig schaukeln kann. Gleich daneben betrachte ich die alte Pumpe. Und versonnen auch das Kunstwerk von Spinnennetz, das hier eine emsige Spinne zwischen dem stillgelegten Pumpenschwengel mit seiner Kette und der Hecke gefertigt hat und dessen gleichmäßig gesponnene Fäden jetzt warmorangefarben letztes Sonnenlicht reflektieren.

19.

Am nächsten Tag ist Gischt auf dem See, Wind, Bewegung, vielleicht ein kleiner erster Spätsommer- oder Frühherbsthauch. Wir schwingen uns sage und schreibe zu einer Runde im Auto um den ganzen See auf. Zunächst kaufen wir Honich direkt vom Erzeuger in Klenz, wobei der Erzeuger tatsächlich »1a Honich« auf das Glas geschrieben hat, dazu die Attribute bekömmlich, »schmackhaftig« (nicht schmackhaftich ...) und kräftigend.

In Malchin plaudere ich mit dem netten Kaufmann auf der Haupteinkaufsstraße, dem ich aus schierem Übermut eine kleine

Gartenmöbelgarnitur abkaufe, woraufhin er mir mit drei lustig auf (nicht in) der Nase wippenden weißen Haaren munter erzählt, gerade gestern habe eine Kundin seiner Frau die beiden Stühle abschwatzen wollen. Sie habe aber darauf bestanden, der Kunde, der auch den Tisch haben wolle, komme auch noch. Und nun sei ich da. So schnell. Und auch noch ein ehemaliger Malchiner (ich offenbare mich). Nicht zu fassen.

Auf dem Rückweg lässt sich endgültig nicht mehr leugnen, dass das Auto heute eine eigentümlich schlechte Beschleunigung hat. Die Dorfwerkstatt ortet den Fehler im Handumdrehen: Ein Marder hat sich an einem Kabel gütlich getan. Aaach ja, das Landleben. Ich bekomme ein gebrauchtes Kabelende (»Aber keine Sorge, damit können sie fahren, das passt!«), und wir können weiterfahren. Eine Rechnung bekomme ich auch. 25,10 EUR. Ich hatte nicht gewusst, dass es in Autowerkstätten auch Rechnungen gibt, die auf zweistellige Beträge lauten. Aaach ja, das La-, halt, das hatten wir schon ...

Am Nachmittag, der See hat sich beruhigt, in der Ferne ziehen die Schwäne ihre Bahnen und der Schwarze darf sogar mittun, fängt Peter mit der bloßen Hand einen kleinen Fisch, einen Stichling, wie mir die – allerdings wie üblich angelegten – drei kleinen »Stacheln« auf seinem Rücken verraten. Und gleich darauf noch einen. Ich will ihm erklären, dass das nicht gilt, wenn die Fischlein schon vorher kieloben an der Wasseroberfläche schwimmen. Aber so ganz bekomme ich nicht aus ihm heraus, wie es den kleinen Burschen ging, ehe er sie in die Finger bekam. Peter genießt das Ufer, die Steine, das Wetter, ein kleiner Junge, der die Natur, das seichte Wasser, die Libellen und Fische entdeckt. Die Bilderbuchkindheitserfahrung, von der es immer heißt, arme Stadtkinder hätten sie nicht mehr.

Und doch, das Gefummel mit den toten Fischen lässt mir auf die Dauer keine Ruhe: »Peter!« rufe ich mehrfach.

Schließlich antwortet es verhalten und in Gedanken: »Ja!?«

»Komm mal bitte her, ich will dir was erklären.«
»Das weiß ich doch schon!«

20.

Heute muss ich »zwischenfahren«. Zusehends vernehmlicher kündigt sich das Ferienende an, Ava hat eine Generalprobe für die Einschulungsfeier in der Stadt. Ich bringe sie, lasse mich aber auf die Stadt, den Stress, die Unruhe, das Pulsieren gar nicht ein, erlebe alles nur ganz am Rande und wie von ferne. Sofort, als Ava fertig ist, fliehen wir wieder aufs Land. Keiner hat mich gesehen, und ich bin froh darum.

Am späten Nachmittag mache ich einen Spaziergang mit Elle. Beide stellen wir fest, wie schön die Landbescheidenheit ist, wie albern der Stadtstress. Könnten wir so länger leben? Mit weniger Einkommen und weniger Ansprüchen? Hier die berühmte »Mitte« finden? Lange? Immer? Hätten wir hier noch die unterschwellige Unruhe, die uns zu immer neuen Reisen an immer noch aufsehenerregendere Ziele treibt? Die wir aber doch als Energiequell gleich der Unruhe in einer Uhr empfinden, nicht als lästige Quelle ständigen ungewollten Kribbeligseins, oder? Oder hätte man hier, am See, unter den Weiden, das Gefühl, sich und anderen viel weniger beweisen zu müssen, Klima und Ort der Bestimmung gefunden zu haben und die Beine hochlegen zu sollen? Käme man hier zu einer unterbewusst ersehnten Ruhe, nach der es uns bislang aber nie offen verlangt hat? Ist das jetzt der Moment, in dem etwas »kippt«? Wohin? Zu mehr Genügsamkeit? Zu Trägheit? Zu ersten Anzeichen – des Alterns? Oder ist das nur – Reife?

Wir wischen den Gedanken weg. Wir fühlen uns wohl in der Stadt. Wir mögen und brauchen unsere Arbeit. Und wir mögen und brauchen sicher keine tagtägliche Anfahrt von weit außerhalb und zwei Autos und Stunden in der Pendlerkolonne. Nicht eingerechnet die Fahrten zu Schule, Musik und Sport. Aber wir ahnen, dass er wiederkommen wird, der Gedanke.

21.

Nochmal zwischenfahren. Heute ist die Einschulungsfeier. Ava singt im Chor und spielt auf der Querflöte. Ich sage ihr hinterher, dass ich stolz auf sie sei, weil alles so gut geklappt habe und ihr gelungen sei. Dann denke ich auf der ganzen Fahrt zurück aufs Land nach: Geht das überhaupt? Kann ich auf etwas stolz sein, das ich nicht gemacht und auch nicht im engeren Sinn ermöglicht habe? Das ist allein Avas Können und Verdienst gewesen, ich habe nichts dazu getan. Kann ich da stolz auf mein Kind sein, oder kann ich es nur ermuntern, stolz auf sich zu sein?

22.

Und dann sind die Ferien um, und wir fahren nach Hause. Eine knappe Stunde. Werden uns die Kinder je wieder meutereifrei erlauben, anderswo Urlaub zu machen als in diesem Land, das alles hat, vor unserer Tür?

Teil 6

20. Jahrhundert, erste Hälfte – Die Weltkriege

So waren wir wieder zu Hause und unser MV, erinnern wir uns, im Deutschen Reich und auch im 20. Jahrhundert angekommen und zählte etwa 700 000 Menschen. Heute sind wir eine gute Million mehr, haben damit in etwa so viele Einwohner wie Hamburg, aber einfach wesentlich mehr Platz.

Darauf hätte sich aufbauen lassen. Leider kam neuerlich ein Krieg dazwischen, der Erste Weltkrieg. Aber dazu gleich. Klara hätte die Möglichkeit, in der Schule ein Wahlfach zu belegen: die Geschichte Mecklenburgs. Natürlich hoffe ich für kurze Zeit sehr, meine Saat geht auf, und sie greift zu, aber sie möchte lieber Theater spielen, »sonst muss ich noch mal durch die ganzen Hünengräber, und wann das Mittelalter war, weiß ich ja jetzt.«

Ich akzeptiere, dass sie eine Fortgeschrittene ist, bin sogar ein klisseklissekleines bisschen stolz, selbst daran schuld zu sein – und überrede sie, hört, hört, dass wir wenigstens für uns das nächste Kapitel angehen, eben die erste Hälfte des 20. Jahrhunderts, die Phase mit den Weltkriegen:

Belagerungszustand ab 1. August 1914, Exportverbote für Getreide und Rohrzucker, kein Import von Kohle (aus England) oder Holz (aus Russland), große Teile der Handelsflotte wurden beschlagnahmt, versenkt, gekapert, Vieh, Korn und Futter mussten an die Heeresverwaltung abgeliefert werden – Krieg eben! Am ehesten profitierten noch die Eisenbahnindustrie und die Banken. Aber beispielsweise auch die Sprengstoffwerke *Dr. R. Nahnsen und C. AG*, die damals in Dömitz standen, steigerten die Zahl ihrer Arbeiter in dieser Zeit aus nahe liegenden Gründen von dreihundert auf dreitausend. Nach und nach kam es ab 1917 zu Hungerunruhen und Streiks, in denen das Ende des Krieges gefordert wurde. Am 11. November 1918 war es dann so weit; allerdings blieben noch zwei Kriegsgefangenenlager für russische Soldaten in Güstrow und Parchim bis 1921 erhalten. Beide Mecklenburg, das große Mecklenburg-Schwerin und das kleine Mecklenburg-Strelitz mit seinen Trabanten, erklärten sich zu Freistaaten. Vorpommern war noch bis zu einem Generalstreik 1919 belagert. Durch die Abdankung des Kaisers gab es auch die preußische Krone nicht mehr, so dass die Preußische Nationalversammlung das Sagen hatte. Der Regierungsbezirk Stralsund indessen wurde 1932 mit Stettin vereinigt. Im März 1920 kam es zum sogenannten Kapp-Putsch (nach einem seiner Initiatoren, Wolfgang Kapp), der gegen die Weimarer Republik gerichtet war und Deutschland fast einen Bürgerkrieg gebracht hätte. Die Reichsregierung floh für einen Tag nach Dresden und für vier Tage nach Stuttgart. Hierzulande beschlossen Arbeiter und Gewerkschaften den Generalstreik gegen den Putsch und bewaffneten 25 000 Menschen. Viel kam bei alledem nicht heraus.

Noch immer waren Land- und Forstwirtschaft strukturbestimmend, noch immer lag der Großgrundbesitz bei 60 Prozent der Nutzfläche in Mecklenburg und 46 Prozent in Pommern. Rund 40 Prozent der Menschen in Mecklenburg arbeiteten in der Landwirtschaft, in Pommern waren es knapp 60 Prozent. In der Industrie, zum Vergleich, waren es 11 Prozent. Fünf Großbetriebe mit über 500 Beschäftigten gab es in dieser Zeit in Mecklenburg, der größte, die Neptunwerft Rostock, ging dann 1932 in Konkurs.

1921 war Erich Kästner für ein Semester an der Rostocker Uni eingeschrieben. Eine Frau soll da im Spiel gewesen sein, und man sagt, es war diesmal nicht seine Mutter.

Und noch etwas Kultur aus demselben Jahr: Im Juli wurden in Wismar, im Film: Wisborg, die Dreharbeiten zu *Nosferatu* begonnen mit Außenaufnahmen vom Turm der Marienkirche dem Marktplatz mit der Wasserkunst, dem Wassertor und vom Hof der Heilig-Geist-Kirche. Grund, nochmal reinzuschauen, oder?

Ein schönes Kapitel gehen wir noch gemeinsam an, ehe wir auch hier das Feld den Nationalsozialisten überlassen müssen: Am 1. Dezember 1922 gründete Ernst Heinkel (1888–1958) am Breitling in Warnemünde die Ernst-Heinkel-Flugzeugwerke. Diese betätigten sich zunächst in erster Linie im Bereich der Forschung und Entwicklung. Aber dann. Man erarbeitete sich den Ruf, auch komplizierteste Aufträge optimal zu erfüllen. Dem Ingenör Heinkel – der, wenn wir's mal akademisch genau nehmen, ein gelernter Flugzeugbauer ohne formalen Bildungsabschluss war – war nichts zu schwör... Um 1930 wurde ein großes Areal zwischen Bleicherstraße und Mühlendamm hinzugenommen, man arbeitete sich hoch zum größten produzierenden Betrieb Mecklenburgs, entwickelte als einen der Höhepunkte die He 70, ein aerodynamisch hoch anspruchsvoll konstruiertes Schnellflugzeug, das zeitweise bis zu acht internationale Rekorde gleichzeitig hielt, dazu das von Seeschiffen startbare Katapultflugzeug und gilt bis heute – gewiss auch infolge des aufkommenden Entwicklungsdrucks auf Rüstungsproduzenten – als Erfinder des Düsenflugzeugs. Sagen wir es unumwunden: Ende August 1939 begann mit dem Jungfernflug der Düsenmaschine Heinkel He 178 in Rostock das Jet-Zeitalter! Mecklenburg-Vorpommern zu Lande (Marcus' Auto, ob nun 1875 oder 1889), zu Wasser (Kreefts Taucheranzug) und nun also auch in der Luft! Unser MV, ich sagte es, Meer und Verstand! Man sollte übrigens sogar noch darüber hinausgelangen: 1942 startete die damalige »Heeresversuchsanstalt« in Peenemünde auf Usedom gar die weltweit erste Großrakete, die es bis in den Weltraum schaffte. Zurück zum Friedlich-Bodenständigeren: Der Strandkorb (Wilhelm Bartelmann in Warnemünde, 1882), ich sagte es, und die erste funktionierende Hochdruckdampfmaschine mit explosionssicherem Kessel (Ernst Alban in Plau, 1842) stammten auch von hier, aber das wiederum nur am Rande. Entsprechend wenig, das kann mit dem angemessenen Zynismus vorweggenommen werden, ließen die anderen auch nach dem Krieg von den Heinkel-Werken übrig: Der Mauerrest der letzten Fabrikationsstätten kann bis heute entlang der Hamburger Straße nahe dem Holbeinplatz begutachtet werden!

Und noch ein Allerletztes: Namhafte Künstler taten sich in dieser Zeit hervor, so die Malerin Kate Diehn-Bitt (1900–1978) und ihr Kollege Emil Oberländer (1885–1945). Und auch Margarete Scheel (1881–1969) schuf ihre expressiven Skulpturen und freskenartigen Figuren, die bis heute an manchen Rostocker Gebäuden zu sehen sind, in gerade dieser Zeit. Ihr Bruder baute zur gleichen Zeit in bemerkenswerter Weise die Orthopädieklinik der Universität auf, auch wenn man seine Fakultät »Krüppeldoktor« nannte, was freilich nicht böse gemeint, sondern damals die gängige Bezeichnung war. Den Exkurs zu den Ärzten will ich erweitern um Prof. Schilling, der ab 1941 in Rostock tätig war und dem die Rostocker einen Klinikneubau (an der heutigen Schillingalle) und die Medizin das fundamentale Diagnosemittel des Blutbildes verdanken. Als weiterer Künstler aus dieser Zeit, um die ging es hier ja eigentlich, ist natürlich Ernst Barlach in Güstrow zu nennen.

Und dann? Am 1. April 1933 fand ein erster Pogrom gegen Juden auch in Mecklenburg statt. Judenboykott. Bücherverbrennung. Enteignungen ab 1938. Das alles gab es auch hier. Bei Heinkel arbeiteten inzwischen 18 000 Menschen, die Hälfte davon in Rostock. Auf der Neptunwerft bauten 4000 Menschen U- und Minensuchboote. Rostock hatte 1933 93 500 Einwohner, überschritt im Jahre 1935 die Grenze zur Großstadt und zählte 1939 bereits knapp 122 500 Einwohner. Zuwandernde Arbeiter spielten eine Rolle, aber auch drangsalierte Juden aus kleineren Orten, die die Anonymität der Masse suchten.

Schließlich der Zweite Weltkrieg. Drei Jahre lang blieb er für die Menschen hier ohne größere Auswirkungen oder Beeinträchtigungen des Lebensstandards. Bis zum Frühjahr 1942. Ziele der ersten Luftangriffe waren die Zentren der Rüstungsindustrie und die Wohngebiete drum herum, so im April 1942 vier Tage lang Rostock. Heinkel begann, seine Produktion auszulagern und zu verteilen, die Forschungsabteilung wurde gar nach Wien verlegt. Rostock war zu dieser Zeit die am schwersten bombardierte Stadt in Deutschland. Und es ging weiter. Im Mai 1942 kam es zu einem Angriff auf militärische Ziele in Warnemünde. Inzwischen waren über sechshundert Tote zu beklagen. Ab September 1942 und bis kurz vor Ende des Krieges wurde auch Wismar mehrfach angegriffen. Noch Ende 1944 wurde in Wöbbelin bei Ludwigslust ein KZ eingerichtet, genau genommen handelte es sich um ein Außenlager des KZ Hamburg-Neuengamme, aber was ändert's: Was immer den Krieg und die Nazigreuel ausmachte, es gab es leider auch hier! Neubrandenburg brannte, kaum eine Woche vor Kriegsende, fast völlig ab, wobei nicht zuletzt das Stadtschloss verloren ging, in dessen Kellerräumen man anschließend etwas überraschend jede Menge alter Austernschalen fand. Neustrelitz verlor sein Theater und sein herzogliches Schloss, das wichtigste, Stein gewordene Symbol für die dortige großherzogliche Vergangenheit, was trotz des bis heute vorhandenen wunderbaren Parks fatal ist, denn woran soll nun die Erinnerung dort festgemacht werden? Und auch das scheinbar unbedeutende Gutshaus Sophienhof bei Waren wurde gesprengt – denn dort waren Teile des Berliner Schlossmuseums und des Pergamonmuseums vermeintlich sicher eingelagert worden.

Nachdem sich am 7. Mai 1945 Feldmarschall Montgomery of Alamein von britischer Seite und Marschall Konstantin Rokossowski von belorussischer Seite offiziell als Sieger getroffen hatten, in Wismar, kam die Zeit der Besetzung über das Land. In Vorpommern und dem überwiegenden Teil Mecklenburgs besetzte die Rote Armee, westlich von Schwerin und Wismar besorgten dies zunächst für zwei Monate Amerikaner, Kanadier und Briten. Besonders hart traf es, sozusagen wieder einmal, mein gutes altes kleines Malchin, das die Besatzer nach der Eroberung, wohl aus schierem Übermut, noch in Brand setzten. Erstmals von 1945 bis Januar 1947 gab es übrigens eine Art Mecklenburg-Vorpommern. Chaos und Seuchen herrschten. Flüchtlinge überall. 30 000 elternlose Kinder, Klartext: (Kriegs-) Waisen! Im Zuge der Bodenreform im Herbst 1945 wurden die über 2 000 Güter (das macht auch 2 000 Gutshäuser im Lande!) und damit knapp die Hälfte der landwirtschaftlichen Flächen in Mecklenburg-Vorpommern enteignet und in Kleinstparzellen an »Neubauern«, meist Flüchtlinge, aufgeteilt. Ihre früheren Besitzer flüchteten oder wurden umgesiedelt. In die leer stehenden Gutshäuser zogen meist Flüchtlinge ein. Dreihundertdreiunddreißig nicht aufgeteilte Güter wurden zu Staatsgütern. Das bisschen Industrie, das man beließ, schuf Artikel des täglichen Bedarfs. Ab 8. Juli 1945 regierte die Sowjetische Militäradministration (SMA) in Mecklenburg. 1946 erfolgte die Schulreform. Fünfhunderttausend neue Schulbücher! »Neulehrerausbildung«. Marxismus-Leninismus. Bei der Kommunalwahl im gleichen Jahr erhielt erstmals die SED 70 Prozent; möglich, dass das damals noch gestimmt hat, auch wenn es bei der Landtagswahl im Oktober nur 49,5 Prozent waren. Im Januar 1947 beschloss das Parlament die Verfassung des Landes Mecklenburg, in der nach Auflösung des Staates Preußen durch die Alliierten das »Vorpommern« weggelassen werden musste.

In dieser Zeit erlebte MV, das ich natürlich weiterhin so nennen werde, spiegelbildlich zur Abwanderungswelle rund einhundert Jahre zuvor eine beispiellose Zuwanderungswelle. Aus östlichen Gebieten, Ostpreußen, Pommern und Schlesien strebten Menschen ins Land.

20. Jahrhundert – Der Sozialismus

Damit sind wir beim Sozialismus. Planwirtschaft. Die nächste Gleichschaltung. Oder? Ich war nicht dabei! Die Menschen hier, Elle eingeschlossen, erzählen von guten Zeiten, die sie hatten, von großer Bereitschaft zur gegenseitigen Hilfestellung, von Galgenhumor. Es steht mir nicht zu, das inquisitorisch zu hinterfragen. Sicher sind es dieselben Menschen, die damals einander halfen und es heute vielfach so nicht mehr tun. Weil die, sagen wir, Notgemeinschaft weg ist? Weil sie nun die Chance, den eigenen Plan vom Glück umzusetzen, woanders sehen? Ich ahne es, ich weiß es nicht, und es ist mir auch nicht ganz so wichtig. Soll ich das vielzitierte »Auch im Osten war nicht alles schlecht!« als Offenbarungseid auffassen, als Eingeständnis zwischen den Zeilen, dass eben doch verdammt vieles schlecht war? Auch das weiß ich nicht. Der Mensch ist in der Lage, sich unter vielerlei Umständen einzurichten. Wenn das und sein Hang zur Verdrängung hier von Vorteil sein sollte – was spricht dagegen? Etwas hatte die DDR-Zeit sicher von einer überlangen Kindheit. Hier die in vielerlei Hinsicht »klein gehaltenen« Kinder mit dem sorgsam reglementierten Aktionsradius. Da »größere Kinder«, die im Auftrag der Eltern »aufpassten«, dass die kleinen und klein gehaltenen nichts anstellten oder sich gar davon machten. Und dann die Eltern, denen nach und nach die Kontrolle und ihr Erziehungskonzept entglitt, denn weiter östlich gab es noch Über- oder Großeltern, so dass auch die Eltern letztlich in ihrem Können und Wollen wenig frei waren. Das Recht, Menschen eine überlange Kindheit zu verordnen, hat aber nun einmal niemand. Das Recht, denjenigen, die sich darin mehr oder weniger notgedrungen dennoch eingerichtet und letztlich auch wohlgefühlt haben, zu verbieten, sich auch angenehm an diese Zeit zu erinnern, jedoch auch nicht.

Ich bin mit Elle und Klara verabredet, sitze nicht weit von Mauerresten der letzten Heinkel-Fertigungsstätte entfernt am Sozialismusdenkmal am Kabutzenhof: Zwei nackte bronzene Riesen, 1977 dort aufgestellt, wo angeblich 1918 die revolutionären Matrosen an Land gingen, die wohl ursprünglich mit dem Denkmal hatten geehrt werden sollen. Letztlich nun haben die Jungs wenig erkennbar Matrosenhaftes, und es gilt auch als recht gesichert, dass jene Matrosen nur in Warnemünde waren, doch sei's drum. Einer reckt entschlossen die Faust nach Osten, was dem Ensemble im Volksmund auch den Namen »Das letzte Päckchen Kosta« eingebracht hat. Kosta war ein beliebter DDR-Kaffee, und sicher kann man finden, der Vorwärtsstrebende recke die Faust danach oder habe das Päckchen womöglich schon darin. 40 Tonnen Bronze, 9 Meter hoch, nur ein Werk in Leningrad war seinerzeit in der Lage, diese geballte Nacktheit zu liefern. Klara, Elle und ich lesen uns gegenseitig vor, was wir an nackten Daten über die DDR-Zeit hierzulande herausgefunden haben.

Es kam also, das habe ich schon gesagt, zur Enteignung der 2000 Gutsbesitzer und ihrer 2000 Gutshäuser und der Installierung sogenannter »Neubauern« im Umland.

Als ein Symbol für den Neubeginn nach dem Krieg mag die Wiedereröffnung des Uni-Betriebes in Rostock im Frühjahr 1946 dienen. Der Entnazifizierer Erich Schlesinger war Rektor.

Die SED, die bei Wahlen gewann, begann ihre Position zu festigen durch Wirtschaftsförderung und Sozialaufbau, aber auch durch – bemüht neutral formuliert – rigorose Ausschaltung Andersdenkender.

Im industriellen Bereich war dies die Zeit der Werften und der Bauindustrie, ab 1948 begann langsam wieder das Badeleben, also die Tourismuswirtschaft, und auch die Landwirtschaft war wieder gefordert, denn es gab stattliche staatliche Ablieferungspflichten.

1949 eröffnete das erste Nachkriegsmuseum, nämlich das schon erwähnte Reuter-Museum in Stavenhagen.

1952 dann kam es auf zentrales Geheiß aus Berlin und gegen den Widerstand des mecklenburgischen Ministerpräsidenten Quandt zur Einrichtung der Bezirke, nach der Bezeichnung »Vorpommern« verschwand nun auch das »Mecklenburg« in der Versenkung der Episode der DDR-Zeit, und es wurden die Nordbezirke Rostock (die ganze Küste von Schönberg bis Usedom entlang bzw. von Kap Arkona bis etwa zu einer südlichen Linie Neukloster-Tribsees-Gützkow), Schwerin (südlich des Bezirks Rostock bis südlich Wittenberge, im Osten begrenzt durch eine Linie zwischen Güstrow und Teterow bis zum Westufer des Plauer Sees) und Neubrandenburg (die restliche Fläche bis südlich Templin bzw. östlich Penkun); im Vergleich zu 1947 waren mithin die Uckermark/Prignitz (Bereich Fürstenwerder/Prenzlau/Templin) und der Bereich Perleberg/Wittenberge hinzugekommen.

Ab Mai 1952 kam es ferner zu den geschichtsträchtigen sogenannten »Aktionen« der Regierung. Zunächst der Aktion *Ungeziefer*, in deren Verlauf rund 2000 Personen, die nach offizieller Lesart eine »Gefährdung der antifaschistisch-demokratischen Ordnung« hätten bedeuten können, aus einer 5-Kilometer-Sperrzone entlang der »Demarkationslinie zwischen der DDR und den westlichen Besatzungszonen Deutschlands« in östlichere Gebiete zwangsumgesiedelt wurden. In erster Linie traf es Groß- und Mittelbauern. Ein anderes Ziel verfolgte die Aktion *Rose* 1953. Sie führte mal eben zur Enteignung der Inhaber ostseenaher Hotels, Pensionen und zuliefernder Betriebe unter lächerlichen Vorwänden und der Beschlagnahme immenser Sachgüter, um die – lukrativen – Bereiche entlang der Küste in staatliche Hand zu bekommen!

Druck und Repressalien bestimmten die 50er Jahre. Bestimmte Industriezweige wuchsen weiter, so die Werften und der »Grauschiffbau«.

Ab 1952 kam es auch zu wesentlichen Umstrukturierungen in der Landwirtschaft. Die LPG-Idee und das Ziel der Vollgenossenschaftlichkeit waren geboren. Steuerfreiheit und ein niedrigeres Ablieferungssoll waren das Zuckerbrot, schwerste Strafen für Einzelbauern bei Nichterfüllung ihres Solls die Peitsche. Eine erste große Fluchtwelle war eine Folge (die eigentliche Grenzschließung erfolgte ja erst 1961). Das Neubauernprogramm wurde 1953 beendet und in ein Programm für »Baumaßnahmen in der LPG« übergeleitet. Zum *Sozialistischen Musterdorf* in den drei Nordbezirken wählte man Mestlin, zu dessen Hauptattraktion, die dort, im Nichts, bis heute ungläubig bestaunt werden kann, komme ich gleich, 1957, noch einmal.

1954 endeten die Reparationszahlungen an die UdSSR.

Die Konzentration der Entwicklung lag in jeder Hinsicht auf Rostock. Hier kam es zur Gründung von Funk- und Fernsehstationen, hier kam es auch zu weiteren Hochschulgründungen.

Der Schiffbau in den (Hafen-)Städten und, eher dezentral, die Nahrungs- und Genussmittelindustrie waren die Hauptzweige, wobei 1955 der Bezirk Rostock so produktiv war wie beide anderen Bezirke zusammen.

Schließlich kam die Zeit der städtebaulichen Planung, d.h. auch (aber nicht nur) der Plattenbauten. In Rostock entstanden – um den Preis des Abrisses der Jakobikirchenruine – die Lange Straße als *Straße des Nationalen Aufbauwerks* und das Ostseestadion. Ab 1956 entstanden in Greifswald erste Plattenbauten, ab 1959 sollten dann etwas später die ersten Platten das Plattenwerk Rostock-Reutershagen verlassen.

Mestlin in der Nähe von Goldberg, ich sagte es, wurde zu einem sozialistischen Musterdorf ausgebaut – die einen flohen, die anderen glaubten daran – und erhielt 1957 ein in seiner Größe heute schier grotesk wirkendes Kulturhaus mit einem 400-Plätze-Saal, Bibliothek, Kino und einer Akademie; und wirklich: Zu DDR-Zeiten gab es hier Kinoabende, Betriebsfeste der nicht eben kleinen Art und Konzertauftritte. Heute, das ist nicht abfällig gemeint, ist Mestlin beliebt, wenn etwa bei Filmarbeiten

DDR-Kolorit gefragt, aber das Budget knapp ist – es steht alles schon da!

Ab 1958 gab es die Ostseewochen. In einer zeitgenössischen Publikation las ich hierzu prosaisch:

> Wenn auf den weiten Feldern der Sommer die Ernte reifen lässt, schmücken die Bewohner unseres Ostseebezirks ihre Wohnstätten, Straßen und Werktore und heißen ihre Gäste willkommen. Die völkerverbindende Ostseewoche, die die Rostocker mit einer großen Kundgebung eröffnen, zieht immer mehr Arbeiter und Bauern, Politiker und Wissenschaftler, Künstler und Laienschaffende, Sportler und Jugendliche aus vielen Ländern in ihren Bann.
> *(Lachs, Raif, Eschenburg, Rostock, 1967, S. 234)*

Das Völkerverbindende war angesichts der martialisch geschützten Seegrenze natürlich wieder mal relativ.

1961 siedelte man in den Bereichen Schwerin und Rostock fast tausend Personen zwangsweise um, weil man annahm, sie könnten sonst in den Westen wollen. Die Aktion *Festigung* oder *Kornblume* besiegelte denn die Grenzschließung.

Ähnlich schön wie die Ostseewochenhymne las ich an gleicher Stelle zum Bau der Plattenbausiedlungen im Nordwesten:

> Jedes Jahr überrascht Rostock seine Besucher mit neuen Bauten. Im Zentrum werden die letzten Lücken geschlossen, und am Rande der Stadt erstrecken sich die neuen Wohnviertel immer weiter in die mecklenburgische Landschaft. Wo noch vor wenigen Jahren die Bauern der umliegenden Dörfer den Acker bestellt haben, erheben sich heute helle, moderne Häuser, in denen sich die Werktätigen der aufstrebenden Seestadt wohlfühlen.
> *(Lachs, Raif, Eschenburg, Rostock, S. 241)*

Und wenig später im gleichen Zusammenhang:

> Eine großzügige Unterstützung des Staates wird es den fleißigen Rostockern ermöglichen, auch dieses kühne Vorhaben zu verwirklichen. *(S. 242)*

1969 wurde auch die erste Kunsthalle in Rostock neu erbaut und eröffnet.

Die Konzentration der Entwicklung auf Rostock spiegelte sich auch in der Entwicklung der Einwohnerzahlen wieder. Sie sollte bis 1989 in Neubrandenburg auf 91 000, in Schwerin auf 129 000 und in Rostock auf 253 000 anschwellen.

Der Fremdenverkehr funktionierte weiterhin. Über Heiligendamm 1885 haben wir gesprochen. 1968 eröffnete in Rostock das *Warnow-Hotel*, 1971 das Prestige-*Neptun* in Warnemünde, 1972 kamen das *Hotel Stadt Schwerin* dortselbst und das *Vier Tore* in Neubrandenburg hinzu.

Im Jahre 1971 wechselte die Regierung nicht ganz freiwillig von Ulbricht, dem Mauerbauer, der seit 1950 regiert hatte, auf Erich Honecker. Weimar-geprägte wurden durch kommunistisch geprägte Kader ersetzt.

Im gleichen Jahr wurde in Rostock die Christuskirche auf dem Vögenteichplatz gesprengt. Danach kam es zur Beruhigung im Verhältnis zwischen Staat und Kirche.

In den 1970er Jahren erfasste eine weitere Einwanderungswelle MV – aus den Südbezirken der DDR diesmal, da nun (wieder einmal etwas später als anderswo) die planmäßige Industrialisierung des Nordens erfolgte und Arbeitskräfte erforderte. Neubrandenburg speziell schwoll von knapp 35 000 Einwohnern im Jahre 1961 auf annähernd 85 000 im Jahre 1985.

1973 erfolgte eine wirtschaftliche Umstrukturierung vom VVB auf Kombinate, deren Leitung in die Produktion einbezogen war.

1974 nahm das Kernkraftwerk Nord in Lubmin seinen Betrieb auf.

1975 gab es die letzte Ostseewoche, Arbeiterkonferenzen und Pressefeste folgten.

Nach 1978 passierte nicht mehr viel. Die Eröffnung des Fährhafens Mukran 1986 war eine Ausnahme, geschuldet primär der politischen Not nach den Umbrüchen in Polen, weil der Handel mit der Sowjetunion aufrechterhalten bleiben sollte.
Kurzzeitig erhielt danach die Denkmalpflege nochmal einen Schub.

Der Fremdenverkehr wuchs bis 1988 auf drei Millionen Gäste allein im Ostseebezirk!

Alles in allem aber dämmerte der Staat seinem Ende entgegen. Eine Idee begrub sich selbst. Die bis heute geflügelten Worte dazu: »Es gab ja nichts.« und »Wir hatten ja nichts.« (Laut offizieller Statistik gab es nicht einmal Selbstmorde ...)

In diesen Tagen fragt mich Ava, die das Thema wohl in der Grundschule gestreift hat: »Bist du eigentlich aus dem lieben Deutschland oder von da, wo sie immer belauscht haben!? Meine Klassenlehrerin kennt einen, den sie eingesperrt haben, weil er seine Meinung gesagt hat.«

Und nicht nur den einen, mein Schatz. Und doch, die Frage des gut zehn Jahre nach der Wende geborenen Kindes könnte darauf hindeuten, dass selbst die DDR einmal in den Rang des quasi Anekdotenhaften und der geschichtlichen Randnotiz rücken wird, fragt sich mancher doch heute schon zuweilen, ob etwa die Grenze nicht nur ein böser Traum war.

War sie nicht.

Was ich dem achtjährigen Kind in diesem Moment nicht sage, was aber nun einmal auch wahr ist:

Menschen, auch vermeintlich beste Freunde, selbst Familienmitglieder, haben sich gegenseitig bespitzelt.

Menschen durften nicht die Schulbildung genießen, die es ihnen vielfach erst ermöglicht hätte, ihre Fähigkeiten wirklich zu entwickeln, durften zum Beispiel kein Abitur machen, weil irgendwer der Meinung war, das könnte ideologisch falsch oder politisch gefährlich sein.

Menschen brachten unzählige und ungezählte Jahre in Haft, Gefangenschaft zu für letztlich – nichts.

Man geht von 600 bis 800 Mauertoten und rund 1000 Grenztoten insgesamt aus, das heißt zugleich: Man weiß die genaue Zahl nicht einmal.

Im Magazin *Der Spiegel* fand ich dazu, um nur ein Beispiel etwas auszuführen, den folgenden Bericht zu einem Geschehen aus Bayern, wie es sich aber ähnlich auch bei Schönberg oder Gudow abgespielt haben dürfte (empfindlicheren Seelen und jenen Lesern, die Unterhaltung ohne – zudem reale – Tragik suchen, sei das Überspringen des nachfolgenden Absatzes ans Herz gelegt, ihn wegzulassen, empfände ich aber als Schweigen an der falschen Stelle):

> Der Montag morgen im März 1971 begann für die Streife der bayerischen Grenzpolizei ohne besondere Vorkommnisse. Dann erreichten die beiden Beamten Grenzstein 216. Er war über und über mit Blut verschmiert. Ein paar Meter davon entfernt fand sich ein abgerissener Fuß im Gras. Die Männer verfolgten die Blutspur, die vom Grenzstein in Richtung des unterfränkischen Dorfes Sondheim verlief.
>
> 400 Meter weiter, auf einem Acker, lag ein junger Mann tot auf dem Rücken. Sein linker Fuß fehlte, sein rechtes Bein war zerfleischt bis zum Unterleib. In der Tasche fand sich ein Ausweis auf den Namen ...
>
> Der Mann war – so rekonstruierten die Beamten später – am Vorabend über die deutsch-deutsche Grenze geflohen. Er hatte es unbemerkt fast bis zum letzten Zaun geschafft. Doch dann trat er auf eine Mine des Typs PMD-6. Der Schwerverletzte schaffte es, noch den letzten Grenzzaun zu überklettern. Dabei schnitten die rasierklingenscharfen Metallplättchen des Stacheldrahts tiefe Wunden in seine Hände. Auf dem Grenzstein 216 ruhte er sich kurz aus,

riß sich den zerfetzten, nur noch an einem Hautlappen hängenden Fuß ab und schleppte sich über den Acker, auf dem er bewußtlos wurde und starb …
(»Der Spiegel«, 41/1991, ab S. 74)

Wem jetzt nach einer Gedenkminute ist, der mag sie einlegen.

Eine hohe Zahl Schwer- und Schwerstverletzter kommen hinzu.

»Aktionen« wie *Festigung*, *Ungeziefer* und *Rose* hatten wir schon.

Es gab die Zersetzung, eine in erster Linie psychologische Unterdrückungsmethode, die politisch anders Denkende zermürben sollte: Der Staat fädelte berufliche Misserfolge ein, bespitzelte, kontrollierte Briefe und (wo vorhanden) Telefon, drohte, organisierte Rufmord, verbreitete Gerüchte, manipulierte Beziehungen bis hin zu engen Freundschaften oder der Ehe und trieb auch schon mal gezielt in den Selbstmord. Und man weiß, dass »Hohe Tiere« der früheren Stasi, so viel Volksmund muss ich mir angesichts der nicht so ganz unpassenden Doppeldeutigkeit hier mal herausnehmen, heute teilweise von steigenden Staatsrenten profitieren, wohingegen ihre ehemaligen Opfer als bis heute gebrochene Menschen verarmen (ich behaupte nicht, dass das der Regelfall ist).

Beispielsweise die Untersuchungshaftanstalt des Ministeriums für Staatssicherheit in Rostock kann bis heute besichtigt werden. Ganz nahe dem Stadtzentrum befand sich im heutigen Gerichtsgebäude an der August-Bebel-Straße der Gebäudekomplex der Stasi, und Teil dieses Komplexes war auch die Haftanstalt. Die Zufahrt erfolgte durch den Grünen Weg, doch wer hier hereingefahren (»zugeführt«) wurde, für den war der nächste grüne Zweig bisweilen sehr fern. Die Türme, von denen dieses von außen nicht einsehbare Gelände mitten in der Stadt bewacht wurde, sind bis heute zu sehen. 110 Männer und Frauen konnten in 46 Zellen verwahrt werden, im Jahresdurchschnitt sollten es letztlich annähernd 200 sein. Ein ehemaliger Waschraum riecht bis heute nach Urin. Man erfährt in den ehemaligen Zellen bedrückende Schicksale. 91 000 Menschen arbeiteten 1989 für das Ministerium für Staatssicherheit unter Erich Mielke, und im Schnitt machte jeder von ihnen zwei Gefangene – der ernste Hintergrund dieser etwas an den Haaren herbeigezogenen Rechnung: 180 000 Menschen wurden zwischen 1949 und 1989 aus politischen Gründen inhaftiert.

Aber. Nur wer aus »dem Westen« sicher meint, er hätte auch dann widerstanden, wenn er seine Talente und Neigungen nur um den Preis des Bespitzelns anderer oder ähnlicher diktaturtypisch moralisch bedenklicher Tarife hätte umsetzen und verwirklichen können, wer sicher von sich sagen kann, er hätte um des ungebrochenen Kreuzes willen auf die Selbstverwirklichung verzichtet, der mag verurteilen. Oder nein. Erst mag er kurz noch überlegen, ob wirklich ausgeschlossen ist, dass Menschen, von denen er abstammt, einst »braun« gewählt haben, ob ausgeschlossen ist, dass auch seine Ahnenschaft beteiligt war, als nach dem Krieg ehemalige Nazigrößen wieder in höchste Ämter des Landes aufstiegen bis hin zum Ministerpräsidenten, Bundeskanzler oder Bundespräsidenten, von unzähligen nicht ganz so hohen Posten einmal ganz abgesehen. Alle anderen mögen zumindest noch einmal in sich gehen, ehe sie sich über diejenigen erheben, die hierzulande klarkommen mussten. Das soll nichts entschuldigen. Aber bräsig von Westen her zu verurteilen, was man nie selbst erlebt oder auch nur aus erster Hand erfahren hat, ist gar zu verbreitet und gar zu unerwachsen.

Kunst und Kultur gab es übrigens auch, und auch im Norden. Um einen, wohl den prominentesten, Vertreter herauszugreifen, nenne ich den Schriftsteller Uwe Johnson der, 1934 in Cammin/Pommern geboren, nach dem Zweiten Weltkrieg mit seiner Familie von Anklam nach Recknitz bei Güstrow zog, wo er auch die Reifeprüfung an der John-Brinckman-Oberschule ablegte (auch Brinckman ja ein Schriftsteller, ich erwähnte es), ehe er in Rostock (und Leipzig) Germanistik studierte, was er mit einer Arbeit über ein Romanfragment Ernst Barlachs (*Der gestohlene Mond*) abschloss – Güstrower Künstler unter sich. 1956 floh Johnsons Mutter nach West-Berlin, Uwe Johnson blieb und schrieb die teilweise nicht ganz reibungslos veröffentlichten Romane *Ingrid Babendererde*, *Reifeprüfung 1953* und *Mutmassungen über Jakob*, die hier in der Gegend spielen und beim Lesen nicht unbedingt leicht von der Hand gehen. Freundlicher: Man braucht einige Zeit und Einfühlungswillen, bis man erkennt, wie der kantige Stil und das hiesige Naturell korrespondieren. 1959 ging auch er nach West-Berlin und arbeitete später in Rom und New York (wo der vierbändige Roman *Jahrestage. Aus dem Leben von Gesine Cresspahl* teilweise – neben viel Mecklenburg! – spielt) und wiederum West-Berlin. Ab 1974 lebte er in England, wo er 1984 starb.

In Neubrandenburg wird heute der *Uwe-Johnson-Preis* verliehen.

Teil 7

Herbst

Es kommt der Herbst.

Kommt die Herbstzeit, kommt die Bastelzeit, und manchmal wird man nicht rechtzeitig fertig.

Aber von vorn: Im Kindergarten war mit Kastanien und bunten Blättern zu basteln und zu kleben, dass erfahrenen Eltern, wenn sie davon gewusst hätten, hätte angst werden können, wo man das vierte Kastanienpferd und die siebte Blättercollage nach freudiger Würdigung würde einstauben lassen, bis es an der Zeit wäre, beides im Erinnerungskoffer oder Entsorgungseimer … nun ja. Aber einstweilen wussten wir ja nichts davon, und für Steppke, vier Jahre, war es das erste Kastanienpferd. Und es war nicht fertig geworden vor dem Mittagschlaf. Und er konnte ohnehin nicht schlafen. So muss er es bewerkstelligt haben, Pferdeteile und Klebetube (Steppke spricht gern von: »Die Klebe«) in sein Kindergartenmittagschlaflager zu überführen, ohne bemerkt zu werden. Die Sache kam erst hoch, als die Klebetube tat, was diese Tuben meist tun: Sie ließ noch Restmengen in die Freiheit rutschen, obwohl längst kein Mensch mehr draufgedrückt hatte. Darin ähneln sie vierjährigen Steppkes. Immer das letzte Wort. Und da ihm das an diesem Tag auch schon einige Male rausgerutscht war (in Gestalt eines gegen die Kindergärtnerin gerichteten Widerworts), reagierte die obschon Kummer gewöhnte Pädagogin kompromisslos, als die Tube aufs Mittagslager getropft hatte, die Kinder ringsumher zu schlafen versuchten, und es einfach genug war. Wir können uns die flüstrig-unterdrückt-zischende Tirade vorstellen, mit der sie die Restruhe erhielt, Steppke die für heute letzte Grenze aufzeigte und dabei das Laken wechselte: Ein dreibeiniger Spagat, wie ihn nur gewiefte Kinderpädagoginnen beherrschen.

Folglich gelang er. Steppke entdeckte seine Grenzen neu und erstarrte. Wenig später hätte Steppke zur Toilette gemusst. Hätte. Denn das ging ja nun ganz schlecht. Die anderen Kinder schliefen wieder. Die Erzieherin hatte gesagt: Wenn ich dich heute noch einmal… nein, es ging nicht. Es ist nicht überliefert, ob Vierjährige in einer solchen Situation nennenswert leiden, oder ob sie den Dingen und warmen Flüssigkeiten recht umstandslos ihren Lauf lassen. Das Ergebnis ist jedenfalls nass. Und ein seiner Sache konkurrenzlos sicheres Kind: Du hast gesagt, ich darf nicht mehr aufstehen, ich bin nicht mehr aufgestanden.

So war es auch hier.

Natürlich bekam ich mein Kind mit allerbester Empfehlung zurück. Einerseits. Andererseits war ich froh, dass es vier war und nicht zwei, denn so konnten wir das Geschehen abends so weit auswerten, dass ich danach erklären konnte, wer beim nächsten Mal was würde noch besser machen können. Ich brachte das meinem Steppke nahe. Und stellte zum Schluss eine im Grunde sinnlose Erwachsenenfrage. Doch kann ja der Aha-Effekt einer Antwort mitunter auch blöden Fragen nachträglich eine Existenzberechtigung geben.

Ich fragte: »Und, wer hatte nun Schuld an dem ganzen Mist?«

Antwort: »Die Klebe.«

DER Herbst

Und es kam DER Herbst. 1989. Die Botschaft in Prag war besetzt. Und auch in den drei Nordbezirken der DDR kam es zu Kundgebungen, bei denen auch mehr und mehr wieder die alten Farben Mecklenburgs und Pommerns gezeigt wurden. In Schwerin richtete man die »Montagsgespräche« ein. Demonstrationen häuften sich, Bezirksleiter traten zurück, das Neue Forum organisierte sich lose, aber flächendeckend. Die »Donnerstags-Demo« in Rostock vom 19. Oktober zählte 2000 Teilnehmer, am 2. November waren es 20 000, eine Woche später 40 000. Ihren Ausgang nahmen sie stets bei der Marienkirche, neben anderen Rotocker Kirchen eine bedeutende Anlaufstelle oppositioneller Kräfte; nur hier allerdings versammelte man sich zu Mahngottesdiensten unter Leitung eines gewissen Pastor Joachim Gauck.

Am 22. November wurden die Stasi-Kreisdiensstellen unter strengster Geheimhaltung angewiesen, Akten und Vorgänge in die Bezirksverwaltungen zu verlagern oder zu vernichten. Tut das, wer ein reines Gewissen hat? In der Nacht vom 4. zum 5. Dezember 1989 wurde die Rostocker Zentrale der Stasi-Bezirksverwaltung, wie gesagt das heutige Gerichtsgebäude an der August-Bebel-Straße, besetzt. Das war es dann! Dazu gibt es in Rostock die hübsche Geschichte von dem geschnitzten großen gelben Schmetterling, auf dem »Gewaltfrei für Demokratie« steht. Der damalige Tischlerlehrling, der den Schmetterling schuf und sicher auch vor jenem Gebäude zu präsentieren wusste, sitzt heute als Richter in selbigem Haus und bewahrt den Schmetterling dort in seinem Dienstzimmer auf. Die Geschichte hat eben Humor. Jedenfalls, wenn sie sich für glückliche Wendungen entscheidet.

Dabei fällt mir, ganz gleich, was es genau zur Sache tun mag, ein Zusammenhang zwischen Glück und Lachen ein, den ich mit Klara gelegentlich besprechen muss: Sie soll sich Gelegenheit geben, oft herzlich und ehrlich lachen. Dazu passt der Witz:

»Papa, ich möchte Fräulein Katz heiraten!«

»So? Ja, was bringt sie denn mit?«

»Nichts Papa, aber sie macht mich glücklich.«

»Und was hast du davon?«

Wenn sie diesen Witz versteht, hat sie das Glück bis hierher verstanden.

Und wenn ich als Vater später besser reagiere als der Papa im Witz, habe auch ich etwas Bedeutsames verstanden ...

Fast zwei Millionen Einwohner zählte übrigens der Landstrich, der fortan wieder Mecklenburg-Vorpommern heißt, zu dieser Zeit: Allzeitrekord!

Und selten wohl war der Zusammenhalt so innig. Bis in die letzten Winkel des Landes.

Air Grünz

Und heute? Machen wir, ohne Kinder, erstmal einen herbstlichen Ausflug. Auch in eine Art letzten Winkel des Landes – des Landes MV.

Wer wirklich liebt, gerät bisweilen in die Versuchung, Bereiche des Objekts der Begierde erkunden zu wollen, die anderen im Zweifel verborgen geblieben wären. Aber wer liebt, bedauert nicht. Diesen Vorsatz und den Vorsatz kluger Vielreisender, vom Reiseziel wenig bis nichts zu erwarten, um es unvoreingenommen auf sich wirken lassen zu können und auf einfache Weise vor Enttäuschungen geschützt zu sein, hatten wir im Gepäck, als wir in Richtung Pasewalk aufbrachen. Gewöhnlich um unseren Hochzeitstag herum machen Elle und ich einen Ausflug ohne Kinder in eine Gegend MVs, die wir sonst nur selten, nur oberflächlich oder noch gar nicht bereist haben. Der Südostzipfel MVs, die Gegend, die noch kommt, wenn man Feldberg und Woldegk hinter sich gelassen und sich südwärts gewandt, Polen aber noch nicht erreicht hat – Fahrtrichtung Löcknitz-Penkun – gehörte zu diesen weißen Flecken auf unserer MV-Landkarte.

Wir fahren die Autobahn bis hinter Tessin, dann durch Gnoien und Demmin bis Jarmen und dort erneut auf die Autobahn, die hier in südlicher Richtung zwischen Neubrandenburg und Pasewalk hindurch in Richtung Anschluss nach Polen strebt. Nicht weit von hier, in Rattey, wird übrigens, ebenso wie in Loddin auf Usedom, Wein angebaut! Es ist ein fortgeschrittener Freitagnachmittag, Spätsommer bis Frühherbst, und wir haben die Autobahn für uns allein. Das ist auch mal ganz schön. Beklemmender wird es, wenn man die Diskussionen im Vorfeld des Autobahnbaus mitbekommen hat. Diese Schneise sollte die *Baltische Magistrale* werden: Lübeck, Rostock, Greifswald, Stettin. Jetzt, im warmen Frühherbstlicht, könnte man hier private Autorennen veranstalten oder ländliche Roadmovies mit der Einsamkeit als Leitmotiv drehen, ohne die Straße sperren zu müssen. Aus purem Übermut hören wir die Staumeldungen im Deutschlandfunk, nichts geht mehr bei Maschen, zehn Kilometer bei Münster, das Ruhrgebiet dicht, Baustellen auch zwischen Mannheim und Heidelberg. Aber hier? Auch dies ist eine bundesdeutsche Autobahn, aber es benutzt sie in diesem Bereich in diesem Moment genau ein Auto. Unser Auto. Es ist hügelig um uns herum, auch die Autobahn fällt deutlich ab. Ich lasse den Wagen laufen, versuche auf der Digitalanzeige die große »200« auftauchen zu lassen, während rechts im diesigen Kessel wohl Neubrandenburg vorbeipfeift, sogar »204« schaffe ich, dann wird es wieder eben und sogar leicht ansteigend, so dass unser einsames Geschoss auf seiner Teststrecke trotz weiterhin durchgetretenen Gaspedals allmählich wieder langsamer wird. Links und rechts erstrecken sich in weichen warmen Brauntönen weitläufige Ackerflächen, die sanft ansteigen oder auch abfallen, je nach Perspektive. Plötzlich beobachten wir links, wie auf dem Kamm des Ackerwalls die feinkörnige Krume unter dem fast stahlblauen Himmel aufgeweht wird und müssen beide an ein Wüstenmotiv denken, das man für einen Moment vor sich zu haben meinte. Wenig später träumt halblinks ein kleiner Ort um eine Backsteinkirche im späten Licht. Auf einem schnurgeraden Weg, der Abwechslung ausschließlich aus dem sanft gewellten Untergrund bezieht, über den er führt, führen Herrchen und Hundchen einander spazieren. Sie sind die einzigen Zeugen von Leben am Rande des verträumten Ortes. Der Ort heißt Wismar, wie wir einem Blick auf die Karte feststellen, auch Strasburg (ja, hier so geschrieben) ist nicht weit, wie wir feststellen, und Koblentz (dito). Allerdings mogeln wir auch gerade etwas: Die Autobahn führt hier nämlich, um uns in den entlegenen Zipfel MVs zu führen, den wir uns dieses Wochenende ausgesucht haben, kurzzeitig über Brandenburgisches Gebiet, und dort, in Brandenburg, liegt auch das hiesige Wismar. Schließlich erreichen wir die Ausfahrt Pasewalk Nord und auch den Ort selbst, den wir uns allerdings für morgen aufheben wollen.

Für heute Abend haben wir von einem Schlosshotel nahebei in Krugsdorf gelesen und hoffen, in dieser Umgebung die Irritation verantworten zu können, die der Familienkasse durch die Übernachtung in einem Schlosshotel zugefügt wird. Krugsdorf ist schnell gefunden, es dämmert in der fortschreitenden Dämmerung vor sich hin, und in einen Dämmerschlaf ist auch das »Schloss« gefallen, ein ansehnliches Herrenhaus mit gepflegtem Garten, an dessen entlegenes Ende für den Hotelbetrieb noch ein Pendantstück gebaut worden sein muss, ein »Bettenhaus« wohl, ehe es dann, dem Gesamtbild nach vor inzwischen schon wieder einigen Jahren, mit dem Schlosshotel Krugsdorf nicht mehr weiterging. Für wen immer es gedacht gewesen sein mag und wer immer in dem Konzept, das eine in Aufbruchsstimmung befindliche Bank hier mitgetragen haben muss, als Zahler eingeplant gewesen sein mag: Er ist nicht ausreichend häufig gekommen. Den Eingang des ehemaligen Schlosshotels in Krugsdorf kennzeichnet eine schwere Kette, der Kasten, in dem mal die Karte des Restaurants gehangen haben muss, blickt uns hohl an. Die Familienkasse kann aufatmen.

Elle nimmt den Wildgulasch, als wir im *Hotel am Park* in Pasewalk Bett und Tisch bekommen haben. Auf die Aufforderung, uns eine Beilage auszusuchen, verweisen wir beide überrascht auf die »Reistimbale«, die neben dem Gulasch erwähnt ist. Was, wenn nicht die Beilage, das denn sei?

»Det is', nee, wie erklär' ick' Ihnen det jetzt?«, kratzt sich die junge Bedienung, das hier schon sehr übliche gemeinhin als »Berlinerisch« geltende Idiom benutzend, verlegen denkend am Kopf Es handele sich um »Pfifferlinge und so noch kleinere ...«

»Pilze?«, greifen wir helfend ein.

Sie nickt zufrieden und überzeugt, wir sind nur zufrieden, aber Elle wünscht sich Reis zur Reistimbale, und alles kann für den Moment sein Bewenden haben. Das Essen kommt, über dem Gulasch liegt eine schwere Soße, in der kleine Pilze zu erkennen sind. Vom Gulasch wie von einer Hand mit abgespreiztem Daumen umfangen blitzt auf dem Teller jedoch, offenbar in einem Schälchen mit etwas Butter zu gutem Halt verbunden und dann auf den Teller gestürzt – leckerer, lockerer Reis in Form einer gestürzten Timbale (das kann eine in Napfform gefertigte Pastete, aber auch eine Kesselpauke sein, weiß Wikipedia). Unsere Kellnerin reicht ein Schälchen mit Reis dazu. Niemand zuckt mit einer Wimper. Hat Elle eben zweimal Reis.

»Und – wie ist das Leben in Pasewalk?«, frage ich, als die Rechnung kommt.

Die Kellnerin lacht zwischen Freundlichkeit und leichter Verzweiflung, sagt halblaut und scheinbar nachdenklich: »Jute Frage, nächste Frage«, amüsiert sich dann aber wohl über einen eigenen Einfall und zeigt nach draußen, wo inzwischen nichts mehr zu sehen ist: »Gucken Sie doch einfach mal aus dem Fenster«, sagt sie, »da sehen Sie alles, was man dazu sagen kann.«

»Finster?«, beantworte ich versuchsweise meine eigene Frage.

»Det könnte man so sagen, ja!«

»Und was machen Sie? Bleiben Sie hier?«

»Det denke ick mal nicht. Ausbildung fertig, also, det ist mene zwete Ausbildung, und dann bin ick aber weg hier aus Polen!«

Wir erfahren, dass sie die Ausbildungsstelle noch recht einfach bekommen habe, vielleicht, weil sie vorher schon – »woanders, aber auch in Pasewalk« – Koch gelernt habe. Bei der Reistimbale hat sie also auch damals schon gefehlt. Für eine Stelle aber sehe es anschließend völlig aussichtslos aus.

»Aus Rostock?«, juchzt sie, als sie unsere Herkunft erfragt hat. In dieser Gegend ist Rostock schon gewaltig was! Wo man in Pasewalk am besten esse, fragen wir noch. Eine qualifiziertere Insiderin hätten wir für diese Frage ja nicht finden können. Gewunden versucht sie zu helfen. Die Restaurantlandschaft in Pasewalk, so hebt sie regelrecht an, sei so vielgestaltig, dass so etwas wie ein Vergleich nicht möglich sei. Dabei sagt sie »Vergleich«, als sage sie »Pampelmuse« und kaue gleichzeitig auf einer herum. Aus alledem leite ich schon einmal ab, dass sie die Küche des Restaurants, in dem wir uns gerade befinden, offenbar nicht für den Primus hält (apropos: mein Essen, gebratener Fisch aus der Region, schmeckt, reißt mich aber nicht zu Jubelstürmen hin). Weiter erläutert sie, beim Italiener schmecke es italienisch und beim Griechen griechisch. Das ist immerhin nichts Alarmierendes. Eine klare Aussage zur Küche des einzigen Viersternehotels vor Ort vermeidet sie, ebenso eine Abstufung zu dem Hotel, in dem sie gelernt hat. Dort, so klärt sie nur auf, habe es zuletzt eine »Rinderkarte« gegeben, die sei aber »beim Gast« nicht besonders gut angekommen. Vielleicht, denke ich abschweifend, ist schon die Bezeichnung ein Problem gewesen, mir jedenfalls hätte »Rindfleischkarte« aus einem unbestimmtem Bauchgefühl heraus, das ich aber, da es ums Essen ging, nicht unerheblich finde, besser gefallen.

Auf meinen noch ernster gemeinten Einwand, BSE sei doch aber derzeit kein Thema, schiebt sie zur Erklärung nach: »Die Karte war nicht gut aufgemacht!«

Eine Frau vom Fach eben. Und der Service? Sie stellt das runde braune Plastiktablett, das sie bislang leer, aber waagerecht, vor sich gehalten hat, auf den nächstgelegenen freien Tisch und stützt die linke Hand in die Seite, während sie unmerklich von einem Bein auf das andere tänzelt, die beide eine Idee zu kurz für ihren Umfang sind, die sie jedoch in den schwarzen Hosen, die figurnah, aber nicht eng sitzen, auf das Vorteilhafteste zur Geltung bringt. Der sei in den Restaurants aller Hotels »gehoben«. Meinem dezenten Kompliment, das merke man ja hier, würde ich gern die Frage nachschieben, was darunter zu verstehen sein soll, behalte aber beides für mich und beschränke mich auf die Beobachtung, dass hier offenbar schwarz-weiße Einheitstracht gilt und sie mich fortwährend mit »junger Herr« anspricht bzw. mit dem Hinweis »für den Herrn« bedient. Das finde ich mit Verlaub gehoben albern, aber ich verstehe auch nichts davon und finde den Umgang annähernd Gleichaltriger in der zufälligen Situation

Kellner – Gast fast immer künstlich. (Hier mag das aber hinken, unsere Kellnerin und mich trennen sicher zehn Jahre, wie ich mir eingestehen muss.)

Was folgt, ist unser Tag im Niemandsland zwischen Pasewalk, Löcknitz, Penkun und der polnischen Grenze zwischen Pomellen und Linken. Die Straßen sind lang und gerade in die wellige Landschaft gelegt, als hätte man sie wie Zollstöcke überhaupt nur in großen Abständen knicken können. Tempo-Blitzer auf freier Strecke. Etwas abseits dann: ruhiger Frühherbst. Die weiten, hügeligen Ackerflächen sind bestellt. Die Wäschegestelle tragen hier zeltartige Omaopaunterwäsche. Ortschaften und Einzelgehöfte sind sauber und ordentlich. Meine Tiraden zum sonst mancherorts anzutreffenden Möhl-Gehöft (»möhlig« bedeutet hierzulande das Gegenteil von sauber und ordentlich) werde ich hier nicht los, denn wundersamerweise scheint dies keine ausgesprochen arme Gegend zu sein, obgleich man doch denken könnte, wer hier lebt, tätige jede denkbare Investition in Polen, so dass, wer hier Waren oder Dienstleistungen anbietet, nur verarmen kann. Oder ist es der Tourismus, der von Berlin hierher schwappt, der die Gegend »in Ordnung« hält?

Menschlich fallen die in dieser Gegend überaus zuvorkommenden Gastronomen, Tankwarte und Friseure auf – keiner kann fassen, dass man ihm die Ehre gibt, wo man doch ins billige Polen auf einem Bein hüpfen könnte. Aber sprechen wir über die Städte und Dörfer. Die Attraktionen von Löcknitz habe ich leider vergessen, alle, sorry. Penkun hat ein apricotfarbenes Schlösschen (das von dem italienischen Architekten, Taddeo Paglione, ich sagte es), an dem ein großes Plakat auf eine aktuelle Sonderausstellung hinweist. Was sonderausgestellt ist, erfährt man nicht. Das war mir denn doch zu spannend, so fuhr ich weiter nach Wollin. Wollin ist das kleine deutsche Wollin nahe der A 11 und nahe auch dem größeren polnischen Wollin. Das kleine deutsche Wollin ist niedlich. Gepflasterte Wege unter schattigem Laub, eine lauschige Lage leicht am Hang, lauter schmucke Häuschen mit bunten Vorgärten, eine einladende Badestelle am See, eine stolze Kirche zur Bekrönung der Idylle – hier muss der Wettbewerb *Unser Dorf soll schöner werden* mal erfunden worden sein. Außerdem, und das ist der Insidertip: Von Wollin aus ist man fix in Grünz. Und Grünz ist überhaupt der Hit. In Grünz lebt, soweit ich das beurteilen kann, kein Mensch. Solange ich dort war jedenfalls, war auf der original erhaltenen Kopfsteinpflasterstraße nebst Holpertrottoir trotz Sonne und Mittagszeit keine Seele zu sehen. Trotzdem hat auch Grünz eine schöne Kirche. Grünz hat zudem einen ehemaligen kleinen Kaufladen, der aber heute eben ein *ehemaliger* kleiner Kaufladen ist. Und während ich noch sinniere über schöne Szenen aus der Zeit, als der Laden noch lebte und die freundliche Verkäuferin in der Kittelschürze den Kindern die Lollis schenkte und den Pennern das Bier anschrieb, während mir dämmert, weshalb das auf Dauer nicht wirtschaftlich war, drehe ich mich schlendernden Blickes um, freue mich über das warme Gelb der Fassade der örtlichen Speisewirtschaft – und werde gewahr, dass aus dem Garten hinter der Kneipe heraus eine Nase auf mich gerichtet ist. Es ist die Nase eines mittelgroßen, blau-weiß angestrichenen ehemaligen Verkehrsflugzeuges.

Genau genommen ruft auch Elle im selben Moment unvermittelt aus: »Der da hat ein Flugzeug im Garten stehen!«

Wir haben keine Lust, das Restaurant zu besuchen, um von dessen Terrasse aus mehr sehen zu können, und können auch von anderer Stelle aus keinen wirklich erhellenden Blick auf unsere Entdeckung werfen, aber so viel erkennen wir auch von der Straße aus: Hinter der Gaststätte steht, in gebührendem Abstand von Bäumen und Strauchwerk umstanden, ein ehemaliges Verkehrsflugzeug mittlerer Größe und hält seine Nase auf uns gerichtet. Es ist äußerlich vollständig (Kopf, Rumpf, Heck, Heckflossen, Flügel und Fahrgestell), von matt und moosig gewordenem Blau-Weiß und gibt zunächst die Frage auf, wie es hierher gekommen ist (zerlegt? selbst geflogen und gelandet? notgelandet??). Die nächste Frage ist die nach der Motivation des Besitzers und jene nach der augenblicklichen Nutzung. Ein Hinweisschild mit Besichtigungszeiten finden wir nicht, die Tür steht aber gut sichtbar offen – endete, was als Attraktion gedacht war, als Hühnerstall? Der Spruch vom unglücklichen Helden, der als Tiger absprang und als Bettvorleger landete, käme zu neuen Ehren, etwa in der vogelkundlichen Form: als Adler zum Bewundern gestartet, als Hühnerstall zum Bekacken geendet oder so. Das gesamte Erscheinungsbild der Angelegenheit lässt meine spontane Hoffnung, die nähere Inspektion des Flugzeuges und eine eingehende Befassung mit seinen Merkmalen könnte für Elles Flugangst von therapeutischem Nutzen sein, schnell ins Gegenteil kippen, so dass wir, den Kopf voller Fragen, weiterfahren.

Und noch eine Parallele zur Provence, zum Languedoc: Hier wie da gibt es die sterbenden Dörfer. Sie tun es unterschiedlich augenfällig, sie tun es unterschiedlich schicksalsergeben, aber sie werden wohl nicht durchkommen, hier wie dort. Es sei denn, es findet sich doch noch eine Initialzündung für Caselow mit seinem großen Gutshaus und seiner Feldsteinmauer am westlichen Ortsrand und Gorkow mit dem verwildernden Friedhof, für Roggow mit seiner kleinen Kirche außerhalb auf dem Hügel und Wetzenow mit seinen wuchernden Obstgärten hinter den verlassenen Häusern.

Wir erreichen den modern gestalteten Grenzübergang Linken, der mit »Osten« nichts mehr gemein hat, und bleiben dabei, dass wir dem Strom derer, die dort auch heute auf Schnäppchenjagd gehen wollen, nicht folgen werden. Stattdessen fahren wir in Richtung Löcknitz und dann nordwärts nach Christiansberg, das zu Luckow gehört. Dort gibt es inmitten des Nichts aus Hinterland und Land der drei Meere (Sandmeer, Waldmeer, gar nichts mehr) einen privaten botanischen Garten, der es in sich hat. Christiansberg ist zunächst sozusagen gar nichts. Christiansberg ist ein Sandweg, zu dessen einer Seite sich eine Reihe bescheidener Einfamilienhäuser aus den Fünfzigern erstreckt, zur anderen Seite ist hoher, dunkler Nadelwald. Wir haben einen Teil der Häuser passiert, da türmt sich zu unserer Rechten – ähnlich überraschend der Air Grünz-Maschine vom Vormittag – ein himmelblauer Reisebus aus Rostock auf. Wir sind da, und der »Botanische Garten« ist offenbar gehörig bekannt. Mit Anführungszeichen, denn genau genommen ist es ein völlig privater Garten, aber er kann besichtigt werden und ist von ungeheurer Sorgfalt, Artenvielfalt und Akkuratesse unterteilt worden in mehrere Bereiche mit Teich, Heidegarten, Tulpenbaum, Magnolienarten, einer großen Rasenfläche mit Pavillon, Ginkgo, Rhododendren, Koniferen ... – irgendwas blüht immer, und gleich hinter dem Zaun beginnt die Wildnis!

Elle und ich lassen uns in einer Ecke des Rasens nieder. Das Glücksthema ist längst kein Privatwitz zwischen Klara und mir mehr. Es hat uns alle erfasst, wenn wir im Lande unterwegs sind. Ich frage mich und folglich Elle, wie man die DDR-Erfahrung im Lebenslauf in einen Glücksfall ummünzen kann. Dabei interessiert mich weniger, dass man auch und gerade hier natürlich eine behütete Kindheit verbringen konnte, dass man enge Freundschaften pflegte, in denen man sich innig und selbstlos unterstützte (und gelegentlich ein bisschen verpetzte, aber es hat ja nicht jeder jeden ausspioniert). Ich meine, ob auch derjenige, der »am Ende« alt genug war, die Widrigkeiten zu erkennen und irgendwo auch für sich zu akzeptieren, dennoch sagen kann: Es war für etwas gut. (Und nicht nur, weil – ich weiß, ich weiß – natürlich auch im Osten nicht alles schlecht war ...) Hinaus will ich auf die gegenseitige Abhängigkeit bzw. den Zusammenhang von Glück und Unglück. Glück geht nicht ohne Unglück. Tatsächlich weiß Glück so richtig nur zu schätzen, wer auch mal Unglück hatte. Nicht nur, weil man am Unglück wachsen kann. Das sollen keine Katastrophen sein, Not und Tod sind ein zu hoher Preis. Aber das eine oder andere Missgeschick hier und da, das man einfach riskiert hat, um nicht ständig allem ausweichen zu müssen, das bewirkt nur, dass man die Glücksmomente dann wieder umso besser zu schätzen weiß.

Funktioniert die DDR-Zeit als Beispiel? Ich wünsche es, und Elle will es nicht ausschließen.

Weil man gewachsen und gereift ist. Weil einen, wenn man zum Durchschreiten eines solchen Tales in der Lage war, so schnell nichts mehr ängstigen muss. Weil man erkennt, dass in dem Unglück jede Menge neue Erkenntnisse, Leben und – Glück enthalten war! In manchen Sprachen sind, wie man weiß, das Wort bzw. das Schriftzeichen für »Risiko« und für »Chance« gleichbedeutend! Was sagt uns das? Wo etwas schief gehen kann, kann etwas anderes umso besser gehen. Glück und Unglück sind oft genug verzahnt, ja, vielleicht bedingen sie einander sogar, und man könnte womöglich Abende verbringen über der Frage, ob Unglück Teil von oder Bedingung für Glück ist.

Der Tag zwischen Löcknitz, Linken und Penkun hatte seine Höhepunkte: eine Sonderausstellung ohne Thema, das stolze, kleine Wollin, und im Garten der Kneipe von Grünz ein blau-weißes Geisterflugzeug, mittelgroß. Und als wäre das nicht genug, schlossen sich im Garten von Christiansberg überraschende Überlegungen an zur DDR als Glücksfall, wenigstens aber als Chance, sich jetzt bietende Möglichkeiten als eben nicht selbstverständlich zu erkennen und zu schätzen. Das – jedenfalls – wäre Glück.

Rügen, Greifswald und Stralsund

»Kratz ab!«, fordert Elle, als sie wenige Wochen später die Treppe unseres gemieteten schwimmenden Ferienhauses vor Lauterbach auf Rügen herunter in die Küche kommt, um dann ins Bad zu entschwinden.

Sie sieht dabei an mir vorbei. Ich erinnere mich, dass wir gestern Abend nicht völlig einig waren, wo wir heute hinfahren. Ich erinnere mich auch, dass für die vergangene Nacht vereinbart war, dass ich Flora beruhige, wenn sie kräht, woran ich mich vielleicht nicht buchstabengetreu gehalten habe. Vor allem aber erinnere ich mich, Elle geheiratet zu haben als eine Frau, die handgestoppt 98,37 Prozent ihrer wach und glatt 100 Prozent ihrer schlafend verbrachten Zeit am treffendsten mit dem Attribut »lind« beschrieben ist, als einen Menschen, der birgt und behütet, der mild und ausgleichend ist, immer wohltemperiert, lind eben in jeder Hinsicht. Gemessen daran ist das ein maßloser und aggressiver Befehl. Ich beschließe, mich dennoch wieder dem angefangenen Frühstück zuzuwenden, fortzufahren, wo ich eingehalten hatte, als die Nachthemdschöne auf der Treppe ein Hinsehen unumgänglich machte. In der linken Hand halte ich noch immer zwei Scheiben Toast, die ich eben dem fremden Röstgerät entnommen hatte, das zu der Wohnung gehört. Sie sind ein wenig dunkel geworden. Was nun?, fragt mein linkisches Ich. Abkratzen!, empfiehlt das geschickte und versöhnt mich mit Elle, die das Malheur erkannt und nur mitgedacht hat.

»Schwimmendes Ferienhaus« war übrigens so gemeint. An einem Steg, der wie ein Bootssteg vom Festland (also dem Quasi-Festland der Insel Rügen) in den Bodden ragt, liegen hier ein

Dutzend schmucker kleiner Holzhäuser tatsächlich auf einer vertrauenerweckend robusten Betonbodenplatte schwimmend auf dem Wasser. Und sie bewegen sich auch ein wenig mit dem Auf und Ab des Wassers. Unterschwellig spürt man es, zumal nach ein paar Tagen, wenn man sich in Ruhe setzt oder legt und den kleinen Bewegungen nachspürt. Zum Üben vielleicht, indem man mit dem Blick der an einem langen Pendelkabel befestigten Lampe über dem Esstisch folgt, sich ihrer stetigen sanften Schwingbewegung hingibt. Ganz leicht nur, ganz wenig. Doch mehr Gleichmaß ist selten.

Lauterbach ist so etwas wie der Hafen von Putbus. Und Putbus ist das etwas landeinwärts gelegene seinerzeit zweite deutsche Seebad, ich erwähnte es. Putbus (slawisch: »Hinter dem Holunderbusch«, süß, nicht?) hat einen großen runden, von 16 weißen Häusern fast wie von den Ziffern einer Uhr umstandenen Platz, den *Circus*. Vor allen Häusern stehen traditionell Rosenbüsche, das ist Vorschrift, und die Mitte des *Circus* bildet ein Obelisk. Es ist ein Platz, im ersten Viertel des 19. Jahrhunderts gebaut, wie ich ihn anderswo noch nie gesehen habe. Anders wohl Fürst Malte zu Putbus, als er den Platz sinngemäß dem *Kings Circus* im englischen Bath – damals schwer in Mode – nachempfunden haben soll. Auch Putbus hat wie Sassnitz/Dwasieden, sein Schloss verloren, indem dies zwar alle Kriege, nicht aber den Sozialismus überstand. Ein Schloss, wo Bismarck ein und aus ging, das König Friedrich Wilhelm IV. nicht nur einmal zum Sommersitz erkor, und von dem aus dann, etwa im Sommer 1854, Preußen regiert wurde, jawoll, ein Schloss, wo der König an den Kaiser schrieb und ein brisantes diplomatisches Lavieren ausbaldowert wurde, das es Preußen letztlich ersparte, sich im Krimkrieg engagieren zu müssen. In den Jahren ab 1959 wurde es nach allerlei Irrungen und Wirrungen nebst halbherzigen Umnutzungs- und Erhaltungsversuchen abgerissen, da es als »dekadentes Schandmal« galt. Soso. Hier aber existiert, anders als in Dwasieden, der weitläufige Park mit seinem reichen alten Baumbestand noch bzw. nach aufwendiger Rekultivierung inzwischen wieder, und man kann oberhalb des kleinen Sees (oder großen Teiches) sehr genau erkennen, wo das – wieder einmal an der Stelle einer einstigen Slawenburg entstandene – Schloss einst stand. Besonders schön ist der Blick von der stattlichen Ahornblättrigen Platane (doch, gibt es wirklich) hinab über die große Wiese, dann hinweg über besseres Buschwerk bis auf das Wasser der Ostsee im Rügischen Bodden. Man ahnt, was die *Pommerschen Provinzial-Blätter für Stadt und Land* meinten, als sie 1823 über den Weg von Putbus ans Wasser in Lauterbach schrieben:

> Der Anblick der Ostsee mit dem nahe liegenden Inselchen Vilm, ...; näher die holzbewachsene Goore; ...; die im Felde zerstreut liegenden Hünengräber mit buschigen Scheiteln; ...: – Alles dies macht das Landschaftsgemälde, das man auf dieser Fahrt zum Badehause staunenden Blickes übersieht, zu einem der schönsten und anziehendsten, und versetzt den, der sich des Bades bedient, in eine Stimmung, die den Gebrauch desselben sehr wohlthätig unterstüzen muss...

Die »Goor« ist übrigens ein größeres Waldgebiet, in dem der Fürst ein stolzes Badehaus mit einem von nicht weniger als achtzehn weißen Säulen getragenen Portikus errichten ließ, das, nach einer Vergangenheit nicht zuletzt als Ferienheim des Eisenhüttenkombinats Ost (EKO) Eisenhüttenstadt, heute, um ein paar Anbauten erweitert, ein Hotel ist.

Das Jahr geht dem Ende zu, das Tourismusjahr zumal, wir schreiben Ende Oktober, der beste Termin den *Rügenpark* in Gingst zu besuchen, diese Erfahrung werden wir nicht zum ersten Mal machen.

Auf dem Weg dorthin ereilt uns, weil wir im Urlaub sind und Zeit haben, so etwas wie der Segen der Saumseligkeit. Sicher hat meine Wahrnehmung etwas damit zu tun, dass er nicht in meine Richtung fährt, aber so ist er einfach zu schön, wie er mir da entgegentuckert: Ein alter Trecker in tiefem Grün, das Auspuffrohr ragt senkrecht zum Himmel, und oben entlässt ein Kläppchen klappernd Rauchwölkchen. Auf dem offenen Führerstand sitzt stolz und mit Hut der Fahrer, Besitzer und Bewohner vonns Janze, denn hinten dran an dem schmucken und emsigen Treckerlein hängt, man glaubt es kaum, ein malerischer alter Bauwagen, der jetzt ein Wohnwagen ist. Das Wetter ist schön, vom blausten Himmel scheint die herrlichste Herbstsonne. Und durch das bis vor Kurzem noch gelbste aller Rapsfelder (ja, hier und dort blüht der Raps im Frühherbst noch mal) bahnt sich dieses malerischste aller Gespanne seinen hinreißend unzeitgemäßen Weg. Vorne am Wagen ein kleiner braun holzumzäunter Überstand, die Terrasse, mit ähnlich unserer Esstischlampe sanft schwingender Blumenampel. Dann der Wagen selbst, Holz, in sattem Grün gestrichen, die Fenster weiß umrandet, und außen dran ein liebevoll bepflanzter Blumenkasten. Le bonheur est simple, weiß der Franzose, ich wiederhole mich da nur zu gern, das Glück ist im Einfachen. Dieses Gespann liefert einmal mehr die Illustration: Man soll sich ruhig vergleichen, sagt die Glücksforschung. Jedenfalls mit den vielen Menschen, die schlechter dran sind als man selbst. Das macht glücklich. Andere Vergleiche machen den Labilen neidisch. Und ich bin jetzt gerade labil. Und neidisch. Seehr neidisch. Auf dem Bock dieses Treckers sitzen! Mittag machen im Rapsfeld. Kaffeepause hoch oben auf der Rügenbrücke. Dann gieße ich meine Blumen, streichele meinen Hund, der bestimmt jetzt im Wageninneren schlummert, und überlege, wo ich später meinen Abendfisch fange. Den grille ich dann vor dem Wagen, und wenn es kühler wird und feucht, ich mich aber noch nicht zum Schlafen einrollen will, rolle ich drinnen am winzigen Holztisch noch uralte Landkarten aus und plane für morgen eine Route. 50 Kilometer, nicht mehr. Und am Tag darauf wieder. Und dann noch einmal. Bis ich auf Usedom bin. Oder im Klützer Winkel. Und dann fahre ich einfach wieder zurück. Muss das ein Leben sein! Doch während ich so träume und mich nur langsam wieder auf den Verkehr konzentriere, nehme ich wahr, dass ich die ganze Zeit an einer Kolonne auf der Gegenspur entlangfahre. Dickbreiig nur schiebt er sich voran, der Rückstau im Gefolge des beblümt-betagten Gespanns. Wie die Leute dort darüber denken, bis sie es eines Tages geschafft haben werden, es zu überholen, möchte ich aber nicht wissen.

Und auch mein Neid legt sich bald, denn bald schon erreichen wir Gingst, den *Rügenpark*. Es gibt, unter freiem Himmel, die nachgebauten Modelle bedeutender Bauwerke und Schiffe, wobei ein besonders sehenswerter Teil sich der Insel Rügen widmet. Vor allem aber gibt es eine Art kleinen Vergnügungspark gleichsam zur Selbstbedienung: Man drückt einen Knopf oder steckt eine Münze ein, und es setzen sich »Fahrgeschäfte« in Bewegung. Ein Karussell im Wasser drehender Gefährte, optisch zwischen Schwan und römischem Streitwagen, eine Art Gondel, die auf Knopfdruck vornüber rotiert, so dass man sich beliebig häufig überschlagen kann, wenn man mag, Karussells, große Schaukeln, eine immense Rutsche mit zugleich, von ihrem oberen Podest, einem wunderbaren Blick über das Land, und, als mein persönlicher Favorit, eine »Wasserrutsche«. Dort muss man sich in eine Art Schlitten setzen, wird auf Knopfdruck eine Rampe hochgezogen, und oben hakt die Seilwinde ohne viel Federlesens aus, man rauscht in die Tiefe, hüpft wie über einen Schanzentisch, und hinein geht's ins Wasser! Wem da kein Juchzer entfährt, der ist stumpf. Dann strafft sich das Zugseil, und es geht, wenn man mag und nicht zu viele Wartende den Wechsel verlangen, von vorne los. Und deshalb ist der Herbst kurz vor Saisontoresschluss so ein guter Termin: Wenn zudem vielleicht, wie jetzt, das Wetter ein wenig bedeckt ist, hat man die Wasserrutsche schon mal für eine Viertelstunde für sich allein, kann sich einfach wieder hochziehen lassen und fühlen, wie das Magenkribbeln von Schanzensprung zu Schanzensprung geringer wird.

An einem anderen Tag besuchen wir Stralsund, dem man sich am besten (Silhouette!) von Rügen her nähert. Auch Stralsund ist, wie Wismar, UNESCO-Weltkulturerbe, das will ich erwähnt haben. Hier wie dort findet man auf dem Marktplatz eine Wasserkunst aus der Renaissance. Stralsund hat Stadtrecht seit 1234 (1-2-3-4, das merkt sich ganz gut), viele Gebäude mit Ursprüngen im 13. und 14. Jahrhundert, Brandschatzung durch die neidischen Lübecker 1348, dann der Bau einer schützenden Mauer, Hansezeit, Backsteingotik. Die große Handelsstraße aus Westfalen durchquert hier nach hunderten von Kilometern zum pompösen Schluss noch den *Buttergang* des Stralsunder Rathauses, überquert den barocken Innenhof und endet am Portal von St. Nikolai. An einem der größten Tage der Hanse wurde hier der Stralsunder Friede unterzeichnet, der die Hanse so stark machte, wie sie es sonst wohl nie war. Wilhelm Scheele, der Entdecker des Sauerstoffs, wurde hier geboren (1742). Dass die *Kaufhof-Warenhaus AG* von hier stammt, das Stammhaus in der Ossenreyerstraße ist bis heute zu sehen und leicht zu erkennen, erwähnte ich schon. Und doch: Die Innenstadt muss vor der Wende in einem Zustand zum Steinerweichen gewesen sein. Schwamm, Ratten, Verfall, Abrisspläne für große Flächen, auch wenn man formal Flächendenkmal war. Das Ende der DDR kam rechtzeitig. Die Innenstadt ist heute eine Augenweide, ein Kleinod, dazu das *Meeresmuseum* (in einer Kirche!), das müde Kinder noch einmal munter macht, die Partie am Hafen, das großartige *Ozeaneum* mit seinen Aquarien, dem riesigen Heringsschwarm ... überhaupt, das *Ozeaneum*: Da ist dieser riesige Raum in tiefem dunkelblauem Licht, in dem eine Art Liegen am Boden stehen, und wenn man sich hineinlegt, sieht man hoch über sich ein Sichtummeln lebensgroßer Wale, ganz, als läge man am Meeresboden und beobachtete, nur ohne das lästige Wasser überall. Oder der Platz an der Scheibe des großen Aquariums. Müsste ich einen MV-Krimi schreiben, würde ich hier ein konspiratives Treffen stattfinden lassen, und im Dreivierteldunkel vor Mondfisch und Pelagischem Stachelrochen käme es zur heimlichen Übergabe der alles entscheidenden Papiere. Dass es hier Mondfische gibt, sei ganz ungewöhnlich, lese ich. Und Mondfische sind es auch. Sie sehen aus wie mittig abgeschnitten, ein bisschen, als wären sie beispielsweise rückwärts zwischen die Schutzgitter der Wellenmaschine geraten, und nun fehle eben der hintere Teil. Aber das gehört so.

Was ich aber eigentlich nur ausrufen will: Leute, dies ist kein Reiseführer, aber besucht Stralsund!

Und vergesst darüber tunlichst einen Besuch in Greifswald nicht! Dort sind wir wiederum wenige Tage später. Die wie an einer Perlenkette aufgezogenen Backsteinkirchen mit dem Dom in der Mitte. Darüber das Gewölbe des hohen Himmels. Das kompakte Zentrum. Der Ryck (finden Sie selbst raus, was das ist, es ist nicht schwer). Das *Pommersche Landesmuseum*. So muss Kultur aussehen, so präsentiert werden! Und auch sonst: Caspar David Friedrich, der alte Romantiker, quillt aus allen Poren (obendrein ist die Romantikhochburg der Klosterruine Eldena nicht weit). Falladas Haus in der Steinstraße. Die Innenstadt ist überschaubar, das Wasser nicht weit, studentisches Flair allenthalben. Fahren Sie im Sommer, wenn die Abende lau sind und die Studenten in den Kneipen. Oder am ersten Adventswochenende, wenn im *Pommerschen Landesmuseum* Kunsthandwerkermarkt ist. Oder, am besten, beides ...

Aber eigentlich waren wir ja, richtig, auf Rügen. Das süße Ländchen Hiddensee, die kleine, um diese Jahreszeit außerordentlich erholsame Nachbarinsel, aber auch Binz und die mondänen Seebäder lassen wir weg. Obwohl ein Einsturz der Seebrücke in Binz im Jahre 1912 mit Todesopfern die Gründung der DLRG, der Deutschen Lebensrettungs-Gesellschaft, ein gutes Jahr später forcierte, wenn nicht veranlasste, was ja nicht zuletzt geschichtlich nicht unbedeutsam ist. Und auch das sich über mehrere Kilometer(!) entlang einer traumhaften nadelbaumbestandenen Bucht erstreckende Gebäude des ehemaligen KdF-Bades Prora, das aber nicht rechtzeitig vor dem Krieg fertig wurde, den *Koloss von Prora*, lassen wir diesmal aus. Dafür finden wir in Rügens Norden Kap Arkona. Der Normalsterbliche kommt genau genommen bis

Putgarten. Geleitet von einer Straßenbeschilderung, die schnell überall nur noch anzeigt, dass es hier nicht weitergeht, landet man unwillkürlich an der Schranke zu einem großen Parkplatz. Und bekommt zum ersten Mal Geld abverlangt. Eben hatten wir noch überlegt, ob wir zuerst, wie vor Jahren, zum unglaublich idyllisch in einer winzigen Senke gelegenen Fischerörtchen Vitt oder gleich zum Kap fahren, da bekommen wir diese Entscheidung schon abgenommen, denn mit dem Auto erreicht der Auswärtige beides nicht. Für den ist in Putgarten Schluss, und jetzt kann er zwei Kilometer nach Vitt pilgern oder zwei Kilometer zum Kap. Oder er nimmt die Tschu-Tschu-Bahn, die, für den Erwachsenen etwas überraschend, tatsächlich genau so heißt und erneut Geld kostet. Dafür gibt es eine Ermäßigung, wenn man gleich für die Hin- und Rückfahrt löst, und sogar die Möglichkeit einer Scheren-Tschu-Tschu-Fahrt: Es macht keinen Preisunterschied, wenn ich nach Vitt fahren, von da zum Kap gehen und von dort dann zurückfahren möchte. Und mit dem Auto, das gehe eben nicht, da hätte immer alles voller Autos gestanden, und das hätte nicht ausgesehen. Dem ist insoweit wenig entgegenzusetzen, wenn nur die pekuniären Folgen unter Kontrolle blieben.

Vitt ist winzig und niedlich wie eh und je. Im einzigen Restaurant mit Dach über dem Kopf, dem *Goldenen Anker* mit den niedrigen Decken, schmeckt der Fisch und wärmt die Schokolade. Das gibt Kraft für den Weg zum Kap. Dort erwartet uns zunächst der Rest eines slawischen Burgwalls. Das kann an dieser Stelle keinen überraschen, lockt in meiner Familie aber keinen mehr hinter dem Ofen hervor. Genau genommen ist auch nur noch vielleicht ein Fünftel des ehemaligen Walles übrig, der hier eine Landzunge vom Rest der Insel abtrennt wie der käsegefüllte Rand ein Stück einer modischen Pizza umschließt. Den Rest des Walles und dessen, was darinnen war, vier Fünftel also der ehemaligen Jaromarsburg, hat sich die See geholt. Die Slawen haben hier allzu dicht am Wasser gebaut, würde ich mal aus heutiger Sicht sagen. Aber auch die Besichtigung des Walles bzw. seines Rudiments kostet Geld. Nicht anders das auf dem daneben gelegenen Peilturm befindliche Atelier, eine gläserne Glocke zuoberst auf dem Turm mit sicher wirklich konkurrenzarmem Rundblick. Und auch der alte Leuchtturm kostet. Ebenso wie nebenan der neue. Das hat etwas von einem Jahrmarkt hier draußen. Attraktion an Attraktion, und jedes Mal bezahle ich aufs Neue. Zusammen mit dem Parkticket und den in meiner Tasche fühlbaren Tschu-Tschu-Rückfahrkarten ruft das alles aber doch ein wenig das Gefühl von Nepp in mir hervor. Ja, von Nepp. Von Nepp Arkona.

Ich lasse die Familie kostenpflichtig, wiewohl aus eigener Kraft, auf den neuen Leuchtturm klettern und schubse ein wenig missmutig Floras Kinderwagen in Richtung der Nebelwarnstation. Nachdem ich mich nun um den Blick vom Leuchtturm gebracht habe, sehe ich wenigstens mal nach oben und zum Himmel. Wieder etwas Neues hat er sich da für den Herbst einfallen lassen. So sieht, was er da aus Wolkenfetzen formt, wie eine bis zum Horizont reichende Handschrift aus, erst in großen Bögen verlaufend, gleichmäßig und fast kunstvoll, weiter hinten wird es dann nachlässiger, und schließlich wurde sogar in Krakeln reinverbessert. Auch das also ist der Himmel über Vorpommern. Als ich mich oben notdürftig sattgesehen habe, fallen mir unten hinter dem nächsten Zaun in großer Zahl hier im Boden steckende übergroße Spazierstöcke auf. Nein, ich erkenne schon, dass es sich um nach oben hin abgewinkelte Rohre handelt, die hier aus dem Boden stechen und wohl der Be- und/oder Entlüftung von etwas Darunterliegendem zu dienen bestimmt sind. Und da ich vorhin ein Schild gesehen habe, auf dem eine größere Bunkeranlage angekündigt war, reime ich mir auch den Rest zusammen. Als wir ankamen, hatte auch ein altertümlich aussehendes graues Flugzeug sehr langsam und tief über dem Meer kreisend auf die militärische Vergangenheit dieses vorgeschobenen Fleckchens Erde aufmerksam gemacht Aber ulkig ist der Anblick doch. Und ziemlich auffällig. Und unverkennbar militärisch-deutsch: Sie sind alle exakt gleich hoch und identisch ausgerichtet, die Spazierstocklüftungsrohre.

Als meine Lieben wieder unten sind, zeige ich ihnen noch etwas, indem ich wenige Meter vom alten Leuchtturm entfernt vor einem Süßigkeitsstand (Jahrmarkt, ich sage es ja) stehen bleibe, diesem aber zur Enttäuschung eines nicht unerheblichen Teils unserer Reisegruppe den Rücken zuwende und stattdessen auf ein in dieser Umgebung etwas überraschendes, etwas größeres Mehrfamilienhaus aus dunklem Backstein zeige, das unterhalb der hier etwas ansteigenden Straße steht: »Hier habe ich an einem Abend Anfang Februar 1990 angehalten. Es war längst dunkel, als ich hier war, ich sah nichts um mich herum als ein paar Lichter aus dem Haus. Mit dem guten Gefühl, es bis hier geschafft zu haben, schmierte ich mir ein Leberwurstbrot und rollte mich dann an dieser Stelle im Auto zum Schlafen zusammen. Und am nächsten Morgen wachte ich hier auf. NVA: nicht mehr. Touristenströme und überall Eintritt: noch nicht. Diesen Ausblick aufs Meer hatte ich für mich allein damals. Die reine Nachwenderomantik.«

Das glaubt man mir, und wir machen uns auf den Rückweg. Ehe ich in die Tschu-Tschu-Bahn steige, sehe ich noch einmal zum Himmel. Eine perlmuttfarbene Handschrift, eine Lebensgeschichte auf tiefblauem Grund, keine Frage, und gegen Ende fehlte die Kraft, aber nicht der Wille, sie vollständig niederzulegen.

Bei Schloß Spycker biege ich ab in Richtung Sassnitz. Das kann man ruhig kennen. Den Fischereihafen, die Museen, den Blick von der Seebrücke zurück ans Ufer, die Altstadt, weiß ziselierte Bäderarchitekturgiebel in der Sonne (der Mix aus Neostilen, gern mit Balkon oder Veranda, wir erinnern uns), die Partie am Fischereihafen, Boote, Wimpel, geschäftiges Treiben – wir will, kann an den Süden denken, wer anders will, mag sich bestätigt sehen, dass es so etwas im Norden eben auch gibt. Wir spazieren auf den zwei Kilometer langen Molenausleger, den längsten Europas(!), der den Hafen vor dem hereindrückenden Meer schützt, genießen die am Hang liegende Stadt zur Rechten und das weite Meer zur Linken, den auffrischenden Wind, der proklamiert, dass wir uns Schritt für Schritt vom Festland entfernen, Kurs offene

See … Kräfte für einen Bummel durch den liebenswerten kleinen Altstadtkern sparen und auf halbem Weg zum grünen Leuchtturm am Molenkopf umkehren können wir immer noch (und tun es auf mehrkehliges Kindergeheiß). Doch gehen wir auch noch entlang der Promenade in Richtung der kurzen Seebrücke und ein Stück darüber hinaus bis dorthin, wo sie in den Kiesstrand mündet, der alsbald Blicke freigibt auf mit jedem Wechsel des Lichteinfalls zauberhaft changierende Kreideküstenabschnitte, die Lust machen auf eine gebührende Bewunderung von der Wasserseite bei einer Dampferfahrt. Allerdings kommt etwas dazwischen.

So viel See macht nämlich hungrig. Und komischerweise ist es ja so: Wer einen Kuhstall sieht oder einen Schweinekoben, der bekommt nicht unbedingt Lust auf ein saftiges Steak. Ebenso schmeckt mir der Braten nicht besser, nur weil ich ihn mit freiem Blick auf eine Weide verzehre. Aber wer das Meer vor sich hat, bekommt aus irgendeinem Grund Appetit auf seine Bewohner, und wer Fisch isst, tut dies am liebsten mit freier Sicht auf dessen Herkunftsgründe, ein Mysterium, das ich anreißen, aber nicht klären will, vielmehr mag es hier genügen zu sagen: Wer in Sassnitz – viel Meer vor Augen, Tang, Algen, etwas Salz und Fisch in der Nase – Appetit auf frische Flossen bekommt, hat reichlich Gelegenheit, ihn sehr befriedigend zu stillen!

Am letzten Tag schließlich machen wir eine Spazierfahrt mehr oder weniger kreuz und quer über die Insel, lassen insbesondere den Aussichtsturm bei Neuenkirchen nicht aus (mein Geheimtipp, wenn Sie das bitte für sich behalten) und besuchen einige der auch hier zahlreich anzutreffenden Gutshäuser und ehemaligen Herrensitze. Sie sind in sehr unterschiedlich gutem Zustand. In einem Buch lese ich sehr treffend, mit der Nennung von Empfehlungen in Rügen-Reiseführern sei mit Bedacht umzugehen, da gar so viele dem Verfall preisgegeben und anheimgefallen seien, die Führer nennten die Orte dann nur, weil die Verfasser aus alten Büchern abgeschrieben haben …

Nach dem Herbst kommt...

Und was geschah nun seither? Seit DEM Herbst?

Ein »Ländereinführungsgesetz« von Juli 1990 legte erst einmal die Grenzen Mecklenburg-Vorpommerns fest, auch wenn es in der Folge noch zu kleinen Korrekturen kam oder nach dem Willen der Bürger auch jetzt noch kommen sollte. Hansfelde und Wismar (das Wismar an der leeren Autobahn kurz vor Pasewalk) bei Strasburg gehören verwaltungstechnisch zum weit entfernten Prenzlau in Brandenburg. Und das Amt Neuhaus in einer Elbschleife bei Dömitz hat man schon 1993 an Niedersachsen zurückgehen lassen, zu dem es fünfzig Jahre zuvor schon einmal gehört hatte.

Im Oktober 1990 wurde ein neuer Landtag gewählt. Die CDU gewann und stellte mit Alfred Gomolka den ersten Ministerpräsidenten der neuen Zeit. Ihm folgte im März 1992 Berndt Seite.

Rostock und Schwerin lieferten sich einen leidenschaftlichen und emotionsgeladenen Kampf um den Rang der Landeshauptstadt, den Schwerin letztlich gewann. Das geht in Ordnung. Als Rostocker sage ich: Das »Oberzentrum« ist trotzdem hier. Und als Fan des Schweriner Schloßes sage ich: Diesen Landtagssitz konnte man sich nicht entgehen lassen. Und so schließen sich hier nun ganz viele Kreise.

Für mich gibt es kein schöneres Schloss als das in Schwerin. Durch seine vielfach gegliederte Fassade und verwinkelte Bauweise ist es so trutzig-wehrhaft-burgenartig wie es prachtvoll schlossartig ist. Toll!

> Es ist wie das Titelbild zu einem romantischen Geschichtenbuch, das so recht eigentlich gar nicht zu unserer sinnierenden und doch kühl-klaren niederdeutschen Art zu passen scheint.
> *(Wilhelm Franz, 1918)*

Oder wie ist es, zu dem Eindruck des schier unauflöslich Verwirrend-Verwinkelten, hiermit? Bei Renate Krüger, *Das Schweriner Schloss*, finde ich:

> Das Schloss ist nicht nur ein Bauwerk, sondern ein kleiner urbaner Kosmos, der schwer überschaubar erscheint. Es erhebt sich über Tiefkellern und Hochkellern, trägt über dem Erdgeschoss zum Teil sechs durch Treppen, Treppchen, enge und weite Gänge verbundene Obergeschosse, und in manchen Bereichen gibt es auch eine Art Zwischengeschoss. Dazu kommen noch die Turmgeschosse. Ein Abenteuer … wäre ein Spaziergang über die Terrassen auf die Bastionen oder gar über die Dächer mit den ständig wechselnden Durchblicken und Ausblicken, mit den zahlreichen Türmchen, Turmlaternen, Gaupen, Balustraden, Giebeln, Giebelchen und den reichverzierten, bisweilen mit tempelartigen Aufbauten bekrönten Schornsteinen. Für Uneingeweihte bedarf es eines kundigen Führers, um sich im Gesamtlabyrinth zurechtzufinden.
> *(R.K., 2. Aufl., 2003, S. 132)*

Ein bisschen, und zwar gar kein so kleines, hat man bei der Vorbildsuche bei dem Loireschloss Chambord in Frankreich geklaut, einem um 1530 gebauten Frührenaissanceschloss, das, ganz wie Schwerin, Elemente einer mittelalterlichen Burg mit denen eines mehr oder weniger feudalen Wohnschlosses verbindet. Das reich verzierte Dach, die farbigen Plättchen zur Fassadenbelebung… Ein wesentlicher Unterschied liegt aber beispielsweise in der in Schwerin gradlinigeren Fenstergliederung und den weit schlankeren Türmen. In Schwerin sind sie fast zu spitz, sagen die einen. Im Vergleich zu Schwerin wirkt Chambord wie ein dickwadiges Landfräulein, sagen die anderen.

Noch einmal Renate Krüger:

> Türme und Türmchen, Gesimse und Vorsprünge, Kuppeln und hohe Schornsteine, Erker und Giebel, Balustraden und Galerien, Figuren und Ornamente, Reliefs und Filigran, Quader und glasierte Steine – man kann seine Beobachtungen und Eindrücke kaum verarbeiten. Immer wieder neue Einzelheiten, andere Formen, wechselnde Wirkungen. Unmöglich, das Schloss mit einem Blick zu erfassen. *(R.K., S. 8)*

Die erste Unruhe, das chaotisch-verspielt-Vielgestaltige ergibt sich schon durch die eigenwillige Form. Die Burg ist ein Vieleck, wie viele Ecken es von außen sind, soll jeder selbst für sich festlegen, jedenfalls sind es – ein Zauberschloss ist es auch noch – mehr, als der Innenhof hat, den sie umschließt! So umstehen die verschiedenen, miteinander letztlich zu einer Art Ring verbundenen Gebäude einen fünfeckigen Innenhof, das kann man erstmal so festhalten. Natürlich ist auch der in keiner Weise symmetrisch, das wäre ja fad, eher könnte man davon sprechen, dass die Ecken sich, betrachtete man den Hof als das Zifferblatt einer Uhr mit dem Eingang auf der Sechs, im Übrigen nahe der Zehn, der Zwölf, der Zwei und der Vier befinden, wobei das Zifferblatt auch wieder nicht symmetrisch rund, sondern mit einer deutlichen Plättung der linken Hälfte geschlagen wäre.

Dazu kommt die für all diese Pracht und Schönheit wohl zum Teil ursächliche vollendet von Wasser umgebene Lage auf einer Insel, deren Form man sich beim Bau dieses Vielecks wohl unterworfen hat. Das passt zur Bauweise der Slawenburgen, und so liegt fast auf der Hand, dass die Schlossinsel die zwischen dem Burgsee und dem Schweriner See liegt, schon vor 1000 Jahren und mehr Standort einer slawischen Festung war, mit anderen Worten: Die »Ahnen« des Schlosses gehen mindestens zurück bis in das Jahr 973, in dem unser schon mehrfach genannter damals so fleißig reisender Araber Ibrahim ibn Jacub al-Israili hier eine Hauptburg der Obotritenfürsten erwähnte. Teile der damaligen Palisadenkonstruktion fand man noch in jüngerer Zeit unter der Schlosskirche! Seit der Zeit der Palisaden hat sich aber einiges getan am Schloss. Zunächst einmal hat Niklot, der uns längst vertraute Obotritenfürst und erste Vertreter des Hauses Mecklenburg, im Jahr 1160 alles niederbrennen lassen, um es nicht dem herannahenden Feind, in jenem Fall den Leuten um Heinrich den Löwen, überlassen zu müssen. Heinrich aber baute es, noch immer mehr als Burg denn als Schloss, wieder auf. Und Niklot, ausgerechnet der »Zündler«, begrüßt einen heute in Form eines in die Gebäudefassade über dem Eingang eingelassenen Reiterstandbildes in triumphaler Pose mit erhobenem Schwert. Hier verlor er zwar, aber in der Stammtafel des Hauses Mecklenburg wird er auf alle Zeiten zuoberst geführt werden. Zunächst stabilisierte und wirkte hier allerdings Graf Gunzelin. Die Nachfahren Niklots residierten – als Vasallen des deutschen Kaisers – auf der Burg Mecklenburg. Nach Schwerin kamen sie zweihundert Jahre später, 1358, nachdem sie sich die Grafenwürde erkauft hatten. Aus dieser Zeit sind auch ein Zeughaus und ein Turm auf der Burginsel erwähnt, Näheres zum Aussehen der Burg zu dieser Zeit weiß man nicht, vielleicht standen außerdem nur ein paar hölzernde Gebäude hinter Palisaden.

Um 1500 und unter Herzog Magnus wurde dann das »Große Neue Haus«, die Urform des heutigen Schlosses, errichtet. Nun allmählich mochten es die Herrscher etwas repräsentativer, die Burg wurde zum Schloss. Das Bischofshaus, in dem heute der prächtige Thronsaal als Hauptattraktion des Schlosses etabliert wurde, trat hinzu. Beide sind dekoriert mit sattroten Terrakottaplatten mit Porträts und Ornamenten. Zu drei Seiten wurden dann aber doch auch wieder Bastionen angelegt, vielleicht griff ja doch noch mal jemand an. Schließlich trat, noch immer im 16. Jahrhundert, die protestantische Kirche hinzu, für die auch der damals teure Sandstein verwendet wurde. Das war der erste wesentliche Schlossbauabschnitt. Ein zweiter sollte erst rund dreihundert Jahre später folgen.

In der Zwischenzeit, im Barock Anfang des 18. Jahrhunderts, nahm man sich aber einer anderen wesentlichen und eng mit dem Schloss verbundenen Attraktion an: des Parks nämlich. Kernstück jedes barocken Parks ist eine strenge ordnende Achse, an der dann eine saubere Symmetrie ausgerichtet wird. Diese Achse wird im Schweriner Schlossgarten vom Kreuzkanal verkörpert. Von Linden eingefasst, entwickelt er sich vom Schloss weg und setzt sich in den sogenannten Kaskaden fort, einem terrassenförmig abgestuften Abhang, der einen unwillkürlich nach Wasserspielen in Form kaskadierend in die Tiefe tollender Sturzbäche spähen lässt. (Die waren auch tatsächlich mal geplant, kamen aber letztlich nie zur Ausführung. Kassel hat es da mit seiner Wilhelmshöhe insofern etwas besser.) Auch dem Letzten fällt die Achse schließlich auf durch vierzehn sie betonende Sandsteinsäulen, wobei die heutigen Exemplare Kopien sind.

Mitte des 18. Jahrhunderts zog der Hof erst einmal aus. Gleichsam in den Luwigsluster Carton, ich erwähnte es. Das war natürlich übertrieben jetzt, aber bei Schlossführungen erfährt man die Einzelheiten zur dortigen Papiermaché-Verwendung ja, wie wir wissen, ganz offen. Der Schweriner macht das weniger öffentlich, aber auch bei der Wiederaufhübschung des Schweriner Schlosses einige Jahrzehnte später trug eine eigens eingerichtete Kartonfabrik einen Gutteil der plastischen Dekorationselemente bei – und man verwendete sogar die alten Ludwigsluster Pappmaché-Gussformen hier und da wieder...

Mit dem Schloss ging es dann Mitte des 19. Jahrhunderts weiter. Etliche Ideen waren geschöpft und verworfen worden, darunter auch die, ein neues Schloss auf dem Festland zu bauen, etwa gegenüber dem Schloss. Hofbaumeister Demmler führte zu dieser Zeit das Wort. Demmler und Friedrich August Stüler machten weitere gut dreihundert Jahre nach Herzog Magnus und nach einem Fehlversuch in den Jahren 1842/43, aus dem am Ende das heutige Kunstmuseum am Alten Garten hervorging, ab 1848 weitere große Schritte, indem sie nach dem Vorbild des Loireschlosses Chambord in Frankreich weiterbauten und etliche Abrisse und Umbauten vornahmen. Hier wie dort ein bisschen Mittelalter, ein bisschen Spätgotik, hohe Wälle, dicke Mauern, mehr oder weniger massige Rundtürme, aber auch elegant-repräsentativ aufgelockerte Fassaden, eine an Zierrat reiche Dachzone und die kleinen farbigen Plättchen zur Belebung der Fassade. Chambord ist auch schön und mit seinen vielen Türmchen und Kaminen ähnlich verspielt, es wirkt aber eher symmetrisch, hingefläzter, viel schlossiger und mit wesentlich weniger burgigen Anleihen. In Schwerin nun ist der arme Herr Demmler 1851 aus politischen Gründen rausgeflogen, was ihn ein bisschen um die Einfuhr der Früchte seiner Arbeit brachte. Ein Schicksal, das er übrigens näherungsweise mit keinem Geringeren als dem dänischen Architekten der Oper von Sydney hundert Jahre später teilt: Jörn Utzon überwarf sich mit dem Bauherren, als die Mittel für »seine« Oper deutlich gekürzt werden sollten (andere sagen, seine finanziellen Vorstellungen seien völlig ausgeufert ...), verließ Australien und kehrte, wenn's stimmt, nie dorthin zurück, das fertige Werk zu bestaunen. Aber zurück nach Schwerin: Mit Abschluss dieser Umbauarbeiten durch Stüler, der noch eine Reihe von Änderungen im Plan vornahm, zog im Mai 1857 Großherzog Friedrich Franz II mit seiner Familie hier ein. Ein immenses Reiterstandbild im Garten erinnert daran. Die Schlosseinweihung fiel zusammen mit dem 35. Geburtstag der Großherzogin Auguste am 26. Mai. Ganz fertig war alles aber noch nicht. Ein Rest Thronsaal war noch zu erledigen, Ausstattungsarbeiten, die Gartenumgestaltung, die Wohnzimmer auf der Burggartenseite, das alles kam noch nach und nach. In den 90ern, dreißig Jahre später also, bekam man sogar elektrisches Licht.

Grandios! Und der Besucher, der dies Gefühl nicht hat, mit dem stimmt etwas nicht...!

Noch einmal Renate Krüger:

> Unvergesslich bleibt... der Anblick des winterlichen Schlosses bei Schnee und Raureif. Die weiße Garnierung modelliert die architektonische Gliederung scharf... heraus, und wenn dann die Sonne auf den Schnee fällt, ist diese ausdrucksvolle Schönheit vor der Kulisse bereifter Bäume kaum steigerungsfähig. Im zeitigen Frühjahr wirkt das Schloss am schönsten in der Morgensonne von der Seeseite her... Zu den stärksten... Sommereindrücken zählt der Anblick der Segelboote von der Schlossinsel aus... Gerade zu dieser Jahreszeit muss man bei der Betrachtung des Schlosses an das Märchen vom Dornröschen denken, denn die Schlossmauern sind eingebettet in Blüten, Ranken und Baumwipfel. Ein unvergleichlich prächtiges Bild bietet das Schloss während der herbstlichen Laubfärbung von der Höhe der Johannes-Stelling-Straße in der Perspektive des barock-symmetrischen Schlossgartens. Bei klarem Wetter spiegelt sich die Gartenfassade über der grüngoldenen Kulisse der Baumwipfel im Wasser des Kreuzkanals... Eine schönere Insellage dürfte wohl kein anderes deutsches Schloss haben. *(R.K., S. 9/12)*

Und dann: 1913 der große Schlossbrand! In den seeseitigen Elisabethzimmern brach ein Schwelbrand aus, der lange unentdeckt blieb, starker Nordwestwind blies, der goldene Saal wurde erfasst und bald darauf im Südturm gelagerte Jagdmunition! Etwa ein Drittel des Schlosses wurde beschädigt.

Schnell baute man vieles wieder auf, man wusste ja quasi noch, wie es ging, war ja alles nicht lange her.

Nach dem Zweiten Weltkrieg und seinen Bilderstürmen und Kunstrauben zum Ende hin hinterließ auch hier der Sozialismus seine Marke. Natürlich wurde die höfische Kunst für dekadent erklärt. 1949 zog das Landesparlament ein, später auch eine Fachschule zur Ausbildung von Kindergärtnerinnen und Unterstufenlehrerinnen. In dieser Zeit flatterte schon mal trocknende Wäsche aus den Palastfenstern, was nicht weiter schlimm wäre, aber es nahmen wohl auch die Intarsienböden großen Schaden.

Wie ging es weiter bis heute?

Seit 1974 wurden wieder mehr Räume der Öffentlichkeit zugänglich gemacht und beispielsweise, in zudem bemerkenswert kurzen acht Monaten, der Thronsaal restauriert, es stellte sich wieder eine Museumsnutzung ein. Im Jahre 1981 zog die Schule aus, 1984 eine ständige Ausstellung ein: *Malerei in Mecklenburg!* Und seit 1989/1990 darf das Schloss wieder als ein wunderschönes Symbol für das »Wir«, für das »Uns« in MV stehen. Mit dem Plenarsaal in einem ehemals als Bankettsaal geplanten Raum, der als solcher allerdings nie fertig wurde. Jetzt ist das Schloss »der schönste Landtagssitz in Deutschland«. Und das habe nicht einmal ich gesagt, das war gar kein Mecklenburger oder Vorpommer, sondern das war Richard von Weizsäcker zu einer Zeit, zu der er Bundespräsident und also völlig objektiv war. Dass die Landesregierung eingezogen ist und insbesondere für das Geschichtsmuseum bzw. das *Museum für Ur- und Frühgeschichte* nach 35 Jahren plötzlich keinerlei Platz mehr ließ, hatte uns ja schon mein Bronzezeitfreund verraten. Von der Slawenburg also bis zum heutigen Landtag – gleichsam die ganze Landesgeschichte auf einer Insel!

Und so einzigartig schön ist es denn auch, als wir, meine Familie in voller Besetzung, das Schloss besuchen. Aus dem Stadtzentrum heraus schlendern wir an der Staatskanzlei vorbei auf das Schloss zu. Niklot grüßt unverdrossen stolz aus seiner großzügigen Mauernische. Gemach geht es hinab über die Brücke und auf das Schloss zu, im leichten Bogen rechtsherum, und schon hat Ava den vom vielen Angefasstwerden poliert messingglänzenden, raubkatzenförmigen Türknauf in der Hand. Das Foyer ist großzügig und etwas dunkel, nur von rechts fällt Licht herein, über dem Kassenbereich hängen zwei große Flachbildschirme mit High-Tech-Informationen über den Landtag, was in dem alten Gemäuer einen etwas schrägen Kontrast ergibt.

Beim Essen fällt sogar Peter, dem Vierjährigen, unvermittelt etwas auf, und zwar die Kronleuchter: »Guck mal, die Lampen!«, zeigt er fast beiläufig zwischen zwei Kartoffelpuffern, und ich zücke innerlich gleichsam Stift und Block, um festzuhalten, wie ein solcher Knirps die Pracht des funkelnden Glases in seine Worte fassen wird.

»Was ist mit denen?«, frage ich erwartungsvoll.

»Die sind schön!« erklärt er, nur unmerklich weiterkauend, doch eindeutig zu erkennen gebend, dass nun wieder die Puffer dran sind und zu den Lampen alles gesagt ist.

Ich stecke den inneren Stift samt Block wieder weg.

Gleich neben dem Restaurant ist der Landtag, finden wir Bürotüren von Parlamentariern und Ministern. Dann aber geht es, gut und nachhaltig gestärkt, in die Gemächer. Das Säulenzimmer, auffällig viele runde Zimmer in den vielen Türmen, Intarsienböden (Klara erinnert von einer Führung mit der Schule immerhin noch, dass es hier einen »3-D-Effekt« gebe, eine »Tiefenwirkung«. Stimmt!) Natürlich: Von innen ist ein Historismus-Schloss eben ein Historismus-Schloss wie andere auch. Stoff an den Wänden, gern in Rot oder Gold, ein paar dunkle alte Schränke, Sessel und Tische, keiner weiß, ob die Sachen hier früher wirklich so standen, keiner, ob es nicht lausekalt war oder die schönen Tassen vielleicht auch hier nur feiertags oder bei Besuch hervorgekramt wurden, aber ein bisschen stellt man sich vielleicht doch vor, die Dame des Hauses oder zumindest eine ihrer rechten Hände käme jetzt gleich im Reifrock und mit Tee und Keksen an einen der Tische. In Ludwigslust hatte man noch ein paar Pappkameraden aufgestellt, zeitgenössisch gekleidete Figuren aus festem Karton (was in Ludwigslust, Stichwort Pappmaché, natürlich doppelt gut passte), aber für den ganz authentischen Eindruck fehlte nicht zuletzt im Schlafgemach der Fürstgemahlin beispielsweise schlicht das Bett; stattdessen stand als einziges Möbelstück mitten im Zimmer ein Tisch, aber was sollen sie machen, wenn es das Bett nun mal nicht mehr gibt?

Immerhin hat der Fürst vielleicht wirklich auf diesem Boden gestanden und ziemlich sicher durch dieses Fenster gesehen, aus dem, wie ich einem Gespräch des Aufsichtspersonals entnehme, der Denkmalschutz eingebrachte Gummidichtungen mangels Authentizität wieder herausreißen ließ: »Das Geld ist natürlich weg, und jetzt heizen wir eben wieder mehr«, sagt der Mann zwischen Abfälligkeit und Resignation.

»Das haben die im Original aber auch nicht gemacht, also die Authentischen«, gibt seine Kollegin zu bedenken.

Und wie der Mecklenburger so ist, verzichten beide darauf, über diese als Scherz gemeinte Bemerkung auch noch zu lachen. Es genügt, dass beide wissen, dass das ein Scherz war, und der Laute sind längst genug gewechselt.

»Dann war es eben kalt, wenn es kalt war!«, sagt er nur halblaut noch zu sich.

Viele schöne Zimmer, viele genussreiche Blicke auf den See, so nicht zuletzt vom kreisrunden Blumenzimmer, das wir vor allem natürlich unserer kleinen Flora zeigen. Es ist unmöbliert, und viel hätte man hier angesichts der Raumform und der vielen Fenster auch nicht stellen können. Wir erfahren aber, dass hier zu Fürstenzeiten immerhin eine Blumenétagère die Raummitte schmückte.

Nicht weniger lohnend schaut es sich vom Billardzimmer oder der Bibliothek aus hinaus auf den See. In der Bibliothek zeige ich Peter die Goethe-Büste, denn sie haben im Kindergarten kürzlich eine Kostprobe aus dem Zauberlehrling aufgeführt, Peter war einer der Besen und rezitiert jetzt, der Vierjährige!, noch gelegentlich, indem er Autos über den Teppichboden schrubbt: »Walle, walle, manche Strecke …!« Da kann man ruhig wissen, wie Goethe aussah, finde ich. Und dass man es hier, im Schweriner Schloß, schon ein paar Tage ausgehalten hätte. Auch, nein, gerade im Winter, wenn ein kleiner Firn Schnee auf einer hauchdünnen Eisschicht den See bedeckt und im Licht des nachmittäglichen Sonnenuntergangs womöglich fast rötlich geleuchtet hätte.

Alsbald betreten wir den prächtigen, gewiss etwas verschwenderisch gestalteten Thronsaal mit den Wappen der verschiedenen Gemeinden. Zufrieden stelle ich fest, dass Rostock zu den »großen Drei« gehört, deren Wappen direkt über dem Thron angebracht sind, der dort tatsächlich leibhaftig steht und an vergangene Audienzen denken lässt. Den Kindern imponiert das, zumal das Bildnis des Fürsten, Friedrich Franz II. mit dem auffälligen Bart, gleich daneben hängt. Man sieht den kleinen Köpfen förmlich an, wie in ihrem Inneren der Mann aus dem Bild genommen und auf den Thron gesetzt wird. Auf der anderen Seite hängt das Bild seiner Auguste, und ein Aquarell von 1938, das ich im oben zitierten Buch von Renate Krüger fand, zeigt hier zwei Throne nebeneinander. Womöglich hielt man auch mal paarweise Hof.

Gegenüber dem Thron, heute steht nämlich nur einer da, finden wir eine reich verzierte Tür in der Wand geöffnet vor, hinter der dunkle Heizungsrohre emporragen und also zur Schau gestellt sind, um zu zeigen: Ein modernes Heizsystem hatten wir auch schon. Bestimmt wüsste die Aufsichtsdame von vorhin sogar, auf welche Räume sich das System zur Zeit der »Authentischen« erstreckte. Von hier aus, die Bildnisse von Friedrich Franz II. und seiner Auguste hängen wie gesagt bereits im Thronsaal, geht es in die Ahnengalerie, wo wir, oder jedenfalls ich, etliche alte Bekannte wiederfinden. Magnus beispielsweise, der sich ja auch um das Schloss verdient machte, und Christian Ludwig II., der – posthum allerdings – Namenspate von Ludwigslust. Weibliche Bindeglieder zur Familie der Romanows in Russland. Ein paar bemerkenswerte Nasen sind darunter, und das ist hier nicht abfällig auf die Personen an sich bezogen, sondern meint wirklich die Form von deren Riechorgangen. Und unalltägliche Kinne auch.

Von hier aus geht es in einen Raum mit Gemälden von Schlössern und Stadtansichten aus Mecklenburg, die uns nicht nur Gelegenheit zu einer auch für die Kinder hinnehmbaren Wiederholung geben, sondern die teilweise in ihrer Farbigkeit und Lebendigkeit so gelungen sind, dass man sie sich glatt ins Haus hängen würde, es müsste ja nicht im Wohnzimmer über der Couch sein.

Ich habe vergessen, in der Ahnengalerie nach Niklot zu sehen, aber den gibt es kurz vor dem Ausgang auf einem großen Wandgemälde, wie er 1160 bei Werle von seinen Häschern getötet wird. Wir erinnern uns, der Hinterhalt mit den edlen Pferden, die er sich plangemäß, nun ja, aneignen wollte, was sich die Leute Heinrichs des Löwen zunutze machten. Ein alter Mann im weißen Gewand ist Niklot auf dem Bild, mit einem vollen grauen Bart, schließlich wurde er schon damals fast siebzig Jahre alt, von denen er dreißig Jahre lang Obotritenfürst war.

Im Gehen fällt mein Blick immer mal wieder auf meine Eintrittskarte. Vier Gebäude sind darauf abgebildet, und die Karten in Güstrow und Ludwigslust sehen genauso aus: das Schloss in Güstrow, jenes in Ludwigslust, dann ein Gebäude, auf das wir gleich noch kommen, und schließlich das Schweriner Schloß. Dazu steht geschrieben: »Das einzigartige Ensemble der schönsten Kulturschauplätze Mecklenburg-Vorpommerns.«

Wir wollen das mal so stehen lassen, auch wenn Vorpommern unter den vier Gebäuden kein einziges Mal vertreten ist, obwohl einem beispielsweise das Stralsunder Rathaus oder, natürlich, das Pommersche Landesmuseum in Greifswald schon in den Sinn kämen. Mecklenburg indessen besaß einst vier herzogliche Schlösser. Neustrelitz ist leider nicht mehr, wobei der Besuch des Parks dennoch sehr lohnt. Ob es das dortige Schloss, wäre es noch da und in präsentablem Zustand, auf das Ticket geschafft hätte, etwa anstelle des Gebäudes, zu dem ich wie gesagt gleich komme, kann ich nicht wissen. Thematisch würde es passen. Aber auch das nun dort abgebildete Gebäude passt schon aus einem ganz bestimmten Grund in die Reihe. Es handelt sich um den Bau der Kunstsammlungen Schwerin, der dem Schloss schräg gegenüber gleich jenseits der Brücke auf dem Festland steht. Es ist das Gebäude, das bei dem Versuch herauskam, für das Schloss Mitte des 19. Jahrhunderts einen Ersatzbau auf dem »Festland« zu errichten – die Anführungszeichen deshalb, weil man das Vorhaben aufgab, nachdem immer wieder Versuche gescheitert waren, in dem sumpfigen Grund ausreichend Pfähle so solide zu versenken, dass die Statik einen standesgemäßen mehrstöckigen Schlossneubau erlaubt hätte. Das Land dort ist also alles andere als fest. Aber für ein zweigschossiges Museum, das man, kennte man nicht die eigentliche Bestimmung des Gebäudes, durchaus stattlich finden könnte, hat es letztlich gereicht. Und, obwohl verhindertes und nur »Möchtegern-Schloss«, für einen Platz zwischen den »richtigen« Schlössern auf dem Ticket.

Die Schwelle zum 21. Jahrhundert

1991 fanden auch in Rostock die ersten *Hanseatischen Hafentage* statt. Die ersten Ostseewochen nach Öffnung der Seegrenze, was das völkerverbindende Element nicht unwesentlich gestärkt haben dürfte. Und die erste *Hanse Sail*. Ebenfalls seit 1991 gibt es die erste Seebrücke der »Neuzeit« in Kühlungsborn – der Tourismus fasste wieder Fuß an der Küste.

1994 wurden aus 31 Kreisen 12 neue Landkreise, die kreisfreien Städte – Rostock, Schwerin, Stralsund, Greifswald und Neubrandenburg – blieben erhalten. Aber das wird zu dieser Frage noch nicht das letzte Wort gewesen sein, das deutet sich längst an.

Seit demselben Jahr gibt es die Landesverfassung auf Platt – keine reine Alberei, denn »Dat Land steiht för die plattdütsche Sprak und bringt ehr Pläg vöran« (Art. 16 der Verfassung, und »Pläg« heißt Pflege, nicht etwa »Plage«).

1998 kam es zur ersten rot-roten Regierungskoalition auf Landesebene in der Bundesrepublik aus SPD und PDS. Ein Aufschwung vollzog sich besonders schnell und spürbar auf den Feldern der Telekommunikation und des Straßenbaus. Insgesamt aber begann schnell ein Ungleichgewicht zwischen der Küstenregion und dem Hinterland einerseits sowie dem westnahen Nordwesten im Unterschied zum »entlegeneren« Südosten. Man hörte auch, der Aufbau verlaufe nach dem Prinzip »Mecklenburg vor Pommern«! Die Großindustrie fiel indessen, sieht man von den Werften ab, die die großen Probleme erst später bekamen, sehr schnell fast überall weg, eine Entwicklung, die andererseits Luft und Klima und den damit einhergehend ohnehin prosperierenden Tourismus (längst spielen wir in der ersten Garde der Urlaubsregionen in Deutschland mit) zusätzlich begünstigt haben dürfte. Dazu hoffen wir, Erfinderland seit altersher, auf Biomedizintechnikzentren und auf Windkraft. Seit 2008 tun wir das übrigens unter der Leitung von Ministerpräsident Erwin Sellering, ja genau, jenem Erwin Sellering in neuen Ehren, der als Richter in Greifswald mein Ausbilder war, als ich dort von Malchin aus über Loitz und Passow und Zastrow nur allzu gern immer hinfuhr und als Plan B von einer Busfahrerkarriere auf dieser Strecke träumte.

Und wir hoffen auf kleine Schritte. Vellahn im Landkreis Ludwigslust ist nach Bohmte in Niedersachsen Deutschlands zweite Gemeinde, die fast alle Verkehrsschilder abschaffte! Manchmal sind die Schritte auch sehr klein: Eine durchgehende Autoverbindung zwischen der größten Stadt des Landes und seiner Hauptstadt – ja, die Rede ist von Rostock und Schwerin – existiert sage und schreibe erst seit Ende 2009!

Seit 2011 haben wir nur noch sechs Landkreise, darunter den flächenmäßig bundesweit größten, den Kreis Mecklenburgische Seenplatte mit fast 5500 Quadratkilometern, damit ist er mehr als doppelt so groß wie das Saarland. Kreisfreie Städte sind nur noch Rostock und Schwerin.

Und der geographische Mittelpunkt MVs ist, so wurde es gemessen, ein folgerichtig »vergoldeter« Kanaldeckel auf dem Marktplatz von Teterow.

Wie man's macht …

Über all diese Entdeckungen kam die Vorweihnachtszeit.

Und das Dilemma des modernden Mannes zeigt sich auch schon mal in der Kaufhausdamenunterwäscheabteilung jenes Rostocker Kaufhauses, das seinen Ursprung in Stralsund hat. Nie weiß ich, ob ich, hier auf eine mir bekannte Frau treffend, grüßen soll/ darf/muss. Ich denke, ich muss nicht erklären, dass auch Mann da Geschenke für bestimmte Anlässe aussuchen kann. Aber was macht man mit der auftauchenden Bekannten? Klar ahnte man immer, dass auch sie was drunter trägt. Wie sehr einen Genaueres hierzu interessiert, ist einzelfallabhängig und hier nicht die Frage. Die Frage ist: Darf bzw. muss man andere als die eigene Frau in der Damenunterwäscheabteilung erkennen und grüßen, oder darf bzw. muss man sie (anders als überall sonst) aus Gründen der Höflichkeit ignorieren? Ich weiß es nach wie vor nicht. Man weiß das immer erst hinterher. Grüßt man, und sie versteckt ladendiebartig die Tangas hinter der Hüfte, für die sie gedacht sind, war es falsch zu grüßen. Grüßt man nicht und erfährt dann über drei Ecken, man sei zuletzt öfter verdruckst wirkend und zwischen Spitzen-BHs kauernd erkannt worden, war die Diskretion falsch.

Das Dilemma des modernden Mannes zeigt sich am besten inmitten von Damenunterwäsche.

Weihnachten

Und dann ist sogar Weihnachtszeit. Heilig Abend in Rostock. Klara fand vor Jahren höchst abenteuerlich, dass wir am 23. Dezember, »bloß, weil ihr damit angeben müsst, dass ihr schon alles vorbereitet habt«, zu einem längeren Ausflug in den Darßer Wald samt Stullenessen mit Handschuhen am Strand bliesen. Dabei ist die Ruhe dort an gerade diesem Tag jedes Weihnachtsstressausblenden wert…

Das variieren wir in diesem Jahr. Wir machen aus dem kurzen Weg zur Kirche einen langen, einen sehr langen Rundweg durch die Stadt, eine Stadttour fast. Wir beginnen recht konservativ am Neuen Markt und wiederholen die sogenannten »Rostocker Sieben«, sieben mal sieben Sehenswürdigkeiten, die, soweit bekannt, 1596 von Peter Lindenberg erstmals aufgeschrieben wurden und gleich einen ersten Eindruck geben:

»Söben Toern to Sint Marien Kark,
söben Straten bi den groten Markt,
söben Dören, so dar gaen to Lande,
söben Kopmannsbrüggen bi den Strande,
söben Toern, so up dat Rathus stan,
söben Klocken, so dakliken slan,
söben Linnenböm up den Rosengoern:
Dat syn de Rostocker Kennewohrn«

Wobei allerdings zu sagen ist, dass wohl sogar acht Straßen zum Markt führen, einst zwölf Kaufmannsbrücken existierten und keiner so genau weiß, wie viele Glocken am Ende täglich schlugen, so dass hier eher untertrieben wurde, aber auch das ist schließlich ein Merkmal des Nordmannes und der Nordfrau. Sieben waren es sicher, und den Rest gibt es dazu. Wir grüßen hinüber zum backsteinernen Rathaus mit seinem etwas eigenwillig angepuzzelten barocken Vorbau. Die eigentlich unbedingt besuchenswerte östliche Altstadt mit ihren verwinkelten Gassen, den alten Speichergebäuden und dem Alten Markt, der erhöht liegenden Keimzelle des alten Rostock, lassen wir heute aus. Es ist kalt. Auch die Nikolaikirche bedenken wir nur kurz, deren kirchentypisch geräumiger Dachstuhl in pragmatischen DDR-Zeiten zu Wohnungen umgestaltet wurde, so dass heute Fenster und abgeschrägte Balkone die stattlichen Dachflächen gliedern. Ein Gruß schließlich zur Petrikirche, dem Gotteshaus mit dem spitzigen und mit 117 Metern zweithöchsten Kirchturm in MV (finden Sie selbst heraus, welches der mit – knapp, aber gewonnen ... – 117,5 Metern höchste ist und fangen, kleiner Tipp, in der Landeshauptstadt mit dem Suchen an).

Dabei komme ich ins Sinnieren, welches denn nun der höchste Punkt in Mecklenburg-Vorpommern ist. Man könnte spaßeshalber mal im Modell die Turmspitze der besagten Kirche in der Landeshauptstadt mit der Turmspitze der Petrikirche in Rostock und dem Helpter Berg verbinden. Vielleicht müsste man noch das Hochhaus in der August-Bebel-Straße in Rostock dazu nehmen. Letztendlich allerdings würde es einen klaren Sieger und nicht etwa fast waagerechte Verbindungslinien geben. Zwar liegt Schwerin amtlich auf einer Höhe von 86 Meter über dem Meeresspiegel und Rostock auf 13 Meter (die Petrikirche steht allerdings etwas erhöht am Alten Markt), so dass es insofern noch halbwegs spannend würde. Der Helpter Berg, ich sagte es eingangs, liegt bei 179,5 Metern. Er »piekt« übrigens nicht aus der Landschaft heraus wie etwa der »Piekberg« bei Sassnitz auf Rügen, der tatsächlich so heißt, aber nur 161,5 Meter hoch ist, sondern ist eingebettet in die »Helpter Berge«, gleich mehrere deutlichere Erhöhungen im Hügelland nördlich von Woldegk. Dass der Helpter Berg dennoch von weitem leicht auszumachen ist, liegt daran, dass in unmittelbarer Nachbarschaft zu seinem »Gipfel« ein auffälliger und etwas unförmiger Fernsehturm von allein beträchtlichen 203,20 Meter Höhe steht. Und dessen Spitze durfte denn auch, knapp unterhalb der 400 Meter – Grenze, der »Peak« in MV sein – wenn man Menschgemachtes mitzählt, versteht sich. (Und auch Rostocks höchster Punkt ist in Wirklichkeit keine Kirche und kein Hochhaus, sondern der Fernmeldeturm in Stadtweide, er misst 140 Meter.)

Unsere nächsten Schritte der weihnachtlichen Rostock-Begehung haben wir einem besonders sehenswerten der ehemals (mindestens) sieben Tore zugewandt: dem Steintor. Nach einem empfindlichen Bombentreffer 1942 besehen wir allerdings heute dort gleich neben dem Ständehaus genau genommen eine geglückte Rekonstruktion aus den frühen Fünfzigern. Dieses alte Ensemble aus Steintor und Ständehaus erinnert mich an Motive der *Kaiserpanoramen*, von denen ich sprach, die August Fuhrmann um 1880 in Rostock präsentierte. Es gibt dort das Motiv mit dem Ständehaus im Hintergrund, während vorn am Steintor ein winzigkleiner Botenjunge sich in der Garderobe der 1880er, also insbesondere mit kecker Mütze, auf seinem Karren ausruht. Ein schönes Motiv vom Neuen Markt fällt mir auch wieder ein, als die Nordseite noch mit einer Häuserzeile geschlossen war, oder jenes von der Viergelindenbrücke mit der Nikolaikirche im Hintergrund, als der Platz Am *Wendländer Schilde* noch keine Autoblechwüste, sondern ein eng bebautes Quartier war. Und schließlich, da wir ja eigentlich bei den Toren sind, fällt mir das Motiv wieder ein, das die klassische Jahrhundertwendeschönheit in dem prächtigen Kleid von der Farbe einer abgeriebenen Zitrone mit zierendem Sonnenschirm zeigt, wie sie das Kröpeliner Tor hinter sich lässt und mit einer nicht ganz so elegant herausgeputzten Freundin stadtauswärts lustwandelt. Und bei aller Mühe kann sie doch den Betrachter nicht dauerhaft davon abhalten, immer wieder ungläubig zum Kröpeliner Tor hinter ihr zu schauen. Das nämlich prunkt auf dieser Aufnahme mit seinen Nebenbauten und kleinen zinnenbekrönten Zusätzen noch wie die in die Mauer eingelassene stolze kleine Burg für sich, die es einmal war. Heute hingegen, nach Verlust seines Beiwerks, erregt es im Vergleich fast das leichte Mitleid eines etwas singulär mitten in der Einkaufsstraße stehen gelassenen Malstiftes, den der Strudel der Einkäufer wohl eines Sonnabends einsaugen wird.

Stadteinwärts geht es zum Brunnen der Lebensfreude. Den erwähnte ich schon. Jetzt, im Winter, fließt kein Wasser, und man ist nicht wie unzählige Male im Sommer versucht, sich mit einem Eis und ohne Strümpfe an seinen Rand zu setzen, aber seine Fröhlichkeit strahlt er auch »trocken« aus. Und etwas Augenzwinkerndes auch. Und deshalb hat auch keiner etwas dagegen, dass dieser Ort des Verweilens und des Lächelns, den Jo Jastram und Reinhard Dietrich 1980 aus Licht, Plastik, Raum und Wasser schufen, natürlich mit geradezu flackerndem Augenzwinkern überall nur, ich petzte es schon, der »Pornobrunnen« genannt wird.

Damit sind wir am Blücherdenkmal, von dem wir ebenfalls sprachen, am Hauptgebäude der Uni, von der wir auch schon sprachen, allmählich kennen wir uns wirklich aus. Drehten wir uns jetzt nach rechts, kämen wir schnell ins Hafenviertel am Wasser, doch wurde alles Verruchte hier in den Sechzigern abgerissen und in den Achtzigern durch ordentliche und klinkerverblendet-gutgemeinte Mehrfamilienhäuser ersetzt, die sich wohl am gotischen Speicherhaus orientieren sollen, dabei aber im Vergleich zu einem echten Hafenviertel etwas freundlich-steril daherkommen. Hier riecht es kaum nach Fisch und Sünde. Ein, zwei alte Straßenzüge lassen noch ahnen, wie es einmal war, und machen den Reiz der Ansicht aus, die man beim Blick vom gegenüberliegenden Warnowufer in Gehlsdorf aus auf die Stadt hat. Heute aber gehen wir am Uni-Platz halblinks durch einen kleinen Tordurchgang und vorbei an den in den letzten Jahren dekorativ wieder hergestellten Professorenhäusern, die unter anderem ein dem Schriftsteller Walter Kempowski (1929–2007) gewidmetes Archiv beherbergen, den wir hiermit wenigstens gestreift haben wollen, auch wenn es ihn, ähnlich Uwe Johnson, bald aus politischen Gründen in die Fremde trieb. So erreichen wir das Kloster zum Heiligen Kreuz und die in den vergangenen Jahren aufwendig wiederhergestellten Universitätskirche.

Auch zu diesem Kloster, einer Oase mitten in der Stadt, die in ihrer Ruhe immer wieder überrascht, wenigstens eine Geschichte, die der Legende zu seiner Entstehung: 1270 soll die dänische Königin mit Namen Margarete nach dem Tode ihres Mannes zum Papst gereist sein, weil es wohl Verschiedenes zu vergeben gab. Der Papst zeigte sich entgegenkommend und schenkte ihr, die Beichte würdig zu weihen, zwei Splitter vom Heiligen Kreuz. Zurück kam die Königin zunächst bis Rostock, wo sie bei ihrem Vetter, Fürst Waldemar, einige Tage freiwillig blieb, ehe sie weitere Tage zum unfreiwilligen Bleiben gezwungen wurde, weil heftiger Sturm sie immer wieder in die Warnow zurückwarf, wobei es ihr einmal nur mit Mühe gelang, das rettende Ufer, angeblich beim heutigen Dorf Schmarl, wieder zu erreichen. Aus Dankbarkeit stiftete sie dann das Kloster, in dessen Ostkreuzgang bis heute ein großes Gemälde diese Legende noch darstellt. Leider kommen wir da heute nicht ran. Nur der Zugang zur Kirche selbst und zum hiesigen Heilig-Abend-Gottesdienst ist offen.

»Papa, so richtig kirchlich sind wir ja nicht – warum feiern wir eigentlich Weihnachten und gehen sogar in die Kirche?«

Oh weia, erwischt. Zeit, Zeit zu gewinnen. Die mir spontan einschießende Gegenfrage »Wollen wir es dies Jahr mal ohne versuchen?«, wird dem Ernst der Frage nicht gerecht.

»Warum wir Weihnachten in die Kirche gehen, oder warum wir nur Weihnachten gehen?«

»Beides. Also?«

Wir haben uns auf den Weg zurück durch die Fußgängerzone der Kröpeliner Straße, dem ältesten Bummelboulevard des Ostens (seit 1968/69), deren Läden noch weihnachtlich lebhaft geschmückt, jetzt aber geschlossen sind, zur Marienkirche gemacht. Ich sinne auf Worte und beginne, fallen mir nicht bald die richtigen ein, zu befürchten, meine Töchter werden mir in der überfüllten Kirche das Recht auf einen Sitzplatz absprechen. Falls es noch einen gibt. Da fällt mir eine Volte ein, die es mir erlauben dürfte, aus dieser Frage sogar noch ein erbauliches Glücksthema zu machen.

»Ich bin fast sicher, es liegt daran, dass das glücklich macht, wie viele schöne Rituale glücklich machen, aber dieses ist besonders schön. Wir sind zwar alle mächtig darauf bedacht, unser eigenes Leben zu bestreiten, wir sind alle mächtig stark, stehen jeden Tag unseren Mann und inzwischen auch gern mal unsere Frau. Aber so eine Konstante, die Einkehr bedeutet, Augenleuchten, Ruhe, Familie, Tradition, einen Anker, Kerzen, eine feste Größe, Privatheit, Auszeit, Pause, Poesie, Engel, Lieder, Kindheit, Drinnen, ein Stehenbleiben der Zeit, Frieden, Ritual, Zusammenrücken, Bekanntes, Geborgenheit, Vertrautes – übrigens alles, samt und sonders, nur andere Worte für Glück! –: herrlich! Dann vergeht eine ruhige Woche bis zum Jahreswechsel, in der wir geistig auf halber Kraft bleiben, in der wir wissen, jetzt lassen wir es uns Silvester noch gut gehen, schonen uns am Neujahrstag, und dann ist der Körper wieder gestrafft, reicht der Schwung, um das neue Jahr mit aufgekrempelten Ärmeln angehen zu können.«

»Hm.«

»Diese Weihnachtszeit hat den Reiz, dass wir ein paar Tage für uns haben, in denen wir einen Schnitt machen können. Was war gut seit dem letzten Schnitt, was hätte ich mir besser vorgestellt? Konflikte ruhen, die Zeit steht oder fließt zäher. Der Weihnachten im besten Fall gefallene Schnee, der Geräusche schluckt und jeden Aufprall dämmt, ist ein schönes Symbol: Alles ist in Watte gepackt. Und wir Großen erinnern uns an Weihnachten als Kinder: Adventskranz, Baum, Kerzen, Weihnachtsmann, Festessen, womöglich traditionell immer das gleiche Essen, dieselbe Tischdecke, die gleichen Menschen, die gleichen, sich in den einzelnen Familien nur geringfügig unterscheidenden Bräuche«

»Hm.«

»Und drum gehen eben auch viele Menschen gerade am Heiligabend zur Kirche. Eine besonders ruhige, besonders besinnliche Stunde, in der außerdem eingängig an den christlichen Weg zum Glück erinnert wird, ist der Weihnachtsgottesdienst. Ruhe ist eingekehrt, alle Geschenke müssen gebastelt, gekauft und verpackt sein, alle Lebensmittel sind besorgt, alle Vorbereitungen getroffen. Nun wäre es doch schade, sich gleich wieder unter den Baum zu setzen und das eben Verpackte wieder auszuwickeln. Das Abbremsen, das innere Umschalten von der Advents- oder Vorweihnachtsphase auf die eigentliche Weihnachts- und Ruhephase geschieht doch viel bewusster, wenn man sich jetzt anzieht, in Ruhe aus dem Haus geht und den Kirchenbesuch als Auftakt zum rituellen Weihnachtsfest nutzt. Vorfreude! Ich bin mir ziemlich sicher, das ist – bewusst oder unbewusst – der Grund für viele, Weihnachten mit einem von wenigen oder gar dem einzigen Kirchgang des Jahres zu begehen. Und am Ende steht immer das gemeinsam gesungene *»Oh, du Fröhliche!«* – drei einfache Strophen, die man schmettert und die zugleich signalisieren: Jetzt ist wieder genau ein Jahr um, hier ist der kleine Schnitt zum großen Schnitt, den die kommende Woche bedeutet, hier beginnt die Chance, die Dinge in Ruhe und fröhlich neu zu ordnen. Bis zum Morgen des 2. Januar.«

»Hm.«

Und verallgemeinernd lernen wir daraus, dass Rituale, dass alles Schöne, das regelmäßig in gleicher Form wiederkehrt, beruhigende Pflöcke in der Unübersichtlichkeit und in den Stürmen schafft, denen wir uns andauernd aussetzen. Das kann ein Weihnachtsfest sein, das kann ein Insiderwitz sein, das kann eine bestimmte individuelle Geste zur Begrüßung (»Give me five«) oder zum Beziehungsjubiläum sein, das kann auch die tägliche Gutenachtgeschichte sein – es muss nur den Beteiligten bewusst sein: So halten wir es immer, das ist »unsers«.

Und darüber haben wir sie erreicht, die große, Weihnachten traditionell unbeheizte Marienkirche. Ich darf mich auch setzen.

Das staunende Geschlecht

Die Bescherung beginnt damit, dass Peter die Großeltern begrüßt: »Wo ist mein Geschenk?«

Ich stürze hinzu, um zu erklären, dass das nur handwerklich ungeschickt geäußerte Vorfreude sei, aber wieder einmal darf ich erleben, dass Menschen in ihrer Eigenschaft als Großeltern plötzlich Dinge wissen, die sie als Eltern immer bestritten haben.

Wenige Stunden später. Wir alle lachen darüber, aber hat sich schon einmal jemand tiefere Gedanken gemacht, wie das eigentlich ist mit den Jungs und den Modelleisenbahnen und den Vätern? Und warum es ist, wie es ist? Klar, wir alle müssen da durch. Man vertut sich etwas mit dem Alter des Thronfolgers, kauft das größere Feuerwehrauto eine Idee zu früh, schnell dann ein nicht uneingeschränkt kindgerechtes funkferngesteuertes Boot und bald nach dem zweiten Geburtstag eben die sprichwörtliche Eisenbahn, die dann von Fest zu Fest ein wenig wächst, und alle feixen: »Hast ja Glück, dass du jetzt endlich den Sohn dazu hast, damit du spielen darfst – lässt du ihn denn wenigstens zugucken?«

Aber warum? Es hat mit etwas zu tun, das ich die Versachlichung der Diskussion nenne. Konkret: Diese Art Spielzeug ist faszinierend. FASZINIEREND! Da bewegt sich etwas. Scheinbar von allein. Wie von Zauberhand. Das Perpetuum mobile lebt, und das auch noch in meinem Wohnzimmer. Na klar, irgendwo ist eine Strippe, eine Batterie, eine Fotozelle, ich weiß es ja. Aber ich blende es aus. Vorsätzlich. Kaum allerdings gebe ich mich dem Zauber, der Träumerei, der Illusion mal für ein paar Stunden hin, spiele vielleicht auch ein winziges bisschen Allmacht, indem ich Zugunglücke glimpflich ausgehen und zerschmetterte Boote wieder neu entstehen lasse, schon steht garantiert ein Wesen in der Tür, das als geradezu übermenschlich romantisch, gefühlsbetont und phantasiebegabt gilt, das aber jetzt mit schlechterdings abstoßender Sachlichkeit nur mühsam seinen Spott unterdrückt und stattdessen gleichsam befiehlt: »Abendessen!«

Und das kann nur eine Frau.

Mir ist ehrlich gesagt egal, wie das zusammenhängt. Ob sie eifersüchtig sind, weil man mal ein paar Wochenenden etwas mehr Zeit auf die Eisenbahn als auf sie verwendet. Ob ihnen nicht geheuer ist, dass der weltgewandte »Macher« an ihrer Seite sich nun »beim Spiiielen« (hoch und gedehnt-angewidert zu sprechen) verliert. Ob sie nicht wissen, was sie bei den anderen Müttern aus ihrer Weiberrunde erzählen dürfen. Ist mir echt Banane. Ich denke mir meinen Teil, wenn es wieder heißt, Frauen seien so romantisch, und die Männer könnten ja gar nicht mehr kindlich staunen, weil sie immer tun müssten, als wüssten sie schon alles und hätten es im Griff.

Ist in Wirklichkeit natürlich wieder alles ein bisschen anders. Und deshalb bin ich schon froh, dass ich jetzt meinen Sohn und Vorwand habe für die Eisenbahn. Er staunt und darf das auch. Und ich darf dann zum Schein mitstaunen, weil ein guter Elter ja das Verhalten des Kindes durch Bestätigung bestärkt und umgekehrt. Und dass ich dann wirklich staune, wenn die Eisenbahn nur so über ihren Rundkurs schnürt oder der Hubschrauber tut, was ich ihm funke, oder ein Auto einfach unwahrscheinlich gut dem leider unbezahlbaren Original nachgebildet ist, das wissen dann nur mein Sohn und ich. Und das reicht vollkommen. Die Mädels dürften ohnehin nicht mitspielen. Na, am hier im Osten noch gewissenhaft eingehaltenen Frauentag vielleicht...

Und noch etwas später dann? Was denkt man am späten Weihnachtsabend, noch ein bisschen mit sich und dem Baum und den Geschenken allein im Weihnachtszimmer, über ein solches Jahr, wenn es ausklingt?

Wenn es gut läuft, denkt man dies und jenes und schließlich einfach: Das muss jetzt Glück sein! Und dann vielleicht noch etwas vom Augenblicke, der doch jetzt bitte noch etwas verweilen möge.

Und sonst? MV – Meer und Verstand, geht es mir durch den Kopf. Speziell zum Verstand in heutiger Zeit noch ein paar Namen und Ereignisse der erstaunlichen Sorte. Namenspatin des US-amerikanischen Charlotte in North Carolina war Charlotte von Mecklenburg-Strelitz (1744–1818), die mit dem englischen König Georg III. verheiratet war. Und auch die Strelitzie heißt nach ihr, weil der englische Naturforscher Joseph Banks, ein großer Fan, nein, Verehrer Charlottes, sie nach ihr benannte. Hans Seehase aus Rostock (1887–1974) meldete im Laufe seines Lebens ungefähr 200 Patente an, die meisten im Bereich von Flugzeugen, mechanischen Rechenmaschinen und Autos. »Schwarzwaldklinik-Professor« Brinkmann, Klaus-Jürgen Wussow selig, begann – wie Uwe Johnson, aber fünf Jahre früher 1929 im pommerschen Cammin geboren – seine Schauspielkarriere 1947 am Schweriner Staatstheater. Angelika Milster ist in Neustrelitz geboren, Kathrin Saß in Schwerin, Matthias Schweighöfer in Anklam und die wunderbare Nadja Uhl in Stralsund, Angela Merkel, die in Hamburg geboren ist, hat im Bereich Stralsund/Rügen ihren Wahlkreis, und das war wirklich nur eine kleine Auswahl.

Der zweite Feiertag: Operation Gänsebraten

»Dann kommst du einfach zu mir an den OP und lässt mich rausrufen!«

Es klang so einfach ...

Aber auch hier von vorn: Gans schmeckt ja besonders an Weihnachten. Und wenn man Beziehungen zu einheimischen Gänsen hat (oder ihre Züchterin kennt), dann sinkt wohl jede Hemmschwelle. So willigte ich ein, mich zwecks Übergabe einer leckeren Zweiterfeiertagsgans mit einem Nebenerwerbsgänseliesel an deren Hauptarbeitsplatz zu treffen: dem Operationsbereich eines nicht eben kleinen Klinikums hier in der Gegend. Die Schillingallee erwähnte ich ja schon. Ich habe mir von Eingeweihten den schatzkartenähnlichen Plan der Örtlichkeiten machen lassen – OP-Bereiche muss man schließlich in der Regel nicht selbst finden, sondern wird, schon weitgehend wegtretend, hingefahren – und los geht's. Ich passiere die Klinikpforte wie Gustav Gans auf Brautschau und wähne mich schon weit. Aber weit gefehlt! Doch meistere ich wacker Flur um Flur, mich oft vergewissernd, dass ich meinen Lageplan auch richtigrum halte, und ebenso oft, dass ich nachher wieder rausfinde. Mit der Gans aus dem OP in der Hand. In all diesen Fluren aber sitzen Menschen, kranke wie gesunde, und haben eins gemein: Sie sind angeödet und scharf auf Abwechslung. Und ich will also zum OP. Um dort eine Gans abzuholen. Eine tote Gans. Soso. Um in Straßenkleidung hinter Glastüren im Geheimnisvollen zu verschwinden und wenig später, mit einem großen Beutel in der Hand, wieder herauszukommen. Nun kann man sich ohnedies schon fragen, wo in diesem sicher pieksauberen Bereich wohl meine tote Gans aufgebahrt, nein, aufbewahrt sein mag. Steril? Und ich werde dann also mit einer Tüte mit Inhalt den OP-Bereich wieder verlassen. Unförmigem und reglosem Inhalt (okay, gackernd wäre noch schlimmer). Und dann an all diesen Menschen vorbei. Vermutlich mit einer Isoliertasche. Vielleicht hat die auch ein Loch oder zwei. Wo vielleicht zartrote Flüssigkeit rauströpfelt ... Und mit der Tüte werde ich all die Gänge zurückwatscheln müssen. Was macht man dabei für ein Gesicht? Wie geht gar keins? Die Meter werden mir lang. Soll man sich dann wichtig machen: Achtung, Multi-Organtransport? Beruhigend auf die Leute zugehen und sagen: Danke, alles gut verlaufen, ist tot, aber das hatte ich gehofft? Die Wahrheit streifen: War sowieso eine doofe Gans? Sie verbrämend sächseln: Gänn'nsefleischmalzurseitegähn? Oder einfach aussprechen: Keine Sorge, ich habe nur im Zentral-OP dieser Klinik eine ohnehin tote Gans abgeholt, die ich nun zu Hause braten will?

Gerade habe ich entschieden, alles intuitiv zu regeln, als ich um die letzte Ecke biege. Vor den Glastüren zum OP-Bereich erwartet mich schon mein Gänseliesel mit einem Lächeln nebst unbeschreiblich erlösendem Schlüsselbundwedeln: »Holst du sie dir fix selbst aus dem Auto und bringst mir die Schlüssel dann wieder hoch?«

Darüber bin ich – gans froh!

Und angekommen. Jetzt habe ich alles geschafft und frei. Zeit für meine weihnachtliche Lieblingsbeschäftigung. Sie hat mit meinem Lieblingswort zu tun. Kontemplation. Ein Fremdwort, ich weiß, und das tut mir leid, aber es klingt gar so schön nach dem, was es meint, und man kann unvergleichlich entspannen, während man es laut denkt: bei »Kon« fällt der Po wuchtig in den Sessel, bei »tem« und »pla« plautzen die Arme mit ihrem ganzen Gewicht auf ihre Lehnen, und bei »tion« fällt der Kopf in eine schwere Weihnachtsstarre. Immer wieder einen Versuch wert. Wenn alles nach Wunsch läuft zehn, zwölf Tage lang.

Epilog

»Vermisst du da, wo du jetzt lebst, nicht manchmal die Lebensqualität?«, fragte mich ein Nachbar meiner Eltern, während ich dieses Buch schrieb.

Was sollte ich antworten?

»Ich lebe gern am Meer, und so schlimm ist der Osten nicht, wir haben jetzt schon immer öfter Strom und morgens zwei Stunden lang Internet«? Spaß beiseite: Dieses Buch ist gründlich missglückt, wenn die Frage nach der Lebensqualität nicht erschöpfend beantwortet wurde.

Natürlich greift die Frage aber weiter, macht nicht nur deutlich, dass ein weit überdurchschnittlich gebildeter Mann aus Deutschlands Süden eben bis heute nie Urlaub an der Ostsee gemacht hat. Ich wollte mich empören, den Provinzialismus geißeln, der ihn den Blick nicht über den Tellerrand heben, sich so gar nicht für Deutschlands Osten interessieren lässt. Bis mir auffiel, dass ich doch selbst der gesamtdeutschen Normalität das Wort zu reden suche, keinesfalls die Freude und vielleicht auch Dankbarkeit vergessen will und die Anerkennung, die den UnverdrOssis gebührt, die 1989/90 instinktsicher ihre Chance sahen und ergriffen, aber weg will von dem Gerede vom Ausnahmezustand der Öffnung einer Grenze, die inzwischen schon fast wieder so lange offen ist, wie sie vorher »richtig« zu war. Natürlich ist es schade, dass es Baden-Württemberger gibt, die bis heute nie auf Rügen waren. Aber es werden auch manche Bayern noch nie im Saarland und etliche Brandenburger nie in Nordrhein-Westfalen gewesen sein. Schade, aber völlig normal.

Und als genau das sollten wir Gesamtdeutschland, bei allem Grund zu Dankbarkeit, Freude und Demut, allmählich anzusehen lernen. Der Ausnahmezustand war vorher. Das hilft, Blockaden abzubauen. Aber mal an der Ostsee gewesen sein sollte man trotzdem. Nicht, um »Osten zu gucken«, sondern einfach, weil es hier so schön ist: Sie macht die Sommer nicht so heiß, die Winter nicht so kalt, den Herbst recht sanft, und die Bornholmer Fischer nennen sie die »Südsee«. Ist, wie alles, eine Frage der Perspektive, aber die Jungs werden schon ihre Gründe haben.

Hier steht der Turm, in dem die Wolken wohnen. Und hier leben Menschen mit einem feinen Humor. Nehmen wir als letztes Beispiel den Glascontainerleermacher, dem ich bei der Arbeit zusehe, als ich um den Jahreswechsel das Papier wegbringe. Es ist noch früh am Morgen und dunkel. Er steht neben seinem Lkw und hievt mit einem Hebel am Steuerpult den Container hoch. Dann bemächtigt sich ein selbstvergessenes Lächeln seiner Mundwinkel und er bewegt einen anderen Hebel, mit kindlichem Vergnügen die Ruhe vor dem Sturm genießend, denn nur er weiß, was jetzt kommt: Die Halterung, die den Containerboden hielt, gibt nach, und die Flaschen scheppern in den Behälter auf seinem Auto, dass es die reine klirrende Freude ist. Dieses Stillvergnügte kann man nicht üben, es kommt von innen.

In diesem Sinne: Unser MV – Meer und Verstand. Mecklenburg-Vorpommern! Und daher: www.auf-nach-mv.de.

Gelesen!

Wer schreibt, muss lesen. Insbesondere folgende Literatur habe ich konsultiert, um mit Blick auf die dargestellten geschichtlichen Fakten möglichst wenig Falsches zu erzählen:

Böttcher, Norbert und Michael:
Malchin, Stadt-Bild-Verlag 1994

Gundlach, Heinz:
Das Schloss hinter dem Holunderbusch, Thomas Helms Verlag 2000

Karge, Wolf:
Illustrierte Geschichte Mecklenburg-Vorpommerns, Hinstorff 2008

Karge, Wolf / Schmied, Hartmut / Münch, Ernst:
Die Geschichte Mecklenburgs, Hinstorff 2004

Kreft, Heiko / Grau, Jens-Uwe:
Heimatkunde – Alles über Mecklenburg-Vorpommern, Hinstorff 2009

Krüger, Renate:
Das Schweriner Schloss, Hinstorff 2003

Lachs, Johannes / Reif, Friedrich Karl:
Rostock, Hinstorff 1967

Lindemann, Ralf:
Das weiße Schloss am Meer, Reprint-Verlag 2007

Lüpke, Gerd:
Erinnerung an Mecklenburg und Vorpommern, Flechsig-Verlag 2002

Miethe, Käthe:
Das Fischland, Hinstorff 2008

Piskorski, Jan M. (Hrsg.):
Pommern im Wandel der Zeiten, Zamek Ksiazat Pomorskich 1999

Der Autor

Sven-Markus Knauf, geboren 1970 in Ravensburg, lebt seit 1996 in Mecklenburg-Vorpommern. Vom Schriftsteller unterschied ihn bisher, dass er keine zwei Wohnsitze unterhielt und nur Kolumnen schrieb, wenngleich es nie zwei Meinungen dazu gab, dass er von seinen Themen – alle Aspekte des Daseins als Mann und Familienvater in seiner Wahlheimat Mecklenburg-Vorpommern – etwas versteht. Hier nun legt er seinen ersten Roman vor. Er handelt von allem, worin der Autor sich wirklich auskennt, also allen Aspekten des Daseins als Mann und Familienvater in seiner Wahlheimat Mecklenburg-Vorpommern. Auch begründete er inzwischen einen zweiten Wohnsitz. Sven-Markus Knauf lebt heute mit seiner Familie in Rostock und Warnemünde.

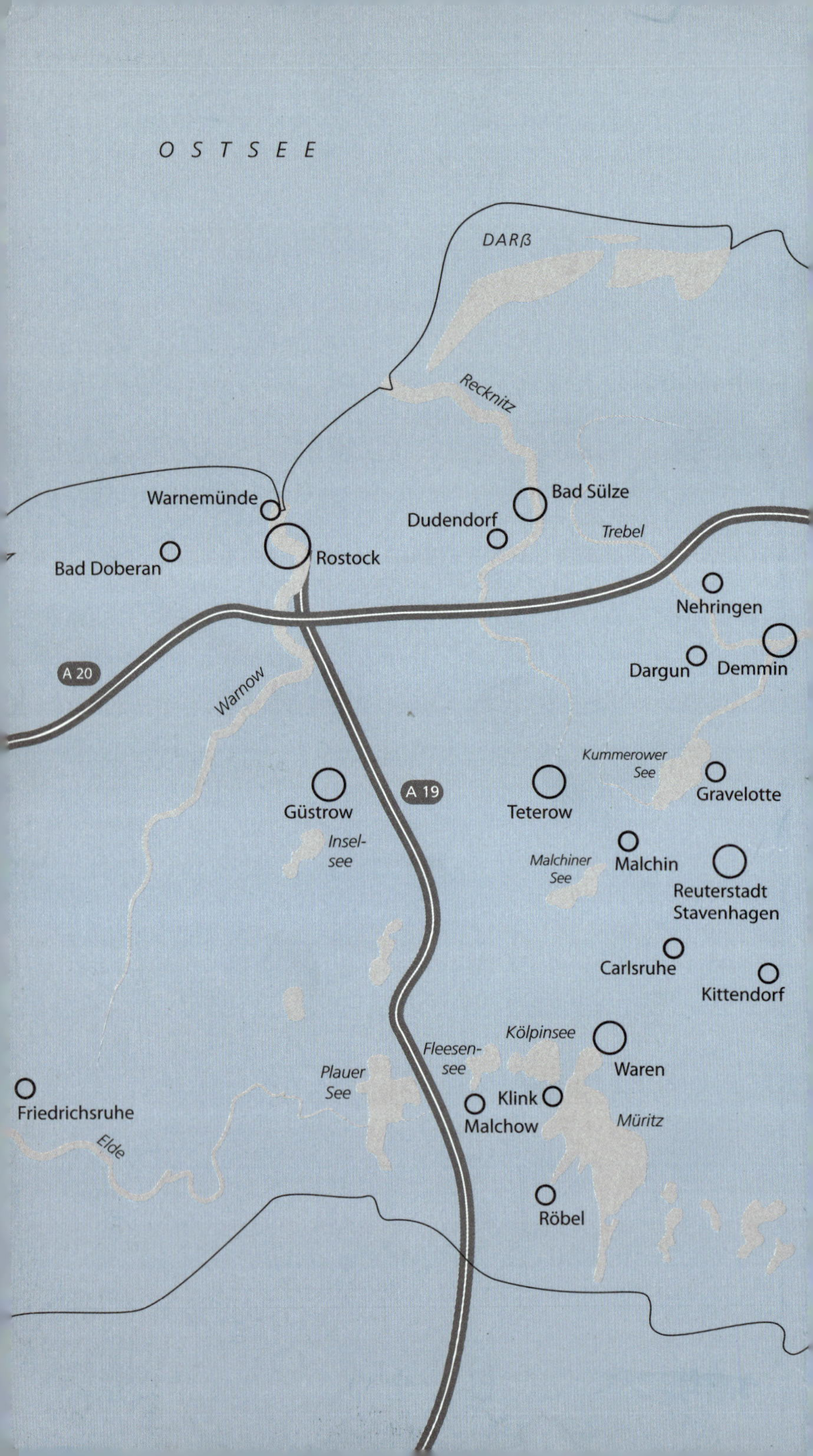
O S T S E E
DARß
Recknitz
Bad Sülze
Warnemünde
Dudendorf
Trebel
Bad Doberan
Rostock
Nehringen
Dargun
Demmin
A 20
Warnow
Kummerower
See
Gravelotte
Güstrow
A 19
Teterow
Insel-
see
Malchiner
See
Malchin
Reuterstadt
Stavenhagen
Carlsruhe
Kittendorf
Kölpinsee
Fleesen-
see
Waren
Plauer
See
Klink
Friedrichsruhe
Malchow
Müritz
Elde
Röbel